개정판

기독교, 묻고 답하다

기독교의 이해 편찬위원회 편

청송미디어

개정판

기독교, 묻고 답하다

초판 발행 2019년 2월 20일
개정판 1쇄 발행 2025년 8월 28일

편저자 기독교의 이해 편찬위원회 **펴낸곳** 청송미디어 **주소** 서울시 서대문구 연세로 50 **전화** 02)2123-3380~2
팩스 02)2123-8673 **등록** 2016년 5월 9일 (제25100-2016-37호) **인쇄** 동국문화(주)
ISBN 979-11-89042-18-9 (03230)

값 20,000원

http://press.yonsei.ac.kr ysup@yonsei.ac.kr

청송미디어는 연세대학교 출판문화원의 패밀리브랜드입니다.

개정판

기독교, 묻고 답하다

기독교의 이해 편찬위원회 편

청송미디어

인류 역사는 변화의 연속이었으나, 최근의 변화 속도는 상상을 초월하는 수준에 이르고 있습니다. 4차 산업혁명, AI로 대표되는 과학기술 융합 및 산업화 과정은 불과 10여 년 앞의 미래도 예상할 수 없도록 세계를 빠르게 변화시키고 있습니다. 또한, 기후변화, 환경, 에너지, 물, 식량, 질병 등 지구촌이 당면하고 있는 과제들은 개별 국가가 해결할 수 있는 범위를 넘어서 국가 간 협력을 불가피하게 만들고 있습니다. 이러한 상황에서 국가적 당면과제들을 해결하고 새로운 성장 동력을 만들기 위해서는 우수한 인재양성이 필수적입니다.

연세대학교는 1885년 창립 이래 기독교적 가치를 담은 인재양성을 목표로 교육제도를 운영해오고 있습니다. 연세 인재상은 배움을 통해 창의력을 발휘하고 기독교 정신에 기반한 나눔을 실천하는 인재로, "3C (Creativity, Connectivity, Christianity)"의 핵심 가치를 담고 있습니다. 이와 같은 교육 목표를 위해 연세대학교는 〈기독교의 이해〉를 필수교양과목으로 지정하여 교육하고 있습니다. 기독교의 핵심은 관용, 희생, 성실, 그리고 무엇보다 국경과 이해관계, 민족을 넘어선 보편적인 인류애에 있습니다. 미래 인재들은 보편적인 인류애와 "세계를 향한" 공동체 의식을 가지고 국제 무대에서 활약해야 합니다. 기독교 교육의 중요성은 바로 여기에 있습니다.

보다 효율적이고 깊이 있는 교양 교육으로서의 〈기독교의 이해〉를 위해 통일된 교재가 필요하다는 의견이 꾸준히 제기되어 왔습니다. 이에 연세대학교 대학출판문화원은, 30여 년 만에 처음으로 〈기독교의 이해〉 공통 교재를 출간하게 되었습니다. 그동안 남다른 사명감으로 집필에 참여해 주신 교수님들께 축하와 감사의 말씀을 전합니다. 특히 2017년-2018년, 연세대학교 학부대학 〈기독교의 이해〉 책임교수로서 교재의 집필을 기획하시고 모든 과정을 이끌어 주신 김현숙 교수님께 학부대학을 대표하여 깊이 감사드립니다. 아무쪼록 본 교재를 통하여, 학생들이 연세의 창립이념인 기독교의 기초를 배우고, 기독교 정신에 바탕을 둔 공동체적 가치를 실천하는 차세대 인재로 자라나기를 바랍니다.

연세대학교 이과대학 교수

전혜영 (전 학부대학 학장)

머리말

연세대학교는 "기독교의 가르침을 바탕으로 진리와 자유의 정신에 따라 사회에 이바지할 지도자를 기르는 배움터"입니다. 이러한 이념을 기초로 연세대학교는 기독교 정신을 바탕으로 한 지도자들을 많이 배출해왔습니다. 설립자 언더우드 선교사는 전교 학생들에게 성경을 가르쳤고 기독교정신을 전수하려고 노력했습니다. 일본의 압제하에서도 전교생들에게 성경을 가르침으로 기독교 정신을 이어나갔습니다. 이런 귀한 전통은 지금까지 연세대학교의 교육을 통해 내려오고 있으며 그 전통을 구체적으로 실현하는 것이 〈기독교의 이해〉의 과목입니다.

이 과목에서 두 개의 교재가 오랫동안 사용되었으나 형식이나 내용면에서 현재 한국의 상황이나 삶의 정황들을 반영하지 못하는 아쉬움이 있었습니다. 집필진 대표인 김현숙 신과대학 부학장님 그리고 전혜영 전 학부대학 학장님과 이러한 필요성을 같이 나누며 〈기독교의 이해〉 교재를 현재 시대에 맞게 편성하는 구체적으로 논의를 시작하게 되었습니다. 논의를 걸친 후 집필진들이 조직되고 신과대학, 교목실, 학부대학이 한마음 한뜻이 되어 2년여에 걸친 순조로운 과정을 통해 새롭게 편찬된 〈기독교의 이해〉 교재를 출판하게 되었습니다.

이 교재는 현재 학생들의 눈높이에 맞추어 세련된 디자인과 형식을 갖추고 있으며 〈기독교의 이해〉 과목을 위해 따로 마련된 홈페이지와 연동되어 학습자가 적극적인 학습을 할 수 있도록 기획되었습니다. 구성면에서는 기독교의 본질에 대한 접근, 세계사와 한국역사 속의 기독교를 조명하고, 경제, 다문화, 인권, 성평등과 같은 현대적 이슈들에 대하여 다루는 조직적인 체계를 갖추고 있습니다. 특별히 연세를 통해 배출된 지도자들의 기독교 정신을 배우게끔 구성된 부분들이 돋보입니다. 이 부분을 접하면서 연세의 선배들의 삶속에 깃들여진 기독교 정신을 가슴 깊이 느끼면서 다시 한 번 심장이 박동하는 감동을 느낄 수 있을 것입니다.

이 교재를 통해 학생들은 연세의 기독교 정신을 배우게 될 것이고, 이렇게 형성된 분명한 가치관으로 삶의 문제들을 정확하게 진단하고 결정할 수 있는 귀한 지침이 될 것입니다. 또한 기독교적 인성을 갖추게 함으로 이 사회를 진리와 자유의 정신으로 밝게 하고 섬김과 사랑으로 따듯하게 변화시킬 수 있는 가르침을 줄 것입니다. 이런 작업을 위해 수고한 김현숙 편찬위원회 위원장님, 전혜영 전 학부대학 학장님, 귀한 원고를 집필한 집필진들, 연세대학교 대학출판문화원 등 모두의 헌신에 감사드립니다.

이 교재를 통해 기독교의 본질과 가치관이 효과적으로 전수되고 연세의 선배들의 보여 주었던 기독교 정신이 가슴을 통해 깊이 전달되기를 바랍니다. 이 교재를 통해 배우는 학생들이 교재 한 페이지 한 페이지를 넘기면서 연세대학교를 설립하면서 꿈꾸었던 언더우드 선교사의 꿈을 느끼고 그 꿈을 같이 꾸어가는 귀한 경험들이 넘쳐나기를 소망합니다.

연세대학교 신과대학 교수
유영권 (전 신과대학 학장)

교양 기초인 〈기독교의 이해〉 과목은 연세대학교의 건학 정신인 기독교 정신을 구현하고 가르치기 위해 만들어진 과목입니다. 학부 1학년 전체 학생들의 필수과목인 〈기독교의 이해〉는 “진리가 너희를 자유케 하리라”(요한복음 8장 32절)는 성경말씀을 바탕으로 학생들에게 기독교의 진리와 자유의 정신을 체득하게 함을 목적으로 합니다.

2017년 3월 〈기독교의 이해〉 과목의 책임교수가 된 후, 저는 〈기독교의 이해〉를 가르치는 교·강사 분들과의 간담회를 통해 수강생을 위한 새로운 공통 교재의 필요성을 절감하게 되었습니다. 이 과목의 교재인 『성서와 기독교』(1985)와 『현대인과 기독교』(1989)는 발간된 지 30년이 지나, 교재 개정의 필요성이 계속적으로 제기되어 왔습니다. 교과목 운영위원회는 교재 개발의 필요성을 꾸준히 논의하고 준비한 끝에, 2017년 10월 13일 교재 편찬위원회를 구성하였습니다. 학부대학의 전혜영 전 학장님과 신과대학의 유영권 전 학장님의 도움으로 2017년 10월 26일 연세대학교 대학출판문화원과 MOU를 체결하고 본격적으로 교재 개발을 진행하기 시작하였습니다.

학부대학, 신과대학, 그리고 교목실 교수님들을 중심으로 저자가 선정되고, 2017년 12월 첫 저자 워크숍을 시작으로 총 3회의 저자 워크숍과 총 12회의 편찬/운영위원회 회의를 거쳐 교재의 원고를 준비하였습니다. 교재 개발과정의 많은 어려움에도 불구하고, 저자 교수님들의 적극적인 참여와 헌신에 힘입어 〈기독교의 이해〉 교재를 2019년 1월 31일에 발간하게 되었습니다. 또한 출판 준비과정에서 〈기독교의 이해〉의 홈페이지(https://ilensgo.wixsite.com/yonseichristian)도 구축하여, 교·강사 분들의 수업을 지원하며 교재의 활용을 돕는 온라인 시스템도 함께 마련하였습니다.

〈기독교의 이해〉 교재를 간행하는 2년의 과정 속에서 많은 분들이 수고하고 도움을 주셨습니다. 먼저 〈기독교의 이해〉 운영위원회의 이보경 부학장님(학부대학), 김도형 교수님(사학과), 방연상 부원장님(연합신학대학원), 이대성 교수님(교목실), 김학철 교수님(학부대학), 이삼열 교수님(행정학과), 그리고 교재개발 편찬위원회의 전혜영 전 학장님(학부대학), 유영권 전 학장님(신과대학)과 연구원 이윤석 박사님(연합신학대학원), 홍정호 박사님(연합신학대학원)의 헌신적인 노력과 도움이 있었습니다. 대학출판문화원의 손소영 원장님과, 김성수, 심영주 선생님의 도움이 없었다면 이 책은 출간되기가 어려웠을 것입니다. 또한 2년 동안 조교장으로 수고한 조미영 조교(박사과정)와 홈페이지 구축과 운영을 맡아 준 고대욱 조교(석사과정)에게도 감사의 마음을 표합니다. 교재 개발과 편찬에 관심과 지원을 아끼지 않으신 학부대학의 임윤묵 학장님과 권수영 신과대 학장님, 그리고 한인철 교목실장님께도 감사의 뜻을 전합니다.

마지막으로 이 교재를 집필해 주시고 교재 판매수익을 〈기독교의 이해〉 기금으로 적립할 수 있도록 허락해 주신 모든 저자 교수님들께 진심으로 감사를 드립니다. 〈기독교의 이해〉 기금은 이 과목을 수강하는 학부 학생들을 위한 장학금과 앞으로의 교재 개발을 위해 활용될 예정입니다. 새로운 교재를 통해 〈기독교의 이해〉 과목이 기독교 정신을 바탕으로 한국 사회와 21세기의 글로벌 사회에 이바지할 지도자를 양성하는 사회적 책임을 다할 수 있기를 바랍니다.

2019년 1월

〈기독교의 이해〉 책임교수 및 교재편찬위원장 김현숙

개정판을 내면서

〈기독교, 묻고 답하다〉 초판은 2019년 우리 대학 교책 과목인 기독교의 이해 영역의 교재로 출판되었습니다. 그간 꾸준한 지지를 받아오다가 전공자율선택제를 위한 대학혁신지원사업의 일환으로 개정판을 내게 되었습니다. 세 편의 새 글과 기존 글에 부분적인 수정이 있습니다. 개정판은 연세 정신과 역사로서의 기독교 정신의 증진은 물론이고, 기독교를 통해 여러 학문적 영역을 접하면서 비판적-창의적 사고, 의사소통 능력, 윤리적 논증, 과학적 추론 능력 등을 함양하는 데에 초점이 있습니다. 특별히 이 개정판 출간에 힘써 주신 학부대학 조용수 학장님의 후원과 지지에 감사드립니다.

〈기독교의 이해〉 책임교수 김학철

차례

1장

종교와 인간

HOMO RELIGIOSUS

목적

- 인간, 곧 호모 사피엔스는 삶의 의미와 가치를 추구하는 호모 렐리기오수스임을 이해한다.
- 종교문맹은 인간 삶의 가능성을 제한하고 불필요한 갈등과 혼란을 야기할 수 있음을 인식하고, 21세기 인간의 삶을 풍요롭게 할 필수교양인 종교 독해력의 중요성을 이해한다.
- 기독교는 세계 최대 종교로 영향력을 행사하고 있으며, 세계를 이해하기 위해서 기독교에 대한 이해가 필수적임을 안다.

시작하는 질문

- 인류의 탄생부터 미래에 이르기까지 영향력을 행사할 종교에 대한 기본적인 이해가 있는가?
- 평화와 번영을 위하여 갖추어야 할 종교 독해력은 무엇인가?
- 최대 종교인 기독교에 대한 기초적인 지식이 있는가?

개요

이 장은 인류와 더불어 생겨나서 현재뿐만 아니라 미래에도 인류의 삶과 함께할 종교, 그중에서도 기독교에 대한 기본적인 이해를 시도한다. 종교는 세상과 인간을 움직이는 강력한 힘이지만 오늘날 종교 교육은 충분하지 않다. 이 장은 종교 독해력의 중요성과 기독교에 관한 개괄적인 이해를 도모한다.

핵심어

호모 렐리기오수스 | 종교 문맹 | 종교 독해력 | 기독교의 개괄적 이해 | 다종교사회 | 기독교와 정치·사회·문화예술

생각해봅시다

호모 렐리기오수스 - 인류 초기부터 오늘까지

전라남도 신안군 도초도에는 천일염 공장이 있다. 우수한 소금을 만들었기에 그 회사는 미국에도 제품을 수출하기로 했다. 그러나 일은 생각만큼 쉽지 않았다. 아무리 해외 업체에 품질의 우수성을 알려도 시큰둥할 뿐이었다. 그들은 FDA(미국 식약청)에 세계적으로 유명한 프랑스의 게랑드 소금 및 미국의 몰튼 소금과 자신들의 소금을 비교해 달라고 의뢰하였다. 결과는 예상을 뛰어넘었다. 짠맛을 내는 나트륨 함량은 적은 반면에 몸에 필요한 미네랄은 두 소금보다 월등했다. 그러나 상황은 달라지지 않았다. 여전히 외국의 유통회사는 그 회사 소금에 별 관심이 없었다. 신안이라는 곳에서 크지 않은 회사가 생산하는 소금을 성분표만을 보고 선뜻 집어 들 소비자가 없다고 판단했다. 수출이 가능해지려면 더 품질 좋은 소금을 생산해야 할까? 아니면 홍보에 힘써야 할까?

회사의 한 직원이 코셔 인증을 받자는 아이디어를 냈다. 북미와 유럽의 소비자들은 코셔 인증을 받은 제품이 안전하고 몸에 좋다고 인식하고 있기 때문이다. 코셔는 유대교의 음식에 관한 규정을 뜻한다. 유대교인들은 자신들의 경전(히브리/구약 성경)과 그에 대한 해석에 따라 먹을 수 있는 것과 먹을 수 없는 것을 구분하고 그것을 지킨다. 코셔 인증은 식재료의 생산과 조리 공정을 모두 살핀 후 그것이 자신들의 법에 맞는 정결한 음식의 경우 부여된다. 코셔 인증을 받기 위해 제품의 질과 생산 과정을 검사하는 랍비를 초청했다. 자기 먹을거리는 물론이고, 식기까지 모두 챙겨온 유대교 랍비는 까다롭게 소금 생산의 전 과정을 검사한 후 코셔 인증을 써도 좋다는 허가를 내주었다. 상황은 급변했다. 미국의 대형 유통 업체, 유기농

전문 유통 업체와 구체적인 상품 판매에 관한 논의가 시작되었다 ("입맛 까다로운 랍비 '소금 굽는 건 처음 본다.'" 『중앙일보』, 2011.08.30.).

2,500년도 훨씬 더 된 종교법에 따른 코셔 인증과 신뢰받는 정부 과학 기관인 FDA의 과학 분석표 중 사람들의 마음을 움직이는 것은 놀랍게도 코셔였다. "침대는 과학"이라고 광고하는 과학제일주의 시대에 사람들의 마음 흐름을 가장 열심히 살피는 기업가들의 선택이 종교의 인증이었다.

12,000여 년 전으로 거슬러 올라가자. 터키 남동부 아나톨리아에는 괴베클리 테페(Göbekli Tepe, http://gobeklitepe.info/)라는 곳이 있다. 학자들은 그곳에서 인류에 대한 기존의 생각을 완전히 뒤집는 놀라운 유적을 발굴했다. '토기 없는 신석기 시대'의 것으로 보이는 T자 모양으로 각종 문양이 새겨 있는 거대석들이 모습을 드러냈다. 스톤헨지보다 6-7,000년 앞선 이 거대석 터는 수렵채집인들의 작품이었다. 아직 발굴이 시작단계를 조금 넘었을 뿐인데도 높이 6m에 20톤(ton)에 달하는 거대석이 200여 개 넘게 발견되었다. 이곳의 발굴을 주도했던 독일의 고고학자 클라우스 슈미트(Klaus Schmidt)는 여러 증거를 토대로 최대 150km 먼 곳에서 사람들이 괴베클리 테페를 방문했다고 주장했다. 이곳은 인류 최초의 정착 도시일까? 본격적으로 발굴을 시도한 초기 학자들은 연구 끝에 이곳이 도시나 주거터가 아니라 신전이었다고 결론을 내렸다. 그들은 인류 문명사에서 정착의 시작을 극적인 말로 알렸다. "신전이 탄생하고 다음에 도시가 왔다." 계속된 연구는 이곳이 꼭 신전이었다고 할 수만은 없다고 이전 연구 결과를 수정하였다. 그러나 여전히 이곳을 감싸고 있는 종교적 요소를 부정하지는 않았다. 인류의 역사는 종교와 함께한 역사였다는 것이다.

생존 자체가 그리 쉽지 않았을 신석기인들도 종교를 중요하게 여겼고, 과학 시대에 2,000년도 더 된 종교의 규정에 따른 식품 인증이 FDA의 분석표보다 사람들의 선택에 더 영향을 끼친다. 이러한 사실을 앞에 두고 우리는 '종교적 인간'(Homo religiosus)을 떠올리지 않을 수 없다. 종교적 인간이란 종교가 인간의 천성에 속한다는 뜻이다. "호모 사피엔스는 호모 렐

표 1-1. CIA의 'The World Factbook'을 참조하라

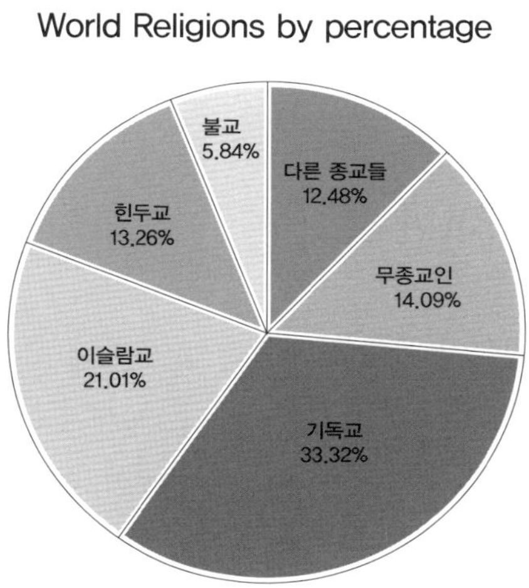

표 1-2. 우리나라 종교인 통계

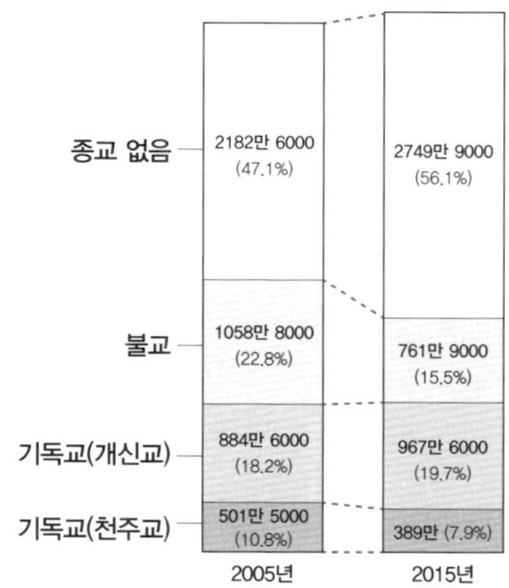

리기오수스다." 인간은 다른 동물과는 달리 삶의 의미와 가치를 찾으려 하며 오관으로 감지되는 일상적 세계와는 다른 세상을 상정하여 유한성을 넘어서려 고민한다. 종교적 인간이 모여 구성한 사회가 종교와 무관할 수 없다. 정교분리(政教分離)가 실제로 실행된 시대는 없으며, 종교를 제거하려는 노력이 장기적으로 성공한 사례도 없다. 일부 진화생물학들조차도 종교가 인류의 생존과 번식에 도움을 주었고, 종교성이 높은 집단이 살아남아 현재의 인류가 되었다고 주장한다. 얼마나 많은 사람이 이 견해에 동의할지는 모른다. 그러나 분명한 사실은 절대 다수의 세계인이 종교를 가지고 있다는 것이다.

'표 1'은 CIA의 2010년 현재 세계의 종교 통계다. 정보기관인 CIA가 종교 통계를 낸다는 점도 흥미롭지만, 그것보다 더 눈여겨보아야 할 수치는 종교인의 비율이다. 대략 85% 이상이 종교인이다. 우리나라의 경우 2015년 인구주택총조사에서 종교가 없다는 비율이 56%에 달하는 예외적인 현상이 일어났지만(표 2), 종교와 관련된 역동은 계속된다. 특히, 오래전에 들어왔던 불교와 유교가 아니라 개신교 인구가 19.7%로 최대

종교로 떠올랐고, 천주교가 7.9%로 이 둘을 합친 기독교인이 우리나라 전체 인구의 27.6%가 되었다.

종교/기독교 이해를 시작하며

종교는 인류와 함께 탄생했고 미래에도 존재할 것이다. 존재할 뿐만 아니라 그것의 영향력이 쉽게 감소하지도 않을 것이다. 20세기 초중반 종교의 소멸을 예측하던 수많은 학자는 자신의 견해를 수정할 수밖에 없었다. 삶의 의미와 가치를 추구하고, 공동체로 존재하며, 나아가 현실을 초월하여 새로운 삶의 지평을 열고자 하는 인류가 있는 한 종교가 사라질 가능성은 거의 없다. 따라서 인간과 사회와 역사를 이해하고자 하는 사람들은 종교를 이해하지 않고는 목적에 도달할 수 없다.

이 장은 현재 인류가 놓인 종교 문맹의 상태를 살펴보고 종교 독해력의 중요성과 종교, 특히 기독교에 대한 개괄적인 지식을 소개하고자 한다. 이를 통해 인류의 자화상, 그리고 인류가 그렸던 세상에 관한 개략적인 지도를 얻을 수 있다.

살펴봅시다

종교문맹과 종교 독해력

유대교와 기독교와 이슬람교 교인들은 모두 아브라함을 혈통/믿음의 아버지/조상이라고 믿고 고백한다. 하여 통계상 세계 인구의 54%를 넘는 세 종교를 묶어 '아브라함 계통의 종교'라고 일컫는다. 그런데 세계적으로도 높은 학구열과 대학 진학률을 기록하는 우리나라 사람들이 세계 인구의 절반 이상이 아버지 혹은 조상으로 기리는 그에 관해 말할 수 있는 내용은 그리 많지 않다. 이런 종교적 무지는 직접적인 종교와 관련된 내용에 국한되지 않는다.

일요일 특별근무가 있으면 통상적으로 회사는 휴무일 근무 수당을 주기 마련이다. 그런데도 일요일에 근무하라고 하면 달가워할 사람은 많지 않다. 만약 불가피한 일로 학습 진도가 늦어졌다고 해서 일요일 보강 계획이 발표되면 수긍할 수 있는 학생들은 거의 없다. 그 이유를 물으면 돌아올 답변은 분명하다. 일요일은 쉬는 날이기 때문이다. 그러나 200년 전 조선 시대에는 지금은 너무나도 당연한 일요일도, 그 날이 쉬는 날이라는 생각도 아예 존재하지 않았다. 주7일제의 기원은 불분명하지만, 그것을 신의 계명으로 간주하며 제도적으로 정착시킨 종교는 기독교였다. 프랑스 혁명 당시 혁명 세력은 앙시앙 레짐, 곧 구체제인 당시 프랑스 가톨릭과 왕정 체제를 타파하고자 잠시 주10일제를 도입한 적이 있지만 성공하지는 못했다. 기독교인이든 아니든 현재 세계인들은 기독교가 구획한 시간 구분에 따라 살고, 그것을 당연한 것으로 여기며 권리 주장을 하면서도 정작 그 종교적 기원에 대해서는 무지하다. 이 땅의 호모 렐리기오수스는 자신과 자신이 구축한 세계를 부분적으로나마 망각하고 있다.

다이앤 무어(Diane L. Moore)는 위와 같은 현상을 두고 종교 문맹이라고 표현한다(http://worldhistoryconnected.press.illinois.edu/4.1/moore.html). 그에 따르면 종교 문맹이란 1) 세계 종교 전통의 기본 체계, 2) 다양한 사회적/역사적 맥락에서 융합하고 전개된 종교 전통 내에 다채로운 종교 표현과 믿음의 다양성, 3) 동시대와 역사적으로 인간 사회, 문화, 정치적 삶에서 종교가 수행한 중요한 역할을 충분히 이해하지 못하는 상태를 뜻한다. 종교 문맹의 상태는 사회와 세계에 편견과 폭력과 혐오와 차별을 만들거나 강화하기 마련이다. 종교 문맹이 근래 세계에 벌어지는 부정적인 폭력의 유

활동
본문에서 지적된 것을 포함하여 종교가 악용된 사례들을 찾아보자.

일한 원인도, 최우선적인 이유도 아니다. 그러나 종교 문맹은 테러를 비롯한 비인도적 폭력을 행사하는 이들을 정당화하는 데에 일조한다. 곧 종교의 이름으로 특정 민족을 악마화하거나(예: 반유대주의 등), 지역 내 소수 종교인을 혐오 및 차별하고(예: 반이슬람주의 등), 같은 종교라도 다른 교파에 대한 적의를 양산하기도 한다(예: 기독교 내부의 교파를 빌미로 한 전쟁이나 이슬람의 수니파와 시아파 사이의 전쟁 등). 종교 문맹은 과학이나 이성을 앞세워 종교를 반과학적이고 반이성적이며 반인류적인 악으로 규탄하는 이른바 '전투적인 무신론자들'에게도 나타난다. 종교 문맹에서 벗어나지 못한 그들의 비판은 과녁을 잃은 무익한 화살을 날릴 때가 많다.

호모 렐리기오수스의 종교 문맹이라는 역설적 상황이 발생한 여러 이유가 있지만, 오늘날 종교에 대한 적절한 교육이 이루어지지 않은 것도 원인으로 지목된다. 문맹인 상태에서도 사람은 살아갈 수 있다. 그러나 그 과정은 매우 어렵고 고단할 것이다. 반대로 독해력을 갖추면 우리는 우리 삶의 가능성을 훨씬 더 풍요롭게 실현할 수 있다. 또 종교 독해력은 종교 문맹으로부터 오는 갈등과 반목, 나아가 과학기술로 지구 전체를 파괴할 수 있는 전쟁과 폭력을 방지하는 데에 기여할 수도 있다.

무어는 종교 독해력을 '다양한 렌즈를 통해 종교와 사회/정치/문화적 생활 사이의 근본적인 상호 교차를 분별하고 분석할 수 있는 능력'으로 정의한다. 이는 여러 세계적 종교 전통의 역사, 경전, 믿음, 제의와 그것들이 발생하고 전개된 사회, 역사, 문화적 맥락에 대한 기본적인 이해가 있어야 한다. 시공간을 가로지르는 종교가 지닌 정치, 사회, 문화적 차원을 분별하고 해명할 수 있는 능력도 요구된다. 곧 종교 독해력은 종교와 다양한 인간 삶의 근본적 차원이 서로 영향을 주고받으며 태어나고 전개되고 뒤섞인 채 성장해 온 내력을 알고 그것을 분석할 수 있는 능력을 뜻한다. 이것은 개인이 종교를 가져야 한다는 뜻이 아니다. 종교 독해력은 21세기를 살아가는 시민으로서 반드시 갖추어야 할 교양이다. 종교는 인간 현상 전반에 깊숙이 자리하고 있기 때문이다. 그렇다면 종교, 그리고 종교로서의 기독교는 무엇인가?

교양으로서 종교 독해력

교양은 단순히 지식을 갖는 것을 의미하지 않는다. 교양을 갖춘 사람, 곧 교양인이란 자기 직업에 관한 지식뿐 아니라 넓은 세상에 대한 폭넓은 지식을 가지고 우리가 살아가는 세상의 복잡성, 다양성, 변화에 주체적으로 대응하는 사람이다. 이들은 지식을 갖추는 데에서 나아가 사회적 책임감을 지니고 능동적으로 세상에 참여하는 윤리적 태도를 지녔다. 독일어 빌둥(Bildung)은 우리말로 (지식) 교양, 교육, 도야, 형성, 형상 등으로 번역할 수 있는데, 이 단어는 우리가 위에서 말한 '교양'에 관한 논의를 아우른다.

21세기 들어서 세계의 여러 유수 대학은 교양 교육의 중요성을 더욱 깊이 깨닫고, 교양 교육의 변화를 제안하기 시작했다. 가령 미국의 대학 협회(Association of American Colleges & Universities)는 1) 인간 문화와 물리적 자연 세계에 대한 지식, 2) 탐구와 분석, 비판적이고 창조적 사고, 글쓰기 및 말하기 의사소통 능력, 양적 사고 및 독해력, 정보 독해력, 협동력과 문제 해결 능력을 포괄하는 지적이고 실용적인 기술, 3) 시민으로서의 지식 및 참여, 지적 능력, 윤리적 사고와 행동, 평생 교육을 위한 기초를 포함하는 개인적이고 사회적인 책임감, 4) 일반적 영역과 전문화된 학문을 가로질러 통합하고 진전된 성취를 이룰 수 있는 통전적이고 적용 가능한 학습 능력을 21세기 교양 교육의 핵심 역량으로 정리하였다(https://www.aacu.org/leap/what-is-a-liberal-education; https://www.aacu.org/leap/essential-learning-outcomes). 이 핵심 역량의 달성과 종교 독해력은 불가분의 관계다.

종교, 그리고 기독교 정의

몇 개의 유력한 후보들이 있지만, 모두가 동의하는 종교에 대한 정의는 없다. 많은 사람들이 수용하는 정의 중에는 클리포드 기어츠(Clifford Geertz)의 것이 있다. 그에 따르면 종교는 "인간 안에 강력하고 보편적이며 오래 지속되는 심리상태와 동기를 만들어 내려는 목적을 가진 상징체계인데, 그 상징체계는 일반적인 존재질서에 대한 관념을 만들어 내고, 또 이 관념들에 사실적 분위기의 옷을 덧입힘으로써 그 심리상태와 동기가 현실적인 것으로 보이도록 한다."(타이쎈, 2000:29) 이 정의는 크게 몇 가지 나누어 설명할 수 있다. 먼저 종교의 인지적인 측면으로 종교는 존재 및 그 존재의 질서를 알려준다는 것이다. 다음으로 존재하는 것들의 정체와 그것들 사이의 관계가 해명되면 이것은 특정한 인간 내면의 심리와 동기를 만드는데, 이를 종교의 심리적인/내면적인 측면이라고 할 수 있다. 많이 활용되는 정의이지만 이것의 한계는 분명하다. 첫째, 종교는 그 종교의 구성원, 곧 종교 공동체를 빼고 말할 수 없다. 둘째, 종교를 이해할 때 존재 및 존재 질서, 그리고 거기에서 나오는 동기와 심리상태를 표현하는 윤리적 행위와 제의 및 제의 실천은 필수적이다. 이에 최종적인 것은 아닐지라도 기어츠의 것을 수정하여 다음과 같이 종교를 정의할 수 있다.

> 종교는 존재의 정체와 자리에 대한 질서를 부여하고, 그로부터 비롯되는 제의와 윤리를 형성하고, 질서와 윤리 실행의 내적 동기와 정서와 의지를 만들어 내는 문화적 기호 체계로, 그 기호 체계에 속한 구성원들을 공동체로 만들어 세계 속에서 상호 교류하며 특정한 기능을 수행하도록 한다.

기독교 역시 종교이므로 위와 같은 정의에서 이해될 수 있다. 다만 기독교는 기독교를 다른 종교와 구분하는 결정적인 특징과 구체적인 요소들이 있다.

기독교에서 '기독'은 '그리스도'를 한자로 음역(音譯)한 것이다. '그리스도'는 '크리스토스'라는 그리스어에서 온 것이며, 그것은 히브리어 '마쉬아흐/메시아'의 번역이다. 이것은 '기름부음을 받은 사람'이라는 뜻인데, 고대 유대교에서는 왕, 제사장, 예언자와 같이 신의 대리자들을 일반인과 구분하는 성별제의 때에 머리에 기름을 부었다. 따라서 '그리스도'라고 하면 신의 뜻을 대리하는 사람을 가리킨다. 기독교는 신의 뜻을 대리하는 그리스도가 바로 2,000여 년 전에 태어나서 활동했던 유대인 예수라고 고백하는 종교다.(이 책의 "제3장 예수는 누구인가?"를 참조하라.) 예수를 평범한 인간으로 보든지, 신이 고귀하게 만든 인간으로 생각하든지, 인간의 신성을 깨우치고 그것이 활성화되도록 돕기 위해 온 존재로 믿든지, 아니면 '정통' 기독교의 믿음대로 유일무이한 신이자 인간으로 고백하든지 예수를 그리스도로 믿고 따르는 제자로 자처하며 스스로를 기독교인으로 부르는 사람들은 기독교에 속한다고 할 수 있다. 예수를 그리스도로 고백하는 이 지점에서 아브라함을 조상으로 두고 있다는 주장하는 세 종교, 곧 유대교, 기독교, 이슬람교가 명확히 갈린다. 유대교인은 예수를 랍비로 존중할 수 있고, 이슬람교인은 그를 위대한 예언자로 존경한다. 그러나 기독교인들은 예수를 메시아로서 자기 삶과 생각에 중심적인 인물로 믿고 따른다.

기독교는 성서 혹은 성경이라고 부르는 경전을 가지고 있다(이 책의 "제2장 고전으로서의 성서, 어떻게 읽을 것인가?"를 참조하라.). 성서는 기독교인만의 경전에 머물지 않는 인류의 고전이지만, 기독교인은 성서에 신의 뜻이 드러나 있다고 믿고 읽는다는 점에서 비기독교인과 구분된다. 성서는 신과 인간과 다른 존재들의 정체와 질서, 그리고 그로부터 비롯되는 윤리와 제의를 담고 있다. 창조, 죄와 악과 고통, 구원과 구원자, 신성한 법과 질서, 이상향과 세상, 생명, 윤리와 실천 등의 인간 삶의 근본 주제가 다양한 형태로 나타난다. 2,000년의 기독교 역사에서 성서는 교파에 따라 다소 다르기는 하지만 가장 중요한 신앙의 원천이고 근거다.

기독교는 또 개별 개인들의 단순한 집합체가 아니라 단단한 결속력을 지닌 공동체, 곧 교회로 존재한다(이 책의 "제4장 역사와 함께한 교회의 숨결"을 참조하라.). 기독교의 일부 교파는 개별 교회들의 느슨한 모임이라기보다는 위계를 가진 조직 나아가 국가와 유사한 형태를 띠기도 하였다. 기독교의 교파 중 로마 가톨릭 교회는 국가의 형태를 가진 대표적인 교파다. 서방교회인 로마 가톨릭과 동방교회인 동방정교회는 예수의 권위가 그의 특별한 제자들인 '사도'들에게 넘어갔고, 그 사도들의 권위를 계승한 이들을 중심으로 교회가 형성되었다고 생각했다. 동방정교회와 로마 가톨릭 교회는 사제가 중심이 되는 사제주의 교파로 예배를 비롯한 여러 제의를 수행하는 데에 초점을 맞춘 교파다. 이 두 교파는 사제주의와 성례전주의로 요약할 수 있는데, 이들은 정치권력과 동맹 혹은 유착 관계를 형성하며 성장했다.

로마 가톨릭이 서방교회로 불리는 이유는, 로마를 중심으로 서쪽 지역에 자리 잡았기 때문이다. 중세를 지나는 동안 거세지던 서유럽 및 북유럽의 개혁의 열망이 15, 16세기에 이르러 프로테스탄트(개신교) 교파를 낳았다. 이것은 1054년 로마 가톨릭과 동방정교회의 분열 이후 최대의 교파 분열이었고, 단지 교회의 분열이 아니라 유럽 사회의 격변이었고 마침내 세계사에 영향을 미쳤다. 이 사건은 흔히 '종교개혁'이라고 불리지만 'The Reformation'에 대한 적절한 번역으로는 미흡하다. 그것은 '대개혁'이었다. 프로테스탄트는 기존의 사제주의에 맞서서 만인사제주의를 내세우고, 성례전을 세례와 성만찬을 간추리는 대신 성서의 권위를 강조하였다. 이후 프로테스탄트는 루터파, 장로교, 감리교, 성결교, 침례교, 오순절 교회 등으로 분화되었다. 각 지역의 정치, 문화, 경제 등의 요인이 이 분화를 만들고 가속화했다. 동방교회는 그리스 동쪽에 있는 여러 지역에서 러시아에 이르기까지 발전하였다. 동방교회는 국가나 민족의 특색과 연관되어 있다.

역사를 통해 기독교는 성장해 왔다. 20세기 중반 일부 학자들은 기독교를 포함한 종교의 종말을 예측했지만, 기독교는 서양에서 쇠퇴해가는 반

> **활동**
> 다음의 용어를 알아보자.
> - 성별제의
> - 사도/사도계승
> - 사제주의
> - 세례와 성례전
> - 만인사제주의

면 지구 남반부에서는 급격하게 성장하고 있다. 라틴아메리카, 사하라 이남의 아프리카, 아시아에서 기독교인이 증가 중인데, 특히 2030년 즈음에는 공식적으로 무신론을 내세우는 공산주의 국가 중국이 2억 4,700만 명의 세계에서 가장 많은 기독교인을 가진 나라가 될 것이라는 전망도 있다(http://www.telegraph.co.uk/news/worldnews/asia/china/10776023/China-on-course-to-become-worlds-most-Christian-nation-within-15-years.html). 이슬람교 역시 빠르게 성장 중인데, 아브라함 계통의 두 종교인을 합하면 세계 인구의 절반을 넘어섰고 이 수는 확대될 가능성이 크다.

다종교 사회 속 기독교

팔레스타인에서 탄생한 기독교가 확대될 때 서로 간의 신앙 이해에 차이가 발생했다. 이때 정치 및 종교 권력의 관계 속에서 이른바 정통과 이단의 구분이 나타났다. '정통'은 주류 교회가 주장하는 신앙에 대한 '바른 이해'를 뜻한 반면, 소수 집단으로 '이단'은 주류 교회와는 다른 견해를 주장했다. '이단'은 교파나 교단과는 다르다. 로마 가톨릭(천주교), 동방정교회, 프로테스탄트(개신교) 등을 기독교 내의 교파라고 하고, 교단은 주로 개신교 내의 루터교, 장로교 등을 구분하기 위해 사용된다. 기독교 내에서 교파와 교단은 서로 간에 여러 이유로 분열은 했지만, 상대방의 존재를 인정한다. 반면 이단으로 규정된 집단은 주류로부터 배척의 대상이다. 그러나 기독교는 고대 유대교에서, 이슬람교는 당시 아라비아의 활발했던 종교들에게서(유대교, 기독교, 조로아스터교, 마니교 등), 불교는 고대 브라만교에서 이단 혹은 '사문'으로 불렸다는 것을 기억하면, 이단이라고 불리는 것 자체가 문제가 될 수는 없다. 도리어 이단으로 불리던 기독교, 이슬람교, 불교는 동시대 주류 종교보다 더욱 인간의 종교적 경험과 삶을 풍요롭게 해 주어 주도권을 확보하였다. 그러나 이단 가운데에는 악의적인 의도에서 탄생한 사이비 종교가 있다.

이단과 사이비 종교 모두 신앙과 실천에서 주류 가르침과 분리하려는 소수 집단이라는 공통점을 갖는다. 그러나 사이비는 주류 종교와는 다른 견해를 근거로 그 종교 구성원들과 사회에 해악을 끼치는 집단이다. 사이비 집단은 구성원을 착취하고 위태롭게 하며 자기 집단의 생존과 이익을 위해 위법, 탈법, 불법을 저지른다. 역사적으로 나타난 사이비 집단의 공통된 특징으로는 선택된 소수의 구원, 임박한 종말론, 교주의 신격화, 교주와 해당 집단의 경전 해석 절대화, 집단의 폐쇄성, 구성원 착취, 반윤리적/위법적 행위 강요 등이다. 따라서 이단이 주류 종교가 사용하는 종교(학)적인 용어라면, '사이비 종교'는 종교는 물론 사법적, 사회적 판단의 대상이 된다는 점에서 사회(학)적 용어라고 할 수 있다.

활동
이단과 사이비 종교의 예를 찾아보자.

현대 사회에 사이비 종교의 문제 이상으로 중요한 것이 다종교사회의 도래다. 지구가 하나의 마을이 된 오늘날은 이전 인류가 경험하지 못한 여러 종교의 공존을 모색해야 하는 과제 앞에 놓여 있다.(이 책의 "제6장 우리 안의 그들"을 참조하라.) 이전 시대에도 여러 종교가 섞여 있던 지역이 있었지만 그러한 지역도 국가 권력과 결합한 주류 종교가 있었다. 예를 들어, 서양은 2,000여 년간 기독교라는 단일 종교 사회였다. 조선 시대는 500년간 유교, 그중에서도 성리학이 유일한 공식적인 종교(적 이념)였다. 이 상황은 15세기 후반 '대항해시대'부터 조금씩 균열이 가기 시작해 산업혁명 이후 18세기 무렵부터 본격화한 식민주의 혹은 서구제국주의에 의해 가속도가 붙었다. 세계 곳곳은 강제력에 의해서 혹은 교통과 정보 통신의 발달로 인해 다종교사회로 진입했다. 그러나 이 과정에서 크고 작은 충돌과 갈등이 빚어졌다.

사무엘 헌팅턴(Samuel Phillips Huntington)은 '문명의 충돌'이라는 개념으로 앞으로의 세계가 당면할 문제를 명료화했다. 그는 이념이나 경제가 아니라 전통, 문화, 종교로 각 문명을 구분하며 문명들 사이에 불가피하게 충돌이 일어날 수밖에 없다고 주장하였다. 그의 주장은 이후 이슬람의 부상과 종교의 순수성 강화, 동아시아의 경제적 부흥 등 여러 역사적 사례들을 예견한 것으로 평가받는다. 그러나 그의 서구 중심주의적 시각과 문명 사이의 충돌을 피할 수 없다는 비관론은 비판의 대상이다. 특히 종교 사이의 충돌은 불가피한 것이 아니라 극복의 대상이라고 할 수 있다.

다종교 사회에서는 크게 배타주의, 포용주의, 다원주의 등 세 가지 모델 혹은 태도가 가능하다. 배타주의는 자기 종교만이 진리를 가졌다는 태도다. 이것은 배타성과는 구분된다. 종교적 배타성은 자신의 종교가 진리라는 태도인데, 이것은 모든 종교나 이념, 사상이 주장할 수 있는 내용이다. 만약 자신의 종교가 진리가 아니라면 그는 굳이 그 종교인일 필요가 없을 것이다. 그러나 배타주의는 자기 종교만의 배타성을 주장하고 다른 종교의 배타성 주장을 거부하는 태도다. 이것은 이기성과 이기주의를 들어 설명할 수 있다. 모든 인간은 이기성, 곧 자기를 이롭게 하려고 하는 성질이 있다. 그러나 이기주의는 자기의 이기성만을 관철하려는 것이다. 이기주의자가 주변 사람들과 마찰을 겪듯 배타주의는 다종교사회에서 빈번한 갈등을 야기한다. 극단적인 배타주의는 이미 다종교 사회로 진입한 현재에 사회적으로 수용 불가능한 것이 되었다.

다음으로 포용주의가 있다. 포용주의는 자신의 종교 외에 다른 종교에도 진리의 일부가 있다고 간주한다. 포용주의는 종교 간의 협력이나 대화를 시도하고, 상호 갈등을 자제하려 노력한다. 이것은 자기 종교의 우월성을 지키면서도 다른 종교와의 분쟁을 최소화한다. 그러나 그 태도는 다른 종교가 진리의 일부만 반영하고, 따라서 타종교가 불완전하다는 태도를 고수한다.

다원주의는 20세기 후반에 이른바 포스트모던 시대와 종교 갈등의 실제적인 위험에 대처하고자 하는 현실적인 요청에서 출발하였다. 이 태도는 자신이 헌신하는 종교가 진리를 가지고 있는 유일한 종교가 아니라고 생각한다. 곧 종교는 여러 문화 및 종교와 상호 교류 속에 역사적으로 탄생하고 전개되었으며, 이 과정에서 교리를 포함한 중요 요소들이 역사적 상대성과 제약성을 띨 수밖에 없었다는 것이다. 자신의 종교 역시 그러한 상대성과 제약성 아래 놓여 있다는 것이 종교다원주의의 근본 주제다. 다원주의는 종교 간의 대화와 협력이 각 종교의 정체성을 흐리게 하지 않고 도리어 상대방을 인정하고 비교하는 과정에서 그 독특성이 살아나며 성숙하게 변화할 수 있다고 생각한다. 전체 사회의 불필요한 갈등을 줄여야 하는 견해에 따르면 이 태도가 바람직하다고 할 수 있다. 그러나 자기 종교에 헌신하는 종교인들이 다른 종교에 대해 이런 태도를 지닌다는 것은 생각처럼 쉽지 않고, 다원주의를 둘러싼 갈등이 같은 종교인들 사이의 크고 작은 문제를 만들 가능성도 있다.

기독교의 안과 밖

종교 독해력이 필수 교양임은 이미 밝혔다. 같은 맥락에서 기독교에 대한 이해도 21세기 교양인이 반드시 갖추어야 할 능력이라고 할 수 있다. 특별히 기독교는 세계의 최대 종교이며, 역사, 문화, 사회, 예술, 정치, 사상, 학문 등에서 발휘하는 영향력도 가장 크다. 기독교 이해는 세계 인구의 1/3에 달하는 기독교인과 소통하고, 그들을 이해할 수 있는 길이다. 그러나 기독교의 역사와 장소, 그리고 다양성을 감안하면 기독교를 쉽게 설명하기란 불가능하다. 이곳에서는 기독교를 간략하게 크로키할 수 있을 뿐이다.

기독교인

기독교인은 비/타종교인과는 다르게 기독교가 해명한 '존재의 정체와 자리에 대한 질서' 안에 사는 사람이다. 개인과 교파에 따라 편차가 크지만, 술이나 담배, 노름 등을 거절하는 것에서부터 죽음과 삶의 의미와 목적과 가치에 이르기까지 삶의 근본 문제를 바라보고 행동하는 것이 비기독교인과 다를 수 있다.

종교인들은 오감으로 감지되는 물질적/일상적 세상, 종교학 용어로는 속(俗)의 세상만이 전부가 아니라고 믿는다. 속의 세계와 함께 성(聖)의 세계, 곧 비일상적/초월적 세상이 있다고 느낀다. 기독교인은 같은 듯 다르고, 다른 듯 같은 이 두 세계를 동시에 의식하며 산다. 이 두 세상은 단절된 것이 아니라 끊임없이 서로 교류하며 영향을 주고받는다. 비종교인이라도 성과 속의 세계를 전혀 모르고 있는 것은 아니다. 가령 우리나라의 많은 사람은 설과 추석에 차례를 지낸다. 먹을거리를 차려놓으면 일상적으로 우리는 상 앞에 앉아 먹는다. 그러나 차례상 앞에서는 앉아서 먹지 않고 절을 한다. 일상에서 절은 연장자에게 공경의 표시로 하는 것인데, 차례 지낼 때 앞에는 누구도 보이지 않는데 절을 한다. 보통 무엇을 말할 때는 살아 있는 사람들에게 하는데, 차례 때는 아무것도 보이지 않는 빈 공간에 죽은 사람이 있다고 믿으며 그에게 빌고 말을 한다. 설과 추석이라는 특정한 시간에 차례 제의가 마련한 공간에서는 성과 속의 두 세계가 공존하며 교류하고 영향을 주고받는다는 것을 전제로 행동한다. 유물론적이고 무신론적 견해를 주장하며 성의 세계가 실재하지 않는다고 말할 수 있다. 그러나 실재 여부와 상관없이 성(의 세계)을 상정하고서야 차례상 앞에서 인간이 행하는 행동을 설명할 수 있다.

기독교인들은 우주의 창조자이자 인간들을 돌보는 '아버지 하느님'(성부, 聖父)을 믿는다. 이 고백은 우주가 궁극적으로 질서와 조화, 그리고 사랑으로 구성되어 있다는 고백이다. 신을 인간처럼 표현하는 것을 신인동형론이라고 부르는데, '아버지'는 고대 지중해 세계에서 권위와 자비를 상징하는 것이며 신이 남성이라는 뜻은 아니다. 성서는 신을 모성적 존재로 그리기도 한다(이 책의 "제10장 기독교는 여성의 동지인가 적인가?"를 참조하라.). 또 예수를 이 땅에 내려온 유일한 신의 아들(성자, 聖子), 메시아로 받아들인다. 기독교인의 믿음에 따르면 예수는 신의 뜻을 실행하다가 고난을 받고, 마침내 로마 지배체제에 의해 십자가형을 받았으나 부활하였다. 그는 참 인간은 누구이며, 참 신은 어떤 존재인지를 알려준다. 따라서 기독교인의 믿음의 대상이

자 따라야 하는 교사이며, 기독교인의 삶에 영향력을 발휘하는 왕과 같은 존재다. 기독교인들은 신의 영, 곧 성령을 믿는다. 예수는 이 신의 영을 자신의 영이라고 부르기도 하였다. 생명의 영으로서 성령은 성부 및 성자와 함께 하며 우주와 인간 내외에 존재한다.

기독교인들은 교회에 모여 공동체를 구성한다. 교회는 사람들의 모임이지만 동시에 그리스도의 몸으로 간주되며, 그곳에서 교인들은 서로 신앙과 삶을 나눈다. 또 그들은 인간의 죄가 용서를 받을 수 있다는 것, 죽음으로 인간의 삶이 끝나는 것이 아니라 부활한다는 것, 그리고 신과 함께하는 영원한 생명을 믿는다. 교파에 따라 다양한 제의가 있지만, 입문식으로 세례와 예수와의 한 몸을 이루는 성만찬은 기독교 제의의 핵심이다.

기독교의 믿음과 제의는 우주의 질서와 조화, 그리고 그것을 가능케 하는 사랑과 헌신과 능력, 죽음과 허무에 굴복하지 않는 생명과 의지와 기쁨, 존재의 궁극적 긍정의 정서를 형성한다. 또 죄와 악과 혼란과 소외에 정의와 선과 조화와 소통을 부여하려는 신의 속성을 닮도록 한다. 이와 같이 기독교가 제공하는 기호체계는 기독교인들에게 우연성과 불가능성과 희소성이 빚어내는 불안과 긴장, 무력감과 좌절감, 박탈감에서 벗어나 삶의 의미와 가치를 찾도록 돕는다.(이 책의 "제11장 신은 불안한 인간들의 심리적 투사, 실화인가?"를 참조하라.)

> **활동**
> 대표적인 기독교인이라고 평가할 만한 사람을 찾아보자.

기독교와 정치·사회

종교를 정치·사회적 영역에서 분리하는 것은 불가능하다. 정교분리라는 이념과 선언이 있지만, 이것은 종교와 정치가 맺으려는 특정한 관계 방식일 뿐이다. 종교는 정치·사회에서 특정한 기능을 수행하는데, 기독교 역시 세계 최대의 종교로서 다음과 같은 기능을 수행한다.

먼저 종교/기독교는 사회를 통합하는 기능을 한다. 사회가 구성되고 유지되려면 누구나 지켜야 하는, 다른 말로 하면 '신성한' 규범과 가치가 있어야 한다. 종교는 바로 그것들을 제공하면서 구성원이 합의하고 연대하고 응집하게 한다. 이를 종교의 제사장적 기능이라고도 부를 수 있다. 거룩한 것과 속된 것을 중재하는 제사장이 제의라는 상징적 세계를 형성하면서 삶과 사회의 안정과 질서를 유지하려는 기능이다. 사회통합기능/제사장적 기능의 역기능도 있다. 낡고 모순된 체제를 혁파하려는 변화와 변혁의 바람을 신의 이름으로 막아서는 사례도 있다.

사회개혁기능도 종교의 주요한 기능이다. 강고한 체제와 질서는 좀처럼 바뀌지 않는다. 이때 종교적 카리스마를 지닌 집단 혹은 개인이 동시대의 사회적 질서를 뛰어넘는 윤리와 새로운 이상을 제시하며 변화를 창출한다. 이를 예언자적 기능이라고도 부를 수 있다. 기존의 체제에 얽매이지 않는 예언자가 삶과 사회의 혁명적 변화를 시도하는 종교적 기능이다. 다만 이 기능은 불필요한 갈등과 과도한 분열, 그리고 예상치 못한 폭력적 결과를 낳기도 한다.

사회적응기능은 개인을 사회에 적응시키는 기능이다. 이것은 사회의 초년생뿐만 아니라 재사회화가 필요한 개인에게도 해당하는 기능이다. 언뜻 사회통합기능과 유사해 보이지만 이 기능은 사회의 통합이 아니라 개인의 사회 적응에 초점이 있다. 이를 현자적 기능이라고도 부를 수 있다. 개인과 사회에 대해 풍부한 지혜를 가지고 있는 현자는 미숙한 개인에게 사회를 소개하고, 낯선 사회 속에서 살아갈 수 있는 지혜와 적응력을 길러준다. 이것의 역기능은 사회적 문제 혹은 구조적 모순을 외면한 채 개인의 적응과 미숙함에 주목하여, 개인을 문제 삼으려 하는 문제가 발생한다.

역사적으로 기독교는 위의 세 기능의 순기능과 역기능을 모두 수행했다. 우리나라의 경우 근현대사에서 기독교의 공헌은 사회개혁기능에서 찾아볼 수 있다(이 책의 "제5장 한국 근현대사속 기독교의 두 얼굴"을 참조하라.). 초창기 기독교의 수용은 당시 전통 종교인 유불선(儒佛仙)이 더는 강력한 영향력을 발휘하지 못하는 상황에서 주체적으로 이루어졌다. 기독교는 지식인들에게 서양의 선진 과학 문명의 통로였고, 핍절한 조선 민중에게는 희망이 되어 주었다. 기독교의 복음이 지닌 신분차별이 없는 평등사상과 의료 기술을 통한 박애주의가 큰 호응을 불러일으켰다. 일제식민지 시절에는 민족주의 운동과 함께 독립에 공헌하기도 했으며, 해방 이후로도 선진 문물의 매개로 또 민주화에 공헌한 세력이기도 했다. 근현대사에서 교육과 의료 부분의 뚜렷한 활동을 했고, 오늘날까지도 우리나라의 지도자로 불리는 이들 가운데 상당수가 기독교인이거나 기독교와 관련을 맺었다. 물론 역기능도 적지 않았고, 이에 대해서는 적절한 비판이 가능하다. 1990년대 중반 이후로 기독교의 사회개혁기능은 상당히 축소되고 통합기능과 적응기능에 대한 강조가 높아졌다.

세계의 정치 현상도 종교와 긴밀하게 밀착되어 있다. 세계의 강대국인 미국의 정치에서 '바이블 벨트'로 불리는 보수 기독교 세력은 정치에 큰 영향력을 행사하고, 중국도 기독교인의 급증으로 얼마 후에는 최대 기독교인을 보유한 국가가 될 것이다. 이미 공산당원 수보다 기독교인이 더 많다는 통계도 제시된다. 유럽의 주도적인 국가인 독일은 이름에 '기독교'를 채택한 정당의 지배력이 여전하고, 가까운 일본의 상황도 '천황'을 중심으로 한 고유 종교인 신토(神道)와 정치 세력 역시 특정한 관계 속에 있다. 중동은 수니파와 시아파의 역동 속에 협력과 연대, 혹은 분쟁과 폭력과 갈등이 형성되어 있다.

활동

기독교의 사회통합기능, 사회개혁기능, 사회적응기능의 순기능과 역기능이 수행된 역사적 사건을 조사해 보자.

기독교와 문화예술

종교가 문화예술에 얼마나 큰 영감의 원천이었고 실제적인 후원자였는지를 알려면 우리가 알고 있는 종교와 관련된 문화 예술을 삭제해 보면 금방 이해할 수 있다. 국내외에 사람들이 몰리는 여행지나 박물관에 종교와 관련된 것을 뺀다면 어떻게 될까? 신라의 유적이 보존된 경주에 불교 관련 유산이 없다면, 이탈리아에 기독교 유적이 없으면 그곳은 여전히 사람들의 발길을 끌 수 있을까?

미술, 음악, 건축 등의 심미적 문화예술과 종교는 같이 탄생하고 성장했다고 할 수 있다.(문화예술에 관련된 이하의 내용은 김학철, 2009:215-258을 부분적으로 재진술 혹은 인용함.) 이 관점에 따르면 미술, 음악, 문학, 건축 등의 문화예술은 원시 종교와 제의 속에 갈라지지 않은 상태로 종합되어 있었다. 예술가는 사제(司祭)였고, 사제는 예술가처럼 행동했다. 예술은 종교와 함께하면서 상상력과 기법을 발전시켰고, 종교적 주제나 동기가 예술가들을 고무하기도 하였다. 기독교 역시 예술가에게 계속해서 영감의 원천으로 남아 있을 수 있었던 이유는, 그것이 자신의 종교적 전통 내에 고대 바빌론, 페르시아, 이집트 및 팔레스타인, 그리고 그레코-로만 세계의 예술을 담고 있었기 때문이다. 예술가들은 기독교적 전통에서 자신의 예술 세계의 자양분을 얻었고, 기독교는 예술을 통하여 더욱 다채로운 종교적 표현을 할 수 있었다.

서양 역사에서 예술이 의식적으로, 그리고 대규모로 종교로부터 독립을 선언하고, 나아가 대적적 관계를 유지하려 시도한 때는 서양의 계몽주의 이후라고 할 수 있다. 당시 서양의 종교였던 기독교는 계몽주의의 영향 아래 종교로부터 자율을 천명한 정치, 경제, 문화, 사회 각 분야를 강제적으로 통합할 수 없었다. 예술 역시 종교로부터 탈출을 기획했다. 종교로부터 분리를 선언한 예술은 종교적 영감 외에 다른 곳에서 예술 전개의 원동력을 구했고, 자신의 독자성을 선명히 하기 위해 종교적 요소를 예술품에서 의도적으로 지우려 하였다.

한편 종교는 떨어져 나간 예술에 큰 미련을 두지 않았다. 기독교 가운데 특히 프로테스탄트는 발생 초기부터 시각 예술의 후원자를 자처하지 않았다. 기독교는 자신의 영역 내에서 충실하게 복속하는 예술만으로도 자족하였다. 종교 안에 남아 있는 예술은 다분히 종교의 자기표현을 위한 도구적 기능을 담당하였다.

종교와 문화예술 사이에 거리를 설정한 것은 나름의 장점이 있었지만, 단점도 명확했다. 예술은 호기롭게 종교적 상상력을 거부했으나 그 결과가 모두 성공적이라고 할 수는 없었다. 예술은 종교적 영향력에서는 벗어났으나 도리어 다른 이데올로기의 도구로 전락하거나, 폐쇄적 예술지상주의 혹은 대중적 소비주의에 일정 부분 함몰되고 말았다. 독자적 영토를 주장하던 예술의 전 영역은 '과학'이나 계산적 학문에 비해 열등한 위치로 평가받았고, 과학기술과 함께 급속하게 발전한 자본주의의 대량 생산 및 대량 소비의 굴레에 편입되어 예술은 '예술상품'을 생산하는 영역으로 축소되기도 했다.

종교 역시 예술 없이 협소해지기는 마찬가지였다. 예술적 상상력을 잃어버린 종교는 자폐적 근본주의, 자본주의에 물든 확장주의, 폐쇄적 도덕주의, 얄팍한 감상주의 등에 한정되는 경향이 농후하였다. '신비'의 영역으로 존중받던 종교적 차원은 과학적 혹은 실증적 합리성에 의해 재단되었다. 종교는 예술이 종교의 영적 차원을 상상력 있게 구체화하던 것과는 전혀 다른 방식으로 자신의 고유 영역이 훼손되는 경험을 하였다. 종교의 테두리 안에 남아 있던 예술적 자원은 종교의 영적 영역을 도전적으로 탐험하기보다는 교리 안에서 순치된 채 느슨해졌다. 도발적이지 못한 예술적 상상력은 경직된 종교를 더욱 완고히 하는 데에 공헌할 뿐이었다. 이러한 양자의 빈곤은 서로를 근원적으로 필요로 한다는 점을 간과한 데에서 비롯되었다. 그러나 이른바 포스트모던 시대에 이르러 종교와 예술은 서로 새로이 만날 수 있는 공간을 확보했다.

활동

음악, 미술, 건축, 문학, 공연예술 등에서 기독교적 작품을 조사해보자. 특히 현대문화예술에 반영된 기독교/종교적 요소를 살펴보자.

정리해봅시다

이 장은 인간의 인간됨, 곧 호모 사피엔스는 삶의 의미와 가치를 추구하는 호모 렐리기오수스임을 설명했다. 이른바 과학이 지식 사회의 패권을 거머쥔 것처럼 보이는 오늘날에도 사람들은 종교를 통해 생각하고, 행동하며 동료 인간들과 함께 살아간다. 21세기 들어 종교는 지역과 문화에 따라 부침을 거듭하고 있지만, 전체적으로 인류가 사는 세계는 여전히 종교적이다. 그러나 불행하게도 현대 사회의 종교 교육은 공교육에서는 매우 제한된 형태로 이루어졌고, 단지 종교 내부 문제로 치부되었다. 이것은 종교 문맹을 불러일으켰다. 종교 문맹은 개인과 개인 사이뿐만 아니라 종교와 종교 사이의 분노와 혐오와 경멸, 나아가 문명들 사이의 충돌이라는 인류의 해결 과제를 낳았다. 따라서 21세기 필수 교양으로서 종교 독해력이 절실해졌다.

종교는 존재의 정체와 질서를 해명하고, 그에 따른 제의와 윤리를 제공하며, 이를 통해 인간에게 삶의 윤리와 기쁨과 보람을 제공하려 한다. 종교는 개인을 넘어서 사회와 긴밀한 상호 교류를 지속하는데, 특별히 기독교는 세계 최대 종교로서 인류와 세계의 형성과 변화에 결정적인 역할을 담당한다. 기독교인은 그들 나름의 존재 이해와 제의, 윤리를 통해 문명을 형성했고, 이를 넘어 세계의 미래에도 깊숙이 연관될 것이다. 따라서 우리는 개괄적인 기독교 이해와 다종교 사회에서 취할 수 있는 모델은 무엇이고, 기독교와 정치·사회·문화예술 사이의 관계를 전체적으로 조망할 수 있는 능력이 필요하다. 종교 이해는 가장 중요한 인문교양이며, 우리는 종교를 통해 인간과 사회의 본질과 현상을 간파할 수 있는 능력을 갖출 수 있다.

토의해봅시다

공부를 위한 토론 주제들

1. 종교적 인간을 드러낼 수 있는 사례를 찾아봅시다.
2. 우리 역사와 사회에서 기독교의 영향력과 역할이 발휘된 사건을 조사해 봅시다.
3. (대중)문화·예술 가운데 종교/기독교적 주제, 소재, 요소들을 발견할 수 있는지 봅시다.
4. 종교문맹이 불러올 문제에는 어떤 것이 있을지 논의해 봅시다.
5. 종교/기독교인이 있다면 자신의 종교경험을 나누어 봅시다. 만약 비종교인이 있다면 그들에게 종교경험을 설명해 봅시다.

더 읽을거리

- 손호현. (2015) **인문학으로 읽는 기독교 이야기**. 서울: 동연.
- 엘리아데, 미르치아. (1998) **성과 속**. 이은봉 역. 서울: 한길사.
- 우드헤드, 린다. (2012) **기독교: 기독교의 교리, 유형, 역사에 대한 간결한 입문**. 김학철 · 남진영 역. 서울: 시그마프레스.
- 캠벨, 조지프. (2009) **신화와 인생**. 박중서 옮김. 서울: 갈라파로스.
- 타이쎈, 게르트. (2009) **기독교의 탄생: 예수 운동에서 종교로**. 박찬웅·민경식 역. 서울: 대한기독교서회.

2장

고전으로서의 성서, 어떻게 읽을 것인가?

목적

- 성서가 그리스도인들의 신앙고백이면서, 동시에 인류의 위대한 고전(古典)임을 이해한다.
- 성서에 대한 잘못된 이해에서 벗어나, 성서를 올바르게 읽는 방법을 이해한다.
- 성서가 인류의 역사와 현대인의 삶에 어떤 영향을 끼치는지 이해한다.

시작하는 질문

- 성서는 어떤 책인가? 우리는 왜 성서를 읽고, 어떻게 성서를 해석하는가?
- 성서의 문자는 완벽한가? 성서의 권위는 어디에서 오는가?
- 성서를 근거로 폭력을 행사하거나 타자를 혐오하고 소외시키는 것이 정당하지 않은 이유는 무엇인가?

개요

이 장은 그리스도교의 경전인 성서가 어떤 책이며, 그리스도인들뿐 아니라 다른 종교를 가지거나 종교가 없는 독자들에게 어떤 의미가 있는지를 살펴본다. 또한 문자적 이해에서 벗어나, 성서의 본문이 전달하려는 메시지를 올바르게 파악할 수 있는 능력을 배양하는 것을 목적으로 한다.

핵심어

성서 | 성서해석 | 성서의 오용 | 성서의 폭력 | 성서의 의미 | 신앙고백으로서의 성서 | 고전으로서의 성서 | 성서와 인류역사 | 성서와 현대사회

생각해봅시다

폭력적 성서해석

> "가나안은 저주를 받을 것이다. 가장 천한 종이 되어서, 저의 형제들을 섬길 것이다." ... "셈은 가나안을 종으로 부릴 것이다. 하나님이 야벳을 크게 일으키셔서, 셈의 장막에서 살게 하시고, 가나안은 종으로 삼아서, 셈을 섬기게 하실 것이다."(창 9:26-27)

대홍수 이야기로 유명한 노아의 예언이다. 신대륙에 진출한 백인들은 이 구절에서 야벳을 백인으로, 셈을 아메리카 원주민으로, 그리고 가나안을 아프리카의 흑인으로 해석하면서, 자신들의 신대륙 정벌뿐 아니라, 흑인노예제도를 정당화하였다. 노예제도를 정당화하는 보다 더 직접적인 구절들도 있다.

> 너희가 남종이나 여종을 두려면, 너희의 주변에 있는 여러 나라에서 남종이나 여종을 사들일 수 있다. 너희는 또, 너희와 함께 사는 외국인 거주자의 자손 가운데서나, 너희의 땅에서 태어나서 너희와 함께 사는 그들의 가족 가운데서 종을 사서, 너희의 소유로 삼을 수 있다. 너희는 또 그 종들을 너희의 자손에게 영원한 유산으로 물려줄 수도 있다. 바로 이들은 너희가 종으로 부려도 된다. 그러나 너희의 동포 이스라엘 자손들끼리 서로 고되게 부려서는 안 된다.(레 25:44-46)

또 바울은 골로새교회에 보낸 편지에서 주인에게 복종할 것을 종(노예)들에게 요구한다.(골 3:22. 이 밖에도 빌레몬서와 고전 7:21-24; 벧전 2:18 참고) 흑인노예제도를 찬성하는 사람들은 이러한 구절들을 근거로 아프리카 흑인들에 대한 자신들의 착취와 압제를 정당화하였다. 아프리카 흑인들은 신의 저주를 받은 종족으로 처음부터 노예의 운명을 타고났다는 것이다.

20세기 후반까지 남아프리카공화국에서 15%의 백인들이 85%의 유색인들을 사회, 경제, 정치적으로 소외시키고 억압한 인종분리정책(아파르트헤이트) 역시 성서적 근거가 있다고 한다. 인종차별을 당연하게 생각하는 사람들은, 바벨탑 사건(창 11:1-11)에 분명하게 드러나듯이, 인종을 구분하고 떼어놓는 것이 하나님의 뜻이라고 주장한다. 물론 다른 근거구절들도 있다.

> 가장 높으신 분께서 여러 나라에 땅을 나누어 주시고, 인류를 갈라놓으실 때에 이스라엘 자손의 수효대로 민족들의 경계를 갈라놓으셨다.(신 32:8)

> 하나님은 한 사람에게서 인류의 모든 민족을 만드셔서, 온 땅 위에 살게 하셨습니다. 그런데 그 이전에 이미 그들이 살아갈 시대와 거주할 땅의 경계를 정해 놓으셨습니다.(행 17:28, 사역)

이러한 구절들이 인종 간의 분리와 차별을 정당화하는 근거로 사용되었다. 남아공에서 정권을 장악한 소수의 백인들은 국가권력에 복종하라는 구절(롬 13:1-7)을 들어 다수의 흑인들을 압제하였으며, 그것이 하나님의 뜻이라고 주장하였다.

이보다 한 세대 전에 일어난 홀로코스트 역시 마찬가지이다. 2차 세계대전 중에 유대인 대학살을 저지른 나치는 성서를 근거로 자신들의 만행을 정당화하였다. 나치는 예수의 죽음에 대한 책임이 유대인들에게 있다고 주장하였다. 예수를 죽일 음흉한 계략을 꾸민 사람들은 유대인들이었다(마 26:3-4; 막 14:1; 눅 22:2). 특히 〈마태복음〉은 유대인들의 책임을 더욱 분명히 보도한다. 예수의 재판에서, 예수를 처형하라는 유대인들의 외침에도 불구하고 빌라도가 망설이는데, 바로 그때 유대인들은 "그 사람의 피를 우리와 우리 자손에게 돌리시오"(마 27:25) 라고 선언함으로써 빌라도를 압박한다. 결국, 유대인들에 대한 학살은 유대인들 스스로 자초하였다는 것이 나치의 주장이다. 반유대주의적 색채를 드러내는 본문은 이 밖에도 많다(가령, 살전 2:14-16; 계 2:9; 3:9 등).

성서의 문자들은 여자들에게도 호의적이지 않다.

> 아내 된 이 여러분, 남편에게 순종하십시오. 이것이 주님 안에서 합당한 일입니다.(골 3:18. 또한 엡 5:22-23 참고)

> 바울은 또한 여성들에게 교회에서 잠자코 있으라고 하는데, 여성들에게는 발언할 권리가 없고, 그저 복종해야 할 의무만이 있다는 것이다.(고전 14:34)

> 여자는 조용히, 언제나 순종하는 가운데 배워야 합니다. 여자가 가르치거나 남자를 지배하는 것을 나는 허락하지 않습니다. 여자는 조용해야 합니다.(딤전 2:11-15)

여성이 남성에게 절대적으로 복종해야 하는 이유는, 남성이 여성을 위하여 존재하는 것이 아니라, 여성이 남성을 위하여 존재하기 때문이다.(고전 11:9) 이러한 분위기는 구약성서에도 분명하게 드러난다. 에덴동산에서 쫓겨난 여자에게 하나님은 이렇게 말씀하신다.

> 내가 너에게 임신하는 고통을 크게 더할 것이니, 너는 고통을 겪으며 자식을 낳을 것이다. 네가 남편을 지배하려고 해도 남편이 너를 다스릴 것이다.(창 3:16)

여성에 대한 차별은 하나님이 허락하신 일이며, 자연의 순리라는 것이 차별주의자들의 주장이다. 그들은 인류 최초의 죄가 여성에게서 비롯되었으며, 여성이 남성을 죄인으로 만들었다고 이해한다.(창 3:1-7)

오늘날 한국사회에서도 성서의 문자들을 근거로 이러한 온갖 차별과 혐오를 정당화하는 사람들이 있다. 이들 차별주의자들은 성서를 근거로 성소수자 혐오를 정당화하며, 성서를 근거로 이슬람 혐오를 정당화한다. 또한 성서를 근거로 음주를 죄악시하며, 성서를 근거로 십일조를 강요한다.

그러나 그들은 성서가 금지한 돼지고기를 먹는 데 아무런 문제의식을 느끼지 않는다.(레 11:7-8 참고) 또 누군가가 아버지나 어머니를 저주한다고 해서 그 사람을 사형에 처해야 한다고 주장하지도 않는다.(레 20:9 참고) 안식년 규정(레 25:1-7)이나 희년 규정(레 25:8-13)에 무관심하다. 또한 이자를 받지 말라는 명령(레 25:36)도 이들에게는 구속력이 없다. 구약뿐 아니라 신약의 명령에 대해서도 마찬가지이다. 피가 들어간 순대와 선지를 먹으며(행 15:20, 29 참고), 여성들에게 머리에 수건을 쓰고 예배드릴 것(고전 11:6)을 요구하지 않는다. 또한 손으로 뱀을 집어 들며, 독약을 마실지라도 절대로 해를 입지 않으리라는 약속(막 16:18)을 믿지는 못하는 것 같다.

성서, 어떤 책인가?

그리스도교의 경전인 성서는 한 권의 책이면서, 동시에 두 권이며, 또한 66권이다. 그리스도교는 모태종교인 유대교의 경전을 받아들였으며(구약, Old Testament), 이에 덧붙여 또 다른 새로운 문서들을 권위 있는 하나님의 말씀으로 인정하였다(신약, New Testament). 구약성서는 〈창세기〉로 시작하여 〈말라기〉에 이르기까지 39권의 책으로, 신약성서는 〈마태복음〉부터 〈요한계시록〉까지 27권의 책으로 구성되어 있다. 이렇게 총 66권의 책이 그리스도교의 경전이다.

우리말 '구약'(舊約)과 '신약'(新約)에 사용되는 한자에서도 드러나듯이, 성서는 '계약'과 매우 밀접하게 관련되어 있다. 라틴어 '테스타멘툼'(testamentum)은 유언(장)을 뜻하는 법률용어이다. 유언이야말로 죽은 사람과 살아있는 사람들 사이의 계약이다. 일찍이 히브리인들은 자신들과 하나님의 관계를 계약으로 이해하였다. 이러한 전통에서 출발한 그리스도교라는 새로운 종교는 새로운 문서들(신약)을 하나님과 맺은 추가적인 계약으로 이해하였다.

구약성서는 (부분적으로 아람어로 기록된 부분도 있지만 주로) 히브리어로 기록되었다. 유대인들의 경전이 그들의 언어인 히브리어로 기록되었다는 사실은 지극히 자연스럽고 당연하다. 그런데 예수와 그의 첫 제자들이 모두 유대인이며, 그들이 아람어를 모국어로 사용하였음에도 불구하고, 신약문서들은 히브리어나 아람어가 아닌, 그리스어로 기록되었다. 얼핏 이해하기 힘들다. 더군다나 신약문서들이 기록된 기원후 1-2세기, 지중해 세계의 패권국은 로마제국이었으며, 그들이 공식적으로 사용하는 언어는 라틴어였다. 그런데 신약성서는 그리스어로 기록되었다. 정치·군사적으로 헬라제국들을 무찌르고 패권을 차지한 로마가 문화적으로는 여전히 그리스에 종속되어 있었기 때문이다. 로마 사람들은 계약서나 포고문 등 공식적인 문건(document)을 기록할 때에는 주로 라틴어를 사용하였으나, 문학(literature)에서는 여전히 그리스어를 주로 사용하였다. 기원후 200년경에 이르러서야, 초기 그리스도교 작가들 가운데 테르툴리아누스(Tertullianus)가 처음으로 라틴어로 저술활동을 하였을 정도이다. 그러니 신약성서가 그리스어로 기록된 것은 그 시대의 자연스러운 분위기였다. 오늘날 우리가 보는 우리말 성서는 바로 히브리어 구약성서와 그리스어 신약성서를 번역한 것이다.

그렇다면, 우리는 히브리어로 된 구약성서 원본이나 그리스어로 된 신약성서 원본을 가지고 있는가? 고대의 모든 문학작품이 그렇듯이, 성서 역시 원본이 없다. 수많은 사본이 존재할 뿐이다. 구약의 경우, 대략

10,000개의 사본이 있는 것으로 알려져 있다. 전통적으로 가장 권위 있는 히브리어 구약사본은 11세기 초의 레닌그라드 사본(Codex Leningradensis)이다. 물론 이보다 조금 앞서 만들어진 권위 있는 사본들도 있다. 10세기 전반의 알렙포 사본(Aleppo Codex)과 9세기 말의 카이로 사본(Codex Cairensis) 등이 여기에 속한다. 20세기 중반에 사해 근처의 쿰란(Qumran) 지역에서 기원전의 구약성서 단편 사본들(fragments)이 200여 개 발견되면서, 구약성서의 매우 초기 본문을 확인할 수 있는 길이 열리기도 하였다. 이 밖에도 수많은 번역본들(그리스어 구약성서, 아람어 구약성서 등)이 있다.

신약의 경우, 약 25,000개의 사본이 존재한다. 이 가운데 원어인 그리스어로 기록된 사본은 5,700여 개이다. 신약성서 전체가 포함된 가장 이른 시기의 사본은 4세기의 바티칸 사본(Codex Vaticanus)과 시내 사본(Codex Sinaiticus)이다. 그런데 20세기 들어서, 비록 단편(fragments)이기는 하지만 3세기 이전의 것으로 추정되는 초기 사본들이 대량으로 발견되었다. 이 가운데에는 심지어 2세기 전반의 사본도 있으며(P52), 어떤 사본들은 상당히 긴 본문을 가지고 있기도 하다(P45, P66, P75 등).

비록 원본은 없지만 이처럼 수많은 사본이 있는데, 문제는 이 사본들 가운데 정확하게 일치하는 두 개의 사본이 없다는 사실이다. 인쇄기술이 없던 시절에는 대본을 손으로 필사하여 책을 만들었는데, 그러한 과정 가운데 실수로 본문이 바뀌는 경우가 많았기 때문이다. 이렇듯 오늘날 우리에게 전해지는 서로 다른 수많은 사본을 비교하여 읽고, 분석하고, 연구해서, 소위 원본의 본문을 재구성하려는 학문적인 노력을 '본문비평'(textual criticism)이라고 한다. 지금 이 순간에도 수많은 본문비평학자들은 '원본문'에 더 가까운 본문을 회복하기 위하여 노력하고 있으며, 그 결과 원래의 본문에 상당히 가까운 신뢰할 수 있는 본문을 재구성하는 데에 이르렀다. 물론 우리가 재구성해 놓은 본문이 원문과 같은 확률은 없다. 그러나 새로운 자료들, 특히 알려지지 않았던 고대의 사본들이 지속적으로 발견되고 있고, 또한 본문비평이라는 학문이 방법론적으로 진보하고 있기 때문에,

우리는 점점 '원본문'에 더 가까운 본문을 회복해 나가고 있다고 평가할 수 있다.

살펴봅시다

성서는 어떤 책인가? 하나님의 말씀인가, 아니면 인간의 저술인가? 아니면, 하나님의 말씀인 동시에 인간의 저술인가? 그것도 아니면, 또 다른 무엇인가? 사람마다 저마다의 종교와 가치관에 따라 성서를 바라보는 시각이 다르다. 이 장에서는 다만, 성서에 대한 몇 가지 오해를 소개함으로써, 성서가 어떤 책인지에 대해 고민할 수 있는 기회를 제공하고자 한다.

성서, 과학책이 아니다

가장 다양하게 분류되는 무척추동물은 곤충인데, 그 종류가 100만 종에 달한다. 그런데 이 다양한 종들 사이에도 공통점들이 있는데, 그 가운데 중요한 것이 다리가 세 쌍이라는 점이다. 곤충처럼 생겼지만, 다리가 네 쌍인 거미는 곤충에 속하지 않는다. 그런데 성서는 곤충의 다리가 네 개라고 한다(레 11:20-23). 이처럼 성서에는 우리의 과학적 상식과 맞지 않는 내용이 많다. 그러나 이것은 자연스러운 현상이다. 성서는 과학적 지식을 전달할 목적으로 기록된 과학책이 아니기 때문이다.

두 개의 창조 이야기

그리스도인 과학자들로 구성된 '창조과학회'라는 단체가 있다. 이 단체는 성서에 보도되는 내용을 과학적으로 입증하려고 한다. 성서의 연대표를 근거로 지구의 나이를 계산하며, 창세기에 보도되는 에덴동산의 위치와 노아의 방주의 흔적을 찾아내려고 노력한다. 그러나 이 단체가 가장 중요하게 생각하는 것은, 창세기에 보도되는 천지창조 이야기를 과학적으로 증명하는 일이다. 그럼으로써 진화론의 허위를 폭로하고, 창조론의 궁극적 승리를 선포하고자 한다.

물론, 그들의 종교적 신념은 존중받아야 한다. 그러나 분명한 점은 창세기에 두 개의 창조 이야기가 보도되며, 그 두 이야기의 내용이 서로 다르다는 사실이다. 첫 번째 이야기(창 1:1–2:3a)는, 첫째 날에 하나님이 빛을 만드시고, 둘째 날에 물을 갈라서 하늘(궁창)을 만드시고, 그렇게 엿새 동안 세상을 창조한 후에, 마지막 일곱째 날에 쉬셨다는 내용이다. 두 번째 창조 이야기(창 2:3b 이하)는 하나님이 흙으로 사람(아담)을 만들고, 온갖 동물들을 만든 뒤에, 짝이 없는 아담을 위해 아담의 갈비뼈로 여자(하와)를 만드셨다고 보도한다. 이 두 이야기는 완전히 독립적인 서로 다른 이야기로, 창조의 순서와 방법이 다르다. 그렇기 때문에 창조 이야기가 과학적으로 증명할 수 있는 진리라고 주장한다면, 어떤 이야기를 증명할 것인지부터 문제가 된다. 서로 다른 두 개의 이야기 모두를 과학적으로 증명할 수는 없기 때문이다.

가장 작은 씨앗

대다수의 그리스도인들은 세상에서 가장 작은 씨앗이 겨자씨라고 생각한다. 예수의 비유에 그렇게 묘사되기 때문이다.

> 예수께서 또 말씀하셨다. "우리가 하나님의 나라를 어떻게 비길까? 또는 무슨 비유로 그것을 나타낼까? 겨자씨와 같으니, 그것은 땅에 심을 때에는 세상에 있는 어떤 씨보다도 더 작다. 그러나 심고 나면 자라서, 어떤 풀보다 더 큰 가지들을 뻗어, 공중의 새들이 그 그늘에 깃들일 수 있게 된다." (막 4:30–32)

그런데 농사를 지어본 사람은 겨자씨보다 작은 씨앗이 많다는 사실을 잘 안다. 겨자씨보다는 배추씨가 더 작으며, 배추씨보다는 담배씨가 더 작다. 그러나 훨씬 더 작은 씨앗도 있다. 열대우림지역에서 서식하는 기생란(epiphytic orchid) 가운데에는 그 씨앗의 길이가 85마이크로미터, 무게가 0.8마이크로그램인 것도 있다. 1센티미터의 1/100도 안 되며, 현미경으로 겨우 관찰할 수 있을 정도이다. 씨앗 120만 개를 모아야 겨우 1그램이 된다. 그러니 성서가 말하듯이, 겨자씨가 세상에서 가장 작을 수는 없다.

물론, 성서는 어떤 식물의 씨앗이 가장 작은지에 관심이 있지 않다. 예수는 하나님 나라를 겨자씨를 빗대어 말하는데, 하나님 나라가 지금은 매우 미미하지만, 곧 엄연한 현실이 되리라고 가르치는 것이다. 그 시작은 작은 씨앗처럼 보잘것없지만, 놀라운 결말로 이어질 것이다. 예수는 작은 겨자씨 한 알 안에 깃들어 있는 놀라운 미래를 이야기하였다.

둥근 지구가 자전한다는 것을 성서로 증명?

지구의 공전과 자전 때문에 우리는 사계절과 밤낮을 구분한다. 물론 옛날 사람들은 그렇게 생각하지 않았다. 지구가 평평하고 하늘이 지구를 돈다고 생각하였다. 천동설적 세계관이다. 성서에도 이러한 세계관이 반영되어 있다(수 10:13; 시 19:6; 104:5; 전 1:5 등). 그런데 어떤 사람들은 둥근 지구가 자전한다는 사실을 굳이 성서로 증명하려고 한다.

> 내가 너희에게 말한다. 그 날 밤에 두 사람이 한 잠자리에 누워 있을 터이나, 한 사람은 데려가고, 다른 한 사람은 버려 둘 것이다. 또 두 여자가 함께 맷돌질을 하고 있을 터이나, 한 사람은 데려가고, 다른 한 사람은 버려 둘 것이다.(눅 17:34-35)

예수의 재림이 어느 한 순간에 일어날 텐데, 이때 지구의 한쪽은 밤이라 사람들이 잠을 자고 있고, 반대쪽은 낮이라 일을 하고 있다. 둥근 지구가 자전하기 때문에 지구의 한쪽이 밤이면, 반대쪽이 낮이라는 사실을 아무도 알지 못하던 시대에 예수가 이 과학적 지식을 누설하였다고 그들은 주장한다.

그러나 두 여자가 맷돌을 돌리는 때가 낮이라는 보도가 없다. 낮이어야 할 필요도 없다. 오히려 맷돌질은 그날 먹을 빵을 굽기 위한 것으로, 매우 이른 새벽부터 행하였던 일이라고 한다면, 맷돌질을 하는 그 시점은 사람들이 아직 잠자리에 있을 때가 되니, 이 역시 밤의 영역에 포함된다. 그러나 무엇보다도 누가가 이 일이 '그 밤에' 이루어질 것이라고 묘사한다는 점에 주목해야 한다. 두 사람이 한 잠자리에 누워있는 때뿐 아니라, 두 여자가 함께 맷돌을 갈고 있는 때도 밤이다. 〈마태복음〉에도 이와 비슷한 보도가 나온다.

> 그 때에 두 사람이 밭에 있을 터이나, 하나는 데려가고, 하나는 버려둘 것이다. 두 여자가 맷돌을 갈고 있을 터이나, 하나는 데려가고, 하나는 버려둘 것이다. 그러므로 깨어 있어라. 너희는 너희 주님께서 어느 날에 오실지를 알지 못하기 때문이다. (마 24:40-42)

〈누가복음〉에서와는 달리 〈마태복음〉에서는 예수의 재림이 낮에 일어나는 것처럼 묘사된다. 그러나 마태는 이 사건이 낮에 일어날 것이라는 확신을 가지고 있는 것이 아니다. 이 단락의 메시지는 재림의 날이 언제 올지 모르니, 늘 깨어있으라는 경고이다. 마태나 누가는 자연과학적 지식을 전달하려는 목적으로 복음서를 기록하지 않았다. 그러니 성서를 읽는 독자들 역시 성서에서 과학적 지식을 배우려 하거나, 성서의 보도를 과학적으로 증명하려고 애쓸 필요가 없다.

종교와 과학

종교(그리스도교)와 과학은 결코 배타적이지 않다. 진화론과 창조론 역시 서로 배타적이지 않다. 창조론이 거부되어야 진화론이 받아들여지거나, 진화론이 부정되어야 창조론이 인정받는 것이 아니다. 이 두 개념은 층위가 다르다. 진화론(theory of evolution)은 과학적 이론이며, 창조론(creationism)은 과학적 이론이 아니라 신념이나 믿음 또는 가치관과 관련된 고백이다. 성서에는 그것이 기록될 당시의 경제, 사회, 정치, 역사, 문화적 경험뿐 아니라, 당시의 세계관과 가치관이 반영되어 있다. 성서시대의 과학적 상식 역시 성서에 자연스럽게 흘러들어갈 수밖에 없었다. 〈창세기〉에 보도되는 창조이야기는, 당시의 과학적 지식을 토대로 이 세상의 기원에 대한 믿음을 고백적 언어로 표현한 것이다. 그러다 보니, 오늘날 현대과학의 관점과 수준에서 도저히 납득할 수 없는 요소가 있을 수밖에 없다.

과학적 이론 역시 불변하지는 않는다. 다윈의 진화론이 150여 년의 세월을 거치며 수정되거나 보완되었듯이, 앞으로도 지속적으로 진화할 것이다. 세월을 이기는 과학이론은 없다. 절대로 변하지 않을 것만 같은 과학이론도 변하기 마련이다. 자연과학이론이라는 것이, 제한적인 인간의 사고와 언어로 자연의 현상을 설명하려는 것이기 때문이다.

> **활동**
> 창조과학회의 주장들(가령, 젊은 지구론 등)을 살펴보고, 각각 과학적 관점과 종교적 관점에서 비판할 점을 찾아보자.

일반적으로 과학은 "무엇을 할 수 있는가?"에 대한 답변을 제시하며, 종교는 "무엇을 해도 되는가?"에 대한 답변을 제시한다. 따라서 과학과 종교는 각자의 한계를 스스로 인식하며 겸허하게 대화할 때, 서로를 보완하는 관계를 맺을 수 있다.

성서, 역사책이 아니다

과거에 있었던 이야기를 들려준다는 점에서 성서를 역사책이라고 할 수는 있다. 구약성서는 이스라엘의 긴 역사를 서술하고 있으며, 신약성서는 예수의 삶과 교회의 성장에 대한 이야기를 들려주고 있기 때문이다. 그러나 성서에 기록된 내용이 우리가 일상적으로 사용하는 의미에서의 실증적 역사는 아니다.

두 개의 족보(마 1:1–17; 눅 3:23–38)

예수의 족보는 〈마태복음〉과 〈누가복음〉에 들어있다. 그런데 두 족보가 일치하지 않는다. 마태는 예수의 족보를 위에서 아래로, 누가는 아래에서 위로 기록하고 있다. 물론 이러한 것은 아무런 문제가 되지 않는다. 마태의 족보는 아브라함에서 시작하며, 〈누가복음〉의 족보는 아브라함을 거쳐 아담을 지나 하나님까지 이른다. 이것 역시 문제가 되지 않는다. 문제는 아브라함에서 예수에게 이르는 두 족보의 내용이 다르다는 데 있다.

〈마태복음〉의 족보에는 아브라함에서 예수까지 41대인데, 〈누가복음〉에는 56대이다. 다윗을 기준으로 하면, 마태는 예수가 다윗의 28대손이라고 하고, 누가는 43대손이라고 한다. 전통적으로 마태의 것은 부계(요셉) 족보이고, 누가의 것은 모계(마리아) 족보라고 설명하지만, 그렇다고 문제가 해결되지는 않는다. 누가의 족보는 분명히 다윗으로부터 내려오는 족보인데, 마리아와 사촌지간인 엘리사벳이 아론의 자손이라고 누가는 증언한다(눅 1:5). 또한 누가는 요셉이 다윗의 자손이라고 분명하게 밝히고 있다(눅 1:27). 따라서 누가는 분명히 예수의 부계 족보를 기록한 것이다.

또한 두 족보가 아브라함에서 다윗까지는 대략 일치하지만, 정확하게 일치하는 것도 아니다. 마태는 헤스론이 람을 낳고, 람이 아미나답을 낳았다고 보도하는데(마 1:3–4. 또한 대상 2:9–10 참고), 누가에 따르면 헤스론의 아들은 아르니이고, 아르니의 아들은 아드민이며, 아드민의 아들이 아미나답이다(눅 3:33). 또한 요셉의 아버지 이름은 다른데, 할아버지 이름은 다시 같으며, 그 위쪽으로는 다윗 바로 아래까지 완전히 다른 족보가 이어진다. 그러나 그 다른 와중에, 무너진 예루살렘 성전을 다시 세운 스룹바벨과 그의 아버지 스알디엘은 공통적으로 포함되어 있다.

이렇게 서로 다른 두 개의 족보가 객관적 실증적 차원의 역사일 수는 없다. 오히려 마태와 누가가 예수의 족보로 무슨 메시지를 전하려고 하는지를 파악하는 것이 중요하다. 마태와 누가는 메시아가 다윗의 가문에서 나올 것이라는 예언을 잘 알고 있었으며, 각각 족보를 제시함으로써 예수를 메시아로 선포하는 것이다.

두 개의 탄생 이야기(마 1:18-2:23; 눅 2:1-40)

유대인들 사이에는 메시아가 베들레헴에서 태어날 것이라는 예언이 널리 알려져 있었다. 그런데 예수는 나사렛 출신이 아닌가? 갈릴리 지역의 작은 마을 나사렛은 팔레스타인 땅의 북쪽 끝이며, 베들레헴은 남쪽 끝이다. 어떻게 나사렛 사람인 예수가 메시아일 수 있겠는가? 그 자초지종을 들려주는 것이 마태와 누가가 보도하는 예수의 탄생 이야기이다.

그런데 문제는, 두 복음서가 보도하는 예수의 탄생 이야기가 완전히 다르다는 데 있다. 탄생 시기부터 다르다. 마태는 예수가 헤롯대왕이 죽기 직전에 태어났다고 하는데, 기원전 4년이다. 반면에 누가는 구레뇨 총독 때 예수가 태어났다고 하는데, 기원후 6년이다. 10년의 차이가 있다.

〈누가복음〉에 따르면, 요셉은 나사렛에 살고 있었는데, 아우구스투스 황제의 인구조사 명령 때문에 호적을 등록하러 멀리 고향 베들레헴으로 갔다. 이때 만삭인 마리아를 데리고 갔는데, 마리아가 그만 베들레헴에서 아이를 낳았다. 여관에 빈 방이 없어서 마구간에서 말이다. 그 뒤에 요셉과 마리아는 다시 나사렛으로 돌아갔고, 그래서 예수는 베들레헴에서 태어났지만, 나사렛 사람으로 알려지게 되었다는 것이다.

그런데 〈마태복음〉에는 이러한 내용이 다 빠져있다. 마태의 보도에 따르면, 요셉과 마리아는 처음부터 베들레헴에 살고 있었다. 동방박사들에게 유대인들의 왕이 태어났다는 소식을 들은 헤롯대왕이 분노하여, 베들레헴과 인근지역에서 태어난 두 살 이하의 아이들을 다 죽이라고 명령하였다. 그래서 예수의 가족은 피비린내 나는 학살을 피해 이집트로 피신하였으며, 헤롯대왕이 죽은 뒤에 다시 이스라엘 땅으로 돌아왔다. 그런데 예루살렘 근처인 베들레헴으로 가지 않고, 저 멀리 북쪽 갈릴리 지역의 나사렛이라는 마을로 들어가게 되었다. 따라서 예수가 나사렛 사람으로 알려져 있지만, 베들레헴에서 태어났고, 그렇기 때문에 메시아라는 것이다.
누가에 따르면, 베들레헴에서 태어난 예수는, 여드레 만에 할례를 받았고, 40일 뒤에는 예루살렘 성전에서 봉헌되었다. 그런데 마태의 예수는 이미 이집트에 있다. 두 이야기가 동시에 객관적, 실증적 역사일 수는 없다.

바울의 연대기

이방사람들을 위한 사도이자 초기그리스도교 운동의 가장 위대한 전도자였던 바울, 그에 대한 정보를 우리는 크게 두 자료에서 얻을 수 있다. 하나는 그가 직접 쓴 편지들(바울서신)이고, 다른 하나는 교회 확장의 역사를 기술한 〈사도행전〉이다. 그런데 이 두 자료가 일치하지 않는다.

〈사도행전〉은, 신비한 체험을 한 바울이 다마스쿠스에서 곧바로 예루살렘에 올라가서 사도들을 만났다고 보도한다.(행 9:26–28) 그러나 바울은 자신이 쓴 편지에서 이러한 사실을 극구 부인한다. 자신은 절대로 예루살렘으로 곧바로 가지 않았고, 아라비아로 갔다가 다마스쿠스로 되돌아갔다고 증언한다.(갈 1:17) 삼 년이 지나서야 예루살렘에 올라갔으며, 이때에도 사도들을 다 만난 것이 아니라 베드로(게바)와 야고보밖에는 아무도 만나지 않았다고 힘주어 강조한다.(갈 1:18–20)

두 자료에 차이가 나는 것은 그나마 이해할 수 있다. 그런데 때로는 〈사도행전〉 자체의 보도들도 서로 모순되기도 한다. 다마스쿠스로 가는 길에 바울이 그리스도를 만나는 신비한 체험을 하는데, 〈사도행전〉은 이에 대해 세 차례에 걸쳐 보도한다(행 9:1–19; 22:6–16; 26:12–18). 그런데 각각의 보도가 조금씩 다르다. 이 체험에서 바울은 환한 빛을 보았고, 하늘에서 들려오는 음성을 들었다. 그런데 그와 함께 있던 사람들도 그 빛을 보고, 음성을 들었는가? 첫 번째 보도는 바울 일행이 소리는 들었으나, 아무것도 보지 못하였다고 한다(행 9:7). 반면에 두 번째 보도는 그들이 빛은 보았으나, 하늘의 음성은 듣지 못하였다고 한다(행 22:9).

〈사도행전〉은 바울이 세 차례에 걸쳐 선교여행을 하고, 마지막에 로마로 압송되었다고 보도한다. 그런데 바울의 편지들에서는 여러 차례에 걸친 여행의 흔적을 발견할 수 없다. 바울서신을 보면, 마치 바울이 한 차례 선교여행을 한 것으로 전제되어 있다. 서로 다른 보도들 가운데 무엇이 옳고, 무엇이 그른지를 따지려는 것이 아니다. 단지, 두 자료의 보도가 서로 다르다는 것을 아는 것만으로도 성서가 객관적 실증적 역사를 서술하는 책이 아님을 이해하는 데에 충분하다.

성서의 역사서술

〈사무엘하〉에 보면, 하나님께서 이스라엘에게 진노하셔서, 백성을 치려고, 다윗을 부추기셨다는 내용이 나온다.(삼하 24:1) 그런데 같은 내용을 보도하는 〈역대기상〉에는 하나님이 아니라 사탄이 다윗을 부추긴다.(대상 21:1) 같은 사건에 대한 상반되는 해석이다. 모든 역사서술에는 사관(史觀)이 빠질 수 없다. 특별히 성서에 기술된 역사는 신앙의 눈으로 해석된 것이다. 역사적 사건에 대한 성서의 일차적 관심은, 발생한 사실을 객관적으로 보도하려는 데 있지도 않으며, 또한 실증적으로 증명하려는 데에 있지도 않다. 그것의 신학적, 또는 신앙적 의미를 드러내려는 데 있다. 따라서 성서에 보도되는 사건의 객관적 진위여부를 판단하기보다는, 성서의 저자가 그 사건에 어떤 의미를 부여하는지, 또 그 사건을 서술함으로써 무엇을 드러내고자 하는지를 파악하는 것이 중요하다.

활동

네 복음서를 비교하여 읽고, 차이점을 찾아보자. 또한 왜 그러한 차이점이 생기게 되었으며, 각 복음서의 특징이 무엇인지 살펴보자.

성서, 윤리책이 아니다

성서에는 양심에 비추어 도저히 받아들일 수 없는 구절도 있다. 비윤리적으로 보이기 때문이다. 러셀은 『나는 왜 그리스도인이 아닌가』라는 책에서 예수의 비윤리적인 행위를 비난하며, 그래서 자신은 그리스도인이 될 수 없다고 선언한다. 이러한 평가는 성서가 윤리적이어야 한다고 전제한다. 그런데 성서에는 그렇지 못한 부분이 상당히 많다.

롯의 두 딸이 아버지에게 술을 접대하고, 술에 취한 아버지와 동침하여 아들을 낳은 이야기(창 19:30-38), 다말이 술에 취한 시아버지(유다)를 유혹하여 동침하고 아들을 얻게 된 이야기(창 38:1-30), 예언자 엘리사가 자신을 대머리라고 놀리는 아이들을 저주하자 숲속에서 두 마리 곰이 나와서 마흔두 명이나 되는 아이들을 찢어 죽인 이야기(왕하 2:23-24) 등은 윤리적으로 받아들이기 힘들다.

무화과나무에 대한 예수의 저주

러셀은 예수를 비판하면서 무화과나무 사건(막 11:12-14, 20-21)을 예로 든다. 예수가 배가 고팠는데, 멀리 무화과나무가 보였고, 열매를 따먹으려고 가까이 가서 보니, 잎사귀밖에 없었다. 그래서 예수는 무화과나무를 저주하였고, 무화과나무는 바싹 말라버렸다. 그런데 여기서 문제가 되는 것은, "무화과의 철이 아니었기 때문"(막 11:13)이라는 마가의 보도이다. 아직 열매를 맺을 철이 아닌데, 열매가 없다고 무화과나무를 저주하는 예수의 처사를 이해할 수 있는가? 자기의 감정을 통제하지 못하고 무책임하게 화를 내는 비윤리적인 행위가 아닌가? 그러나 이러한 평가는 본문을 '윤리적인 시각'으로 해석하려다 빚어진 오해이다.

유월절을 눈앞에 두고 있었으니, 시기적으로는 3-4월이다. 무화과나무는 7-8월 한여름이 되어야 잎사귀가 무성해지고 열매를 맺기 때문에, 당시는 열매를 기대할 수 없는 때이다. 하지만 또한 잎사귀도 무성해서는 안 된다. 잎이 무성하다면 당연히 열매도 있어야 하는 게 무화과나무이다. 그런데 예수가 저주한 무화과나무는 잎만 무성하고 열매가 없었다.

무화과나무는 이스라엘과 유대교를 상징한다. 따라서 우리는 이 이야기에서 잎만 무성하고 열매가 없는 유대교를 저주하는 예수의 모습을 발견할 수 있다. 예수는 겉만 번지르르하고 내실이 없는 유대교의 종말을 선언한 것이다. "무화과의 철이 아니었기 때문"(막 11:13)이라는 표현은 이제 유대교의 시대가 끝났다는 선포이다. 이어 예수는 예루살렘 성전에 들어가서 성전 중심의 유대교에 종말을 선포한다(막 11:15-19). 이러한 것을 행위비유라고 한다. 그런데 구속적이고 종말론적인 이러한 행위비유를 윤리적인 시각으로 해석하려다 보니, 오해할 수밖에 없다.

복음을 위하여 가족을 버려라! (막 10:23-30)

부모를 공경하라는 십계명의 가르침(출 20:12, 신 5:16)은 그리스도인뿐 아니라 모든 사람에게 친숙한 윤리적 명령이다. 신약에도 이러한 가르침은 강조된다. "자녀된 여러분, 모든 일에 부모에게 복종하십시오."(골 3:20, 또한 엡 6:1, 딤전 5:4 등 참조) 그런데 이와는 전혀 다른 분위기를 자아내는 단락도 있다.

> 예수께서 말씀하셨다. "내가 진정으로 너희에게 말한다. 나를 위하여, 또 복음을 위하여, 집이나 형제나 자매나 어머니나 아버지나 자녀나 논밭을 버린 사람은, 지금 이 세상에서는 박해도 받겠지만 집과 형제와 자매와 어머니와 자녀와 논밭을 백 배나 받을 것이고, 오는 세상에서는 영원한 생명을 받을 것이다."(막 10:29-30)

오는 세상에서 백배나 되는 복과 영원한 생명을 얻기 위해서는 재산과 가족을 버려야 한다. 그런데 우리는 과연, 나의 개인적인 이익을 위해 가족을 버릴 수 있는가? 아브라함은 자신이 하나님의 명령에 잘 따름을 드러내 보이기 위해 뒤늦게 얻은 귀한 아들 이삭을 죽이려고 하였다.(창 22:1-19) 입다는 하나님께 서약했다는 이유로 전쟁에서 승리하고 돌아온 자신을 가장 먼저 맞으러 나온 무남독녀 외동딸을 죽였다.(삿 11:29-40) 우리에게 이러한 용기가 있는가? 아니, 이것은 혹시 광란과 만용의 잔치가 아닌가? 오히려 가족의 안녕과 행복을 위해 내 한 몸 희생하는 것이 우리의 미덕이 아니던가! 아들 야곱과 함께 남편 이삭을 속이는 모험을 계획하던 리브가가, 축복은커녕 저주를 받게 되지 않을까 두려워하는 야곱에게 했던 말이 우리의 일반적인 정서이다. "아들아, 저주는 이 어미가 받으마."(창 27:13) 이런 대목에 오면, 모든 재산을 버리라는 예수의 가르침은 오히려 쉬워 보인다(마 19:16–30, 막 10:17–31; 눅 18:18–30). 그런데 어떻게 가족마저 버리라고 하는가?

영원한 생명을 얻기 위해서 해야 할 일이 무엇이냐는 어떤 부자의 질문이 부모형제마저 버리라는 이 이야기의 배경이 된다. 어려서부터 율법의 계명들을 잘 지키던 부유한 사람이 예수에게 와서는 무릎을 꿇고 "제가 영원한 생명을 얻으려면, 무엇을 해야 하겠습니까?" 하고 묻는다.(막 10:17) 그러자 예수는 그에게 "네가 가진 것을 다 팔아서, 가난한 사람들에게 주어라."고 한다.(막 10:21) 그러나 영생은 이러한 윤리적인 행동에 대한 보상이 아니다. 예수의 궁극적인 관심은 그 다음에 이어지는 말에 나타난다. "그리고, 와서, 나를 따라라!" 극단적인 상황에서도 모든 것을 기꺼이 포기하고 따를 것을 예수는 요구한다. 예수를 따르는 삶의 조건은 윤리적인 선행이 아니라, 자신의 소유와 기득권마저 포기하는 결단으로 제시된다. "나를 따르라."는 예수의 요구를 충족하기 위해서는 우선 '나의 것'에 대한 소유욕에서 해방되어야 한다.

〈누가복음〉에서 예수는 자신을 따라 나선 제자들을 보고 "너희 가난한 자들은 복이 있다. 하나님의 나라가 너희의 것이다."(눅 6:20) 하고 말하였다. 모든 것을 버리고 예수를 따르는 추종자들, 아니 어쩌면 버릴 것 하나 없었던 그들, 그래서 홀가분하게 예수를 따라 나설 수 있었던 그들이 오히려 행복하다는 것은 아닐까? 버려야 할 것을 버리지 못하고 미련에 갇혀 사는 부유한 사람에 비하면, 버릴 것조차 하나 없는 가난한 자들에게는 기꺼이 예수를 따라 나설 수 있는 특권이 있다. 하나님의 나라가 바로 그들의 것이다.

제자 가운데 한 사람이 예수를 따르고자 했는데, 그는 아버지의 장례를 먼저 치르고 난 뒤에 따르도록 해달라고 청하였다.(마 8:19이하; 눅 9:57이하) 그때 예수는 "너는 나를 따라오너라. 죽은 사람의 장례는 죽은 사람들이 치르게 두어라."(마 8:22) 하고 말하였다. 이것도 역시 같은 맥락에서 이해할 수 있다. 예수는 자신을 따르려는 사람에게 자신의 가장 귀한 것마저 포기할 수 있는 자세를 요구하는 것이지, 결코 윤리적인 규범을 제시하는 것이 아니다.

여자는 잠잠하라!

바울이 고린도 교회에 보낸 편지를 보면, 하나님은 그리스도의 머리이고, 그리스도는 남자의 머리이며, 남자는 여자의 머리라고 하니, 남성과 여성은 상하관계에 놓여있는 셈이다.(고전 11:3) 남자는 하나님의 형상이고 하나님의 영광이기 때문에 머리를 가려서는 안 되지만, 여자는 남자의 영광(고전 11:7)이기 때문에 수건으로 자기 머리를 가린 채로 기도하거나 예언해야 한다.(고전 11:6) 오늘날에도 로마가톨릭에서는 이 구절에 근거하여 여성들이 머리에 수건을 쓰고 예배를 드린다. 반면, 개신교회들 가운데는, 아무리 성서의 문자적 이해를 강조하는 교회라도 바울의 이 명령을 지키지 않는다.

〈고린도전서〉 14장에서는 성차별이 더욱 심각하게 드러난다. 여성들은 교회에서 절대 침묵해야 한다. 물어볼 것이 있어도 입을 열어서는 안 된다. 궁금한 게 풀리지 않으면, 집에 가서 남편에게 물어야 한다.

그런데 두 본문에는 결정적인 차이점도 있다. 14장에서는 여성들이 예배 중에 발언을 하는 것이 원천적으로 봉쇄되어 있지만, 11장에서는 허락되어 있다. 단지 머리를 가리기만 하면, 얼마든지 회중 앞에서 공개적으로 기도나 예언을 할 수 있다.

어쨌건 고린도전서의 두 본문에는 성차별적인 요소가 있다. 이 본문으로 인해 많은 여성이 상처를 입었을 것이다. 그렇다면 이 본문들을 어떻게 받아들여야 할 것인가? 여성은 여전히 남성에게 순종해야 하는 존재라고 가르칠 것인가? 여성들이 주일학교 교사가 되거나, 공중예배에서 대표기도를 하거나, 목사 안수를 받는 것이 비성서적이라고 하여 금지할 것인가? 여성들은 아이나 낳으면서 침묵 가운데 살아야 하는 존재들인가?(딤전 2:11-15 참고) 아니, 아이를 낳지 못하는 불임 여성들은 구원을 얻지 못하는가? 그럴 수는 없다!

여성이 남성에 비해 열등한 존재로 묘사되는 위의 구절들은 분명히 성차별적이다. 그런데 성서에 성차별적인 보도가 있는 이유는, 그것이 옳기 때문은 아니다. 성서는 무시간적인 진공상태에서 생겨난 문서가 아니기 때문에, 성서에는 그것이 기록되었던 시대의 문화가 반영되어 있다. 한편으로 그 문화는 아름다운 전통일 수도 있고, 다른 한편으로는 우리가 반성하고 청산해야 할 악습일 수도 있다. 성서의 메시지는 당시 문화의 옷을 입고 있다. 그런데 그 옷은 '본질'이 아니다. 당시 남성을 중심으로 하는 가부장적인 사회의 가치체계가 반영된 '옷'이다. 오히려 성서의 차별적인 요소는 우리로 하여금 우리의 가치관을 다시 한 번 반성할 수 있는 기회를 제공한다.

폭력과 윤리

성서에는 폭력적인 명령이나 표현이 적지 않다. 가령, 사무엘은 아멜렉에 대한 대량학살을 명령하면서, 남녀노소를 가지지 말고 진멸하라고 한다.(삼상 15:3) 바빌론을 심판하는 내용을 담은 시편에서 시인은 "네 어린 아이들을 바위에다가 메어치는 사람에게 복이 있을 것"이라고 노래한다.(시 137:9) 호세아는 사마리아에 대한 심판을 예언하면서, "어린 아이들은 박살나고, 아이 밴 여인들은 배가 찢길 것"(호 13:16)이라고 한다. 이해할 수 없는 본문도 많다. 가령, 자기 집에 온 낯선 레위사람을 보호하려고, 동네 불량배들에게 그 레위사람의 첩을 내주어 밤새 윤간당하다가 결국은

> **활동**
> "눈에는 눈, 이에는 이"(출 21:24; 레 24:20; 신 19:21. 또한 마 5:38 참고)로 알려진 동해보복법(lex talionis)이 그 당시에 어떤 의미를 지녔는지 살펴보자.

죽게 된 사건(삿 19:25-30)은 상상하기조차도 끔찍하다. 자기 집에 온 손님(두 천사)을 보호하려고, 자신의 어린 두 딸을 내주겠다고 제안하는 롯(창 19:1-11)을 오늘날 누가 이해할 수 있겠는가?

이러한 보도들을 현대인들의 윤리적인 잣대로 평가한다면, 성서는 불온서적이다. 물론 성서에는, 십계명이나 산상수훈 등에서 볼 수 있듯이, 윤리적인 요구도 많다. 그러나 모든 이야기가 윤리적인 시각에서 해석될 수는 없다. 성서의 본문들이 단지 오늘날의 성평등사상이나 인간존엄사상에 적합하지 않다고 해서, 성서 자체의 가치를 절하시켜서는 안 될 것이다. 성서는 윤리교과서가 아니다.

성서, 암호책이 아니다

간혹 성서를 부적이나 신비한 마법의 힘을 가진 책쯤으로 여기는 사람들이 있다. 성서의 특정 구절을 몸에 지니고 다니면 병에 걸리지 않는다고 믿는다든지, 무심코 열어본 성서의 쪽수를 로또 번호로 사용한다든지, 하는 식이다. 물론 성서에 보면, 하나님의 말씀을 미간에 붙이거나 손목에 매고 다니라는 말씀이 있다(신 6:8). 집 문설주와 대문에도 써 붙이라고도 한다(신 6:9). 그러나 그것은 성서를 부적으로 삼으라는 의미가 아니라, 한시도 하나님의 말씀을 잊지 않도록 하라는 강조의 표현이다.

바이블코드

1997년에 드로스닌의 『바이블코드』는 세계적인 베스트셀러가 되었다. 이 책에 따르면, 성서(오경) 안에는 미래를 예측하는 암호가 들어있다. 인류 역사의 모든 중요한 사건이 코드화되어 숨어있다. 바이블코드가 다시 한 번 큰 관심을 불러일으킨 것은 2001년이다. 그해 9월 11일, 미국 뉴욕에서 엄청난 테러사건이 터졌다. 드로스닌은 이 사건 역시 3,000년 전에 기록된 성서에 예언되어 있음을 주장하며, 2002년에 『바이블코드 II』를 펴냈다.

3,000여 년 전, 시내산에서 하나님이 모세에게 건네준 304,805개의 알파벳에 코드가 숨겨져 있으며, 이것을 특정한 방식으로 읽으면, 숨겨진 뜻을 해독할 수 있다고 그는 주장한다. 즉 단어와 단어 사이의 띄어쓰기를 무시하고, 30만 개가 넘는 알파벳을 등거리 간격으로 읽는 것이다. 30만여 개의 알파벳을 64개의 행으로 나누고, 각 행마다 4,762개의 알파벳을 가상의 모눈종이 위에 배열하고는, 세로로도 읽어보고, 대각선으로도, 또 거꾸로도, 또 다섯 글자나 열 글자씩 띄어 읽어보면서, 의미 있는 단어들을 찾아내는 방식이다. 이러한 암호해독이 가능하게 된 것은, 컴퓨터의 발명 때문이다. 가상의 모눈종이를 제공하는 컴퓨터가 나오기 전까지는 이 암호가 절대로 해독될 수 없었으니, 바이블코드에는 일종의 시간의 자물쇠가 채워져 있던 셈이다. 그는 바이블코드가 하나님께서 현대를 사는 우리가 해독하도록 만드신 것이라고 주장한다. 종말의 때가 다가올 때까지 봉인되어 있었던 것이다.

『바이블코드 II』에서는 9.11 테러가 상상하기도 어려울 정도로 끔찍한 일의 시작에 불과하다고 한다. 바로 지구 최후의 날! 2006년에 핵 대학살로 세계대전이 일어나고, 지구가 최후를 맞게 된다는 예언이 바이블코드에 숨겨있다고 한다. 2006년이 지나기 전, 부시 미대통령과 샤론 이스라엘 총리뿐만 아니라, 아라파트와 바라크 같은 세계 정치지도자들이 활동하는 시기에 종말이 올 것이라고 주장한다. 그러나 그때, 아무 일도 일어나지 않았으며, 이들 모두 이미 은퇴하거나 죽었다.

바이블코드의 약점 가운데 하나는, 사후예언만 가능하다는 사실이다. 과거에 이미 일어난 사건에 대해서는 예언의 내용을 비교적 정확하게 확인시켜주는 반면에, 미래에 일어날 일에 대해서는 예측하지 못한다. 왜 그럴까? 간단하다. 모음이 없이 히브리어 자음 30만여 개를 등거리 간격으로 읽을 때, 무슨 단어인들 못 만들겠는가! 그러니 과거의 사건들에 얽힌 단어들을 찾아내는 것은 어렵지 않다. 무엇이든 가능하다. 하지만 미래는 다르다.

그러나 이것보다 더욱 결정적인 약점이 있다. 드로스닌이 읽은 성서가 구약 원본이 아니라는 점이다. 그가 사용한 히브리어 성서는 16세기에 만들어진 〈제2랍비 성서〉이다. 오늘날에도 유대인들이 사용하는 이 성서는 여러 개의 사본들을 자료로 하여 재구성된 절충본문을 가지고 있다. 여기에 나오는 본문은 오늘날 가장 권위 있는 구약사본으로 인정을 받는 11세기의 레닌그라드 사본이나 10세기의 알레포 사본과도 다를 뿐만 아니라, 기원전 2세기경의 것으로 추정되는 쿰란 사본과도 다르다. 오늘날 유대인들이 사용하는 재구성된 절충본문을 보수적인 유대교 학자들도 원본이라고 주장하지 않는다.

물론 드로스닌은 도망갈 구멍을 마련해 놓았다. 바이블코드는 우리가 2006년에 모두 죽는다는 예언이 아니며, 단지 우리가 미래를 변화시키지 못한다면 그런 끔찍한 재앙이 닥칠 수도 있다는 점을 경고하는 것뿐이라고 한다. 허탈한 변명이다.

다미선교회와 종말의 날

2,000년의 그리스도교 역사 속에서 종말의 때를 알고자 하는 시도는 끊이지 않았다. 우리나라에서도 20세기 말에 다미선교회가 사회적 파장과 혼란을 불러일으켰다. 1970년대에 흥미를 끌었던 예언은, 1988년에 종말이 올 것이라는 주장이었다. 예수의 '무화과나무 비유'에 근거한다.

> 무화과나무에서 비유를 배워라. 그 가지가 연해지고 잎이 돋으면, 너희는 여름이 가까이 온 줄을 안다. 이와 같이, 너희도 이런 일들이 일어나는 것을 보거든, 인자가 문 앞에 가까이 온 줄을 알아라. 내가 진정으로 너희에게 말한다. 이 세대가 끝나기 전에, 이 모든 일이 다 일어날 것이다.(막 13:28-30)

무화과나무는 이스라엘을 상징한다. 그러니 무화과나무의 가지가 연해지고 잎이 돋는 것은 죽었던 이스라엘의 회복을 의미한다. 기원전 587년, 바벨론이 예루살렘을 함락한 뒤로, 히브리 사람들은 2,500년이라는 긴 세월을 거의 나라 없이 지냈다. 마치 기나긴 겨울 동안 무화과나무가 죽어있는 것처럼 말이다. 무화과나무에 잎이 돋기 시작하는데, 이것은 긴 겨울잠을 자던 이스라엘이 주권국가로 회복되는 사건, 바로 1948년의 이스라엘 독립을 가리킨다. 이스라엘이 독립국가가 된 것만 보아도, 인자가 문 앞에 가까이 온 것, 즉 예수의 재림이 가까운 것을 알 수 있다. 그렇다면 종말은 언제 일어날 것인가? 이스라엘의 독립을 경험한 세대가 끝나기 전이라고 한다. 성서에서는 한 세대가 일반적으로 40년이니, 1988년 이전에 종말이 오리라는 예언이다. 1988년으로부터 수십 년이 흘렀지만, 종말은 오지 않았다.

이와 관련하여 우리나라에서 적지 않은 혼란을 일으켰던 단체는 다미선교회이다. 이 선교회 역시 무화과나무의 비유(막 13:28-30 또는 마 24:32-35)를 종말의 성서적 근거로 삼는다. 다만, 한 세대를 약 50년으로 계산하여, 1998년 마지막 세대가 끝나고, 1999년에 종말이 올 것이라고 주장하였다. 그리고 1999년이 인류 역사의 마지막 해이므로, '7년 대환란설'에 근거하여, 1992년 10월 28일에 휴거가 있을 것이라고 주장하며 기다렸다. 물론 휴거가 있었다는 보도는 어디에도 없다.

요한계시록과 천년왕국

성서에서 신비한 예언을 찾는 사람들은 주로 구약의 〈다니엘〉과 신약의 〈요한계시록〉 같은 묵시문학에 주목한다. 모호한 상징들, 종말의 때를 암시하는 것 같은 구절이 많기 때문이다. 그리스도교 역사 2,000년 동안 〈요한계시록〉에 대한 일반적인 관심은 크게 두 가지로 집약되었다. 첫째는 천년왕국이 언제 올 것인가에 대한 논쟁이고, 둘째는 666이라는 짐승이 가리키는 것이 도대체 누구(또는 무엇)인지에 대한 논쟁이다.

전통적으로 666이라는 짐승은 로마제국으로 해석되어 왔지만, 시대와 장소에 따라서 다양하게 해석된 것도 사실이다. 13세기 이후로, 〈요한계시록〉의 적그리스도에 대한 예언을 교황에 적용하려는 신비적 해석이 유행하였다. 예를 들어, 베네딕트 11세가 666을 상징하는 교황으로 여겨졌다. 그의 이름을 그리스어로 썼을 때(BENEΔIKTOΣ), 그 수의 합이 666이 되기 때문이다(그리스어 알파벳은 숫자로 사용되기도 한다). 20세기 이후에는 히틀러라든지, 자본주의라든지, 컴퓨터라든지, 유럽연합 등이 666으로 지목되기도 하였다.

천년왕국에 대한 논쟁도 계속되었다. 그리스도의 탄생으로부터 시작된 천년 동안의 교회 역사가 바로 천년왕국이라는 생각에, 기원후 1000년이 가까이 되었을 때, 유럽에서는 대각성 운동이 일어났다. 하지만 그 해에 아무 일도 일어나지 않자, 이러한 분위기는 급속히 냉각되었다. 그러나 30년 뒤, 즉 예수가 십자가 처형을 당한 지 1,000년이 지나는 해가 가까워오자, 부흥운동이 되살아났다가, 역시 다시 꺼지고 말았다. 중세 사람들은 1260년에 또 다시 천년왕국, 즉 교회의 시대 끝나고 성령의 시대가 시작될 것이라고 생각하였지만, 그해에도 아무 일이 일어나지 않았다. 1666년에도 이러한 일이 또 한 번 있었다. 18세기 초, 영국의 휘스턴(Whiston)은 1715년에 천년왕국이 시작될 것이라고 예언했다가 아무 일도 없자, 1734년으로 연기시켰다. 하지만 그때에도 아무 일이 일어나지 않자, 1866으로 백년 이상 연기시켜버렸다. 천년왕국설은 18세기 독일의 경건주의자들 사이에도 유행하였다. 대표적인 경전주의 신학자였던 벵엘(Bengel)은 천년왕국설에 대한 확신을 가지고 있었는데, 그는 두 차례에 걸친 천년왕국설을 주장하였다. 첫 번째 천년왕국은 1836년부터 2836년까지이고, 두 번째는 참된 천년왕국으로 2836년부터 3836년까지이다. 3836년에야 최후의 심판이 일어날 것이라고 생각하였다. 이런 일이 실제로 일어날지, 앞으로 700년 기다려볼 일이다.

활동

오늘날 시한부종말론을 주장하는 사이비종교 집단들의 예를 찾아보고, 그들이 성서적 근거로 내세우는 구절에 대한 해석의 문제점을 살펴보자. 또한 사이비종교 집단들이 왜 시한부종말론을 내세우는지 살펴보자.

정리해봅시다

성서에는 잘못된 정보가 많다. 마태가 예언자 예레미야의 글에 있다고 하는 본문(마 27:9-10)을 〈예레미야〉에서 아무리 찾아봐도, 발견되지 않는다. 마가가 이사야의 글에 있다고 하는 본문(막 1:1-5)도 〈이사야〉에 없다. 같은 책 안에서도 보도가 일관되지 않는 경우가 많다. 〈마가복음〉에 보면, 안식일이 시작되자, 예수와 제자들이 유월절 식사를 하였고(막 14:12 이하), 식사 후에 예수는 겟세마네 동산에 가서 기도하였다.(막 14:32 이하) 여기서 체포당하고(막 14:43 이하), 밤새 의회에서 신문을 받았다.(막 14:53절 이하) 새벽에는 빌라도에게 끌려갔고(막 15:1 이하), 결국은 십자가에서 달렸다(막 15:21 이하). 그리고 오후 3시에 숨을 거두었다.(막 15:33 이하) 그런데 그 뒤에 이러한 보도가 나온다. "이미 날이 저물었는데, 그 날은 준비일, 곧 안식일 전날이었다."(막 15:42) 안식일에 이미 유월절 식사를 하였다고 보도했는데, 다시 안식일 전날이 된 것이다. 이러한 예는 많다.

성서가 일점일획도 틀리지 않다고 믿는 사람들이 있다. 그래야만 성서에 권위가 있다고 생각하기 때문이다. 그런데 사람의 손으로 기록한 성서에 어떻게 오류가 없을 수 있는가? 그래서 그들은 축자영감설, 즉 하나님이 신비한 방법으로 성서의 글자 하나하나를 다 기록해주셨다고 주장한다. 그렇다 보니, 그들은 성서에 기록된 내용이 과학적으로, 역사적으로 객관적이고 실증적인 사실이라고 주장한다. 그런데 성서를 읽다보면, 잘못된 정보라든지, 앞뒤가 맞지 않는 내용이 너무나도 많다는 사실을 쉽게 알 수 있다. 하나하나 열거하기 힘들만큼 성서에는 문자적인 모순이 많다. 이러한 것들은 성서 저자들의 한계에 기인하는 실수들로서, 때로는 성서 저자들의 불완전한 기억력이나 착각 때문이며, 때로는 단순한 오기 때문이기도 하다.

성서가 문자적으로 완벽하지 않다고 해서 성서의 권위가 떨어지는 것이 아니다. 성서의 권위가 문자적인 완벽함에 의존하지 않는 이유는, 성서는 하나님이 직접 써주셨거나 던져주신 신비한 책이 아니라, 하나님을 만난 믿음의 선배들이 그들이 체험한 하나님을 인간의 언어로 증언하는 책이기 때문이다. 이러한 의미에서 성서는 영감(靈感)으로 기록된 책이라 할 수 있다. 하나님을 만나고 영감을 받은 성서 저자들의 글에서 오늘날 신앙인들이 하나님을 만나는 체험을 할 수 있으니, 성서는 그리스도인들에게 하나님의 말씀으로서의 권위가 있는 책이다.

물론 성서는 또한 그리스도인이 아닌 일반 독자들에게도 의미가 있다. 성서는 역사상 독보적으로 가장 많이 출판된 책이며, 독보적으로 가장 많은 사람이 읽은 책이다. 또한 가장 많은 언어로 번역되었으며, 가장 많은 사람에게 영향을 주었고, 또 그들의 삶을 변화시켰고, 더 나아가 인류의 역사를 바꾸어 놓았다. 그러니 성서를 알지 못하고 어떻게 서양의 문화와 역사를 이해할 수 있겠는가? 아니, 서구사회뿐만이 아니다. 온 인류가 성서의 독자이다. 그러니 성서를 알지 못하고는 우리 사회를 이해할 수 없고, 이 사회의 일원인 나를 이해할 수 없다. 성서야말로 인류의 가장 위대한 고전이다.

활동

성서에는 오류가 없다는 성서무오설이 나오게 된 역사적 배경은 무엇인지, 또 그러한 주장이 무엇을 의미하는지에 대해 살펴보자.

토의해봅시다

공부를 위한 토론 주제들

1. 성서가 인류의 역사와 문화에 어떤 영향을 끼쳤는지 토의해 봅시다.
2. 성서가 오늘날 우리의 삶(대중문화 등)에 어떠한 영향을 끼치는지 토의해 봅시다.
3. 창세기에 보도되는 두 개의 창조 이야기의 차이점과 각각의 의미는 무엇인지 토의해 봅시다.
4. 왜 네 복음서는 예수에 대해 서로 다른 이야기를 보도하는지 토의해 봅시다.
5. 왜 성서에는 노예제도나 여성비하, 동성애자 차별을 정당화하는 것처럼 보이는 구절이 발견되는지 토의해 봅시다.

더 읽을거리

- 민경식. (2008). 신약성서, 우리에게 오기까지: 신약 사본과 인쇄본 이야기. 서울: 대한기독교서회.
- 어만, 바트. (2006). 성경 왜곡의 역사. 민경식 역. 서울: 청림출판.
- 정승우. (2007). 인류의 영원한 고전 신약성서. 서울: 아이세움.
- 키퍼, 카일. (2018). 신약, 문학으로 읽는 신약성서. 김학철, 이승호 역. 서울: 비아.
- 펠리칸, 야로슬라프. (2017). 성서, 역사와 만나다. 김경민, 양세규 역. 서울: 비아.

3장

성서와 제국

목적

- 인류 고전으로서 성서는 인류의 역사, 문화가 남긴 소중한 유산임을 이해한다.
- 성서가 형성되는 과정에서 제국의 역사, 사회, 문화와의 상관관계를 이해한다.
- 현대인이 성서를 어떻게 읽고, 현대 사회에 적용할 수 있는지 이해한다.
- 성서가 일반 민중과 사회에 준 긍정적인 영향을 이해한다.

시작하는 질문

- 성서에 등장하는 폭력적인 텍스트에 대해 어떻게 이해할 것인가?
- 성서가 문서화되는 과정에서 제국의 어떠한 영향을 받았는가?
- 성서를 현대 사회에 적용할 수 있는 방법론은 무엇이 있는가?
- 성서 번역의 역사가 일반 민중에게 어떠한 영향을 끼쳤는가?

개요

이 단원은 전 세계 그리스도인의 경전인 성서가 어떠한 책이며, 현대인에게 성서는 어떠한 의미를 지니는지 살펴본다. 고대 근동 세계의 역사와 문화적 배경, 그리고 그 속에서 피어난 유대인의 지혜를 담은 구약 성서에 대한 이해와 로마 제국의 억압과 지배의 세계에서 유대인 예수가 보여준 사랑과 희생의 정신을 담은 신약 성서가 주는 본문의 메시지를 올바로 이해할 수 있도록 가르치는 데 목적이 있다.

핵심어

성서 | 경전으로서 성서 | 구전에서 암송 | 암송에서 정경 | 성서와 제국 | 제국에 대한 저항으로서 텍스트 이해 | 대중의 이성적 각성

생각해봅시다

폭력적인 텍스트에 대한 이해

우리가 바빌론의 강변 곳곳에 앉아서, 시온을 생각하면서 울었다. 그 강변 버드나무 가지에 우리의 수금을 걸어 두었더니, 우리를 사로잡아 온 자들이 거기에서 우리에게 노래를 청하고, 우리를 짓밟아 끌고 온 자들이 저희들 흥을 돋우어 주기를 요구하며, 시온의 노래 한 가락을 저희들을 위해 불러 보라고 하는구나...멸망할 바빌론 도성아, 네가 우리에게 입힌 해를 그대로 너에게 되갚는 사람에게, 복이 있을 것이다. 네 어린 아이들을 바위에다가 메어치는 사람에게 복이 있을 것이다(새번역본, 시편 137편 1-9절)

시편 137편은 신 바빌로니아 제국(Neo Babylonian Empire)의 수도인 바벨론의 강변에서 유대인들이 야웨[1]에게 탄원하는 시이다. 이 시를 쓴 저자는 바벨론의 강변에서 "시온" 곧 "예루살렘"을 생각하며 울었다. 이들은 바벨론의 어린아이들을 바위에 메어 치어 죽이는 자에게 복이 있으리라는 저주를 한다. 이 구절을 처음 접하는 독자는 성서의 저자가 가진 시각이 매우 폭력적이라고 생각할 수 있다. 그래서 이 시가 과연 성서에 어울리는

1 "하나님"의 다른 이름은 "여호와"이다. 초창기 구약성서는 모음이 아닌 자음으로만 기록되었다. 기원후 7세기에 맛소라 학자들은 히브리어 자음에 모음을 붙였다. 그러나 맛소라 학자들은 네 개의 히브리어 자음 "YHWH"에는 모음 기호를 표기하지 않았다. 다만 성서를 읽는 유대인들은 히브리어 성서를 읽을 때 "YHWH"를 히브리어로 "아도나이," 즉 "나의 주님"으로 읽었다. "YHWH"를 "여호와"로 읽게 된 배경은 성서의 라틴어 번역본인 불가타역에서 "Jehovah"로 표기하면서 시작되었다. 그러나 현대 학자들은 위 "YH"의 첫 발음을 "야"로 읽기를 선호한다. 그 이유는 구약 성서에서 "엘리야," "히스기야," "요시야"와 같이 사람 이름의 뒤에 끝나는 "야"가 "YH"에 더 가깝다고 보기 때문이다. 본 단원에서는 현대 학자들의 견해를 따르며 "여호와"를 "야웨"로 표기하였다.

텍스트인지에 대해 의문을 품는 사람들도 있었다.

그러나 이 시는 이스라엘 사람들이 겪었던 아픔이 담겨 있음을 기억해야 한다. 신 바빌로니아 제국은 약소국을 침략하면, 그 지역에 있는 자들, 특히 엘리트 계층을 그들의 수도인 바벨론으로 강제 이주시키는 전략을 취했다. 기원전 587년, 신 바빌로니아 제국의 왕 네부카드네자르(Nebuchadnezzar)은 남유다의 수도 예루살렘을 침공하여 남유다를 멸망시켰다. 신 바빌로니아 제국은 예루살렘을 파괴하는 과정에서 어린이들을 강제로 이주시키기보다는 그들을 바위에 메어 치는 학살을 저질렀다. 남유다 지도 계층은 그들의 자녀가 제국의 군사들에 의해 잔인하게 살해당하는 것을 두 눈으로 목격했을 것이다. 전승에 따르면, 신 바빌로니아 제국은 남유다의 엘리트 계층을 바벨론으로 강제 이주시키는 과정에서 그들의 옷을 벗기고 두 손을 결박한 상태에서 이동하게 했다. 제국의 수도 바벨론은 오늘날 이라크의 수도 바그다드에서 약 85km 남쪽의 힐라(Hillah) 부근에 위치한 도시이다. 오늘날 이스라엘의 수도 예루살렘에서 이라크 지역의 바벨론까지의 이동 거리를 지도로 측정하면, 대략 1,140km이다. 일반 성인이 밤낮없이 쉬지 않고 걷는다면 대략 10일 정도 걸리는 거리이다. 남유다 왕국의 상류 계층에 속했던 자들이 전쟁으로 파괴된 예루살렘과 수많은 어린아이가 학살당하는 현장을 목격했고, 강제 이주 과정에서 엄청난 수치심을 경험했을 것이다. 시편 137편은 이러한 참상을 경험한 시인의 경험을 바탕으로 기록된 시이다. 따라서 성서의 역사와 문화적 배경에 대한 이해 없이 성경을 읽는다면 성서에 대한 올바른 이해가 불가능할 것이다.

경전으로서 성서

성서는 오랜 세월 동안 전해져 내려온 전승들을 유대인들이 보존해 온 기록물이다. 성서는 고대 메소포타미아 지역에서 통용되던 지식과 문화가 고스란히 담겨 있다.[2] 그렇다면 고대에 기록된 성서가 오늘 우리에게 주는 의미는 무엇일까? 그것은 성서를 읽는 자들의 삶의 지침이 되는 경전의 역할을 하는 것이 가장 근본 이유라 할 수 있다. 인류가 남긴 경전(經典)으로는 불교의 불경, 이슬람교의 코란, 기독교의 성서 등이 있다. 이 경전은 영어로 캐논(Canon)이며, 캐논은 헬라어 카논(Κανών)에서 유래되었다. 헬라어 카논은 “갈대”를 의미하는 히브리어 “까네”와 관련이 있다. 고대 메소포타미아 지역 사람들은 물건의 치수를 재기 위해 “갈대” 위에 금을 그어 측정했다고 한다. 마치 우리가 갈대를 이용해 물건의 크기를 재는 기준을 찾듯, 성서는 경전으로서 삶을 올바로 살 수 있는 기준이 되는 말씀을 제공하고 있음을 알 수 있다.

성서는 믿는 자들의 삶의 기준이 되고, 그들에게 올바른 행위를 할 수 있도록 교육하는 기능을 하고 있음을 알 수 있다. 여기에 대한 성서 내 근거는 디모데후서 3장 16-17절(새번역본)에서 찾아볼 수 있다. “16 모든 성경은 하나님의 영감으로 된 것으로서 교훈과 책망과 바르게 함과 의로 교육하기에 유익합니다. 17 성경은 하나님의 사람을 유능하게 하고, 그에게 온갖 선한 일을 할 수 있게 하는 것입니다.” 이 구절은 성서가 우리 삶에 어떠한 기준을 주는지, 그 역할을 상세히 언급하고 있다.

기독교의 경전인 성서는 구약과 신약을 합쳐 총 66권으로 구성되어 있다. 유대인의 경전인 TaNaK(모세오경을 뜻하는 토라(Torah), 예언서를 뜻하는

---

2 메소포타미아는 그리스어로 “두 개의 강 사이”를 의미한다. “두 개의 강”은 “유프라데스”와 “티그리스”이다. 창세기 2장 10-14절에서 에덴 동산에서 기원한 네 개의 강의 이름에 “유프라데스”와 “티그리스(히브리어로 힛데겔)”가 등장한다.

히브리성서(TaNaK)			
토라(Torah)	느비임(Neviim)		케투빔(Ketuvim)
창세기, 출애굽기, 레위기, 민수기, 신명기	전기 예언서	여호수아, 사사기, 사무엘서, 열왕기서	시편, 잠언, 욥기, 아가서, 룻기, 애가서, 에스더서, 다니엘서, 에스라서, 느헤미야서, 역대기서
	후기 예언서	대선지서: 이사야, 예레미야, 에스겔 12소선지서: 호세아, 요엘, 아모스, 오바댜, 요나, 미가, 나훔, 하박국, 스바냐, 학개, 스가랴, 말라기	

신약성서				
복음서	역사서	서신서		예언서
		바울서신	일반서신	
마태복음, 마가복음, 누가복음, 요한복음	사도행전	로마서, 고린도전서, 고린도후서, 갈라디아서, 에베소서, 빌립보서, 골로새서, 데살로니가전서, 데살로니가후서, 디모데전서, 디모데후서, 디도서, 빌레몬서, 골로새서	히브리서, 야고보서, 베드로전서, 베드로후서, 요한일서, 요한이서, 요한삼서, 유다서	요한계시록

느비임(Neviim), 성문서를 뜻하는 케투빔(Ketuvim)의 앞 글자를 따서 만든 경전)은 총 39권이며 기독교인은 구약 성서는 일컫는다. 신약 성서는 예수 그리스도의 삶과 그의 행적을 담은 복음서와 그의 제자들의 선교 이야기를 담은 사도행전, 사도 바울의 서신서와 일곱 교회와 마지막 종말의 시기의 내용을 담은 요한계시록까지 총 27권으로 구성되어 있다.

그리스도인에게 있어서 구약 성서는 예수 그리스도의 오심을 예언하는 말씀으로 간주하고, 신약 성서는 예수 그리스도가 실제로 오셔서 구약의 예언을 성취하는 말씀으로 이해된다. 구약 성서와 신약 성서에서 동일하게 사용된 단어는 언약을 뜻하는 라틴어 "Testamentum"이다. 이 "Testamentum"은 예레미야 31장 31절(새번역)과 관련되어 있다. "그 때가 오면, 내가 이스라엘 가문과 유다 가문에 새 언약을 세우겠다. 나 주의 말이다." 언약은 고대로부터 사람과 사람 사이에 맺은 계약에서 유래하였다. 예를 들어, 창세기 15장에서 하나님이 인간과 맺은 언약의 과정에서 짐승의 시체가 반으로 잘리고, 그 사이를 아브람이 지나가고, 하나님은 불의 형태로 지나간다. 고대 근동 계약의 자료(히타이트 조약, 에살핫돈 조약) 등을 살펴보면 A와 B

사이에 맺은 언약의 증표로 짐승을 반으로 쪼개는 과정이 기록되어 있다. 한자로 계약(契約)에서, 맺을 계(契)는 “개를 칼로 반으로 쪼개는 행위”이다. 이는 고대 메소파타미아 지역 뿐만 아니라 아시아 지역에 이르기까지 사람과 사람이 언약을 맺을 때 짐승을 쪼개는 행위가 있었음을 추측해 볼 수 있다. 언약은 하나님이 인간과 맺은 약속이며, 이 약속은 절대로 끊을 수 없는 결단이 담겨 있음을 알 수 있다. 그리스도인은 예언자 예레미야의 새로운 언약은 하나님이 “예수 그리스도를 통한 인류 구원”에 대한 언약으로 성취되었다고 보았다. 그들은 신약 성서를 기록하면서 예수 그리스도의 생애와 그분의 발자취를 좇은 제자들과 교회 공동체에 대한 기록을 남겼다.

살펴봅시다

성서: 구전에서 암송, 암송에서 정경으로

성서는 구전이 문서로 기록되는 과정과 밀접하게 관련이 있다. 문자의 탄생 이전에 성서의 내용을 전승하는 과정은 구전(口傳)이 가장 첫 번째 출발점이라 할 수 있다. 신의 계시를 직접 목격하거나 음성으로 경험한 A라는 존재가 있다고 가정해보자. 이 A는 B라는 사람에게 자신이 받은 계시를 전달했을 것이다. 이러한 구전을 통해 전해 내려온 전승은 문자의 탄생과 함께 점토판, 파피루스, 양피지 등의 형태로 기록되기 시작했다.

문자의 탄생으로 알려진 수메르 문명은 기원전 3500년경으로 거슬러 올라간다. 수메르 문명의 대표적인 도시 중 하나인 우르(Ur)는 창세기 12장에 등장하는 아브라함의 고향으로도 알려져 있다. 초기 수메르 문명은 그림 형태의 상형 문자를 점토판 위에 기록했는데, 모든 것을 그림으로 표현하는 데 한계가 있자, 수메르인들은 다양한 의미를 상징하는 쐐기문자를 개발했다. 이 쐐기문자는 갈대 가지를 잘라 만든 도구로 점토판 위에 새겨졌다. 수메르 문명의 북부에 위치한 아카드 도시는 이후 아카드 제국의 중심지가 되었고, 이 제국은 약 200년간 수메르 지역을 지배했다. 이 시기에 아카드어는 고대 메소포타미아의 대표적인 행정 언어로 자리 잡았으며, 이후 고대 바빌로니아 제국의 함무라비 법전(기원전 1750년)도 아카드어로 기록되었다. 특히, 이 법전에 등장하는 "눈에는 눈, 이에는 이"라는 문구와 같은 규율은 성서의 출애굽기 21~23장에도 나타난다.

성서에 기록된 히브리어는 페니키아어와 더불어 북서셈어에 속하는 언어이다. 고대 메소포타미아 문명권에 속한 유대인들은 구전으로 전승을 유지하다가, 아카드어가 점토판이나 양피지에 기록된 방식과 동일하게 신이 주신 계시를 점토판, 파피루스, 양피지에 기록하였다. 구약 성서의 히브리어는 모음 없이 자음만으로 기록되었으며, 기원전 10세기경 다윗 왕조 시대에 활발히 기록된 것으로 추정된다.

기원전 930년경, 솔로몬 왕의 아들 르호보암 왕 시기에 다윗 왕국은 북이스라엘과 남유다로 분열되었다. 이후 각 지파별로 보존된 문서는 두 왕국의 주요 성소에 두루마리 형태로 보관되었다. 기원전 722년, 메소포타미아 상류 지역에 위치한 앗시리아 제국은 북이스라엘을 멸망시켰고, 당시 북이스라엘 제사장들은 성소에 보관된 문헌을 남유다로 옮겼다. 남유다의 요시야 왕(기원전 640~609년) 시대에 이루어진 종교개혁 동안, 북이스라엘 문헌은 예루살렘 성전의 전승들과 통합 및 편집되었다. 이 문헌들은 예루살렘 성전에서 제사장들에 의해 철저히 관리되었다.

그러나 기원전 587년, 신 바빌로니아 제국이 남유다를 멸망시키며 예루살렘 성전을 파괴하는 과정에서 오랫동안 보존되었던 문헌, 특히 양피지로 기록된 문헌들이 대부분 소실되었다. 신 바빌로니아 제국은 약소국의 상류층 지도자들을 강제로 이주시켰고, 이 과정에서 그들을 완전히 나체

상태로 만들어 수치를 주며 바벨론으로 끌고 갔다. 많은 학자는 구약 성서의 주요 신학이 바벨론 포로기(기원전 587년~538년)에 기록된 것으로 추정한다. 어떻게 바벨론으로 강제 이주한 유다의 상류 지도층, 특히 제사장들은 성서를 쓸 수 있었을까?

우리는 성서가 "암기"라는 과정을 거쳐 다시 기록되었다는 점을 간과해서는 안 된다. 고대 근동 사회 당시 교육 기관에서는 문서를 기록하는 과정에서 암기를 강조했으며, 이는 고대 문서들로 입증된다. 데이비드 카(David M. Carr)는 그의 저서 "마음의 토판 위에 쓰인 문서(Writing on the Tablet of the Heart)"에서 고대 메소포타미아 문명권에서 문서 작성과 암기 교육이 동시에 이루어졌음을 주장한다.[3] 예를 들어, 히브리어 알파벳의 첫 글자를 활용한 암기법(시편 119편)이나, 문헌을 노래로 외우는 방법 등이 사용되었다. 바벨론으로 강제 이주한 유대인들은 오랫동안 보관해온 문헌을 암기하고, 그 기억을 바탕으로 문헌을 재구성했을 것이다. 이후 성서는 페르시아 제국(기원전 538~333년), 헬라 제국(기원전 333~148년), 로마 제국의 시대(기원전 27~기원후 395년)를 거치면서 각 시대의 사상적 영향을 받아 점차 확장되었다.

성서와 제국: 트라우마에서 희망으로

성서는 문헌이 기록되는 과정에서 각 시대별 제국의 영향을 받았다. 현대 학자들은 성서가 이스라엘이 제국에 의해 멸망하는 과정에서 겪는 트라우마를 반영하고 있다고 주장한다. 트라우마는 과도한 위험과 공포와 스트레스 상황에 대한 심각한 심리적 충격을 의미하며,[4] 그 기원은 상처를

---

3 David M. Carr, *Writing on the Tablet of the Heart: Origins of Scripture and Literature*(Oxford; New York: Oxford University Press, 2005).

4 Judith Herman, 「트라우마: 가정폭력에서 정치적 테러까지」, 최현정 역(서울: 열린책들, 2012), 17.

의미하는 그리스어 '트라우마'(τραῦμα)로부터 파생되었다.[5] 트라우마에 대한 학문적 논의는 장 마르탱 샤르코(Jean-Martin Charcot)가 1866년에서 1870년 사이에 발생한 열차사고가 신경계에 미친 영향을 기술하면서 시작하였다.[6] 샤르코의 영향을 받은 지그문트 프로이트(Sigmund Freud)는 외적 요인이 정신에 침투하여 히스테리와 유사한 증상을 일으킨다고 주장하였다.[7]

오랜 세월에 걸쳐 강대국에게 다양한 전략으로 지배받아 온 유대인은 지울 수 없는 트라우마를 경험하였다. 성서를 기록한 이들은 글을 읽고 쓸 수 있는 상류층에 속한 사람들이었다. 그들은 전쟁으로 인해 가족과 동료를 잃었으며, 평생 일구어온 터전을 상실하는 비극을 겪었다. 이러한 상황 속에서 그들은 유대 민족 고유의 문헌을 보전하며, 미래에 대한 희망과 비전을 성서에 기록하였다. 강대국의 시대별 특징을 살펴보며, 약소국이었던 이스라엘이 제국에 어떻게 대응하며 그 위기를 극복했는지에 대해 분석하면 다음과 같다.

잇시리아 제국:1) 반란 세력을 잔인하게 진압하는 제국, 2) 멸망 국가에 대한 강제 이주정책

고대 메소포타미아 시대에 가장 오랫동안 이스라엘 지역을 통치하고 영향을 미친 제국은 앗시리아 제국(기원전 911~605년)이다. 앗시리아는 유프라테스와 티그리스 강 상류에 위치한 제국으로, 약 300여 년간 메소포타미아를 통치하며 역사상 가장 잔인한 제국으로 악명이 높았다. 특히, 앗시

5 Cathy Caruth, *Unclaimed experience: Trauma, Narrative, and History*(Baltimore: Johns Hopkins University Press, 1996), 3.

6 Didier Fassin and Richard Rechtman, 「트라우마의 제국」, 최보문 역(서울: 바다출판사, 2016), 61.

7 양인철, "에스겔서의 아내를 향한 묵언의 애도(겔 24:15-27)", 『구약논단』 26.2 (2020), 115-148.

리아 제국의 티글랏 빌레셀 3세(Tiglath Pileser III, 기원전 745~727년)는 메소포타미아의 패권을 쟁취한 후, 기원전 735년에 아람, 북이스라엘, 남유다를 차례로 침공하며 영향력을 행사하였다. 그의 남진(南進)에는 두 가지 주요 이유가 있었다. 첫째, 고대 메소포타미아 지역의 패권을 쥔 제국은 항상 이스라엘 지역을 거쳐 이집트를 지배하고자 했다. 둘째, 이스라엘 해안 지역에서 생산되는 올리브 기름에 대한 수요가 급증했다. 올리브 기름은 화장품, 의료용 연고, 야간 활동용 등잔 오일 등으로 사용되었기에 전략적 자원으로 간주되었다. 이 두 가지 목적을 달성하기 위해 티글랏 빌레셀 3세는 메소포타미아를 넘어 이집트까지 진격하였다.

앗시리아 제국에 맞서 약소국들이 선택할 수 있는 방법은 연합이었다. 북이스라엘 바로 위쪽 지역을 다스리던 아람 왕 르신(Rezin)은 북이스라엘 왕 베가(Pekah)와 연합하여 앗시리아의 침공에 대응하고자 했다. 이 연합 전쟁은 "시리아-에브라임 연합 전쟁"(Syro-Ephraimite War)으로 알려져 있다. 그러나 연합군은 앗시리아에 비해 수적으로 열세였으며, 더 많은 주변국의 협력을 얻기 위해 남유다의 수도 예루살렘으로 진격하여 남유다 왕 아하스(Ahaz)를 협박하기에 이르렀다.

아하스 왕은 앗시리아 제국과 시리아-에브라임 연합군 중 어느 쪽을 선택할지 결단해야 하는 상황에 부닥쳤다. 이러한 역사적 배경은 이사야서 7장에 기록되어 있다. 예언자 이사야는 아하스 왕에게 "임마누엘"이라는 메시지를 전하며(사 7:14), 이는 "하나님이 우리와 함께 하신다."라는 의미를 지니고 있었다. 그러나 아하스 왕은 예언자의 조언을 따르지 않고 앗시리아 제국에 도움을 요청했다. 티글랏 빌레셀 3세의 지원을 통해 잠시 위기를 모면한 것처럼 보였으나, 30년 후인 기원전 701년에 신앗시리아 제국의 통치자 산헤립(Sennacherib, 기원전 705~681년)이 예루살렘을 침공하게 된다.

이 위기의 순간에 아하스 왕의 아들 히스기야 왕은 예언자 이사야의 메시지를 기억하였다. 히스기야 왕은 예루살렘의 생존을 위해 방어책을 마련하고자 기혼 샘과 시온 샘을 연결하는 대규모 공사를 진행하였다. 이 공사는 "히스기야 터널"로 알려져 있으며, 총 길이가 533m에 이르는 대공사였다. 이 터널을 통해 예루살렘에 안정적인 물 공급을 확보하며, 히스기야 왕은 앗시리아 제국에 굴복하지 않고 독자적으로 미래를 대비하려는 의지를 보여주었다. 이러한 내용은 이사야서 36~39장에 기록되어 있으며, 히스기야 왕의 결단력과 대비 전략을 엿볼 수 있다.

한편, 앗시리아 제국에 저항했던 북이스라엘 왕국의 운명은 어떻게 되었을까? 북이스라엘 왕국은 앗시리아 제국의 사르곤 2세에 의해 기원전 722년에 멸망하였으며, 모든 거주민은 강제로 타국으로 이주해야만 했다. 당시 앗시리아 제국이 사용한 주요 통치 방법은 반란을 일으킨 국가를 철저히 응징하고 주요 도시의 인구를 강제 이주시킴으로써 재발 가능성을 차단하는 것이었다. 앗시리아 제국이 이러한 강제 이주 정책을 적극적으로 실행한 이유는 속국 거주민들의 정체성을 말살시키고 민족적 일체감을 해체하려는 의도였다. 이 정책에 따라 서쪽에 거주하던 민족은 동쪽으로, 북쪽에 거주하던 민족은 남쪽으로 보내는 방식으로 분산시켰다. 칼루(Khalu)에 위치한 티글랏 빌레셀 3세의 성전 내부 벽에 새겨진 부조에는 강제 이주 정책에 의해 이동하는 가족 단위의 모습이 묘사되어 있다. 앗시리아 제국은 북이스라엘 왕국의 수도였던 사마리아 지역에 여러 외국인을 이주시킴으로써 유대인의 정체성을 말살하려 하였다. 이로 인해 사마리아 지역은 다양한 민족이 거주하는 다민족 지역으로 변모하였고, 유대인의 순수 혈통을 유지하기 어려운 환경이 조성되었다. 이러한 역사적 배경으로 인해, 신약 성서에서 예수님의 제자들이 사마리아 지역을 피하려 했던 이유는 순수 유대인이 거주하지 않는 사마리아 지역에 대한 선입견 때문이었다.

신 바빌로니아 제국의 주요 정책: 소수 엘리트 지도층에 대한 강제 이주 정책

북이스라엘의 멸망 이후, 살아남은 남유다는 앗시리아 제국의 세력이 약화된 틈을 타 지속적으로 정치 개혁과 종교 개혁을 시도하였다. 메소포타미아를 약 300년간 다스렸던 앗시리아 제국은 앗수르바니팔 왕(Ashurbanipal, 기원전 669년~631년)이 서거한 이후 점점 쇠퇴하였다. 앗수르바니팔 왕은 강력한 통치력으로 앗시리아 제국을 부흥시킨 군주였다. 그는 특히 역사상 가장 오래된 도서관으로 알려진 앗수르바니팔 도서관을 설립한 것으로 유명하다. 현재 이라크에 위치한 앗수르바니팔 도서관에는 당대 메소포타미아 지역에서 가장 널리 알려진 신화들이 기록된 점토판들이 보관되어 있었다. 예를 들어, 메소포타미아 창조 신화인 에누마 엘리쉬(Enuma Elish)의 점토판은 마르둑 신(Marduk)과 티아맛 신(Tiamat)의 대결 이야기를 담고 있으며, 이 도서관에 소장되어 있었다.

앗수르바니팔 왕이 사망한 이후, 메소포타미아의 정치 지형은 급변하였고, 주변 국가들은 자국의 발전을 위해 적극적으로 개혁을 추진하였다. 당시 남유다 왕국에서 종교 개혁과 사회 통합을 이끈 왕은 요시야 왕(기원전 640년~609년)이었다. 요시야 왕은 예루살렘 성전 안에서 발견된 "신명기"를 기초로 종교 개혁을 단행하였다. 그는 예루살렘 성전을 중심으로 개혁을 진행하며 지방의 성소들을 정리하였다.

요시야 왕은 앗시리아 제국의 세력이 약화된 틈을 타, 종교 개혁을 통해 북이스라엘 지파와 남유다 지파 간의 사회적 통합을 도모하였다. 북이스라엘 왕국은 기원전 722년 앗시리아 제국에 의해 멸망한 이후 앗시리아의 속국이 되었다. 요시야 왕은 옛 북이스라엘 왕국의 영토였던 벧엘 지역에서 불법적인 성소를 정리하고, 북이스라엘 지파와 남유다 지파를 하나로 아우르려는 노력을 기울였다. 이러한 점에서 유대인들은 요시야 왕을 가장 존경받는 왕으로 간주하였으며, 그를 자신들의 미래를 이끌어 갈 "마쉬아흐"[8]로 보았다. 영문 번역은 "마쉬아흐"를 "메시야"로 번역하였다. "마쉬아흐"는 히브리어이며, 헬라어로 "그리스도"이다. 히브리어 "메시야"의 의미는 "기름 부음 받은 자"를 의미한다. 이스라엘 사회에서 "기름 부음 받은 자"는 대표적으로 왕, 선지자, 제사장이였다. 이러한 점에서 유대인은 요시야 왕을 가장 존경하는 왕이며, 그들의 미래를 이끌어 갈 "메시야"로 간주하였다.

그러나 요시야 왕은 앗시리아 제국과 신 바빌로니아 제국 사이의 권력 다툼의 희생양이 되었다. 요시야 왕은 앗시리아 제국과 신바빌로니아 제국 사이의 권력 다툼에서 희생양이 되었다. 유프라테스 강과 티그리스 강 하류에 위치한 바벨론은 갈대아인이 거주하던 도시로, 고대 바빌로니아 제국의 통치 이후 메소포타미아의 주도권을 잃고 있었다. 그러나 앗수르바니팔 왕의 서거 이후, 갈대아인 나보폴라살 왕(Nabopolassar, 기원전 626년-기원전 605년)은 신 바빌로니아 제국(기원전 605년-538년)을 건립하며 점차 메소포타미아의 주도권을 강화하였다. 그리하여 나보폴라살은 기원전 612년에 앗시리아 제국의 수도 니느웨를 점령하며 앗시리아의 몰락을 가속화시켰다. 앗시리아는 마지막 저항을 위해 이집트의 도움을 요청하였고, 당시 이집트의 파라오 느고 2세(Neco II)는 앗시리아를 지원하기 위해 팔레스타인의 남유다를 통과하려 하였다. 요시야 왕은 이집트군의 진격을 막기 위해 필사적으로 저항했으나, 므깃도에서 전투 중 화살에 맞아 전사하고 말았다.

요시야 왕의 죽음은 유대인들에게 엄청난 충격을 주었다. 이 사건 이후, 유대인들은 요시야 왕과 같은 메시야의 출현을 기다리며, 세상의 종말 시기에 아마겟돈(Armageddon)에서 최후의 전쟁이 있을 것이라는 예언을 남

---

8 "메시야"는 히브리어이며, 헬라어로 "그리스도"이다. 히브리어 "메시야"의 의미는 "기름 부음 받은 자"를 의미한다. 이스라엘 사회에서 "기름 부음 받은 자"는 대표적으로 왕, 선지자, 제사장이였다.

겼다(요한계시록 16:16). 여기서 "아마겟돈"은 히브리어 "하르"(산)와 "므깃도" 지역의 이름이 결합된 단어이다. 요시야 왕의 결사항쟁이 없었다면, 신바빌로니아 제국은 이집트의 지원을 받은 앗시리아군을 쉽게 격파하지 못했을 것이다. 이러한 역사적 배경 속에서 예언자 하박국은 신바빌로니아 제국에 대한 원망과 질문을 담은 예언을 기록하였다.

신 바빌로니아 제국은 기원전 605년 카르케미시(Carchemish) 전투에서 메소포타미아의 패권을 확고히 하였다. 이 전투에서 나보폴라살의 아들 네부카드네자르 2세(Nebuchadnezzar II)는 뛰어난 전투 지휘력을 발휘하여 앗시리아군과 이집트 연합군을 물리쳤다. 이후 네부카드네자르 2세는 기원전 587년에 남유다를 침공하여 예루살렘 성전을 파괴하고, 남유다의 마지막 왕 시드기야의 두 눈을 뽑아 바벨론으로 끌고 갔다. 네부카드네자르는 예루살렘 지역에 그달랴를 총독으로 임명하여 간접 통치를 시도하였으나, 그달랴는 이스마엘에 의해 암살되었다. 이후 이스마엘과 그 일당은 바벨론군을 피해 이집트로 도망쳤고, 예언자 예레미야 역시 이들과 함께 이집트로 피신하였다. 이 사건은 이집트에 유다 공동체가 오랜 기간 거주하게 된 역사적 배경이 되었다.

신 바빌로니아 제국은 앞선 앗시리아 제국과 달리, 소수의 엘리트 지도계층만을 그들의 수도인 "바벨론"으로 강제 이주시키는 전략을 펼쳤다. 신 바빌로니아 제국은 앗시리아 제국의 강제 이주 정책과는 달리, 속국의 소수 엘리트 지배 계층을 바벨론으로 강제 이주시키는 정책을 시행했다. 대표적으로 대제사장 출신의 에스겔은 기원전 597년에 남유다 왕 여호야긴과 함께 바벨론으로 강제 이주되었다. 그들은 바벨론 근처 그발 강가에서 강제 노역을 하게 되었다. 다니엘서에서는 다니엘과 세 친구(사드락, 메삭, 아벳느고)가 어린 나이에 바벨론으로 이주되어, 네부카드네자르 왕의 궁정에서 바벨론의 언어와 지식을 배우게 되었다.

특히, 신 바빌로니아 제국은 이주한 유대인들에게 그들의 문화를 강제로 배우게 했다. 당시 바벨론의 대표적인 절기는 봄에 열리는 아키투 축제

(Akitu)였다. 이 축제 기간 동안 바벨론 거주민들은 무조건 바벨론의 대표적인 신화인 "에누마 엘리쉬(Enuma Elish)"를 낭송해야 했다. "에누마 엘리쉬"는 아카드어로 "높은 땅 위에서(𒂊𒉡𒈠 𒂊𒇺)"를 의미하며, 바벨론의 주요 신인 마르둑(Marduk)이 깊은 물을 상징하는 티아맛(Tiamat)과 대결하여 승리하는 내용을 담고 있다. 특히, "에누마 엘리쉬"는 두 신이 대결하는 과정에서 세상이 창조되었다는 이야기를 포함하고 있다. 마르둑은 번개를 창으로 삼아 용의 형상을 지닌 티아맛의 몸을 반으로 쪼갠다. 그 과정에서 티아맛의 상체는 하늘이 되고, 하체는 바다가 된다. 인간은 티아맛의 피와 티아맛의 장군인 킹구(Qingu)의 시체를 합쳐 만들어지며, 신들의 노예로 창조된다. 이 내용은 바벨론의 창조 이야기가 매우 폭력적인 내용을 다루고 있음을 보여준다. 이는 포로로 붙잡혔던 유대인에게는 용납할 수 없는 내용이었다. 창세기 1장은 그들의 하나님이 인간을 창조할 때 폭력을 기반으로 하지 않음을 강조한다. 창세기 1장에서 하나님이 자연과 인간을 창조할 때마다 반복되는 문구가 있다. "하나님이 보시기에 좋았더라." 여기 "좋았더라"로 번역된 히브리어 "토브"(Tov)는 "선함" 또는 "좋음"을 의미한다.

이처럼 바벨론 포로기(기원전 587년~538년) 동안 유대인들은 남유다 왕국의 멸망 이후 전쟁으로 인한 트라우마를 그들만의 고유한 문헌을 통해 극복하고자 하였다. 현대 학자들은 이사야 40–55장이 바벨론 포로기에 기록된 문서로 보고 있다. 이 문서에서는 바벨론에 포로로 끌려간 유대인들에게 "위로"의 메시지가 반복해서 등장한다. 그리하여 하나님이 유대인을 이집트에서 탈출시켰던 것처럼, 바벨론으로부터 탈출시킬 것이라는 희망의 메시지가 기록되었다. 또한 에스겔 47장에서는 에스겔의 공동체가 비록 포로로 붙잡힌 상태에 있지만, 새롭게 건축될 성전에서 흘러내리는 생수의 강이 마치 에덴 동산처럼 주변의 죽어가는 생명체를 살리는 내용을 담고 있다. "위로의 메시지," "제2의 이집트 탈출의 메시지," "세상의 중심이 되어 세상을 살리는 에덴 동산의 기능으로서의 성전의 메시지"는 바벨론 포로기 이후 포로 귀환 공동체의 주요 신학이 되었다.

페르시아 제국의 주요 정책: 포로 귀환 정책과 조로아스터교의 영향

페르시아 제국(기원전 538년~333년)은 유대인들이 바벨론에서 귀환하도록 장려하는 정책을 펼쳤으며, 이 과정에서 성전 건축을 촉진하였다. 특히, "메시야"를 기다리던 유대인들에게 페르시아 제국의 초대 왕 키루스(Cyrus)는 메시야와 같은 역할을 했다. 이사야서 45장에서 이사야는 키루스 왕을 "기름 부음 받은 자," 즉 히브리어로 "메시야"라고 표현하였다. 왜 유대 공동체는 다윗 왕조도 아닌 페르시아 제국의 왕에게 "메시야"라는 호칭을 불렀을까? 그 이유는 50년간의 신 바빌로니아 제국의 포로 생활에서 벗어나게 해 준 자가 바로 페르시아 제국의 키루스였기 때문이었다. 그래서 키루스는 유대인에게 있어서 "메시야"와 같은 존재였다. 그는 바벨론에서 귀환하는 공동체가 예루살렘에서 성전을 건축할 수 있도록 재정적 지원을 아끼지 않았다. 그리하여 기원전 520년, 예루살렘에서 바벨론 포로 귀환 공동체는 새로운 성전을 다시 건축하였다(에스라 6장). 그러나 페르시아 제국이 성전 건축을 허락한 근본적인 이유는 유대인에게 막대한 세금을 부과하기 위함이었다. 고대 근동 세계에서 성전은 오늘날의 은행과 같은 역할을 하며, 백성들의 헌금과 각종 진귀한 보물이 보관된 창고 역할을 했다. 페르시아 제국의 강압적인 세금 부과로 인해 포로 귀환 공동체는 페르시아 술관원이었던 느헤미야에게 그들의 고통을 성서에 상세히 기록하였다.

페르시아 제국의 주요 종교는 조로아스터교였으며, 예루살렘 공동체의 신관에 영향을 미쳤다. 조로아스터교는 니체의 책 제목인 "자라투스트라는 이렇게 말했다"로 유명한 자라투스트라(Zarathushtra)가 세운 종교이다.

조로아스터교의 제사장 1계급은 "술"을, 2계급은 "영생"을, 3계급은 "신성한 불"을 관리했었다. 현대 학자들은 조로아스터교가 기독교의 주요 신학에 크게 영향을 미쳤다고 본다. 대표적인 예로, 선과 악에 대한 명확한 구분이 있다. 기독교에서 선은 하나님, 악은 사탄으로 구분되는 것처럼, 조로아스터교에서도 선한 신과 악한 신이 명확히 구별된다. 선한 신은 아후라 마즈다(Ahura Mazdah)로, 두 날개를 가진 하늘의 신으로 묘사된다. 예를 들어, 페르시아 시기 술관원 직위를 가졌던 유대인 총리 느헤미야는 하나님을 "하늘의 하나님"으로 표현하였다. 조로아스터교의 대표적인 악신은 앙그라 마이뉴(Angra Mainyu)로, 파괴의 신이며 모든 악의 근원으로 여겨진다. 기독교에서 악의 존재로 등장하는 "사탄"은 본래 법정에서 고발하는 "변론자"의 역할을 한다(욥기 1장). 페르시아 시기의 예언자 스가랴는 대제사장 여호수아에 대적하는 존재인 "사탄"을 기록하였다(스가랴 3장).

헬라 제국의 주요 정책: 헬라 문화 사회화와 순교

헬라 제국(기원전 333~148년)은 페르시아 제국의 뒤를 이어 등장한 제국으로, 유대 민족에게 문화, 경제, 사회 면에서 착취를 감행하였다. 알렉산더 대왕은 젊은 나이에 기원전 333년에 페르시아 제국을 멸망시키고 메소포타미아 지역의 패권을 쟁취하였다. 그러나 그는 기원전 323년에 급작스럽게 사망하게 된다. 알렉산더 대왕의 장군들은 스스로 알렉산더의 계승자, 즉 "디아도코이"라고 부르며 헬라 제국을 분할하여 통치하였다. 셀류시드 왕조는 바빌로니아 지역을, 프톨레오마이오스 왕조는 이집트 지역을, 안티고노스는 소아시아 지역을 각각 통치하였다. 특히 유대 민족에 가장 큰 영향을 미친 왕조는 셀류시드 왕조와 프톨레오마이오스 왕조였다. 예루살렘 지역에 거주했던 유다 공동체(일명 예후드)의 지배 계층은 두 왕국의 정치적 지형에 따라 그들의 정치적 입지가 달라졌기에, 헬라 제국이 요구하는 조항에 민감할 수밖에 없었다. 헬라 제국이 피지배계층에게 가장 강요했던 조항은 헬라어 교육이었다. 헬라 제국은 피지배계층이 언어를 습득하는 과정에서 자연스럽게 그리스 문화를 배우도록 강요하였다. 이집트를 통치하였던 프톨레오마이오스 왕조는 알렉산드리아 도서관에 성서의 헬라어 번역본을 완성하게끔 명령하였다. 이때 만들어진 구약 성서의 헬라어 번역본이 바로 70인역(Septuagint)이다. 구전에 의하면 당시 이스라엘 12지파에서 각각 6명씩 파견하여 총 72명이 히브리어 성서를 번역하였다고 한다. 72명은 각각 72개의 방에서 히브리어 성서를 번역하였으며, 이 번역이 거의 일치하였기에 그 권위가 인정되었다.

셀류시드 왕조는 팔레스타인 지역 유대 공동체에게 가장 절대적인 영향력을 행사하였다. 특히 안티오쿠스 에피파네스 4세(Antiochus IV Epiphanes, 기원전 175년~162년)는 유대인에게 지울 수 없는 트라우마를 남겼다. 그는 어렸을 때 로마 제국에 14년 동안 인질로 잡혔다가 팔레스타인 지역을 통치하게 되었다. 그의 이름인 "에피파네스"는 "신의 현현"을 의미하지만, 그의 대표적인 별명은 "안티오쿠스 에피마네스"(Epimanes)이다. "에피마네스"는 헬라어로 "미친 자"를 의미한다. 그의 별명은 유대인 대학살을 저지른 만행을 두고 후대의 역사가들이 그를 "에피마네스"로 지칭했음을 알 수 있다. 안티오쿠스 에피파네스 4세가 통치하던 시기에 예루살렘 성전의 대제사장은 오니아스 3세(Onias III)였다. 오니아스 3세는 유대 공동체에서 가장 존경받는 지도자로, 모세의 율법인 토라를 준수하는 경건한 인물이었다. 동시에 그는 셀류시드 왕조와 경쟁 관계에 있던 이집트의 프톨레오마이오스 왕조의 지원을 받았다. 기원전 175년, 오니아스 3세의 동생인 야손(Jason)은 자신이 대제사장이 되기 위해 안티오쿠스 에피파네스 4세와 거래를 하였다. 야손은 황제에게 유대 공동체로부터 착취한 막대한 세금을 바치기로 약조하였다. 황제는 야손에게 세 가지 사항을 요청하였다. 첫째, 돼지고기를 금지하라. 둘째, 제우스 신상을 예루살렘 성전에 설치하라. 셋째, 운동과 교육의 중심 역할을 할 짐나지움(Gymnasium)을 설치하라. 특히 짐나지움에서는 모든 훈련생이 벗은 상태로 운동을 하도록 하였다. 이는 헬라 제국이 강조하는 바, 신이 창조한 아름다운 예술 작품인 인간의 육체를 그대로 드러내고자 하는 의지가 담겨 있었다.

이러한 안티오쿠스 에피파네스 4세의 요구는 유대인들에게 큰 반발을 일으켰다. 유대인들은 전통적으로 돼지고기를 부정한 음식으로 정하여 먹는 것을 금지하는 규정이 있었다(레위기 11장 7절). 또한, 제우스 신상을 예루살렘 성전에 세우는 것은 십계명의 첫 번째 조항을 어기는 행동이었다(출애굽기 20장 3절). 마지막으로, 유대인은 기본적으로 신체를 드러내는 것을 금지하였다. 야손은 세 가지 조항을 지키면서 예루살렘을 헬라화하는 정책을 적극적으로 추진하였다. 그러면서 야손은 메넬라우스(Menelaus)를 통해 세금을 황제에게 전달하는 역할을 주었다. 그러나 정통 제사장인 아론계 혈통이 아니었던 메넬라우스는 야손을 배신하고, 야손보다 더 많은 세금을 황제에게 주는 조건으로 대제사장이 되었다. 또한, 그는 오니아스 3세를 죽이고 야손과 끊임없는 국지전을 벌였다. 이에 많은 유대인들이 안티오쿠스 에피파네스 4세의 정책에 반발하였고, 예루살렘에서 폭동을 일으켰다. 당시 안티오쿠스 에피파네스 4세는 이집트의 프톨레오마이오스 왕조를 정복하기 위해 멤피스를 진격하고 있었다. 그리고 그는 프톨레미 7세가 다스리던 알렉산드리아를 점령하기 직전에 이집트 철수 명령을 로마 원로원으로부터 받게 된다. 로마 제국에 인질로 있었던 안티오쿠스 에피파네스 4세는 철수를 선택하지 않을 수 없었다. 그는 고국으로 돌아가는 길에 자신의 철수에 대한 분노를 표출하기 위해 예루살렘에서 유대인들의 반란을 잔인하게 진압하였다. 어린 아이부터 노인에 이르기까지 엄청난 대학살을 저지른 것이다. 이러한 내용을 상세히 기록한 문서가 마카베오서이다. 마카베오서는 카톨릭에서는 성경의 정경으로 받아들여지지만, 개신교에서는 정경에 포함되지 않는다.

많은 현대 학자는 다니엘서가 이 당시의 역사적 상황과 관련이 있다고 보고 있다. 그 이유는 다니엘서의 내용이 신 바빌로니아 제국에서 페르시아 제국 시기로 기록되었지만, 다니엘과 세 친구들의 순교와 경건에 대한 내용이 안티오쿠스 에피파네스 4세 시대를 잘 반영하고 있기 때문이다. 또한, 헬라 제국의 폭정 시기에 수많은 묵시문학이 탄생하였다. 대표적인 것이 위경(Pseudepigrapha)이다. 위경은 기독교의 공식적인 경전으로 인정받지 않지만, 당시 시대적 배경을 이해하기 위해서 필수적으로 연구해야 할 문헌이다. 예를 들어, 에녹서는 창세기 시대 족장인 에녹의 이름을 빌려 헬라 제국의 핍박 속에서 유대인들이 꿈꾸던 하나님의 나라에 대한 비전을 엿볼 수 있다. 에녹서는 헬라 시대의 정치적 혼란 상황과 깊이 관련이 있다. 이때 안티오쿠스 에피파네스 4세의 폭정에 저항하기 위해 등장한 가문이 유다 마카베오였다. "망치"라는 별명을 지닌 마카베오는 뛰어난 군사 재능으로 셀류시드 왕조와 대결하여 유대 민족의 독립 국가인 하스모니안 왕조를 건설하였다. 그러나 기원전 63년 로마 제국의 장군 폼페이우스는 예루살렘을 침공하여 1만 2천 명을 학살하며 하스모니안 왕조를 멸망시켰다.

로마 제국의 주요 정책: PAX ROMANA

로마 제국 시대(기원전 27년-기원후 395년)는 로마 황제 아우구스투스의 "로마 제국 통치 하에 평화"(PAX ROMANA)라는 표어 아래 속국을 철저히 감독하며 통치하였다. 아우구스투스가 주장한 "PAX ROMANA"는 피지배층을 위한 평화가 아니라, 로마 시민권을 가진 자들이 누릴 수 있는 평화였다. 로마 시민권을 가진 자들은 로마 제국이 전 세계를 자유롭게 지배하기 위해 만들어 놓은 육로를 자유롭게 이동할 수 있었다. 반면, 피지배층인 유대인은 자유롭게 이동할 권리가 없었다. 예수의 부모가 베들레헴으로 이동한 이유는 아우구스투스 황제가 명령한 인구조사를 실시하기 위함이었다(누가복음 2장). 아우구스투스는 인구조사 명령을 통해 피지배계층의 주민세를 정확히 파악하고자 하였다. 피지배계층이었던 유대인은 오직 로마 제국을 위해 부여된 세금을 바쳐야만 했다. 당시 유대인을 다스리던 지도자는 정통 다윗 왕조의 후손도 아닌, 이두매 출신인 헤롯이었다. 그는 로마 제국이 자신의 통치를 안정적으로 지지할 수 있도록 막대한 세금을 로마 제국에 바쳤고, 유대 사회 내에서 빈부 격차는 더욱 심화되었다. 이러한 배경에서 헬라어로 기록된 신약 성서는 구약 성서에서 예언자를 통해 지속적으로 강조했던 "메시야"가 예수 그리스도의 오심으로 실현된 내용을 다루고 있다. 복음서는 예수 그리스도가 다윗 왕조의 후손이라는 정통성을 강조하며, 온 민족에게 구원을 주시는 "메시야" 예수 그리스도에 대해 네 개의 스펙트럼(마태복음, 마가복음, 누가복음, 요한복음)을 통해 예수 그리스도를 알 수 있도록 구성되었다. 로마 제국의 통치 하에 희망이 없던 유대 사회에서 예수 그리스도는 민중에게 하나님의 나라에 대한 희망의 메시지를 전하였다.

비록 기원후 70년경 로마 황제 티투스가 예루살렘 성전을 파괴하였지만, 신약 성서에서 예수 그리스도가 전한 "하나님의 나라"는 온 인류를 위한 희망의 메시지였다. 복음서에서 가장 먼저 기록된 복음서는 마가복음이다. 그 이유는 총 16장으로 복음서 중 가장 짧은 내용이 기록되어 있기 때문이다. 마가복음은 예수 그리스도의 수난과 죽음, 부활에 대해 매우 간략하면서도 담백하게 기록하였다. 많은 현대 학자는 마가복음의 기록 연도를 기원후 70년, 예루살렘 멸망 시기와 연관지어 본다. 마가복음의 저자는 예루살렘 멸망에 대한 트라우마를 겪었으며, 이러한 트라우마를 극복하기 위한 희망의 메시지를 예수 그리스도의 "하나님의 나라"에 대한 메시지에서 찾았을 것이다. 사실, 다윗 왕조에 의한 하나님의 나라는 성전을 중심으로 발달된 시온 신학에 기초하였다. 시온 신학에 따르면, 성전은 생수의 강이 흘러내리듯, 에덴동산의 역할을 한다. 그러나 여러 제국에 의해 여러 차례 성전이 무너진 것을 경험한 이스라엘 백성에게는 성전에 대한 재해석이 필요했다. 그들을 위해 예수 그리스도가 전한 메시지는 "하나님의 나라가 가까웠으니 회개하고 복음을 믿으라"였다(마가복음 1장 15절). 마가복음에서 말하는 "하나님의 나라"는 누가복음에서 "하나님의 나라는 너희 안에 있다"는 메시지로 구체화된다(누가복음 17장 21절). 요한복음은 예수 그리스도를 믿는 자들을 통해 "생수의 강이 그 배에서 흘러나리라"(요한복음 7장 38절)고 표현하였다. 당시 로마 제국의 통치에 의해 유대 사회가 죽은 것 같았지만, 예수 그리스도의 기쁜 소식(복음)을 믿는 자들을 통해 전달되는 하나님의 나라는 유대 사회를 다시 살릴 수 있는 희망의 메시지였다. 예수 그리스도의 부활 이후, 초대 교회 공동체는 이러한 "하나님의 나라"를 지상에서 실현하고자 하는 공동체였다. 이 공동체에 속한 자들은 그리스도인이 되어, 스스로가 왕, 제사장, 선지자와 같은 자들이 되어 로마 제국 통치 하에 고통받는 자들에게 희망의 메시지를 증거하였다. 사도 바울은 본래 그들을 핍박하는 자였다. 그러나 사도행전에서 사도 바울은 예수 그리스도를 만난 이후, 그가 만난 부활하신 예수 그리스도가 선포한 "하나님의 나라"를 증거하기 위해 27권의 신약 성서 가운데 13권의 편지를 기록하였다. 아이러니하게도 본래 로마 제국이 로마 시민들만을 위해 만든 길을 로마 시민권을 가진 사도 바울은 "하나님의 나라"를 증거하기 위한 통로로 로마 시민권을 사용하였다.

강대국에 의한 포로기 이후 고통에 대한 새로운 관점: 욥기 신학

성서의 기록은 각 시대의 정치, 역사, 사회적 영향을 받았다. 그래서 성서를 저술하고 편집한 자들은 그들을 지속적으로 재정적으로 지원한 사회 계층에 영향을 받을 수밖에 없었다. 어떤 의미에서는 그들이 작성한 저술 활동이 재정적 후원자였던 사회 지도층을 위한 선전 활동역할을 했을 가능성이 있다. 예를 들어, 현대 학자는 성서의 주요 신학인 "신명기 역사관"이 요시야 왕의 종교 개혁 시기에 완성되었다고 보고 있다. 신명기 역사관은 모세 오경의 마지막 책인 신명기의 주요 신학적 특징들이 여호수아, 사사기, 사무엘서, 열왕기서를 관통하는 신학적 흐름을 보여준다는 관점이다. 신명기의 주요 신학적 특징은 예루살렘을 중심으로 하는 중앙 성소를 강조하고, 다윗 왕조와 맺은 영원한 언약과 하나님의 약속을 지키는 자에게 부여된 축복을 중심으로 한다. 유대인들은 바벨론 포로 시기에 신명기 신학을 재조명하며, 그들의 하나님이 어떤 하나님인지에 대해 성찰하였다. 포로로 붙잡힌 유대인들은 그들의 국가가 멸망한 이유가 하나님을 올바로 섬기지 못했기 때문이라고 주장하면서, 하나님이 그들을 떠났다는 입장을 취했다. 그러나 일부 성서 저자들은 그들의 삶에 신명기 신학이 반드시 적용된다고 생각하지 않았다. 그 대표적인 본문이 욥기(The Book of Job)이다.

욥기는 인간이 경험하는 고통을 통해 세계에 대한 자아의 이해를 돕는 책이다. 신명기 신학의 기본 뿌리는 인간이 경험하는 세상은 이성적 판단으로 이해할 수 있는 영역이며, 원인과 결과가 반드시 연결된다고 주장한다. 그러나 욥기의 저자는 인간의 고통은 단순히 이성적으로 이해할 수 있는 영역이 아님을 강조한다. 예를 들어, 우리 주변에서 참으로 의로운 사람이 어느 날 갑자기 엄청난 고난을 겪는 것을 종종 목격할 수 있다. 그의 고통에 대해 우리는 신이 그를 버렸다고 쉽게 판단해서는 안 된다. 이처럼 욥기는 인간이 겪는 고통이 인간에게 주는 의미를 깊이 있게 논의하는 책이다. 욥(Job)은 아카드어로 "신은 어디에 있는가"라는 의미를 지닌다. 욥기는 총 42장으로 구성되어 있으며, 욥기 1–2장과 42장은 이야기 형식으로, 3–41장은 시의 형식으로 기록되었다. 이야기 형식으로만 구성된 욥기 1–2장과 42장만을 읽으면 신명기 신학에 부합하는 내용을 알 수 있다. 정직하고 의로운 자였던 욥은 사탄의 시험을 받아 아들, 딸들을 모두 잃게 된다. 그러나 42장에서 욥은 끝까지 인내하여 재산과 자녀의 축복을 받게 된다. 이처럼 이야기 형식으로 기록된 욥기 1–2장, 42장은 전형적인 신명기 신학의 특징을 보여준다. 그러나 3–41장에서 시의 형식으로 기록된 내용은 욥이 신에게 자신의 생일을 저주하며 원망하는 모습을 담고 있다. 그는 심지어 신에게 잘못한 것이 없음을 고백한다. 욥기 3-37장은 욥의 세 명의 친구인 엘리바스, 빌닷, 소발이 욥을 질책하는 내용이 주를 이룬다. 욥기 38장에 이르러 신이 등장하여 욥에게 자연을 보여주는 내용으로 마무리된다.

이러한 욥의 이야기는 포로기 이후 공동체에게 고통이란 무엇인가에 대해 궁극적인 질문을 던진다. 욥기 3-37장은 신명기 신학에 따라 사고하고 판단하는 신명기 신학의 세계관을 보여준다. 이 세계관에서는 원인이 있으면 결과가 있다는 이성적 판단을 강조하는 인간 중심의 세계관이다. 그러나 신이 욥에게 나타나 보여주는 세계관은 인간 중심의 세계관이 아니다. 욥기 38-41장에서 신은 욥에게 자연 만물을 보여주고, 희귀한 동물들(베헤못, 리워야단)을 보여주며, 인간이 세상의 중심이 아니라 세상의 중심은 신임을 알려준다. 이처럼 세계관의 변화는 인간이 자신의 고통으로 인해 편협된 세계 속에 갇히지 않도록 바꿔주는 패러다임의 전환이라 할 수 있다. 인간은 고통에 대해 신에게 끊임없이 질문하고, 탄원할 수 있다. 그러나 신에게 자신의 고통을 탄원하는 것을 넘어, 전 세계의 창조물 가운데 하나로서 존재하는 것을 발견하는 과정이 필요하다. 자신의 고통에만 몰입하기보다는 전 세계의 창조물이 겪고 있는 고통에 동참하며, 새로운 자아를 발견하는 단계로 나아가야 할 것이다.

강대국에 저항하기 위해 기록된 "숨겨진 사본(Hidden Transcript)"

앞서 언급한 바와 같이, 유대인 공동체는 오랫동안 여러 제국의 지배를 받으며, 제국이 요구하는 것들을 지켜야만 했다. 제국은 유대인 공동체를 감시하기 위해 총독을 보내, 세금을 철저히 납부하도록 감독하는 체계를 마련했다. 이러한 감시 체계를 벗어나기 위해 피지배계층은 "레지스탕스"

처럼[9] 제국에 대한 적극적인 저항 활동을 벌였다. 예를 들어, 예수 시대의 열심당(Zealot)은 언제든지 단검을 지니고 다니며 억압하는 지배 계층을 암살하였다. 예수를 배신한 가룟 유다도 열심당원일 것으로 추정된다. 그의 호칭인 "가룟"은 영어로 "Iscariot"에서 유래되었고, "Iscariot"의 라틴어 "Sicarius"는 "단검을 지닌 자"를 의미한다. 하지만, 강력한 저항 활동은 제국의 더욱 강력한 탄압을 피할 수 없었다. 기원후 70년 예루살렘이 로마 군대에 의해 함락된 이후, 일부 유대인은 로마 군사와 대결하기 위해 게릴라전을 펼쳤다. 그들은 마사다(Masada) 요새로 대피하여 로마 군대에 끝까지 항쟁했지만, 로마 제국은 9,000명의 정규 군단병과 6,000명의 유대인 전쟁 포로를 투입하여 그들을 전멸시키려 했다. 결국 기원후 73년, 마사다 요새에 대피한 유대 민족은 스스로 죽음을 선택하는 처절한 결정을 내리게 되었다. 제국에 대한 군사적 항쟁은 처참한 비극으로 끝났지만, 이를 통해 피지배계층은 다른 방법으로 저항할 수 있음을 깨달았을 것이다. 바로, 글을 통한 우회적 저항이었다.

"숨겨진 사본"(Hidden Transcript)은 피지배계층이 지배계층에 대해 우회적으로 저항하는 대표적인 표현 방식이다. 예일대학교 사회학자 제임스 스콧(James Scott)은 그의 저서 지배, 그리고 저항의 예술에서 이 개념을 소개했다.[10] 스콧은 말레이시아에서 연구하는 동안 말레이시아의 지주와 농부들 사이의 역학 관계를 목격했다. 특히, 그는 말레이시아 농부들이 지주 앞에서는 순종하면서도 지주가 돌아서면 다른 행동을 취하는 점을 주목했다. 농부들은 지주 앞에서 침을 뱉거나 일부러 다리를 저는 등의 행동을 보였고, 스콧은 이를 "숨겨진 사본"이라 정의했다. 사본(Transcript)은 원래 연극에서 대본을 의미하는데, 배우들이 무대에서 사용하는 공적인 대본(Public Transcript)과 달리 무대 뒤에서 비판적인 양식으로 사용되는 대본이

9 제2차 세계 대전 당시에 독일 나치 정권에 대한 프랑스 시민들의 저항운동이 있었고, 그들의 저항 운동은 프랑스어로 "La Résistance"이다.

10 James C. Scott, 『지배, 그리고 저항의 예술』, 전상인 역(서울: 후마니타스, 2020).

"숨겨진 사본"이라는 것이다.

스콧의 "숨겨진 사본" 이론은 성서에서 강대국에 저항하는 유대 민족의 표현 양식에서도 발견된다. 밧모섬에서 요한이 로마 제국의 11대 황제 도미티아누스 통치 시기에 기록한 요한계시록은 여러 상징적인 표현을 사용한다. 그중 대표적인 예는 "666"으로, 이는 요한이 로마 황제에 대해 우회적으로 저항한 "숨겨진 사본"이라 할 수 있다. 요한계시록 13장 18절에서 요한은 세상 권력을 가진 짐승을 "여기에 지혜가 필요합니다. 지각이 있는 사람은 그 짐승을 상징하는 숫자를 세어 보십시오. 그 수는 어떤 사람을 가리키는데, 그 수는 육백육십육입니다"라고 표현했다. 도미티아누스 황제 시기에 로마 제국은 황제 숭배를 강요했고, 이에 대한 저항으로 요한은 로마 제국의 5대 황제 네로를 비판하려 했던 것이다. 당시 유대인들은 이름에 숫자를 표기하는 게마트리아 셈법을 사용했으며, "네로 황제"를 헬라어로 표기한 "네론 케사르"는 히브리어 알파벳에 대응시켜 숫자 "666"으로 나타낼 수 있었다. 기원전 200년에서 기원후 200년 사이 헬라 제국과 로마 제국 통치 시기에, 많은 묵시문학 작품은 제국을 상징하는 동물을 우회적으로 비판하는 "숨겨진 사본"을 사용했다. 예를 들어, 기원후 100년경에 기록된 에스드라 2서는 일곱 개의 환상을 담고 있는데, 그중 다섯 번째 환상에서는 "독수리"가 메시야에 의해 멸망한다는 내용이 있다. "독수리"는 로마 제국의 대표적인 상징이었다.

성서에서 "숨겨진 사본"을 만들어낸 인물들은 강대국의 통치 아래에서 교육을 받았던 깨어 있는 지식인들이었다. 구약 성서의 예언자 중 이사야, 예레미야, 에스겔은 모두 신 바빌로니아 제국에 대한 심판을 기록했다. 그러나 에스겔은 다른 예언자들과 달리 신 바빌로니아 제국에 대한 심판의 내용이 기록되어 있지 않다. 그 이유는 에스겔이 예언을 선포한 삶의 자리가 다른 예언자들과 다른 바벨론으로 포로로 붙잡힌 곳이기 때문이다. 이사야와 예레미야는 예루살렘에서 예언을 선포했지만, 에스겔은 신 바빌로니아 제국의 그발 강가에서 예언을 선포하였다. 따라서 에스겔은 바빌로니아 제국을 직접적으로 비판하기보다는 제국에 대한 상징적인 비판을 통해 우회적으로 메시지를 전달하려 했다. 에스겔은 예루살렘에서 대제사장 집안에서 교육을 받았으며, 고대 메소포타미아의 신화에 대해 잘 알고 있었다. 예를 들어, 에스겔 38–39에서 "곡(Gog)과 마곡(Magog)"이 북에서 이스라엘을 침공하러 왔으나 멸망할 것이라는 예언은 신 바빌로니아 제국에 대한 우회적인 비판으로 해석할 수 있다.

스콧의 "숨겨진 사본" 이론은 단순히 고대 제국의 통치 하에 저항 운동을 펼쳤던 유대 문헌에만 국한되지 않는다. 이 이론은 현대 사회의 저항 운동을 분석하는 데에도 중요한 역할을 한다. 일제강점기(1910–1945) 시대, 조선의 지식인들은 일본 정부의 억압적인 상황에 맞서 그들의 글을 통해 "숨겨진 사본"을 기록했다. 당시 조선 백성은 수많이 일본으로 강제 징용되었고, 일본 기업은 그들의 노동력을 착취해 부를 축적했다. 이 시기에 일부 조선 지식인들은 일본의 고등 교육을 받을 기회를 가졌고, 우리는 이들이 일본 정부를 위한 변절자라고 비판할 수도 있다. 하지만, 일본에서 교육을 받은 일부 지식인들은 그들이 배운 지식과 경험을 바탕으로 조선의 독립을 위한 저항적 글을 기록했다. 예를 들어, 연희대학교 문과 졸업생인 윤동주는 일본 릿쿄대학에서 동양철학을 전공하고, 도시샤대학 문학부에서 영문학을 공부했다. 윤동주는 기독교 신앙을 가진 시인으로, 일본 정부를 찬양하기보다는 일제강점기 시대의 지식인이 느끼는 괴로움을 시로 표현했다. 그의 대표적인 시인 "서시"에서 "오늘 밤에도 별이 바람에 스치운다"는 표현은 암울한 시대 속에서도 양심에 부끄럽지 않게 살겠다는 시인의 고백을 담고 있다.

오늘날에도 여러 나라에서 강력한 정부의 통치에 반대하는 시위에서 우리는 "숨겨진 사본"의 상징들을 볼 수 있다. 예를 들어, 태국과 미얀마의 민주화 운동에서 시위대는 검지, 중지, 약지를 펼친 오른손을 하늘로 치켜드는 경례를 사용했다. 이 세 손가락은 민주주의의 삼권분립을 상징하며, 미얀마 군부의 쿠데타에 대한 비판을 나타내는 상징적 행위였다. 또한 홍콩 민주화 운동에서는 시위대가 "우산"을 상징으로 사용했다. "우산"은 홍콩 경찰의 최루탄 진압에 맞서 싸우기 위해 사용된 방패 도구였고, 이 "우산"은 평화적 저항 운동의 상징으로 자리 잡았다.

정리해봅시다

성서가 소수 권력을 가진 자들을 위해 사용된다면 지배 계층을 위한 도구로 전락할 수밖에 없다. 어느 시대에나 일부 성서를 해석할 수 있는 자들이 그들이 채택한 성서의 일부 메시지를 신이 주는 메시지라고 대중들에게 전달한다면 이는 대중들을 미혹할 수 있는 문제가 발생할 수밖에 없다. 그러나 민중의 삶을 일깨우기 위해 강한 권력에 맞선 선각자들이 있었다. 이들은 오랜 역사의 중요 순간마다 성서를 올바르게 해석하고 대중화시키고자 하였다. 그들은 성서가 대중에게 신이 인간에게 부여한 진리와 자유, 인간 사회에서 평등을 일깨워주는 중요한 역할을 할 수 있도록 노력하였다.

성서가 기득권을 위한 도구가 된 것은 로마 제국에 의해 기독교가 공식으로 국교가 되면서 시작되었다. 기원후 313년 밀라노 칙령에 따라 로마 제국은 공식적으로 기독교를 국교로 채택하였다. 자연스럽게 기독교는 로마 제국의 후원으로 급성장할 수 있었다. 자연스럽게 늘어나는 기독교인들을 조직적으로 관리하고 그들을 위한 메시지를 전달할 전문가들이 필요로 했다. 사실 구약 성서는 히브리어와 일부 아람어(에스라서, 다니엘서 일부)로 신약 성서는 헬라어로 기록되었다. 따라서 히브리어, 아람어, 헬라어에 능통한 자들만이 성서를 읽고 해석할 수 있었다. 그리고 그러한 능력을 갖춘 자들은 주로 초대 교회의 교부라고 불리는 작가였다. 로마 제국이 세운 서방교회의 교부였던 "히에로니무스"는 기원후 391년부터 406년에 이르기까지 성서를 라틴어로 번역하였다. 이 라틴어의 번역은 불가타역(Vulgate)으로 일컫는다. 불가타역을 읽고 해석할 수 있는 자들은 교회의 사제들이었고, 그들은 평신도에게 성서를 해석할 수 있는 자유를 박탈시켰다. 가장 대표적인 예가 성 베드로 성당 건축 과정에서 만들어진 "면벌부" 해석이었다. 교황 레오 10세는 성 베드로 성당 건축을 위해 막대한 기금이 필요했다. 이 기금을 충당하기 위해 요한 테첼(Johann Tetzel)을 통해 면벌부를 판매하는 헌금함을 만들었다. 테첼은 성서에 기록되지 않은 면벌부 설교를 하며 헌금하는 자들이 헌금함에 동전을 떨어뜨리는 것과 동시에 그들의 죽은 부모님과 자녀들이 죄에서 구원받을 수 있다는 주장을 하였다.

바로 1517년 마틴 루터에 의한 종교개혁은 소수 권력의 소유물로 전락한 성서를 대중에게 성서 본래의 의미를 알려주고자 하는 의지에서 출발하였다. 마틴 루터는 면벌부 조항에 대해 반박하면서 95개 조항에 이르는 장문을 작성하였다. 그는 이 95개 조항을 통해 면벌부와 관련된 가톨릭 교회의 만행을 지적하였다. 특히, 마틴 루터는 독일 민중에게 성서의 진정한 의미를 깨우치기 위해 그들이 성서를 직접 읽고 해석할 수 있도록 불가타역을 독일어로 번역하였다. 또한, 구텐베르크의 인쇄술의 도입은 민중의 계몽을 확산할 수 있게 만들었다. 그의 인쇄술 이전에는 성서가 값비싼 책으로 인식되어 일부 기득권 계층만이 성서를 보관할 수 있었다. 그러나 구텐베르크의 인쇄술의 도움으로 성서는 여러 대중에게 빠르게 보급되었고, 좀 더 싼 가격으로 구입할 수 있었다. 성서의 대중화는 성서의 기본 정신이 무엇인지 대중이 직접 읽고 해석할 기회를 제공한 것이다.

이러한 성서가 한국어로 번역이 되어 우리 사회 민중의 의식을 발전시키는 데 중요한 역할을 했음을 우리는 명심해야 할 것이다. 1882년 스코틀랜드 선교사 존 로스(John Ross)는 만주 지역에서 서상륜을 만나 누가복음을 함께 번역하였다. 만주 지역에서 인삼장사를 하던 서상륜은 개신교로 개종하였고, 존 로스 선교사가 누가복음을 번역하는 데 도움을 주었다. 이후 성서를 번역하였던 서상륜은 황해도에 소래교회를 설립하였다. 서상륜은 성서를 직접 읽으면서 하나님의 나라의 메시지를 분명 깨달았을 것이다. 후에 서상륜의 영향을 받은 그의 양자 서병호가 독립운동가로 활동했던 점은 주목할 필요가 있다. 이수정은 명성황후의 신임을 얻고 일본 방문을 하다가 기독교로 개종한 자였다. 그는 일본 농학박사이자 개신교 신자였던 츠다센을 통해 성서를 연구하다가 개신교로 개종하였다. 그는 마가복음을 직접 한국어로 번역하였다. 또한, 이수정은 1883년과 1884년에 직접 편지를 작성하여 조선 선교의 긴박성을 호소하였다. 이 편지를 읽고 1885년 인천 제물포에 이수정이 번역한 마가복음을 손에 들고 온 자가 있었다. 그가 바로 연세대학교를 세운 북장로교 선교사 언더우드(Horace Underwood)였다. 언더우드는 1887년 성경 번역을 위한 "한국상설성경위원회"를 구성하였고, 한국어 번역 전체를 총괄하였다. 언더우드의 성서 번역 작업은 1911년에 "셩경젼셔"가 출판되며 완역에 이르게 되었다.

암울했던 일제 강점기 동안 우리 선조는 성서의 출애굽기에서 주는 자유의 메시지를 통해 크나큰 위로와 힘을 얻을 수 있었다. 또한, 성서를 통해 모든 계층은 서로 평등하다는 메시지를 실천할 수 있었다. 예를 들어, 승동교회에서는 백정 출신 박성춘이 장로가 되었고, 그의 아들 박봉출은 연세대학교의 전신인 연희전문학교의 교장이자 세브란스 병원 원장이었던 에비슨(Oliver Avison)의 제자가 되었다. 조선 말 민족의 자유와 평등, "하나님 나라"의 희망의 메시지가 전파될 수 있었던 이유는 성서가 한국어로 번역하는 과정을 통해 가능해졌음을 우리는 기억해야 할 것이다.

토의해봅시다

공부를 위한 토론 주제들

1. 이스라엘 백성이 제국에 의해 탄압을 받았지만, 그들이 자신의 문화 유산을 어떻게 지켰는 지에 대해 토의해봅시다.
2. 고통에 대한 해석을 성서는 어떻게 해석했는 지에 대해 토의해 봅시다.
3. 제국에 대한 저항 문서로써 성서의 "숨겨진 사본"이 어떻게 사용되었는 지 토의해봅시다.
4. 오늘날 민주화 운동을 전개하는 단체는 독재 정부를 저항하기 위해 어떠한 상징적인 요소들을 도입했는 지에 대해 토의해 봅시다.
5. 성서의 번역이 우리 사회 발전에 어떠한 기여를 했는 지에 대해 토의해 봅시다.

더 읽을거리

- 카, 데이비드. (2022), 거룩한 회복탄력성, 차준희 역, 서울: 감은사
- 스콧, 제임스. (2020), 지배, 그리고 저항의 예술, 전상인 역, 서울: 후마니타스
- 바턴, 존. (2021), 성서의 형성: 성서는 어떻게 성서가 되었는가?, 강성윤 역, 서울: 비아
- 호슬리, 리처드. (2016), 기원후관들의 반란: 저항과 묵시문학의 기원, 박경미 역, 서울: 한국기독교연구소
- 스톤, 래리. (2011), 성경 번역의 역사, 홍병룡 역, 서울: 포이에마

4장

역사와 함께한 교회의 숨결

세계 교회사

CHURCH & HISTORY

목적

- 기독교의 흥망성쇠를 역사적 맥락에서 되짚어 보며 교회의 순기능과 역기능을 비판적으로 살펴본다.
- 기독교는 시대마다 다양한 모습을 띠며 발전해 왔다는 사실을 이해하도록 한다.
- 인류 문명과 사회 발전을 위해 기독교가 지속적으로 감당해야 할 역할을 고민하도록 한다.

시작하는 질문

- 기독교는 인간의 자기 이해와 인류의 역사 발전에 어떤 긍정적, 부정적 영향을 끼쳤는가?
- 종교(교회)와 국가(사회)의 올바른 관계는 무엇인가?
- 기독교는 미래 사회를 위해 어떤 기여를 할 수 있는가?

개요

이 장은 초대 교회, 중세 교회, 종교 개혁과 근세 교회, 현대 교회가 놓인 역사적 상황을 살피고, 각 시대가 요구한 교회의 역할이 무엇인지 고민하도록 돕는다. 나아가 시대마다 교회가 그 요구에 어떻게 대처했는지를 비판적으로 살핀다. 다양한 모습으로 발전한 기독교(들)가 공통적으로 지켜 온 가치는 무엇이며 그것이 미래 사회를 위해 어떤 역할을 할 수 있을지 조망하도록 돕는다.

핵심어

국가 | 교황 | 교회 | 기독교(들) | 사회 | 신앙 | 역사 | 여성 | 종교개혁 | 황제

생각해봅시다

기독교는 계속 발전할 것인가?

"이런 전망으로 보면, 2025년에는 남반구의 기독교 인구가 더욱 압도적이 될 것이라는 예측에 의심의 여지가 없다. 아주 큰 부흥이나 큰 침체가 없다고 가정하면, 2025년에는 기독교 인구가 26억에 이르게 될 것이고, 그 중 아프리카는 5억 9천500만 명, 라틴아메리카는 6억 2천300만 명, 아시아는 4억 9천800만 명의 기독교 인구를 갖게 될 것이다. 반면 유럽은 5억 1천300만 명의 기독교 인구를 갖게 되어 3위로 떨어질 것이다. 아프리카와 라틴아메리카가 가장 복음화된 대륙이라는 명예를 놓고 경쟁하게 될 것이다. 이즈음 또 하나의 획기적인 사건이 일어나는데, 그것은 이 두 대륙의 기독교 인구가 전 세계 인구의 절반이 되는 일이다. 2050년까지 세계 30억 가까운 기독교 인구 중 고작 5분의 1만이 히스패닉계를 제외한 (유럽계) 백인 기독교인이 될 것이다... 2020년까지 이슬람이 세계에서 가장 큰 종교가 되리라고 보았던 헌팅턴의 예상과 달리 기독교가 아직도 상당한 우위를 차지하고 있으며, 가까운 미래에도 이 점에는 변화가 없을 것으로 보인다. 2050년까지도 기독교인과 무슬림의 비율은 3대 2 정도일 것으로 예상한다. 이때 세계 인구의 34퍼센트 정도가 기독교인일 것이고, 이 비율은 유럽이 세계를 제패하던 1900년과 대략 비슷할 것이다."(젠킨스, 2009: 21-22, 26)

세계 종교, 기독교의 역사를 돌아보자

본 단원은 (유럽) 세계사 전체가 아닌 기독교와 교회의 역사를 다루는 데 그 일차적인 목적이 있다. 기독교의 출현이 이스라엘의 역사와 관련 있다는 것은 주지의 사실이다. 그럼에도 기독교는 유대교와 달리 이스라엘 민족 종교의 성격을 넘어 전 세계로 뻗어나가 세계 종교로 자리매김하였다. 과연 기독교는 어떤 요인으로 시대와 지역을 넘어 많은 사람과 소통하며 발전하고 여전히 그 발전을 이어가고 있는 것일까? 이 장에서 그 역사적 경험을 통해 얻을 수 있는 교훈을 고민해 보고자 한다. 이 과정은 21세기에도 기독교가 지속되는 이유에 대한 대답과 동시에 한국 사회를 위한 기독교의 역할을 고민하도록 도울 것이다.

기독교의 역사가 이스라엘 지역을 넘어 지중해 연안과 유럽을 지나 아메리카와 아시아 그리고 남반구로 펼쳐지는 과정을 짧은 지면에 다 담기는 불가능하다. 다만 큰 틀에서 지난 이천 년 동안 교회가 시대마다 어떤 고민을 가지고 사회와 소통했는지를 계략적으로 살피려 한다. 다음의 여섯 가지 주제가 시대를 따라 "과거와 현재의 대화"를 도울 것이다: 1) 기독교(교회)의 발전과 사회, 2) 초대 교회와 로마 제국, 3) 교황과 황제의 시대, 4) 새로운 사회를 향한 열망, 5) 새로운 도전과 기독교의 성장, 6) 다양한 갈등과 기독교(들).

살펴봅시다

기독교(교회)의 발전과 사회

이스라엘의 변방, 갈릴리에서 시작된 예수 운동은 예수가 로마의 정치

범으로 십자가형을 당한 이후 여느 소종파 운동처럼 사라져야 했다. 하지만 부활한 예수를 만났다는 사람들은 그가 승천했고 다시 올 것이라는 확신을 전하였으며, 그 확신은 지금까지 이어지고 있다. 이천년 동안 과연 어떤 힘이 이러한 확신을 지속시켜 주었을까? 예수를 따르던 사람들은 시리아의 안디옥에서 처음 그리스도(기독)인이라고 불리기 시작했다(행 11:26). 그리스도인들은 하나님이 비유대인을 포함한 모두를 구원하기 위한 계획을 가지고 있다고 가르쳤고, 예수를 구원자(메시아)로 고백하며 그의 가르침을 실천하며 살았다. 그들은 '교회'라는 신앙 공동체를 이루고 인종, 성별, 신분에 따른 차별을 극복하려 애썼는데, 그들이 보여준 포용력과 인류애는 지중해 세계의 많은 사람들에게 큰 자극이 되었다(갈 3:38; 고전 12:13; 골 3:11).

동시에 예수 운동은 대내외적인 위협 앞에 놓이게 되었다. 바울의 선교여행으로 대표되는 초기 기독교인들의 선교 활동은 먼저 지중해 사회에 만연한 사상들과 직면해야 했다. 영지주의는 영은 선하고 육은 악하다는 이분법을 가르쳤으며, 마니교는 세상을 선신과 악신의 싸움으로 이해하고 있었다. 마르시온은 물질세계를 창조한 구약의 하나님을 열등한 존재로

기독교인들이 순교한 로마의 콜로세움

간주했고,[1] 가현설을 주장하는 이들은 육신을 가진 예수의 인성을 부정하였으며, 몬타누스는 금욕적이고 광신적인 신비 체험을 강조했다. 이때부터 로마, 안디옥, 알렉산드리아, 예루살렘 등지에서 기독교 신앙을 변호하는 교부들과 변증론(호교론)자들이 등장했다. 이레니우스, 오리겐, 터툴리안, 알렉산드리아의 클레멘트는 당시 초대 교회가 당면한 사회적, 신학적 문제들을 풀어주는 저술들을 남겨 이단의 공격에 대처했다.

가장 큰 외적 어려움은 로마제국이 기독교를 제국에 도전하는 세력으로 간주한 데서 기인했다. 실상 기독교인들은 예수를 '하나님의 아들'(황제)로 믿고 '하나님의 나라'(반로마 제국)를 외치며 황제숭배를 거부했다. 네로 황제가 64년 로마 화재를 구실로 기독교인들을 박해한 이후 국지적이며 간헐적이던 박해가 시간이 지날수록 그 규모가 커져갔다. 디오클레티아누스 황제(재위 284–305) 때까지 십여 차례의 대규모 박해가 있었고, 기독교인들은 신앙을 지키기 위해 목숨을 내놓아야 했다.

역설적이게도 제국이 기독교에 해(害)가 된 것만은 아니다. 1세기 지중해 세계는 알렉산더 대왕의 도움으로 그리스어를 세계 공용어(Lingua Franca)로 사용하고 있었고, 로마제국의 기술력과 군사력을 바탕으로 안정적인 교통망을 확충하고 있었다. 기독교인들은 초기부터 그리스어로 소통하며, 발달된 도로망을 통해 이동하였다. 제국의 박해에도 불구하고 기독교는 제국의 힘을 빌려 발전하고 있었던 것이다. 앞으로 펼쳐지게 될 기독교(교회)와 제국(사회)의 관계가 단순하지 않을 것이라는 것을 보여주는 전조였다.

활동
초대 교회가 대내외적인 위협에도 불구하고 발전할 수 있었던 이유는 무엇인지 조사해 보자.

1 2세기 초 마르시온이 자신의 정경(누가복음과 바울 서신만)을 소개하자, 교회는 신학저술 외에 정경의 필요성을 절감하고 중요한 문헌들을 특정하기 시작했다.

초대 교회와 로마 제국

기독교에 대한 박해가 지속되는 상황에서 콘스탄티누스 대제(재위 306-337)는 막센티우스와의 결전을 앞두고 특별한 환상을 체험하게 된다(312). 그리고 그 환상에서 본 그리스도를 뜻하는 문양(Chi-Rho)을 앞세워 밀비안 다리에서 대승을 거두었다. 이후 콘스탄티누스는 밀라노 칙령을 내려 기독교 신앙의 자유를 허락하였고, 신앙을 통한 제국의 일치를 도모했다(313). 이를 위해 먼저 교회 일치를 위한 작업에 힘을 쏟았다.

황제는 교회 지도자(주교)들을 니케아로 소집해 최초의 공의회를 개최했다(325). 1,800여 명의 교회 대표들은 성부와 성자의 관계에 대해 논의했고, 예수가 하나님과 유사한 본질(호모이우시아)을 가진 분이라고 주장하는 아리우스 대신 동일한 본질(호모우시아)을 가진 분이라고 주장한 아타나시우스(293 경-373)의 손을 들어 주었다.[2] 공의회는 니케아 신경을 발표해 기독교 신앙이 성부, 성자, 성령, 삼위일체 하나님에 대한 것임을 분명히 했다. 교회를 핍박하던 황제가 교회의 신학적 문제를 해결하는 중재자가 된 것이다.

니케아 공의회 이후에도 삼위일체 하나님에 대한 궁금증은 더욱 커졌다. 카파도키아(터키 중부 지역) 출신의 가이사랴의 바실리우스(330-379)와 그의 동생인 닛사의 그레고리우스(335-395), 바실리우스의 친구인 나지안주스의 그레고리우스(329-389)는 예수뿐 아니라 성령도 하나님과 동일한 본질(우시아)을 지닌 분이며, 삼위는 하나의 본질을 지녔으나 세 가지의 다른 존재 양태(트레이스 휘포스타세이스)로 나뉜다고 설명하였다. 이들은 라틴

2 아타나시우스가 쓴 부활절 축하 편지는 지금과 동일한 신약 성서 내 27권의 목록을 확인해 주고 있다(367). 아타나시우스의 제자 히에로니무스(제롬)는 구약성서와 신약성서를 라틴어로 번역하였고(391-406), 불가타(라틴어 성서)는 이후 근 1,000년 동안 교회의 유일한 본문으로 군림했다. 가톨릭 교회는 2차 바티칸 공의회에서야 번역된 성서를 사용할 수 있도록 허락했다.

콜로세움 2층에서 내려다본 콘스탄티누스 대제의 개선문

어 개념인 '본질'(substantia)을 그리스어인 '우시아'(신성 본질)로, '위격'(persona)을 '휘포스타시스'(삼위 하나님의 위격)로 설명해 하나님에 대한 그리스적 이해를 발전시켰다.

테오도시우스 대제(재위 379-395)는 아리우스파의 지속적인 영향으로 큰 혼란을 겪고 있는 상황에서 기독교를 국교로 공식화했다(380). 그는 신앙의 혼란을 매듭짓고자 나지안주스의 그레고리우스와 제 2차 공의회를 콘스탄티노폴리스에서 열어 이전의 니케아 신경을 재확인했다(381). 공의회는 삼위일체 교리와 함께 예수가 신성과 인성에 있어 완전한 분이라는 결론을 다시 공포했다.

테오도시우스 대제의 사후 로마제국은 동로마와 서로마(비잔틴 제국)로 나누어졌고, 4세기부터 시작된 훈족의 이동은 제국을 큰 혼란에 빠뜨렸다. 기독교화 된 제국에도 시련이 닥친 것이다. 고트족은 이탈리아 지역으로 남하해 로마를 위협했고(410), 끝내 게르만 용병 대장인 오도아케르가 서로마를 멸망시켰다(476). 히포의 아우구스티누스(354-430)는 로마제국의 위기를 기독교적으로 해석할 필요성을 느꼈다. 그는『하나님의 도성』(413-426)에서 역사를 하나님의 영광과 정의가 입증되는 과정으로 설명하고, 교회가 하나님의 도성과 지상의 도성이 공존하기에 겪는 갈등 속에 있지만 결국 하나님의 구원을 경험하게 될 것이라고 위로했다.『삼위일체론』(400-419경)에서는 세 위(personae)의 하나 됨(oneness in three)과 한 본질(substantia) 안의 셋(three in one)을 강조하며 서방(서로마) 교회의 삼위일체론을 확고히 했다.

동로마의 테오도시우스 2세(재위 408-450)는 서로마의 위기를 통해 외부의 물리적 위협에 대한 방비뿐 아니라 내부의 신앙 일치에 관심을 가졌다.

그는 에베소에서 3차 공의회를 소집해, 예수에게 두 개의 본질과 두 개의 위격이 따로 존재한다고 주장한 네스토리우스를 정죄하였다(431). 또한 공의회는 삼위일체 신론을 바탕으로 성자의 어머니인 마리아를 "하나님의 어머니"(theotokos)로 부를 것을 결의했다. 네스토리우스의 지지자들은 제국에서 추방되었지만 페르시아, 인도, 중국에서 활발한 선교활동을 펼쳤다. 이들의 영향력은 지금까지 이란, 이라크, 시리아 등지에서 확인된다.

기독교 신앙의 또 다른 혼란은 그리스도 안에는 오직 하나의 신적 본질만이 있다고 주장한 단성론자들에 의해 야기되었다. 테오도시우스 2세를 이어 등극한 마르키아누스 황제(재위 450-457)는 이 문제를 해결하기 위해 교황 레오 1세(재위 440-461)와 4차 공의회를 칼케돈에서 개최하였다(451). 칼케돈 공의회는 한 인격체인 그리스도는 완전한 신성과 완전한 인성이 "혼합이 없고, 변함이 없고, 분리가 없고, 분할이 없다"는 신조를 발표하였다. 그리스도는 오직 하나의 위격(person)에 두 개의 본질(nature)이 결합된 분이라는 신조가 로마 가톨릭, 동방 정교회 그리고 개신교를 아우르는 교리로 지금까지 남아있다.[3]

서로마의 멸망이후 동로마(비잔틴 제국)가 로마제국의 유산과 정통성을 이어갔다. 동로마의 동방 교회는 서방 교회와 달리 교회의 수장을 황제로 여기며(황제교황주의) 그리스 철학과 경험(신체험)을 중요시하는 신학을 발전시켰다. 고대 로마의 영광은 동로마 황제 유스티니아누스(재위 527-565)와 그의 아내 테오도라에 의해 재현되었다. 그들은 로마의 옛 영토를 거의 수복했고(535-553), 법전을 편찬했으며(529-534), 성 소피아 성당을 재건해 황제권을 강화했다(532). 유스티니아누스 황제는 이단적 교리가 제국의 안정에 위협이 된다고 판단해 콘스탄티노폴리스에서 5차 공의회를 열었다(553). 이곳에서는 기존의 공의회 결정들을 재확인하고, 새로운 형태의 아

3 단성론의 영향을 받은 교회들은 지금까지 아르메니아, 이집트, 에티오피아, 시리아 지역에 남아있다.

리우스주의, 네스토리우스주의, 단성론을 단죄했다.

610년부터 예언을 시작한 무함마드(570–632)는 아랍 세계를 신정일치의 이슬람 국가로 만들기 위한 초석을 놓았다. 동로마는 이슬람 세력과 갈등하며 차츰 힘을 잃어갔지만, 이슬람의 발달된 문명을 서로마 지역에 전달하는 역할을 감당했다.[4] 이슬람의 성장에 위협을 느낀 황제 헤라클리우스(재위 610–641)는 기독교의 단성론자들을 포용할 수 있는 방법으로 단의론을 제안했다. 그리스도가 두 본성을 지녔지만 신적인 단일 의지만을 가졌다는 주장이다. 단의론 논쟁이 시작된 이래 예루살렘, 안디옥, 알렉산드리아가 차례로 무슬림의 손에 넘어갔고, 서로마(서방)교회는 단의론에 반대한다는 입장을 분명히 했다. 콘스탄티누스 4세(재위 668–685) 때에 6차 콘스탄티노폴리스 공의회가 소집되었고 본격적인 논의가 진행되었다(680–681년). 공의회는 결론적으로 서방교회의 입장을 따라 단의론을 배격하였고, 그리스도는 신적 의지와 인간적 의지 둘 다를 지녔지만 후자가 전자에 종속된다는 결론을 발표했다. 그리스도의 정체와 관련한 7세기에 걸친 논의가 일단락되는 순간이었다.

이슬람과의 갈등이 깊어가던 시기 황제 레온 3세(재위 717–741)는 이슬람교인들이 강조하는 우상숭배 금지에 대해 고민했다. 서로마에서는 교황 그레고리우스 1세(재위 590–604) 때부터 유입된 여러 민족들의 신앙 교육을 목적으로 성상이 사용되고 있었기 때문이다. 레온 3세는 성상이 숭배의 대상이 된다고 판단하고 성상파괴령을 발표했다(726). 이를 받아들일 수 없었던 서로마교회는 동로마 황제의 명령에 반대했고 동방교회와도 갈등하기 시작했다. 성상의 사용에 관한 갑론을박은 이후 근 백년간 지속되었다. 마침내 콘스탄티누스 6세(재위 780–797)는 니케아에서 공의회를 소집해

4 7세기 후반부터 급격히 성장한 이슬람 세력은 지중해를 자신의 호수로 삼았고 711년 이후에는 이베리아 반도를 지배하였다. 스페인은 서방 교회에 이슬람의 철학과 과학 기술을 전달해 주는 중요한 거점이 됨과 동시에, 스콜라주의의 기초가 되는 아리스토텔레스의 문헌들을 이슬람 세계로부터 전달해 주었다.

활동

1. 다양한 기독교(들)의 삼위일체적 하나님 이해가 어떻게 발전해 왔는지 정리해 보자.
2. 기독교의 신학적 논의가 로마 제국 발전에 끼친 영향은 무엇인지 조사해 보자.

(787), 하나님만이 예배(숭배)의 대상이라는 사실을 확인하고 성상(이콘)이 존경의 대상은 될 수 있어도 예배의 대상은 될 수 없다는 사실을 분명히 했다. 일곱 번의 공의회가 모두 황제에 의해 소집되었고, 공의회의 결정을 황제와 제국의 교회들이 받아들였다는 사실은 로마의 기독교화와 기독교의 제국화를 보여주는 결정적인 증거이다.

교황과 황제의 시대

18세기 계몽주의자들은 서로마가 멸망한 시점부터를 '중세'로 간주하며 이 시대를 '암흑의 시대'로 평가했다. 하지만 중세는 기독교 이념을 지상에 실현하기 위해 다양한 노력을 기울이며, 어느 시대보다 하나님과 인간, 교회와 사회의 관계를 진지하게 성찰한 시대였다. 중세는 여러 민족을 적극적으로 선교하고 교황제와 수도원을 중심으로 신성로마제국을 형성한 초기 중세(6-11세기), 교황과 황제의 치열한 각축 끝에 교황의 우위를 확인하고 스콜라주의로 유럽의 세계정신을 확립한 중기 중세(12-13세기), 흑사병과 백년전쟁으로 야기된 극심한 사회 혼란과 교회와 세속 권력의 계속된 갈등으로 점철된 후기 중세(14-15세기)로 나누어 볼 수 있다.

교황 레오 1세(재위 440-461)는 서로마제국이 무너질 때 훈족의 왕 아틸라를 만나 로마를 위해 기꺼이 중재 역할을 담당했고, 멸망 후에는 게르만족에게 신앙을 전하는 데 힘을 쏟아 이민족에게도 큰 영향을 끼쳤다. 5세기 제국의 혼란과 변화 속에서 성 패트릭은 아일랜드에 수도원을 설립하였고(432), 성 베네딕트(480?-547?)는 이탈리아 몬테카시노에 수도원을 설립해 노동, 순종, 순결, 청빈을 원칙으로 하는 수도사들의 생활 규칙을 제시했다(529). 베네딕트 수도원 제도는 서유럽 전역으로 퍼져 나갔고, 수도사들은 선교뿐 아니라 교육, 농업, 의학, 사본 필사 등 다양한 분야에서 중세사회를 이끌었다. 클로비우스 1세(466-511)는 로마제국에 이주한 게르만족을 프랑크 왕국으로 재편했고(486), 교회 부흥을 위해 개혁적인 교황들을 지원했다. 이후 그레고리 1세(590-604)와 같은 교황들은 프랑크 왕국과 밀접한 관계를 유지하며 선교활동의 일환으로 수도원 운동을 활성화시켰다.

8세기 후반 샤를마뉴 대제(재위 768-814)는 활발한 정복전쟁을 통해 이전 서로마제국의 영토를 대부분 회복했고, 교황 레오 3세(재위 795-816)는 그에게 서로마제국의 '황제의 관'을 부여해 교회의 수호자로 삼았다(800). 샤를마뉴는 다양한 '학교'(schola)를 설립해 철학 발전의 토대를 놓았으며, 수도원 제도를 포함한 교회 개혁에도 큰 관심을 기울였다. 성령에 관한 신학적 문제도 이때 제기되었다.[5]

샤를마뉴가 사망한 후 프랑크 왕국은 삼등분 되었고, 이어진 베르됭 조약(843)과 메르센 조약(870)으로 큰 분열을 겪었다. 계속된 혼란은 동프랑크의 오토 1세(재위 936-973)에 의해 안정화되었다. 교황 요한 12세(재위 930?-964)는 그 공을 인정해 오토 1세에게 '신성로마제국의 황제'라는 칭호를 수여했다(962). 교황과 황제의 관계가 처음에는 우호적인 듯 했으나 이후 황제는 자신을 경계하는 요한 12세를 폐위시키고 레오 8세(964-965)를 새로운 교황으로 추대했다. 교황과 황제의 갈등이 표면적으로 드러나기 시작한 것이다.

9세기부터 서유럽은 노르만인(바이킹)의 남하로 큰 혼란에 빠졌다. 사회는 봉건제와 장원제를 바탕으로 한 지방 분권적 사회로 재편되었다. 그레고리오 7세(재위 1073-1085)는 성직자의 독신과 성직매매 금지를 주장하며

---

5 동방교회는 성령을 "성부로부터" 나온 존재로 고백하고 있었던 반면 서로마교회는 성부뿐 아니라 "성자로부터"(et filioque) 나온 존재로 고백하고 있었다. 소위 필리오케 논쟁은 8세기의 성상숭배 갈등 이후 동서방교회의 관계를 더욱 악화시키는 계기가 되었으며, 끝내 두 교회(로마 교황 레오 9세와 콘스탄티노폴리스 총대주교 미카엘 케룰라리오스)는 서로를 파문하는 것으로 갈등에 종지부를 찍었다(1054). 로마 가톨릭은 제2차 바티칸 공의회에서 동방정교회 파문 결정을 철회하고 관계 개선을 모색하고 있다.

교회 개혁을 외쳤다. 그의 개혁 의지는 밀라노 대주교의 성직자 임명권을 놓고 황제 하인리히 4세(1050-1106)와 부딪치게 되었다. 교황은 황제를 파문하기에 이르고, 분노한 황제는 군대를 이끌고 교황이 있는 카노사(이탈리아 북부)로 진격했다. 하지만 제후들이 자신을 지지하지 않는다는 사실을 알고, 교황의 용서를 구하였다(카노사의 굴욕). 교황도 마지못해 황제를 복권시켜 주었다(1077). 얼마 후 힘을 키운 황제는 배신한 제후들을 응징하고 그레고리오 7세를 퇴위시키는 것으로 교황권을 위협했다. 교황과 황제 사이의 갈등은 보름스 협약(1122)까지 근 150년간 지속되었으며, 그 갈등 속에서 제후들은 각자 유럽의 패권을 잡기 위한 각축을 벌였다.

교황 우르반 2세(재위 1088-1099)는 이슬람교들로부터 성지(예루살렘)를 탈환하겠다는 명분으로 1차 십자군 원정(1095)을 단행했다. 처음부터 원정에는 성지를 향한 순수한 신앙적 열정과 함께 소외된 기사들과 농민들의 욕망이 혼재해 있었다. 초기 십자군은 예루살렘을 점령하고 예루살렘 라틴 왕국을 세웠다(1187). 하지만 그 후 8차에 걸친 전쟁은 모두 실패했고(1096-99, 1145-49, 1188-92, 1202-04, 1217, 1228-29, 1249-52, 1270), 4차 원정에서는 동로마의 수도, 콘스탄티노폴리스를 약탈했다(1204-1261). 침략 전쟁인 십자군 원정은 기독교 세계와 이슬람 세계의 문명 충돌로 기억되고 있다.

중세의 남성 중심적인 사회 분위기 속에서 여성 신비가들의 활동은 교회에 새로운 바람을 일으켰다. 빙엔의 힐데가르트(1098-1179)는 신앙의 범주를 이성과 철학으로 한정 짓던 상황에서 종교적 경험을 중요하게 여겼다. 그녀는 신비 체험뿐 아니라 종교적 현안에 대한 글을 남겨 당시 교황과 여러 군주들에게 영향을 끼쳤다. 하지만 당시 대부분의 여성 지도자들은 사회와 교회가 허용한 수준을 넘어 자신의 역할을 감당했다는 이유로 큰 고통을 감내해야만 했다.

12세기와 13세기는 교회와 교황의 권위가 최고조에 달한 시기였다. 성직자 중심의 교회는 부와 권력을 확대했고, 고딕 양식의 대성당들은 당시의 교권을 상징하기에 충분했다. 교황 인노센트 3세(1198–1216)는 "교황은 태양, 황제는 달"이라고 말하며, 그리스도의 대리자로 자처하며 황제 선출에 관여하고 다른 유럽 국가들의 내정에도 간섭했다. 축적된 권력과 부는 교회의 세속화를 가속시키고 있었다. 이런 상황 속에서 성 프란체스코(1182–1226)와 도미니쿠스(1170–1221)는 각각 탁발 수도회를 창립해 참회와 청빈을 강조하는 신앙 운동을 펼쳤다. 12세기부터 본격적으로 등장한 대학은 유망한 젊은이들을 모아 이성적 숙고와 변증법적 논쟁을 통해 '신앙'과 '이성'의 관계를 파악하도록 자극했다.

스콜라 철학의 아버지로 여겨지는 캔터베리의 안셀름(1033–1109)은 아우구스티누스가 신플라톤주의로 신앙을 설명했던 것처럼 7자유학예를 통해 신앙을 설명하고자 했다. 그는 이해를 추구하는 신앙(faith seeking understanding)의 중요성을 강조하며, "믿음을 전제하지 않는 것은 오만이며, 이성을 사용하지 않는 것은 태만이다"라는 교훈을 남겼다. 피에르 아벨라르(1079–1142)는 변증법적 추론과 신학이라는 단어를 창안한 인물로 보편 실재론과 유명론이 대립할 때 온건 실재론을 제안해 보편 논쟁을 매듭지었다. 그의 방법론적 영향 속에서 도미니쿠스 수도회의 토마스 아퀴나스(1224?–1274)는 "은총은 자연을 파괴하는 것이 아니라 오히려 완성하기 때문에 자연 이성은 신앙에 조력해야 한다"고 가르쳤다. '천사적 박사'라는 호칭을 얻은 아퀴나스는 서구 지성사의 금자탑으로 여겨지는 『신학대전』을 저작해 신앙과 이성의 조화와 질서를 추구하며 무조건적인 신앙주의와 독단적인 이성주의를 극복하려 애썼다.

중세 말기인 14세기는 반복되는 자연재해와 흑사병의 창궐, 영토분쟁으로 야기된 영국과 프랑스 간의 백년전쟁(1337–1453)으로 대혼란을 겪는 시기였다. 서유럽 인구의 3분의 1이 죽어가는 절망적인 현실 속에서 대중들은 신학과 철학의 현학적 논의 대신 현실적인 문제에 관한 대책을 요구하였다. 프랑스는 교황 보니파스 8세(1294–1303)의 교황권을 보호한다는 명분으로 교황청을 로마에서 아비뇽으로 옮겨 버렸다. 이후 선출된 프랑스

아비뇽의 교황청

출신 교황들은 프랑스의 정치적 도구로 전락하였고, 소위 아비뇽 유수기(1309-1377)를 통해 교황권은 그 권위를 상실하게 되었다. 당시 시에나의 성녀 카타리나(1347-1380)는 교회의 문제를 교황에게 직언하며 교황청이 로마로 돌아와야 한다고 주장했다. 교황이 로마로 돌아온 후에도 프랑스의 추기경들은 로마 교황의 정당성을 문제시하며 자신들의 입장을 변호할 새로운 교황을 아비뇽에서 선출했다. 교황이 로마와 아비뇽에서 동시에 선출되는 상황이 벌어진 것이다(1378-1423). 이 분열을 극복하기 위해 피사 공의회(1409)가 개최되었고, 공의회는 현존하는 두 명의 교황을 폐하고, 새로운 교황을 임명했다. 하지만 두 교황이 공의회의 결정을 무시했기에 세 사람의 교황이 공존하는 상황까지 벌어졌다. 마침내 콘스탄츠 공의회(1414-1418)는 두 사람의 교황을 퇴위시키는 데 성공하였고, 세 번째 교황이 죽자 새로운 교황을 선출할 수 있었다.

활동

1. 서로마와 동로마의 교황(교회)과 황제(권력)의 관계가 각각 어떤 특징을 보였는지 그 이유를 살펴보자.
2. 기독교(교회)와 국가의 바람직한 관계는 무엇인지 토의해 보자.

교회의 혼란이 일단락되는 듯 했으나 교회 개혁을 향한 목소리는 더욱 높아졌다. 영국에서는 라틴어 성서(불가타)를 영어로 번역한 존 위클리프(1331-1348)가 교회 개혁을 위한 초석을 놓았고, 보헤미아(체코)에서는 얀 후스

(1372?-1415)가 성서의 권위를 강조하고 교황제의 모순을 비판하다 콘스탄츠 공의회에서 이단으로 몰려 화형을 당했다. 시대 변화에 따라 스콜라주의도 쇠퇴하였다. 오컴의 윌리엄(1280-1347)은 신앙과 이성이 갖는 사유방식과 방법론의 차이를 강조하며 이성으로 다가갈 수 없는 진리를 강조했고, 도미니쿠스 수도회의 마이스터 에크하르트(1260?-1327?)는 교회를 개혁하려하기보다 영적인 생활을 통해 교회와 상관없이 하나님께 나아가자고 주장했다. 신앙과 이성을 조화시키려 한 중세 교회의 이상이 무너지기 시작한 것이다.

새로운 사회를 향한 열망

교회와 세속 권력 간의 갈등이 깊어 갈 때, 유럽 사회는 르네상스와 아메리카 도착(신대륙의 발견)으로 새로운 사회와 교회를 향한 열망을 품을 수 있었다. '근원으로 돌아가자(Ad Fontes)'는 르네상스의 정신은 고대 그리스-로마 문화를 통해 중세의 세계관과 인간관에 도전장을 던졌다. 고대 문화에 대한 관심은 성서와 초대 교회에 대한 연구로 이어졌고, 인문주의의 아버지라 불리는 에라스무스(1466-1536)는 그리스어 신약성서를 편찬해 라틴어 성서(불가타)의 문제점을 드러내고, 타락한 교회 지도자들의 치부를 고발했다.

또한 유럽 세계의 팽창으로 가능해진 무역의 발달과 생산업의 발전은 중세의 사회경제체제를 붕괴시켰다. 장원제가 무너지며 영주들은 몰락했고, 장원을 떠나게 된 농노들은 도시로 모여들었다. 자연스럽게 중앙집권적 국가체제가 등장하며, 중세의 사회질서를 기반으로 한 교황체제도 함께 흔들렸다.

무너져가는 봉건사회 속에서 교회의 권위를 드러내기 위해 교황 율리오 2세(재위 1503-1513)와 레오 10세(재위 1513-1521)는 성 베드로 대성당을 건축 하였다(1506-1626). 이들의 무리한 건축은 죄에 상응하는 벌을 면해준다는 면죄부(대사부) 판매로 이어졌다. 테첼과 같은 판매자는 "동전이 헌금함에 '땡그렁'하고 떨어지는 순간 연옥에 갇힌 영혼은 천국으로 올라간다"고 교인들을 현혹했다.

마틴 루터(1483-1546)는 비텐베르크 대학 교회 정문에 95개조 반박문을 걸어 면죄부와 교황제의 문제를 비판하며 개혁의 포문을 열었다(1517). 루터는 일찍이 아우구스티누스 수도회 수도사로 금욕생활과 고행을 통해 구원의 확신을 얻고자 노력했으나 영적인 갈등에서 벗어나지 못하고 있었다. 그는 성서학자로 성서를 연구하는 과정에서 구원이 자신의 노력이 아닌 그리스도에 대한 믿음으로만 주어진다는 것(이신칭의)을 깨닫고 교회의 전통과 권위가 아닌 성서의 권위를 강조했다. '오직 성서'만을 신앙의 근거로 삼았기에 교황 절대주의(교황 무오설)와 성직자의 권위주의에 맞서는 만인제사장설을 주장했다. 모두가 하나님 앞에서 평등하고 누구나 직업을 통해 이웃 사랑을 실천하기에 모든 직업이 성직이라고 가르쳤다.

보름스 제국회의와 루터

루터는 이러한 주장 때문에 1520년까지 교황으로부터 여러 번 심문을 받았고, 1521년에는 보름스에서 신성로마제국의 황제 카를 5세(1500-1558)에게 심의를 받았다. 루터는 그 자리에서 성서와 이성에 비추어 유죄가 증명되지 않는 한 교황의 권위를 받아들일 수 없음을 다음과 같이 밝혔다. "나의 양심은 하나님의 말씀에 사로잡혀 있습니다. 나는 아무것도 철회할 수 없고 철회하지도 않을 것입니다. 양심에 거슬러 행동하는 것은 안전하지도 유익하지도 않기 때문입니다. 하나님이여 저를 도우소서, 아멘!"

당시 독일의 제후들은 루터와 같이 교황과 황제의 정치적 압박과 경제적 착취에 큰 반감을 드러냈다. 가톨릭 교회는 루터와 그를 지지하는 자들을 '반항아들'(프로테스탄트)이라고 불렀다. 작센의 제후 프리드리히 3세(1463-1525)는 교황의 손에서 루터를 구해 자신의 성에서 보호해 주었고, 당시 루터는 라틴어 신약성서를 독일어로 번역했다. 구텐베르크(1398-1468)의 인쇄술은 성서 출판뿐 아니라 루터와 종교개혁자들의 사상을 신속하게 전달하는 결정적 역할을 했다. 1524년 독일 농민들은 제후들의 착취에 맞서 봉기했고 루터에게 도움을 요청했다. 하지만 루터는 권위에 복종해야 한다는 이유로 농민들의 요청을 거절하고 오히려 그들을 비판했다. 그가 제후들의 후원을 받고 있었기에 농민의 편에 서지 못한 것은 어쩔 수 없는 선택이었을 것이다.

스위스에서는 울리히 츠빙글리(1484-1531)가 루터와 마찬가지로 이신칭의를 가르쳤고 엄격한 도덕적 삶을 강조하였다. 츠빙글리는 취리히의 시민들과 토론을 통해 정책을 결정하며 개혁을 진행했다. 스위스에서도 농민들은 수입의 10퍼센트를 십일조세로 바쳐야 하는 어려움을 겪고 있었다. 츠빙글리는 십일조세의 취지가 어려운 이웃을 돕는 것인 만큼 유지할 것을 주장하면서도, 모든 소유물이 하나님의 것이기에 인간은 청지기의 삶을 살아야 한다고 가르쳤다. 그는 가톨릭 교회와의 전쟁에서 전사하였지만, 스위스의 개혁 운동은 존 칼뱅(1509-1564)을 통해 이어졌다.

칼뱅은 무역의 중심지였던 제네바에서 신정 수립을 목표로 개혁을 추진했다. 그는 루터의 이해를 발전시켜 청빈한 삶과 직업을 통한 구원의 확신을 가르쳤다. 칼뱅은 돈을 하나님의 축복으로 긍정하며 경제 활동을 통해 하나님의 뜻을 이룰 수 있다고 보았다. 그는 츠빙글리처럼 대금업을 인정했지만 법정이자율(5%)을 지키도록 했으며, 개인의 부는 공동체를 위한 것이기에 소외된 이웃을 위해 사용되어야 한다고 강조했다. 하나님의 절대 주권과 섭리를 강조한 칼뱅의 가르침은 그의 저서 『기독교강요』를 통해 존 녹스(1513–1572)의 스코틀랜드 장로교, 잉글랜드의 청교도들과 프랑스의 위그노 운동에 영향을 끼쳤다.

츠빙글리의 추종자들 중에는 취리히를 중심으로 재세례파 운동을 펼친 이들도 있었다. 그들은 유아세례가 자신의 결정으로 받은 것이 아니기에 성인이 된 후 자신의 신앙 고백을 가진 후 세례를 다시 받아야 한다고 주장했다. 급진적 재세례파는 임박한 종말론에 사로잡혀 무력으로 뮌스터에 "새 예루살렘"을 건설하려는 혁명을 일으켰다. 반면 가톨릭 신부였던 메노 시몬스(1496–1561)는 신약성서의 가르침을 따라 평화주의자로 재세례파 운동을 이끌었다. 그의 추종자들은 메노나이트라는 이름으로 지금까지 남아 있다.

영국에서도 위클리프의 죽음 이후 교회 개혁을 위한 목소리가 높아졌다. 헨리 8세(재위 1509–1547)는 왕위 계승을 위해 이혼과 동시에 재혼을 교황에게 요청했다. 이것이 받아들여지지 않자 자신을 영국 교회의 수장으로 선포하고 직접 개혁을 이끌었다. 그의 아들 에드워드 6세(재위 1547–1553)는 개혁 운동을 지지했지만, 이복누이인 메리 튜더 여왕(재위 1553–1558)은 개혁을 반대하며 개신교인들(청교도)을 박해하였다. 그녀를 이은 엘리자베스 여왕(재위 1558–1603)은 어떻게든 혼란을 매듭짓고자 노력하였고, 결국 영국 국교회(성공회)는 신학적인 면에서는 개신교의 입장을, 예전적인 면에서는 가톨릭 교회의 입장을 따르는 중립적인 모습을 띠게 되었다.

이후 청교도들은 올리버 크롬웰(재위 1653–1658)과 함께 청교도 혁명

(1642)을 이끌었고 찰스 1세(재위 1625-1649)를 처형하는 것으로 절대 왕정을 붕괴시켰다. 제임스 2세(재위 1685-1688)가 왕정을 부활시키려 했지만 성공회에 기반을 둔 귀족, 지주, 자본가들은 명예혁명으로 입헌군주제에 기초한 의회정치를 세우는 데 성공했다(1688). 같은 시기 프랑스의 루이 14세(재위 1643-1715)는 영국의 상황을 지켜보며 왕권신수설을 바탕으로 왕권을 더욱 강화시켰다. 그는 강력한 왕권("짐이 곧 국가")과 로마 교회를 등에 업고 개신교인들을 학살하고 가톨릭 교회로의 개종을 강요했다.

스페인과 이탈리아의 가톨릭 교회에서도 개혁 운동이 일어났다. 하지만 트렌트에서 열린 종교 회의(1545-1563)는 그때까지의 교리를 재확인하는 데 만족했고, 교황 바울 4세(재위 1555-1559)는 종교 재판을 강화하고 금서를 지정해 개신교가 퍼지는 것을 막고자 했다. 스페인 출신의 이그나티우스 로욜라(1491-1556)는 '예수회'라는 새로운 수도회를 설립해 선교 운동을 펼쳤다(1534). 로욜라는 회원들을 모집해 청빈, 복종, 독신의 삶을 훈련시켰고, 이들을 인도와 일본, 아메리카에 선교사로 파송했다. 프란시스 사비에르(1506-1552)는 인도 동남부 해안 지역과 일본에서, 마테오 리치(1552-1610)는 명나라에서 선교활동을 펼쳤다. 마테오 리치는 『천주실의』에서 유교적 관점으로 기독교 신학을 설명해 주었는데, 유교의 상제를 기독교의 하나님으로 풀어낸 토착화 신학은 17세기 조선 실학자들에게도 큰 영향을 미쳤다.

> **활동**
>
> 1. 다양한 기독교 전통에 따른 공동체와 예배당을 경험해 보자. (명동 성당, 니콜라스 대성당, 성공회 대성당, 영락교회, 경동교회, 사랑의 교회 등)
> 2. 종교개혁이 근대 시민 사회와 자본주의 사회 형성에 미친 영향은 무엇인지 토의해 보자.

르네상스와 아메리카 도착으로 불붙은 변화에 대한 열망은 종교 개혁을 통해 교회의 개혁을 이끌었다. 개혁된 교회는 무역과 신앙을 매개로 팽창하며 다른 세계(대륙)에도 영향력을 행사하기 시작했다.

새로운 도전과 기독교의 성장

새로운 사회와 교회를 향한 꿈은 종교 개혁기를 거치며 지역마다 다른 모습으로 나타났다. 이 시기 기독교는 자본의 축적, 과학 기술의 발전과 시민의식의 고양으로 유럽을 넘어 다른 대륙으로 전해졌다. 가톨릭과 분리된 개혁 교회들은 서로의 신학적 차이를 이유로 루터파, 칼뱅파, 재세례파, 성공회파 등으로 나뉘었다. 독일의 하이델베르크 요리문답(1563)과 영국의 웨스트민스터 신앙고백서(1646)는 당시 교회들의 신학적 고민을 담고 있다. 올바른 신학에 대한 관심이 정통주의라는 이름으로 나타났다. 신성로마제국(독일)에서는 예수회를 중심으로 군주들을 다시 가톨릭으로 되돌리려는 시도가 진행되었고, 30년에 걸친 전쟁(1618-1648)이 뒤따랐다. 베스트팔렌조약으로 전쟁은 끝이 났지만 대중들이 종교에 등을 돌리는 결정적인 계기가 되었다.

과학의 시대는 우주에 대한 새로운 이해로 시작되었다. 지구가 우주의 중심(천동설)이라는 교회의 가르침에 반해 니콜라우스 코페르니쿠스(1473-1543)는 지동설을 주장했고, 갈릴레오 갈릴레이(1564-1642)의 동조는 가톨릭 교회에 대한 도전으로 이해되었다. 가톨릭 교회는 성서를 근거로(수 10:12; 시93:1) 갈릴레오가 프로테스탄트의 성서 해석 방법을 따르고 있다며 그를 단죄했다(1633).[6] 하지만 이 사건은 더 많은 지식인들로 하여금 이성과 과학에 부합하는 신앙을 추구하도록 만들었다. 아이작 뉴턴(1643-1727)은 하나님이 우주를 질서와 법칙에 따라 창조했고, 우주는 그 질서에 따라 운영된다고 설명했다. 이신론자들(Deist)은 하나님을 시계 제작이 끝난 후 더 이상 관심 없는 시계공으로 묘사했다. 그들은 하나님이 창조 이후 인간사와 무관한 존재가 되었고, 신앙은 이성과 조화를 이루는 도덕적 가치로만 의미가 있을 뿐이라고 주장했다.

6 갈릴레오는 1992년에야 교황 요한 바오로 2세의 사과로 복권되었다.

극단적인 종교 갈등을 경험한 유럽 사회는 신앙의 차이에도 불구하고 서로를 인정할 수 있는 최소한의 기준이 필요했다. 18세기에 등장한 계몽주의(Enlightenment)는 그 기준으로 이성과 합리론을 제안하며, 종교의 비이성적 논의와 신비적 요소를 비판했다. 계몽주의의 영향 속에서 이성에 맞지 않는 교리(원죄, 동정녀 탄생, 부활 등)들은 더 이상 주목을 끌지 못했다. 임마누엘 칸트(1724–1804)는 목사의 아들로 태어나 이성의 한계에 주목하며, 개인의 도덕적인 삶을 가능하게 하는 기독교 역할을 강조했다. 이즈음 계몽주의에 부합하는 새로운 신학 사조가 등장해 고정된 신앙관을 극복하려 애썼다. 자유주의 신학은 프리드리히 슐라이어마허(1768–1834) 이후 알브레히트 리츨(1822–1889)과 아돌프 폰 하르낙(1851–1930)의 기여로 독일을 비롯한 유럽 사회에 큰 영향을 끼쳤다. 자유주의 신학이 전통적 교리와 신앙에 큰 위협이 된 것은 사실이나 시대정신과 소통하려는 그들의 노력은 신학의 중요한 전통으로 남아있다.

계몽주의가 종교에 대한 반감을 드러내는 사이 독일의 루터교에서는 개인의 내면화된 경건과 금욕적인 삶을 추구하는 경건주의 운동이 일어났다. 필립 스페너(1635–1705)는 새롭게 설립된 할레 대학에서 학생들을 모아 소그룹 모임과 신앙 훈련을 시작했다. 그의 철저한 말씀 연구와 경건한 삶의 실천은 많은 학생들에게 큰 감명을 주었다. 헤르만 프랑케(1663–1727)는 고아원과 교육기관을 설립해 선교를 펼쳤다. 할레 대학을 나온 진젠도르프 백작(1700–1760)은 30년 전쟁 당시 피난 온 모라비아인들(보헤미아)의 헌신적인 삶과 선교적 열정에 영향 받아 '살아 있는 믿음'을 강조하는 형제단을 설립했다.

영국에서는 웨슬리 형제를 중심으로 부흥운동이 일어났다. 웨슬리 형

7 산업 혁명(1760–1820)으로 피폐해져가는 영국 사회를 향해 아담 스미스(1723–1790)가 경제적 대안을 제시했다면, 웨슬리와 감리교회는 믿음의 실천을 강조하는 종교적 대안을 제시했다.

제는 옥스포드 대학에 다니며 성서 연구 모임과 함께 다양한 사회 봉사활동을 이끌었다. 이 '거룩한 클럽'(Holy Club)에 참여했던 조지 휫필드(1714-1770)는 미국으로 건너가 부흥 운동에 불을 붙였다. 웨슬리 형제는 선교사로 미국 조지아에 파송되었고(1735), 그곳에서 모라비아인들의 경건한 삶에 큰 도전을 받았다. 형 존 웨슬리(1703-1791)는 영국으로 돌아와 소위 "가슴이 뜨거워지는" 체험을 한 후 감리교를 창설했다(1738).[7]

미국의 대각성 운동은 조지 휫필드와 예일 대학교의 칼빈주의 신학자 조나단 에드워즈(1703-1758)가 이끈 순회 설교를 통해 시작되었다. 모든 사람이 하나님 앞에서 동등하다는 신앙적 각성은 미국의 독립전쟁(1775-1783)을 이끄는 중요한 동기가 되었으며, 미국의 정체성과 민주주의 의식을 고무시키는 계기가 되었다. 또한 유사 기독교들(몰몬교, 크리스천 사이언스, 여호와의 증인)이 미국에서 등장했다.

미국의 독립전쟁에 참전한 프랑스에서는 삼부회의 평민회를 중심으로 혁명이 일어났다(1789). 프랑스의 가톨릭 교회는 이 시기 혁명 세력으로부터 큰 위협을 받았지만, 나폴레옹(재위 1804-1815)의 통치기간이 지나서는 국교로서의 위치를 재확립할 수 있었다. 이 시기 로마에서 모인 가톨릭 교회의 제1차 바티칸 공의회(1869-1870)는 교황무류성을 교리로 반포했다.

미국의 2차 대각성 운동은 찰스 그랜디슨 피니(1792-1875)가 주도했다. 피니는 서부 개척지에서 '회심'을 강조하는 집회를 열었고, 노예제와 여성인권의 문제에도 관심을 기울였다. 당시 북부는 성서의 정신을 바탕으로 노예제를 반대한 반면, 남부는 성서의 문자적 의미를 통해 노예제를 지지하는 상황이었다. 남부와 북부 교회가 가진 신학적 갈등이 남북전쟁(1861-1865) 발발의 또 다른 원인이 되었다.

갈릴레오가 우주와 세계에 대한 이해로 교회에 충격을 주었다면, 찰스 다윈(1809-1882)은 인간과 생명에 대한 이해로 기독교 전체를 뒤흔들어 놓았다. 그의 저서인 『종의 기원』(1859)과 『인간의 유래』(1871)는 인간이 하나님의 형상으로 창조되었다는 기존의 가르침에 반해 인간이 진화의 산물로

급성장하는 중국 기독교

다른 동물과 차이가 없다는 추론을 제시했다. 성공회 사제 찰스 킹슬리(1819-1875)는 진화론이 하나님의 동적인 창조 과정을 잘 설명해 준다고 환영하였지만 대부분의 기독교인들은 무신론적 인간이해를 부추긴다는 이유로 비판했다. 진화론적 인간 이해는 사회 구조에도 큰 변화를 가져왔다. 칼 마르크스(1818-1883)는 영국의 산업 혁명으로 야기된 자본주의의 문제와 그 속에서 착취당하는 노동자들의 고통을 직시했다. 그는 엥겔스와 공산당 선언(1848)에서 계급혁명을 통한 공산주의 사회의 건설을 제안했다. 사회주의자들은 경제 체제를 변화시키면 "민중의 아편"인 종교를 제거할 수 있다고 보았다.

19세기는 유럽의 여러 나라들이 제국주의로 식민지 개척에 열중하던 시기였다. 같은 시기 개신교는 식민지 개척과 미국의 경제 성장에 힘입어 활발한 선교활동을 펼쳤다. 가톨릭 교회가 주도한 중국 선교는 아편 전쟁(1839-1842) 이후부터 영미의 개신교 선교사들이 이어갔다. 제임스 허드슨 테일러(1832-1905)는 중국식 의복을 입고 만다린어를 구사하며 현지인들과 동화되었다. 청일전쟁(1895) 후 의화단을 중심으로 기독교 박해가 시작되었고, 1949년의 사회주의 혁명으로 서양 선교사들이 모두 추방되기에 이르렀다. 하지만 '3자'(자치, 자양, 자전)를 표방하는 중국 기독교는 문화혁명 기간(1966-1976)을 통과하고 비공식적인 가정 교회들과 함께 여전히 성장하고 있다. 아프리카에서는 데이비드 리빙스턴(1813-1873)이 헌신적인 선교활동을 펼쳤다. 이러한 선교사들의 희생적 삶에 감명 받은 유럽과 미국의 젊은이들이 '선교의 세기(19세기)'를 이끌었다.

활동

1. 19세기 개신교의 선교 운동과 한국 개신교(연세대학교)의 관계를 조사해 보자.
2. 정통주의, 자유주의, 경건주의 신학의 장단점은 무엇인지 토의해 보자.

다양한 갈등과 기독교(들)

20세기 초까지 유럽과 미국사회는 계몽주의와 과학혁명으로 이성을 강조하는 분위기가 만연했고, 인류 역사가 지속적으로 발전할 것이라는 기대감에 사로잡혀 있었다. 하지만 동시에 산업 혁명과 식민지 건설에 따른 어두운 그림자가 깃들고 있었다.

세계 선교를 향한 열정은 20세기에도 개신교 내에서 지속되었다. 미국의 부흥사 드와이트 무디(1837–1899)는 캠브리지 대학을 방문해 집회를 인도했고, 이 집회에서 자극받은 '캠브리지의 7인'으로 알려진 청년들이 허드슨 테일러의 중국내지선교회에 합류하기도 했다. 선교에 대한 열정은 미국 대학으로도 번져 많은 대학생들이 학생자원운동(SVM)을 중심으로 해외 선교에 헌신했다.[8]

효과적인 선교를 위한 여러 교파들의 모임이 19세기 중반부터 시작되었다. 그 결실은 스코틀랜드의 에딘버러에서 평신도 중심의 선교 대회에서 맺혔다(1910). 이곳에서 미국의 감리교인 존 모트(1865–1955)는 "우리 세대에 세계를 복음화시키자"고 독려하였고, 19세기 중반부터 시작된 비교종교학의 영향으로 다른 종교 안에서도 하나님이 역사하실 가능성이 논의되었다.

선교에 대한 열정과 함께 새로운 열광주의적 신앙 운동이 일어났다. 흑인 목사 윌리엄 J. 시모어(1870–1922)는 로스앤젤레스의 아주사 거리에서

8 20세기 초 한국에 파송된 많은 북미 선교사들이 SVM의 영향을 받았다. 그들의 열정적인 신앙관은 한국 개신교의 중요한 신앙적 유산이 되었다. 다만 초기 선교사들이 선교적 열정에 사로잡힌 나머지 충분한 신학적 훈련을 받지 못했다는 점은 이후 한국 개신교의 발전에 큰 장애가 되었다.

1906년부터 2년 동안 인종차별의 벽을 넘는 부흥 운동을 이끌었다. 사도행전의 오순절 성령강림사건을 재현하려는 오순절 운동이 시작된 것이다. 지금까지 인정받지 못한 종교적 체험(신유, 성령 임재의 기적, 방언)들이 중요한 신앙 활동으로 여겨지게 되었다. 이 운동은 유색인 이민자들을 중심으로 시작되었지만 시간이 지나며 백인들에게도 영향을 미쳤다. 여전히 오순절 운동은 아프리카와 라틴 아메리카의 개신교를 성장시키는 원동력이 되고 있다.

자유주의 신학에 대한 반감으로 근본적인 신앙에 대한 관심을 불러일으킨 운동도 일어났다. 성서의 권위와 무오성을 강조하는 신앙관은 1910년부터 1915년까지 12권으로 출판된 『근본』(The Fundamentals)에 드러나 있다. 1925년 테네시주의 스콥스라는 교사는 진화론을 가르친 이유로 소위 '원숭이 재판'에 회부되었다. 비록 스콥스는 유죄판결을 받았지만 문자적 창조과학에 입각한 근본주의자들이 얼마나 반지성적인지가 드러났다. 냉전체제를 겪으며 근본주의자들은 미국의 반공우파로 세력화되었다.

20세기 초 낙관적 세계관과 열정적인 신앙 운동이 절정에 이르렀을 때 인류는 1차 세계 대전(1914–1918)과 2차 세계 대전(1939–1945)을 겪었다. 발달된 기술 문명이 인류를 얼마나 불행하게 만들 수 있는지를 깨닫게 하는 계기였다. 러시아와 중국에서는 경제적 차별과 비인간화를 극복하고자 사회주의 혁명이 일어났다. 블라디미르 일리치 레닌(1870–1924)이 이끈 볼셰비키 혁명(1917)은 종교가 노동자 계급을 억압하는 도구로 사용된다는 이유로 러시아 정교회의 말살을 소비에트연방(소련)의 목표로 삼았다. 계속된 소련의 압제에도 러시아 정교회는 지금까지 건재하다.[9]

세계대전을 경험한 유럽의 교회들은 서구 신학과 교회의 역할을 더 진지하게 고민했다. 칼 바르트(1886–1968)는 자유주의 신학을 비판하며 이전

9 마찬가지로 그리스에서는 오랜 오스만투르크 제국의 영향에도 불구하고 동방정교회의 신앙이 지금까지 이어지고 있다.

의 정통주의에서 새로운 길을 찾았다. 하나님의 말씀과 그리스도 중심의 신학은 신정통주의라는 이름으로 신학계에 폭탄을 던졌다. 디트리히 본회퍼(1906-1945)는 전쟁을 겪으며 교회의 현실참여를 고민했고, 국가 폭력에 대항하기 위해 히틀러 암살 계획에 관여하다 교수형에 처해졌다. 실천하는 양심의 전통을 이은 마틴 루터 킹(1929-1968)은 미국의 인종차별 문제를 해결하기 위해 노력하다 암살당했다.

2차 대전 이후 식민지인들은 제국주의와 자본주의를 바탕으로 한 식민지 경영을 거부했고, 식민지의 신생 교회들은 자신들의 관점에서 교회와 신앙을 이해하며 성장하기 시작하였다. 다양한 교회의 출현과 성장은 교회의 연합에 대한 필요성을 불러일으켰다. 선교지에서 경험한 기독교인들 간의 갈등과 분열을 해결하고자 개신교 교단들이 중심이 되어 세계교회협의회(WCC)를 창설했다(1948). WCC는 국제 연맹(UN)과 흡사한 교회들의 협력체로 60년대 이후 아프리카의 무장 해방 운동을 지원하거나 종교 다원주의적인 입장을 견지한다는 이유로 많은 교회들의 우려를 사고 있다. 하지만 WCC는 교파들의 협력을 통해 여전히 다양한 선교사업을 이끌고 있다.[10] 복음주의를 표방하는 교단들도 로잔에서 세계 복음화 국제 대회로 모여,

WCC의 10차 부산 총회(2013)

10 에딘버러 선교 대회 이후 체계적인 선교 활동을 위해 국제 선교 협회(IMC)가 결성 되었다(1921). 1961년에 IMC는 WCC와 합병했으며, 신학교육기금으로 아시아 선교를 위한 고등신학교육기관(연합신학대학원)을 연세대학교가 개원하도록 후원했다(1964).

교회가 소홀히 여겼던 사회 문제를 돌아보며 복음의 의미를 새롭게 공감하였다(1974). 가톨릭 교회 역시 변화된 상황에 대응하고자 노력했다. 교황 요한 23세(재위 1958-1963)는 제2차 바티칸 공의회(1962-1965)를 소집해 주교들의 다양한 목소리를 듣고, 여러 개혁 조치들을 발표했다. 이후로 가톨릭 교회는 각국의 문화에 적합한 예전을 개발하고, 자국어 성서를 사용하는 미사를 드리고 있다.

아시아, 아프리카, 라틴 아메리카의 교회들은 자신들의 문제들을 주체적으로 다루기 시작했다. 식민지의 독립과 민주화, 인권의 문제를 다루는 다양한 신학들이 출현했다. 해방신학, 민중신학, 여성신학, 흑인 신학이 그 대표적인 예들이다. 21세기에 들어 점점 더 많은 교회들이 인종적, 문화적, 성적 소수자들에 대한 이해의 폭을 넓혀가고 있다. 비서구권의 교회들이 서구의 남성 중심적인 신학 논의를 극복하고 자신들의 언어로 신학을 재정립하며 사회 변화를 이끌고 있다. 이제 기독교는 유럽과 북미 사회를 넘어 아시아와 남반구의 사회 변화를 이끄는 중요한 원동력이 되고 있다. 21세기 기독교는 성부 중심의 유일신론 신학에서 성령 중심의 관계적 신학으로, 교리와 성서 중심의 신앙에서 체험과 상황 중심의 신앙으로 변화하고 있다.

활동

1. 다음의 용어를 통해 교회들이 보여 준 사회 참여와 변혁의 예들을 조사해 보자.
   (WCC와 로잔 회의, 해방신학, 민중신학, 흑인신학, 여성주의 운동 등)
2. 21세기 들어 기독교가 사회와 정치에 미친 긍정적 역할이 있는지 기사나 자료를 조사해 보자.

정리해봅시다

기독교와 교회는 다가오는 포스트/트랜스 휴먼 시대에 인류가 나아갈 방향을 제시해 주어야 하는 책임이 있다. 새로운 시대를 위한 교회의 방향성은 초대 교회로 돌아가자(Ad fontes)는 구호가 아니라 시대마다 교회가 얻은 역사적 교훈을 통해 파악되어야 한다. 이것이 21세기를 열어가는 지금 "역사로 돌아가자"(Ad Historiam)고 외치는 이유이다. 교회와 제국, 교황과 황제, 신앙과 이성, 보수와 진보, 사회와 개인, 주체와 객체 등의 다양한 갈등 속에서 지속적으로 도전하고 응전했던 기독교(교회)의 역사가 새로운 시대를 준비하는 이때 더 분명한 방향성을 제시해 준다. 기독교의 흥망성쇠는 신앙인들이 교회에 주어진 사명을 그 사회 속에서 어떻게 구현했는지에 따라 결정되었다. 이제 우리는 기독교(교회)가 시대마다 사회로부터 어떤 역할을 요청받았고 또 어떻게 그 역할을 감당했는지 뒤돌아보며, 미래 사회를 위한 기독교의 더 진지하게 고민해야 할 것이다. 역사와 함께한 교회의 숨결이 미래 사회에서도 힘차게 느껴지길 기대해 본다.

토의해봅시다

공부를 위한 토론 주제들

1. 초기 기독교는 어떤 과정을 통해 유대교와 구분되었는지 살펴봅시다.
2. 중세 시대의 역사적 경험이 주는 '이성'과 '신앙'의 올바른 관계는 무엇인지 토의해 봅시다.
3. 16세기 종교개혁은 근대 시민 사회 형성에 어떤 영향을 끼쳤는지 토의해 봅시다.
4. 20세기 아시아 국가들의 발전에 기여한 기독교의 역할에는 어떤 것들이 있는지 찾아봅시다.
5. 21세기 사회가 당면한 과제들을 해결하기 위해 기독교가 할 수 있는 긍정적 역할에는 어떤 것들이 있는지 토의해 봅시다.

더 읽을거리

- 김상근. (2007). 세계사의 흐름을 바꾼 기독교의 역사. 서울: 평단문화사.
- 곤잘레스, 후스토 L. (1998). 기독교사상사 1: 고대편. 이형기 역, 서울: 한국장로교출판사.
- 맥그라스, 알리스터. (2016). 기독교의 역사. 박규태 역. 서울: 포이에마.
- 박승찬. (2015). 알수록 재미있는 그리스도교 이야기 1.2. 서울: 가톨릭출판사.
- 이상규. (2016). 초기 기독교와 로마 사회. 서울: SFC.

5장

한국 근현대사 속 기독교의 두 얼굴

MODERN KOREAN CHRISTIANITY

목적

- 역사적 정황과 맥락을 바탕으로 한국의 기독교를 이해한다.
- 한국 기독교의 역사를 바라보는 다양한 시선과 이에 따른 여러 가지 진술이 있을 수 있음을 이해한다.
- 한국 기독교의 공과를 역사적인 관점에서 비판적으로 평가한다.

시작하는 질문

- 최근 한국 기독교가 겪고 있는 위기의 원인은 무엇인가?
- 한국 기독교 역사의 명과 암은 무엇인가?
- 한국 기독교의 나아가야 할 방향은 무엇이며, 한국 사회에서의 역할은 어떤 것인가?

개요

한국 기독교는 유례없는 성장을 이뤄 왔지만 최근 외적 성장은 멈춘 상태이며, 교회는 사회의 신뢰를 잃어가고 있다. 한국 기독교의 위기의 실체를 이해하기 위해 그리고 이를 극복하기 위한 방안을 마련하기 위해서는 한국 기독교의 역사를 살펴볼 필요가 있다. 한국 기독교는 한반도 대내외의 정치적 현안과 밀접한 관련을 가지며 발전해 왔다. 굴곡진 역사의 흐름 가운데 나타난 한국 기독교의 모습을 실제적으로 그려보기 위해서는 한국 기독교 역사에 관한 단순한 기술적 진술이 아니라 다면적 진술이 필요하다. 이러한 다면적 진술을 통해 본 장은 한국 기독교의 과거와 현재 그리고 미래를 비판적으로 조망한다.

핵심어

정치와 종교의 만남 | 정치와 종교의 충돌 | 사회 참여와 정치적 침묵 | 초월의 기독교 | 순응의 기독교 | 전쟁과 기독교 | 민주화 운동과 기독교 | 보수 기독교와 개독교 현상

생각해봅시다

탄핵 정국, '6월 항쟁'과 삼일운동에서 '태극기'

박근혜 대통령 탄핵을 포함한 최근 정치 현장에서 '태극기'는 성조기, 십자가와 함께 '촛불'이라는 아이콘에 대항하는 보수 세력의 상징으로 부각되었다. 하지만 영화 〈1987〉의 마지막 장면을 보면 6월 항쟁 당시 젊은 시위대가 태극기를 들고 독재 철폐를 외치는 장면이 나온다. 그뿐만 아니라 거슬러 올라가 1919년 삼일운동 당시에도 태극기를 흔들며 '대한 독립 만세'를 외쳤다.

이 세 장면에서 '태극기'라는 상징은 어떻게 다른 방식으로 사용되고 있는가? 누가, 어떤 목적으로 태극기를 사용하고 있는가? 한국사의 세 장면 속에서 태극기가 사용된 양상을 비교, 분석해 보자. 또한 그 세 장면 속 기독교의 역할은 각기 어떻게 달랐을까? 서로의 생각을 나눠 보도록 하자.

한국 기독교의 위기와 역사적 이정표

한국 기독교는 지난 한 세기 동안 유례없는 성장을 이뤘지만 최근 날개 없는 추락을 계속하고 있다. 외적 성장은 멈추었고 교회는 사회의 신뢰를 잃어가고 있다. 현재의 위기는 어디에서 왔으며 이 위기에서 벗어나기 위해 어떤 방향으로 나아가야 하는 것일까? 우리는 그 해답을 한국 기독교의 역사 속에서 찾고자 한다.

한국 기독교는 조선후기, 일제시대, 분단기, 현대사회를 거치며 대내외

정치적 현안과 밀접한 관련성 속에서 발전해 왔다. 굴곡진 역사 속에서 때로는 민족의 고통에 기꺼이 참여하기도 때로는 그것을 애써 외면하기도 하였다. 따라서 한국 기독교의 역사는 단순한 기술적 진술이 아니라 다면적 진술을 요구한다. 이를 통해 우리는 한국 기독교의 과거와 현재 그리고 미래를 비판적으로 조망할 수 있을 것이다. 한국 근현대사 주요 장면 속에 드러난 한국 기독교의 명과 암을 살펴보도록 하자.

살펴봅시다

기독교의 전래: 정치와 종교의 만남

천주교의 전래와 박해: 정치와 종교의 충돌

기독교의 역사는 개신교가 19세기 중엽 조선 땅에 발을 내딛기 이전 천주교가 전래되면서 이미 시작되었다. 16세기 말, 17세기 초, 임진왜란(1592-1598) 및 병자호란(1627-1637)과 같은 사회적 대재앙을 겪어 내면서 조선후기 사회에는 변화의 바람이 불기 시작하였다. 성리학에 기초한 지배 체제의 한계를 경험한 조선 후기의 지배계층인 문인들은 이념에 집착하는 추상적인 세계보다 현실에 직접적인 영향을 미칠 수 있는 실제적인 세계에 관심을 가지게 되었다. 이로 인해 지행합일(知行合一)이라는 사상에 기초한 실학이 등장하게 되었다.

특히 17세기 초부터 서양의 세력이 동양의 세계에 점차 그 영향을 미치기 시작한 서세동점(西勢東漸)의 국면 아래, 서학(西學)이라는 이름으로 서양의 사상, 문물, 그 중에서도 특히나, 과학 그리고 천주교가 전파되었다. 예를 들면, 당대의 외교관이었던 이수광(李睟光)은 명나라에 소개된 마테오 리치(Matteo Ricci)의 천주실의(天主實義)를 조선에 소개하였다. 사회적 변화의 모색을 위해 서양 문물에 지대한 관심을 갖게 된 실학자들은 자연스레 서구종교인 천주교에도 노출되었다. 이들 중 상당수의 문인들은 천주교를 자신의 종교로 받아들였는데, 이들 가운데 대표적인 인물로는 권철진, 권일신, 이벽, 이승훈, 정약전, 정약용, 정약종 등이 있다.

서학의 핵심 사상인 천주교가 조선 후기 지배 계층인 문인들뿐만 아니라 중인 계층과 여성을 넘어서서 평민 백성에까지 점차 확대되어 가자 이에 위기를 느낀 조선의 왕조는 급기야 천주교를 핍박하기에 이른다. 박해의 역사는 신해박해(辛亥迫害, 1791)로부터 시작되었다. 천주교인이었던 전라도 진산의 선비 유지충과 권상연은, 장례식을 치르면서, 유교 예식을 따르지 않고, 천주교의 의례를 따랐다. 이를테면, 그들은 죽은 조상을 기념하는 신주(神主)를 없애기도 하였다. 이런 일화가 조정에 알려짐에 따라 당대 통치자였던 정조(正祖)는 두 사람을 처형하도록 명령하였다(민경배, 2007: 66-68).

신해박해 후 정확하게 10년 뒤에, 신유박해(辛酉迫害, 1801)가 발생하게 된다. 정조가 1800년에 승하한 이후, 순조는 11세의 어린 나이로 왕위에 오르자 당시 현존하는 왕실의 가장 큰 어른인 대왕대비(大王大妃) 정순왕후(貞純王后)는 순조의 정치적 후견인으로서 수렴청정(垂簾聽政)을 하며 숨은 권력자가 되었다. 당대 정권은 정조의 탕평책을 옹호하는 시파와 이를 반대하는 벽파로 양분되어 있었다. 벽파를 지지하는 정순왕후의 등장 이후, 그 반대파였던 시파는 권력투쟁에서 수세에 몰리게 되었다. 더구나 시파의 일부 중 천주교인이 있다는 사실을 알게 된 벽파는 천주교를 사교(邪敎)로 몰아세웠다. 오가작통법(五家作統法)을 이용하여 일부의 신도들을 옥에 가뒀고, 정약용 같은 인물을 유배 보내기도 했으며, 심지어 이승훈, 정약종, 강완숙 등은 참수하였다. 이 당시에 순교한 천주교인은 대략 300여 명이 넘는 것으로 추정된다(민경배, 2007: 68-71).

이후 헌종 5년에 기해박해(己亥迫害, 1839)가 일어나 프랑스 출신의 신부

사진 및 그림: 절두산 순교 기념관과 〈절두산의 대학살 2〉 (조창원, 2008)[1]

들과 천주교 신자들이 참수형을 당하며 옥고를 치뤘다. 기해박해의 아픔이 가신 지 얼마 되지 않아, 헌종 12년에 발생한 병오박해(丙午迫害, 1846)로 인해, 조선 최초의 사제인, 김대건 신부가 목이 베어 높은 곳에 매달리는 효수형을 당하였다.

그리고 고종 3년에는 병인박해(丙寅迫害, 1866)가 발생하였다. 고종의 통치가 시작되면서, 당시 조정의 실세였던 흥선 대원군은 쇄국 정책을 고수하였고, 이로 인해 천주교 역시 거세고 무자비한 탄압을 받게 되었다. 당시 약 8,000여 명에 해당하는 무고한 천주교인들이 희생되는 끔찍하고 참혹한 일이 발생하였던 것이다.

이렇듯 대내외적으로 격동기에 해당하는 조선 후기 사회에서 서구의 천주교는 유교의 이념을 필두로 그 지배체계를 유지해 온 조선사회에 있어서 때때로 개인적인 종교의 자유를 넘어서서, 체제를 위협하는 위험한 서양의 종교로 인지되었던 것이 사실이다. 특히 신유박해 당시 황사영 백서(黃嗣永帛書) 사건을 보면, 천주교의 전래 과정이 단순히 신앙의 자유를 위한 것인지, 아니면 서구 세력의 동양 세계에 대한 잠재적 위협을 내포하

1 한국 천주교 역사에 있어서 절두산은 순교의 성지에 해당한다. 병인박해 때에 천주교인들은 이곳에서 참수형을 당하였고, 그 잘려진 머리는 즉시 한강에 투척되었다고 전해진다. http://www.jeoldusan.or.kr/renew/

고 있었는지를 가늠해 볼 수 있다. 황사영은 정약용의 큰형인 정약현의 사위로서 주문모 신부에게 세례를 받고 천주교에 입교하였다. 신유박해 당시 천주교 핍박을 직접 경험한 황사영은 북경에 있는 주교에게 조선의 참담한 상황을 보고하려고 하였다(민경배, 2007: 72-77). 아래는 황사영 백서에서 발췌한 내용의 일부이다.

> 罪人多默等 涕泣呼 干 本主教大爺閣(閤)下
> 죄인 토마스 등은 눈물을 흘리며 본주교 대야(湯士選 구베아) 각하께 호소합니다.
>
> (중략)
>
> 本國方在危疑乖亂之際 無論某事 皇上有命 必不敢不從
> 이 나라는 바야흐로 사방이 위태롭고 어지러운 시기에 처해 있으므로 어떤 일이든지 황제의 명령만 있으면 반드시 감히 따르지 않을 수 없습니다.
>
> 乘 此之時 教宗致書皇上曰 吾欲傳教朝鮮 而聞其國 屬在中朝 不通外國 故以此相請 願階下勅該國 使之容接西士 當教之以忠敬之道 盡忠於皇朝以報階下之德 可望其允從
> 이러한 때에 임하여 교황께서 중국 황제께 글을 보내 말씀하시기를,
> "본인은 조선에 성교를 전하고자 하는데 듣자 하니 그 나라는 중국에 속해 있고
> 다른 나라와는 교류하지 아니한다고 하니 이렇게 상세히 청합니다.
> 중국 황제께서는 조선에 특별히 따로 칙령을 내리셔서
> 서양 선교사를 받아들이게 하여 응당 충성하고 공경하는 도리를 가르치고,
> 중국 황조에 지극히 충성하여 폐하의 덕에 보답하게 하십시오."

(중략)

得海舶數百　精兵五六萬 多載大砲等利害之兵器 兼帶能文解事之中士三四人 直抵海濱 致書國王曰 吾等卽西洋傳教舶也 非爲子女玉帛而來 受命于教宗 要救此一方生

만일 가능하다면 전선 수백 척과 정병 5, 6만 명을 얻어 대포 등
치명적인 무기를 많이 싣고 겸하여 글과 사리에 밝은
중국 선비 서너 명을 데리고 바로 이 나라 해변에 이르러
국왕에게 글을 보내어 말씀하시기를,
"우리는 서양의 선교하는 배요, 자녀나 재물 때문에 온 것이 아니라,
교황의 명령을 받아 이 지역의 생명을 구원하고자 합니다."

(생략)

여기서 심각한 문제는 이 백서가 단순히 천주교 박해와 관련된 내용을 보고하는 서신이 아니라, 외교적인 서신의 성격 또한 지닌다는 점에 있다. 즉, 황사영은 청의 황제가 조선의 왕이 천주교를 공식적으로 허용할 수 있도록 적극적으로 개입해 줄 것과, 교황이 서구의 나라들에게 군과 함대를 조선에 파견해 줄 것을 요청하려 했던 것이다.

개신교 선교: 사회 참여와 정치적 침묵

근대 이후 개신교의 전래 과정을 살펴보도록 하자. 개신교는 천주교와 달리 전래 초기부터 조선사회의 사회체제를 위협하는 종교가 아닌, 오히려 조선 근대화에 일조하는 사회 참여적 요소를 지녔다. 조선은 1876년, 고종 13년에 일본 제국과 강화도 조약(江華島條約)을, 그리고 1882년, 고종 19년에 한미 수호통상조약(朝美修好通商條約)을 체결하였다. 개신교 초기

선교는 조선 사회 체제의 급격한 변화 없이 서구 문물을 수용하고자 하는 조선의 개방정책에 충실하게 부응한 것이었다. 그 결과 개신교 선교는 의료, 교육, 문화 선교의 차원에서 이루어지게 되었다.

먼저 의료적 차원에서 보자면, 북미 장로교회 출신의 앨런(Horace Newton Allen)은 1884년에 조선 땅에서 선교의 일환으로 의술 활동을 시작한다. 그는 1885년 조선 최초의 왕립 병원인 광혜원(廣惠院)을 개원하였다. 그리고 오래지 않아 광혜원은 일반 백성을 위한 제중원(濟衆院)으로 개명한다. 북미 감리교회 출신의 스크랜턴(William Benton Scranton)도 1886년 시병원(施病院)을 개원한다. 교육적 차원에서 보면, 스크랜턴의 어머니인 스크랜턴(Mary F. Scranton) 여사는 이화학당을 설립하였고, 북미 장로교회 출신의 언더우드(Horace Grant Underwood)는 연세대학교의 전신인 연희전문학교를 창립하였으며, 북미 감리교회 출신의 아펜젤러(Henry Gerhard Appenzeller)는 배재학당을 세워 조선에 다양한 교육의 터를 마련하여 근대화를 앞당기는 역할을 한다. 마지막으로 문화적 차원에서 개신교의 선교사들은 조선 사회에서 크고 작은 변화를 불러 일으켰다. 성서를 한글로 번역하는 과정에서 한글어 문법에 대한 기초가 확립되었다. 성서가 보급되는 과정에서 신분에 관계없이 한글이 전 백성들에게 차별 없이 배급되기도 하였다. 이뿐 아니라, 선교사들은 조선사회에서 여성의 인권을 증진시켰고, 더 나아가 신분제를 넘어서는 인간 평등사상을 설파하였다(정용석, 2007: 180-183; 이만열, 1992: 14-17).

개신교가 조선사회에서 의료, 교육, 문화적 차원으로 자신의 영향력을 확대해 가는 과정에서 조선은 국력을 점차 상실해 가고 있었다. 특히 조선은 1905년 일제와 불공평 조약인 을사조약(乙巳條約)을 체결하게 되는데, 이 조약에 따르면 일본은 다른 열강의 간섭에서 벗어나 독자적으로 조선에 영향력을 행사할 수 있게 된다. 이 사건 이후 조선 개신교는 정치적 관심으로부터 멀리하여 종교의 세계에만 몰입하였다.

조선의 국권이 침탈당해 가는 순간, 아이러니하게도 기독교는 회개와

각성에 근거한 대부흥 운동을 경험했다. 1903년 원산에서 시작하여 1907년 평양으로 그 부흥의 불꽃이 타오른다. 1907년 1월 겨울 평양 장대현 교회에서 열린 사경회는 한국 부흥 역사의 한 획을 긋는다. 당시 장로였던 길선주(吉善宙) 목사는 일천여 명이 넘는 회중 앞에서 자신의 죄를 회개하며 통곡한다. 이에 회개의 운동이 다른 성도들에게도 영향을 미치기에 이른다. 그들은 서로 죄를 고백하며 종교 안에서 각성된 새로운 삶을 살아가기를 각오했다. 대부흥 운동은 종국에는 1909년 백만인 구령 운동으로 확산되었다. 대부흥 운동은 종교의 본질이 영적 자각에서 시작된다는 점을 잘 드러낸다. 하지만 조선의 국권이 소멸되어 가는 역사적 변환기에 많은 기독교인들이 역사적 비판을 결여한 채 정치적 현안에 개입하지 않고 침묵한 것은, 한국 교회가 스스로 반성해야 할 점이다. 뿐만 아니라, 일부 기독교인들은 풍전등화 앞에 놓인 조선의 처지를 종교적 열망으로 표현하기도 했다. 1907년에 이르면 일부 기독교인들은 민족주의에 대한 열망을 구국 기도회라는 형식을 통해 발산하기에 이른다. 예를 들자면, 기독청년회(YMCA)는 대한문(大漢門)에 결집하여 기도회를 갖기도 하였다(민경배, 2007: 287-326).

활동

1. 한국 기독교 역사의 관점에서 영화 〈혈의 누〉를 감상하고 토론해 보자.
2. 절두산 순교성지 혹은 양화진 외국인선교사묘원을 방문 후, 보고 느낀 점을 토론해 보자.

평양대부흥회

식민지 치하의 기독교

저항의 기독교: 3.1운동

1910년 한일병합조약(韓日併合條約)으로 대한제국은 일본제국으로 통합, 편입되었다. 다시 말해, 1910년부터 1945년 해방이 되기까지 한국은 일본 제국의 식민지로서 그 통치를 받게 된 것이다. 일제 강점기 한국 기독교는 식민주의 정책과 그 궤를 같이한다. 먼저 일제는 1910년부터 1919년까지 헌법 경찰에 의한 무단 통치를 실시하였다. 무력에 기반한 통치를 통해 일제는 정치적으로 표현의 자유를 억압하였으며, 경제적으로는 토지사업을 통하여 조선의 땅을 수탈해감으로써 백성의 삶은 더욱 고달파만 갔다.

일제의 극악한 통치가 무르익어 갈 때, 대내적으로는 1919년 3월 1일 고종의 장례식이 기폭제가 되어, 조선을 대표하는 지도자들 33인은 태화관에 모여서 조선의 독립을 선언하였다. 전국 방방곡곡에서 무수한 백성들이 거리로 뛰쳐나와 "대한 독립 만세"를 외치기 시작했다. 이는 또한 대외적으로는 1918년 1차 세계대전의 종전에 기하여 선포된 미 대통령 윌슨

독립운동

(Thomas Woodrow Wilson)의 민족자결주의에 힘입은 바가 크다. 3.1운동은 일제의 폭력에 맞서서 억압받던 조선인들에 의해 기획된, 거국적이고도 평화적인 독립운동이었다는 점에서 그 의의가 더욱 크다.

3.1운동의 독립문 선언에는 기독교인들의 참여가 두드러진다. 민족 대표자 선언에 참여하는 기독교인이 16명이었고, 천도교인 15명, 불교인 2명이었다. 당시 조선 총인구의 1% 정도밖에 차지하지 않는 기독교인 중에서 민족 대표자의 과반수에 이르는 사람이 기독교인이었다는 것은 놀라운 점이다. 3.1운동 이전에도 기독교 내에서 독립에 대한 갈망은 국내외적으로 감지되어 왔었다. 중국 상해에서 한때 교회 전도사를 지냈던 여운형은 신한청년단을 결성하였고, 미주에서는 안창호, 이승만 같은 기독인들이 대한인국민회를 조직하였으며, 일본에서는 조선기독청년당이 창단되어 민족자치의식을 고취시켜 나갔다. 국내에서 윤치호는 YMCA 모임을 통해서, 그리고 이갑성은 세브란스병원을 통해서 각기 기독 청년들에게 독립사상을 전파하였다. 또한 3.1운동 관련해서 투옥된 조선인 중에서 대략 20%에 이르는 사람들이 기독교인이었다는 사실도 눈여겨보아야 할 점이다. 3.1운동에서 볼 수 있듯이, 일제 치하에서 한국 기독교는 식민주의에 항거함으로써 민족의 자결권을 수호하고 민족주의를 고양시켰다(이만열, 1992: 335–355).

초월의 기독교: 민족주의적 이상주의

3.1운동 이후 조선 총독부는 1919년부터 1931년까지 무력에 의한 통치 방식에서 벗어나 문화적 통치 방식으로 전환한다. 기존의 무단 통치기와는 달리, 일본 정부는 표현의 자유를 제한적으로 허용하였으며 기초적인 수준에서 초등교육을 실시하였다. 하지만 이는 조선의 민족적 독립과는 거리가 먼 임시방편의 기만적인 조치에 불과했다.

1920~30년대에 들어서 기독교에는 새롭고 다양한 양태의 신앙 형태가 등장한다. 가장 특이한 사항은 초월적 경향의 기독교가 등장했다는 점이

다. 먼저 김교신은 일본 유학 당시 우치무라 간조(内村鑑三)의 무교회주의에 심취하여 귀국 후 이를 조선에 소개하였다. 그는 형식과 조직의 논리에 치우친 교회를 비판하였다. 김교신에게 교회란 유형(有形)의 교회가 아니라, 성서의 진리를 조선 민족의 특수한 상황에 부합해서 구현해 내는 무형(無形)의 교회를 의미하였다. 이렇듯 김교신의 사상은 무교회주의, 성서중심주의, 민족주의의 특색을 지니게 되었다. 그는 이와 같은 자신의 사상을 1927년 처음으로 발간된 《성서조선》(聖書朝鮮)을 통해 피력하였다. 류영모는 김교신과 마찬가지로 기성교회를 비판하며 무교회주의를 신봉하였다. 하지만 류영모는 김교신과는 달리 신비적 초월주의 경향을 강하게 나타냈다. 이런 면모는 그가 유교, 불교, 도교와 같은 동양종교와 서양종교인 기독교 간의 대화를 시도했다는 점에서 잘 드러난다. 함석헌은 조선에서 류영모를 만나 동양사상에 심취하게 되었다. 또한 일본 유학 당시에는 김교신과 마찬가지로 우치무라 간조의 무교회주의에 입문하였다. 또한 김교신과 함께 《성서조선》을 발간하는 데 힘을 보태기도 하였다. 마지막으로, 이용도는 당대에 유명한 부흥사로서 깊은 묵상을 강조했다. 그는 인간이 기도를 통해, 특히 고난에 대한 깊은 묵상 가운데 그리스도와의 일체를 경험할 수 있음을 새롭게 주창하였다(민경배, 2007: 429-475).

1920-30년대 등장한 기독교의 사상에서 간과하지 말아야 할 점은, 그것이 매우 초월적이면서도 동시에 근간에 있어서는 민족주의적 성향을 지닌다는 사실이다. 다시 말해서, 김교신, 류영모, 함석헌, 그리고 이용도의 사상은 초월적이며 민족적인 이상주의의 색채를 띤다. 놀라운 사실은 그들이 조선 민족에 대한 사랑을 근간으로 서구의 기독교 사상을 동양적인 것으로 변화시켰다는 점이다.

순응의 기독교: 신사참배

일제는 1931년부터 1945년까지 민족 말살 정책을 펼쳤다. 특히 이 기간 일제는 1931년에는 만주사변을, 1937년에는 중일 전쟁을, 1941년에는 아시아-태평양 전쟁을 도발하면서 한반도를 병참 기지로 활용했다. 이에 따라 일본에 의한 조선의 경제적 수탈은 가속화되었다. 조선인들은 군부대로 징발되었으며 혹은 정신대로 강제 징용되었다. 심지어 조선의 여성들은 위안부로서 성 노예로 전락되기도 하였다. 문화적으로는 한글 교육을 중단시킴으로써 일본어의 일상적 사용을 강요했으며 창씨개명을 강제적으로 실행했다. 이데올로기적으로는 황국신민화(皇國臣民化)의 전략으로 내선일체(內鮮一體)를 구호로 내세웠다. 이 시기에 조선은 경제적으로, 문화적으로, 이데올로기적으로 최대의 위기에 봉착한다.

민족 말살 정책기에 조선의 기독교인들에게 가장 큰 위기는 일제의 신사참배(神社參拜) 강요였다. 신학적인 관점에서 평가하자면, 유일신 사상에 기반한 기독교 신앙과 천황의 신격화를 조장하는 신사참배는 엄격하게

신사참배[2] (『조선일보』, 1938.9.12.)

2 장로교회 총회에서 신사참배안을 결의한 이후 장로교인들이 평양신사에서 신사참배를 하고 있는 모습. http://m.weekly.khan.co.kr/view.html?med_id=weekly&artid=201709181828191&code=115

양립할 수 없는 것이었다. 하지만 일제의 집요한 회유와 강요를 통해서 기독교계는 점차 일제와 타협하기에 이른다. 천주교와 감리교는 신사참배를 국가 의례로 간주하여 일제와 타협했다. 장로교는 초기에 강하게 반대하다가 1938년 총회에서 경찰의 협박에 못 이겨 종국에는 신사 참배안을 가결시키는 수모를 당했다. 물론 주기철 목사와 같은 장로교 목사들은 순교를 당하면서까지 신앙의 순수성을 지켰다. 하지만 장로교는 1944년 총회에서는 급기야 육군 전투기인 애국기(愛國機)를 일제에 헌납하기로 결정하기에 이르렀다. 일제의 수탈과 폭압이 강해질수록 기독교는 그 신앙 정체성을 지키지 못하고 일제에 영합하는 뼈아픈 과오를 범하였다(민경배, 2007: 506-522; 정용석, 1992: 190-191).

활동

1. 서대문 형무소 혹은 전쟁과 여성 박물관을 방문하자.
2. 영화 〈동주〉를 관람하고 토론해 보자.

분단 시대의 기독교

해방 이후 기독교

해방 이후 우리 사회는 친일 청산과 자주권 수호, 남북통일 등 산적한 과제 앞에서 다양한 정치 집단과 노선이 치열하게 경합한다. 이 격동의 시기에 한국 기독교는 핵심적 역할을 감당했다. 이 시대를 대표하는 인물인 남한의 이승만, 김구와 북한의 김일성이 모두 기독교적 배경을 갖고 있다는 사실은 재건 시대 한국 사회 형성에 기독교가 끼친 영향을 짐작케 한다.[3] 결국 이승만을 중심으로 자유당 정권이 막을 올리게 된다. 당시 각료

3 백범 김구는 신민회 활동 시절 기독교로 개종하였다. 신민회(新民會)는 상동감리교회 인물들을 중심으로 하여 기독교 이념을 바탕으로 조직된 항일 비밀결사 단체다. 이승만은 독립운동기에 하와이에서 감리교 부속의 한인 학교를 운영하며 민족교육을 실시하였고, 후에 그리스도교연맹 등 단체를 중심으로 활동했다. 김일성은 기독교 가문 출신으로, 그의 외할아버지와 외삼촌, 외종조부 모두가 장로교 목사였다. 후에 공산주의에 투신하면서 기독교를 배척하였다.

의 구성만 살펴보아도 소수의 기독교인이 얼마나 큰 영향력을 지녔는지 짐작할 수 있다.[4] 하지만 이들이 일제 잔재 청산과 단일 정부 수립 등 민족적 과업 수행에 있어 뜻을 모으지 못했고 결국 분단 고착화에 일조했음을 인정하지 않을 수 없다.

6.25 전쟁 속 기독교

1950년, 대한민국 정부 수립 2년이 채 지나지 않았을 때 일어난 6.25 전쟁으로 우리 민족은 또다시 큰 시련에 맞닥뜨린다. 교회의 시련은 더 컸다. 공산 정권이 기독교를 적대 세력으로 규정함에 따라 북한군은 이제 갓 뿌리를 내린 한국 교회를 크게 탄압하였다. 전쟁 중 교회를 지키던 수많은 기독교인이 납북되거나 순교했고 수많은 교회당이 파손되었다(박보경, 2010: 109-115).

손양원 목사

일제 강점기부터 신사 참배 거부로 종신형을 선고받고 옥고를 치르던 손양원 목사는 6.25 당시 북한군에 의해 순교한 대표적 인물이다. 그는 나환자 시설인 여수 애양원에서의 헌신적 봉사와 1943년 여수순천 사건 당시 두 아들을 살해한 범인을 양자로 받아들인 것으로 유명하다. 다음은 피난 권유를 거부하고 애양원에 남을 때 손 목사가 했던 말을 회고한 것이다.

4 이승만이 초대 국회 개원식에서 하나님의 은혜에 감사를 드리고 국회의원이던 이윤영 목사에게 개회 기도를 부탁한 일화는 널리 알려져 있다. 초대 국회의원 208명 중 21%인 44명이, 장차관 중 1/3 이상이 개신교인이었다는 사실은 당시 인구 5%에 미치지 못하던 기독교 인구를 고려할 때 특이한 일이다. 기독교에 우호적인 미군정, 공산주의에 대한 위기감, 신학문을 겸비한 풍부한 인력 등이 이유일 것이다. 하지만 당시의 모습을 정교 유착의 부정적 사례로 꼽는 이들도 많다.

> “여보 김 집사, 고맙습니다. 그러나 이러한 난국에 무슨 일이 급한 일이겠습니까? 양을 먹이던 목자가 그 양을 돌보아서 이리 떼 같은 악한 원수에게 해받지 않도록 하는 것이 급한 일이 아닙니까? 내 한 사람이나 한 가정의 안전을 위해서 피신하는 일이 급한 일입니까? 사실로 우리 애양원 식구들이 전부 피할 곳이 있다면 나도 함께 그들과 피할지 모르겠습니다. 그러나 그렇게도 못할 것이니 내가 만일 피신한다면 일천일백 명 양 떼들을 자살시키는 것이나 다를 것이 무엇입니까? 이 양 떼들을 자살시키고 나 하나 피하여 산들 무엇 하겠습니까?(박보경, 2010: 113)”

6.25 전쟁 시기 기독교는 전쟁의 참상으로 신음하던 우리 민족에게 위로와 희망을 주기 위해 노력했다. 북한군의 총칼 앞에서 교회와 성도를 지키기 위해 숭고하게 생을 마감한 목회자들의 일화는 셀 수 없이 많다. 하지만 전쟁이 한국 교회에 남긴 가장 큰 흔적은, 집단적 트라우마로 인해 한국 교회 깊숙이 자리 잡게 된 반공 이데올로기라 할 수 있다. 이를테면, 전쟁이 교착 상태에 빠진 후 휴전이 논의될 때마다 가장 적극적으로 휴전 반대를 외쳤던 집단이 기독교였다. 교회가 평화보다 공산주의 타도를 외쳤다는 것은 얼핏 이해하기 힘든 점도 있지만, 당시 기독교인들이 공산주의를 철저히 악의 세력으로 인식했음을 보여주는 것이기도 하다.

전쟁을 전후해 대거 남한으로 유입된 북한 기독교인의 역할도 컸다. 당시만 해도 한국 기독교의 중심은 평양을 위시한 북한 지역에 대부분 위치하고 있었다. 이들이 피난민으로서 전후 한국 사회에 정착하는 것은 결코 쉬운 일이 아니었다. 이들 실향민에게 전후 남한 사회의 극우 반공주의는 기회가 되었다. 공산당의 만행을 몸소 체험한 이들이 공산주의 척결을 위해 싸우는 것은 자연스러운 일이었다. 하지만 이것은 후에 보수 기독교가 반공의 보루로서 자아상을 확립하는 계기가 된다. 이때부터 보수 신앙과 결합된 반공 이데올로기는 오래도록 살아남아 보수 기독교에 끊임없는 자양분을 제공하게 된다.

영락교회

6.25 전쟁 전후 남한으로 유입된 월남 실향민들은 여러 교회를 세웠는데, 그 중 대표적인 것이 서울 중구에 위치한 영락교회이다. 1945년 박해를 피해 월남한 한경직 목사와 27명의 성도를 중심으로 '베다니전도교회'라는 이름으로 시작. 이후 피난교인들이 몰려들면서 얼마 지나지 않아 서울 최대의 교회가 되어 1950년 6월에 3,000명을 수용할 수 있는 예배당을 건축하였다.(사진 속 우측 건물, 왼편에 있는 신축된 건물과 대조를 이룬다.) 피난민들에게 안식처 같은 곳이었다.

전후 재건기의 기독교

전후의 처참한 상황에서 돌파구가 필요했던 우리 민족에게 교회는 위로와 희망이었다. 신앙의 힘으로 아픔을 이기고 나라의 재건을 외치던 때였다. 기독교는 1955년 미국의 유명한 부흥사 빌리 그레이엄 목사 초청 집회 등을 계기로 적극적인 포교 활동을 펼쳤고 급격히 성장하기 시작한다.

반면 북녘 땅에서 기독교는 공산당의 탄압 속에 자취를 감추고 만다. 봉수교회와 칠골교회 두 교회가 있긴 하지만 종교의 자유를 표방한 북한 정권의 대외 선전용에 불과하다. 북한 교회는 지하로 숨어들어 보이지 않는 곳에서 신앙을 이어가고 있다고 한다.

활동

정치와 종교의 건강한 관계는 어떤 것인지 함께 토의해 보자. 어떤 사람들은 완벽한 정교 분리를 주장하는 반면 다른 사람들은 종교의 적극적 정치 참여를 지지한다. 정치인들은 비판적인 종교인들의 정치 참여는 공격하면서도 자신을 지지하는 종교인들의 참여에는 관대한, 이중적 태도를 보이기도 한다. 21세기 한국 사회에 맞는 종교와 정치의 관계는 어떠한 것일지 이야기해 보자.

전후 한국 사회의 모습은 밝지만은 않았다. 전쟁의 상흔은 컸고 전후 우리 사회는 아픔과 분노와 의심으로 가득했다. 하지만 사회 통합과 근대화의 이중적 과제 앞에 있었던 이승만의 자유당 정권은, 3.15 부정선거 등 오명을 남긴 채 민주주의 확립에 실패하고 막을 내리고 만다.

1960년대에 접어들면서 한국은 전쟁의 상처를 딛고 본격적으로 경제 성장을 위해 힘을 모은다. 새마을운동은 경제 성장의 기지개를 켜던 한국의 60–70년대를 대표하는 움직임이다. "잘 살아 보세!"라는 기치 아래 너도 나도 힘을 모았던 때다.

한국 교회의 성장은 경제 발전과 궤적을 같이해 왔다. 급격한 산업화와 도시화의 결과, 전통적 가족 구도는 사라져 갔다. 세계 어떤 민족보다 공동체의 유대 관계를 소중히 여겼던 우리 민족에게 교회는 도시의 낯선 환경 속에서 서로 기대고 의지할 수 있는 공동체를 선물해 주었다. 헐벗고 굶주렸던 과거를 벗고 잘 살아 보기 위해 신의 '축복'을 갈구하는 손길이 끊이지 않았다. 아파트가 새로 들어서는 곳마다 교회가 함께 문을 열었고 십자가를 올리기만 하면 기도할 사람이 몰려드는 시대였다. 이 시대 교회의 이데올로기는 성장과 축복이었다. 전쟁과 가난이란 척박한 환경을 자식들에겐 물려주고 싶지 않아 새벽마다 신의 도우심을 갈구하는 어머니의 기도를 비판할 사람은 없을 것이다. 21세기 한국사회가 누리는 안정과 풍요가 부모 세대의 피와 땀의 결실임을 부인할 사람도 없을 것이다. 하지만 가난했던 시절의 기복 신앙이 이데올로기가 되어 오늘날에도 번영 신학의 이름으로 진화해 나가고 있는 현실에 많은 사람들이 우려를 표해 왔다. 종

여의도 순복음교회

후에 세계 제일의 교회로 한동안 자리매김하게 되는 개신교 굴지의 대형 교회 여의도 순복음교회의 여의도 예배당. 건물을 완공한 것이 1973년이었다(왼편). 아직 개발되기 전 여의도 지역의 모습이 눈에 띈다.

교도 그 시대의 정신에서 자유로울 수 없기에 불가피한 일이었을까? 아니면 십자가의 숭고한 사랑을 성공의 수단 혹은 그것을 합리화하는 도구로 전락시켰다는 비판을 받아 마땅한 것일까?

민주화 운동과 기독교

박정희의 쿠데타 이후 시작된 군부독재 시대에 한국 기독교는 새로운 전기를 맞게 된다. 새로 정권을 잡은 군부가 미군정에 비해 기독교 세력에 옹호적이지 않았기에 이전 시대의 정교 유착의 끈이 완화된 측면도 있지만, 무엇보다 60-80년대가 인권 운동, 사회 운동을 꽃피울 수밖에 없는 암울한 시대였기 때문일 것이다. 군사독재의 암울한 시기는 박정희 정권이 무너지고 난 후에도 이어진다. 1980년 광주의 무수한 희생을 짓밟은 신군부의 등장으로 민주화의 열망은 또다시 후퇴하게 된다. 권력과 결탁한 종교인의 모습은 이 시기에도 여전했지만, 소수의 영향력 있던 재야인사를 중심으로 기독교는 저항 세력으로 거듭난다.

이 시대의 민주화, 통일, 노동 운동의 곳곳에서 기독교의 발자취를 찾을 수 있다. 영화 〈1987〉에서 박종철 고문 사건의 실체를 폭로한 '천주교정의구현사제단'이나 김정남을 피신시켰던 향린교회(영화 속 향림교회)는 이 시절 군사독재에 항거했던 기독교의 모습 중 극히 일부일 뿐이다. 장준하, 문익환, 김수환 등 수많은 기독교인들이 민주화와 통일 운동에 큰 족적을 남겼다. 이를테면, 1973년 남산 부활절연합예배 사건에서 박형규 목사와 권호경 전도사는 예배 후 돌아가던 교인들에게 반정권 기치가 담긴 전단을 배포하다 붙잡혀 재판에 넘겨진다. 이는 반유신 운동이 최초로 표면화된 상징적 사건으로 기억된다.[5]

> **활동**
> 민주화 소재 영화 속 기독교의 모습을 찾아보자.
> 최근 1980년대 민주화 운동을 재조명하는 영화들이 쏟아져 나오고 있다. 영화 〈1987〉을 보고 그 속에 비친 기독교의 모습을 찾아보자.

5 한겨레신문, "미수에 그친 유신 반대 시위도 내란음모죄" http://www.hani.co.kr/arti/PRINT/625768.html 박형규 목사는 이후 민주화 투쟁에 헌신하여 큰 족적을 남긴다. 2001년 여야 합의로 설립된 민주화운동기념사업회 초대 이사장을 맡기도 한다.

문익환 목사

영화 〈1987〉 엔딩 장면 속 이한열 열사 장례식에서 '박종철 열사여, 이한열 열사여!'를 목놓아 불렀던 기독교 민주화, 통일 운동의 대부, 80년대 민주화 운동의 거목, 친구 장준하의 의문사 후 민주화 운동에 투신했다. 어린 시절 만주 북간도에서 윤동주와 함께 자람.

한국 교회의 진보 세력은 정치 문제 뿐 아니라 당시 치열한 사회 문제, 특히 노동 문제에 깊이 관여했다. 이 시대 노동자들은 비인간적 노동 현장에 내몰렸다. 1970년대 전태일 사건, 동일방직노조 사건, Y.H. 여공 신민당 농성 사건 등이 대표적이다. 한국 기독교는 산업 선교 운동을 통해 노동자들을 교육하고 노조 창설을 돕는 등 노동자 운동의 구심점 역할을 했다. 하지만 기독교계 내부에서도 산업선교회의 운동 방향에 의문을 제기하고 그들의 용공성을 의심하는 등 정체성 논란이 끊이지 않았다. 과연 기독교는 개인의 신앙와 사회의 구조악 사이에서 어떻게 균형을 맞출 수 있을까?

〈김수환 추기경의 메시지〉
지금 하느님께서는 우리에게 묻고 계십니다. 네 아들, 네 제자, 네 젊은이, 네 국민의 한 사람인 박종철은 지금 어디 있느냐? 현 정권은 '탕' 하고 책상을 치자 '억' 하고 쓰러졌으니 나는 모릅니다. ...... 바로 카인의 대답입니다. ...... 오늘 이 성전에서 우선 박종철 군의 죽음에 책임이 있는 이 정권에 대해 하고 싶은 한마디 말은 '하느님이 두렵지도 않느냐' 하는 것입니다(김정남, 2012: 11).

신학계에서는 현장의 치열한 고민을 담아 남미의 해방신학에 견줄 만한 민중신학이 태동한다. 민중의 눈에서 세상을 보고 하나님 나라의 복음을 재해석하는 이 새로운 시도는 시대의 아픔 속에서 태동한 지극히 한국적인 신학이었다. 아직까지도 서구 신학자들은 한국의 신학을 민중신학으로 기억하고 있다. 우리 대학에서 오래 가르치셨던 서남동 교수는 민중신학의 거두 중 하나였다.

활동

다음 사건과 단체에 대해 조사해 보자.

- 동일방직노조 사건
- Y.H. 여공 신민당 농성사건
- 크리스찬아카데미
- 산업선교회(영등포, 인천)
- 천주교정의구현사제단

현대 한국 교회의 자화상

1990년대 문민정부 수립 후 한국 기독교를 둘러싼 사회적 상황은 급변했다. 민주화의 오랜 염원을 이뤄낸 뒤 한국 교회는 급격한 성장기를 맞는다. 하지만 빠른 성장은 수많은 문제를 양산하기도 하였다.

한국 교회는 양적 성장과 함께 질적으로도 성장한다. 당시 한국 교회의 변화를 이끌었던 이들로 소위 복음주의 4인방을 꼽는다. 사랑의교회 옥한흠, 남서울교회 홍정길, 지구촌교회 이동원, 온누리교회 하용조 목사이다. 저마다의 특색을 가진 이들 4인방은 서로 연대하면서 강력한 상승 효과를 일으켰다. 이들 교회는 차별화된 자기만의 색깔을 만들어 갔다. 특히 사랑의교회 제자 훈련, 온누리교회의 경배와 찬양, 열린 예배, 내적 치유 등 특색 있는 프로그램이 자리잡으면서 하나의 브랜드로 확립되게 된다. 한국 교회는 이들 프로그램을 열광적으로 모방하고 받아들였다. 이런 새로운 흐름은 1990년대 탈권위주의 시대상을 반영한다고 볼 수 있다. 한 명의 지도자 중심이 아닌 평신도 전체의 교육을 강조한 제자 훈련은 큰 반향을 일으켰다. 시대에 억눌렸던 감성과 억압된 자아가 분출되면서 경배와 찬양과 내적 치유 열풍을 불러왔다.

1990년대에 나타난 브랜드화된 교회의 약진은 그 이전 시대 교회 성장의 양상과 다르다. 1980년대까지 교회는 한국의 도시 발전과 맞물려 성장해 왔다. 소망교회, 광림교회, 충현교회 등 1980년 어간에 급성장한 대형 교회는 모두 강남 지역에 위치한 반면, 그 이후 등장한 대형 교회는 대부분 강동이나 분당 신도시 지역에 분포해 있다. 이런 교회들은 대개 전통적 권위주의에 기반을 두고 있다는 특징이 있다. 하지만 제왕적 권위주의는 1990년대에 이미 한계를 드러낸다. 민주화를 경험한 젊은 세대는 새로운 교회상을 꿈꾸게 되었고, 평신도의 주체적 참여를 강조한 신흥 대형 교회는 이들을 급속도로 흡수하였다.

1990년대 한국 교회를 특징지을 수 있는 또 다른 핵심어는 해외 선교 열풍이다. 경제 성장과 해외여행 자유화 조치는 한국 대형 교회의 넘쳐나는 청년 인구를 해외로 눈 돌리게 하였다. 수많은 선교사가 해외로 파송되어 선교, 구호 활동에 매진하였고, 청년을 비롯한 성도들은 '단기 선교', '아웃리치' 등의 명목하에 현지 선교사들이 개척한 선교지로 파견되어 선교 활동을 체험하고 돌아왔다. 고비용 저효율 논란도 있지만 교회 입장에서는 효과적인 프로그램이었다. 참가자들의 만족도가 매우 높았기 때문이다. 하지만 2004년 김선일 사건이나 2007년 단기선교 팀의 아프가니스탄 피랍사건을 계기로 한국 교회의 선교 방식에 대해 재고해야 한다는 목소리가 높다.

이렇게 1990년대의 시대성에 맞춰 브랜드화된 신흥 대형 교회는 교회 내부의 결속력과 소속감을 강화하여 한국 교회의 폭발적 성장을 이끌었지만, 동시에 소수의 선택된 자들을 위한 귀족화 경향을 가속화했다. 이들 대형 교회는 윌로우크릭이나 새들백교회 등 미국 대형 교회를 무비판적으로 수용하고 모방했다는 비판이나, 문어발식 확장으로 작은 교회의 설 자리를 빼앗아 교회의 양극화 체제를 부추겼다는 비판에서 자유롭지 못하다.

그들만의 리그–보수 기독교와 개독교 현상

기독교 교세의 성장은 기독교인이 우리 사회 여러 분야에서 약진하는 결과로 이어졌다. 장로 대통령 이명박의 등장은 한국 교회 위상 변화의 신호탄이 된 사건으로 볼 수 있다. 성공한 기업인 이명박은 경제 성장이라는 국민적 염원을 등에 업고 대통령에 당선된다. 그의 당선 배후에 보수 기독교의 결집이 있었음을 부인할 사람은 없을 것이다. 그는 강남의 대형 교회인 소망교회 장로요, 독실한 신자로 알려져 있었다. 이명박의 정권 당시 소위 '고소영' 현상(고려대, 소망교회, 영남)이 인구에 회자될 만큼 기독교는 더 이상 사회 주변부에 머물러 있지 않고 중심부로 다가가 자체 세력화를 시도하고 있었다.

하지만 대중은 '고소영' 현상을 종교의 변질과 타락으로 인식했다. 언론이 하루가 멀다 하고 대형 교회 목사들의 비리와 전횡, 스캔들을 보도하면서, 그 동안 관행적으로 묵인해 온 교회 내 재정 불투명성과 성 추문으로 얼룩진 지도자들의 부도덕성이 드러나 대중의 실망과 경멸을 자아냈다. 소망교회 곽선희 목사를 둘러싼 추문, 사랑의교회 오정현 목사의 논문 표절 시비 등 자격 시비, 또한 차세대 주자로 각광받던 삼일교회 전병욱 목사의 성 추문 등이 대표적이다. 여기에 명성교회 등 대형 교회의 세습 문제는 자본과 결탁한 교회의 타락을 상징하는 핵심어가 된다. 기독교를 향한 사회의 냉소적 시선은 소위 "개독교" 현상에서 잘 드러난다.

이런 모습은 하루아침에 만들어진 것이 아니다. 성장 제일주의에 매몰된 기독교가 수십 년간 키워 온 일그러진 얼굴이 드러나기 시작한 것뿐이다. 성장 담론의 관성은 건전한 지적 토론과 성찰의 자리를 마련해 주지 않았다. 자본의 힘을 등에 업은 대형 교회의 영향력이 급속하게 신학 교육 기관을 장악하여 그 정신을 잠식해 들어간 것도 한 이유다. 결국 사회의 불의나 교회의 부패에 대한 비판적 목소리는 점차 사라지고 한국 교회의

활동

'개독교'현상에 대해 토의해 보자. 특히 기독교인과 비기독교인이 모여 서로의 입장을 경청해 보자. 쉽게 반론을 제기하려 하기보다는 이 사안에 대해 평소 생각하던 것들을 진솔하게 이야기해 보자.

신학은 급격한 보수화, 우경화의 길을 걸어왔다.

물론 이들 대형 교회가 현 시대 한국 교회를 대표한다고 말할 수 없다. 지금도 소리 없이 이웃과 세상을 향해 봉사의 손길을 건네는 건강한 교회가 많다. 교회의 대형화를 지양하고 건강한 교회를 만들자는 '작은 교회 운동'에 매진하는 이들도 많다. 하지만 그렇기에 대형 교회를 위시한 자본화, 권력화 된 교회의 타락이 더욱 비판받아 마땅한 것이 아닐까.

반공에서 혐오로? 이슬람과 동성애

보수 우경화된 현대 한국 교회의 문제는 보수적 신앙과 보수적 정치를 구분하지 못하면서 생긴 정체성 혼란이다. 정치적 이익을 위해 신앙을 가장한 정치 논리를 교회 안에 끌어들인 목회자의 책임이 크지만, 이는 세상을 선과 악으로 구분하는 이분법 논리에 갇힌 기성 교인의 낡은 사고방식에도 원인이 있다. 결국 보수 기독교는 정치화된 정체성으로 인해 변화를 요구하는 세력을 적대시하는 이분법 논리에 사로잡혔다. 그리고 세월호 사건, 국정교과서, 박근혜 탄핵 등 수많은 쟁점 사안에서 신앙의 이름으로 권력의 시녀를 자처하는 수구 세력으로 전락하는 우를 범했다.

최근 보수 기독교의 반공 프레임이 힘을 잃어가자 동성애와 이슬람 문제가 급속히 그 빈자리를 대체하고 있다. 보수 기독교가 이 두 문제에 천착하는 이유가 무엇일까? 그들이 수호하려는 기득권과 관계가 있을 것이다. 모든 절대적 가치가 상대화되어 가는 포스트모던 시대에 보수 기독교는 진리의 수호자로서의 위치에 큰 위협을 느껴왔다. 동성애는 이성이 만나 가정을 이루는 자연의 기본 질서를 위협하는 세력으로 인식된다. 또한 서구의 예를 들어, 동성애가 합법화된다면 동성애를 반대하는 목소리를 내는 것조차 불법행위로 간주될 수 있다는 불안감이 교회 안에 파고들었다. 이슬람에 대한 두려움은 뿌리가 깊다. 세계사 속에서 오랫동안 이슬람은 기독교와 적대적 위치에 있었다. 최근 국제사회에서 이슬람권이 반서구 테러 세력으로 규정되면서 반감이 커진 면도 있다. 보수 기독교는 이슬람 세력이 석유 자본을 등에 업고 한국에 진출해 국내 종교 지형도를 뒤흔들지 않을까 염려하고 있다. 이런 염려는 자주 인종적 혐오의 언어로 표현된다. 우리가 사는 이 글로벌 시대에 혈통적 순수성이라는 가치로 난민 문제에 접근하는 것이 적합한 것일까? 대중의 두려움을 부추겨 '우리'와 다른 '그들'을 고립시키고 그들에 대한 배제와 탄압을 종교적으로 묵인하는 사회적 기제는 기득권층이 내부 결속을 강화하는 데 사용해 온 오랜 악습이다. 보수 기독교는 이런 혐오 담론을 통해 내부 결집에 성공했을지 모르지만, 동시에 기독교가 혐오의 종교로 인식되는 데 일조하고 있다.

기독교가 사랑의 종교라는 점에서 보수 기독교의 이런 입장은 내부적으로도 비판에 직면해 있다. 특히 성소수자와 난민을 인권 문제로 접근할 때 배타적 입장은 설 자리를 잃게 된다. 어떤 이유로도 '다름'을 이유로 폭력을 용인해선 안 된다는 원론적 메시지와, 그렇다고 전통적 가족관과 단일민족의 혈통적 순수성이 훼손되는 것을 두고 볼 수만은 없다는 현실적 입장이 첨예하게 맞서고 있다.

기독교 내부의 이런 논란은 한국 현대사에서 씻을 수 없는 상처를 남긴 세월호 참사 이후 그리고 이어진 박근혜 대통령 탄핵 정국에서도 그대로 드러났다. 세월호 추모 집회나 탄핵을 전후해서 광화문이나 시청 앞 광장에서 촛불 시위대와 소위 태극기 부대가 대치한 현장을 목도한 적이 있을 것이다. 여기서 우리는 좌와 우의 대립, 젊은 세대와 기성세대의 갈등과 아울러 진보 기독교와 보수 기독교 세력 사이의 좁힐 수 없는 간격을 본다. 많은 사람은 십자가를 들고 행진하던 태극기 부대로 대변되는 보수 기독교만 기억할지 모르지만, 세월호 사태 이후 수많은 기독교 성도와 지도자들이 세월호 유족 곁을 묵묵히 지켜왔다는 것은 부인할 수 없는 사실이기 때문이다.

활동

주변에 성소수자나 이슬람 교도, 혹은 그들의 인권 옹호를 위해 노력하는 사람들을 찾아 인터뷰하고 발표해 보자.

정리해봅시다

기독교는 한국 근현대의 영욕의 역사에 함께해 왔다. 한국 기독교는 조선후기, 일제강점기, 분단기, 현대사회 속에서 정치권에 때론 핍박을 받거나 저항하기도 혹은 순응하기도 하였다. 근현대 한국 기독교 역사의 여러 장면 속에서 우리는 각 시대 한국교회의 명과 암을 동시에 조명하였으며, 또한 당시의 역사적 맥락 속에서 기독교의 역할을 입체적으로 살펴보았다. 지금까지 한국 기독교는 세계 역사에 유례없는 급속한 성장을 이뤘지만, 그 배후에 크고 작은 많은 문제를 양산해 온 것도 사실이다. 또한 날로 복잡해지는 현대사회에서 기독교는 일견 갈 길을 잃은 듯 보일 수도 있다. 그러나 여전히 이름도 빛도 없는 낮은 곳에서 복음을 전하는 많은 사람들이 있다는 사실을 우리는 분명히 기억해야 할 것이다. 한국 기독교의 역사를 되짚어 보면서, 미래의 기독교의 나아갈 방향에 대해 진지하게 토론해 보도록 하자.

토의해봅시다

공부를 위한 토론 주제들

1. 한국 교회사에서 가장 인상적인 사건은 무엇이며 그 이유는 무엇인지 토의해 봅시다.
2. 기독교와 정치와의 관계를 논의해 봅시다.
3. 기독교의 올바른 그리고 잘못된 사회참여의 예는 무엇인지 토의해 봅시다.
4. 한국 교회의 현 자화상에 대해서 논의해 봅시다.
5. 한국 교회가 미래에 나아가야 할 방향에 대해 토론해 봅시다.

더 읽을거리

- 김은국. (2010). **순교자**. 도정일 역. 파주: 문학동네.
- 김정남. (2012). **이 사람을 보라: 어둠의 시대를 밝힌 사람들**. 서울: 두레.
- 민경배. (2007). **한국기독교회사**. 서울: 연세대출판부.
- 이만열. (1992). **한국기독교와 민족의식**. 서울: 지식산업사.
- 정용석. (2007). 한국 기독교의 역사. 이경숙 편. **기독교와 세계**. 서울: 이화여자대학교출판부.

6장

우리 안의 그들
다름과 함께 살아가기

EMBRACING DIFFERENCES

다문화 사회와 기독교

목적

- 다문화화된 한국 사회의 모습을 인식하고 우리의 태도를 성찰한다.
- 다문화 사회 속에서 문화뿐 아니라 종교, 성, 언어, 계층 등 다름(differences)에 대해 어떠한 태도를 지녀야 하는지 논의한다.
- 다문화성 및 다문화주의에 대해 기독교적 관점을 제시한다.

시작하는 질문

- 다문화화된 한국 사회는 어떠한 모습을 지니고 있는가?
- 다문화주의 담론의 주요 특징은 무엇인가?
- 세계시민의식의 한 부분으로서의 다문화주의란 어떤 특징을 지니고 있는가?
- 다문화 시대의 기독교는 어떠한 관점을 제시하고 있는가?

개요

다문화 사회 속에서 다양한 문화에 대한 감수성(cultural literacy)을 향상시키고, 기독교적 관점에서 바라본 다문화주의와 다문화 사회에 대해 살펴본다. 특히 난민과 다문화 가족에 대한 교육 및 정책을 바라보는 사회적 견해가 극명하게 갈라지고 있는 현 시점에서 기독교는 다문화주의 및 다문화 교육에 대해 어떠한 신학적 토대를 제공하고 있는지 살펴본다.

핵심어

다문화주의(multiculturalism) | 상호문화적 관점(intercultural approach) | 시민교육적 관점(citizenship approach) | 하나님 공동체 | 인간공동체

생각해봅시다

클락의 실험 재연

17살의 소녀 다비스(Kiri Davice)는 1950년대에 흑인 아이들을 대상으로 진행되었던 클락(Kenneth Clark)의 실험(doll test)을 재연하는 다큐멘터리를 제작하였다. 다비스는 21명의 흑인 아이들에게 하얀 피부색의 인형과 까만 피부색의 인형을 제공하고 다음의 4가지 질문과 부가 질문을 제시하였다. 즉 (1) 두 가지의 인형 중 가장 마음에 들고 가지고 놀고 싶은 인형이 어떤 인형인지를 선택하는 질문, (2) 두 가지의 인형 중 어떤 인형이 본인이 생각하기에 좋은(look nice) 인형인지를 묻는 질문, (3) 두 가지의 인형 중 어떤 인형이 본인이 생각하기에 나빠 보이는(look bad) 인형인지를 묻는 질문, 그리고 (4) 두 가지의 인형 중 본인처럼 생긴 인형을 선택하라는 질문이다. 또한 좋아 보이는 인형과 나빠 보이는 인형을 선택했을 경우, 아동이 둘 중 하나를 선택한 이유에 대한 질문이 부가적으로 제기되었다. 다큐멘터리에 출연한 한 아동은 좋은 인형을 선택한 이유에 대해 그것이 하얀 인형이기 때문이라고 대답하였으며, 또한 나빠 보이는 이유는 그것이 까만 인형이기 때문이라고 대답하였다. 마지막으로 그렇다면 너처럼 생긴 인형을 보여 달라는 질문자의 물음에 아이는 하얀 인형에 손이 갔지만 결국 까만 인형을 선택하는 모습도 보였다. 다큐멘터리의 제작자인 다비스는 1번 질문에 대해 21명의 흑인 아동들 중에서 15명이 하얀 인형을 선택했다고 실험의 결과를 제시하였다.[1]

1 이 다큐멘터리는 The Third Millennium Foundation에서 주관하는 Sixth Annual Media That Matters Film Festival에 출품되어 다양성 부문(Diversity Award)에서 수상하였다. www.mediathatmattersfest.org/6/a_girl_like_me

다문화 프로그램?

몇 년 전, 저자는 미국에 있는 재미학자로부터 이메일을 받았다. 이 학자는 저자에게 특정 교단에서 발간한 여름학교 프로그램에 대해 살펴봐 달라는 요청을 하였다. 이 여름학교 프로그램은 초고속 열차, 스마트폰과 같은 일본의 첨단 과학과 관련된 내용, 음식 및 의복과 같은 일본 문화와 관련된 내용, 그리고 인력거, 전통 악기 및 음악 등과 같은 전통문화와 관련된 내용 등을 활용하여 구성된 프로그램이었다. 이 프로그램의 기획자는 직접 일본에 가서 스시를 먹고, 인력거를 타며, 일본 악기를 소개하는 영상을 만들었다. 이 프로그램은 일견 다문화적 관점을 지닌 프로그램으로 인식될 수 있는 부분도 포함하고 있으나, 이메일을 보낸 재미학자는 이 프로그램이 재미일본인을 포함한 재미 아시아 사람들을 중심으로 인종차별적 프로그램으로 비판받고 있다고 알려주었다. 그는 프로그램을 폐기하기를 요청하는 청원서를 돌리고 있다고 이야기하면서, 이에 사인할 수 있는지를 문의하였다.

난민반대집회와 찬성집회

2018년 6월 30일 오후 '불법난민신청자 외국인대책국민연대' 주최 집회 참가자들이 서울 종로구 동화면세점 앞에서 난민법과 무비자 제도 폐지를 촉구하였다. 이들은 '국민이 먼저다', '난민법 폐지하라' 등의 문구가 쓰인 손팻말을 들고 구호를 외쳤다. 주최 쪽은 연대 이름으로 발표한 성명서에서 "인종말살과 대량학살에 처한 난민들은 보호해야 하지만, 단순히 전쟁이 벌어졌다는 이유로, 자국의 경제가 어렵다는 이유로, 또는 징집을 피해 떠도는 이들은 난민이 아니다"라고 강조했다. 같은 시각 세종로파출소 앞에서는 난대연의 난민 반대 집회에 반대하는 '난민 반대 반대 집회'가 열렸다. 참가자들은 난민 반대 집회를 규탄하며 '난민 반대를 반대한다', '정부는 유엔 난민 협약을 이행하라' 등의 구호를 외쳤다. 서울 종로구 동화면세점 앞 광장에는 '난민의 입국에 반대한다'는 구호가, 이곳에서 70여 m 떨어진 세종로파출소 앞에는 '난민 반대에 반대한다'는 구호가 울려 퍼졌다. 최근 무사증 제도로 제주도로 입국한 예멘 난민에 대한 논란이 커지는 가운데, 난민 입국에 찬성·반대하는 집회가 동시에 열렸다(한겨레, 2018.7.10).

위의 세 사례는 다문화를 먼저 경험한 미국 사회에서의 사례와 현재 한국 사회에서 직면하고 있는 문제들을 중심으로 제시되었다. 위의 세 사례를 중심으로 이 장에서는 다문화 사회에서 직면하는 어려움과 세계시민으로서의 현대인들이 갖추어야 할 다문화적 감수성의 문제를 다루려고 한다. 이 장은 첫째, 다문화화된 한국 사회의 모습을 인식하고 우리의 태도를 성찰할 수 있는 기회를 제공하며, 둘째, 다문화 사회 속에서 문화뿐 아니라 종교, 성, 언어, 계층 등 다름(differences)에 대해 과연 어떠한 태도를 지녀야 하는지 논의할 수 있는 담론의 장을 제공하고, 셋째, 기독교가 다문화적 감수성 및 다문화주의에 대해 어떠한 관점을 지니고 있는지를 소개하며, 세계시민으로서의 삶의 자세와 태도(capabilities)를 계발할 수 있는 교육의 장을 제공하고자 한다. 이를 위해 먼저 다문화화된(multi-culturalized) 한국 사회의 모습을 살펴보고, 최근의 다문화주의 담론을 소개하며 다문화에 대한 기독교적 관점을 제시하고자 한다.

살펴봅시다

한국사회에서의 다문화 현황

문화 다원주의적 특징과 세계화의 영향권에 놓여 있는 후기 현대사회는 현재 다문화 사회로의 전환을 경험하고 있다. 단일민족이라는 특징을 강조해 왔던 한국 사회도 2009년부터 초중고 교과서에서 단일민족에 대한 강조보다는 다인종, 다문화 수용을 인정하는 추세로 전환되었다. 한국사회에서의 다문화 현황을 살펴보면, 이러한 다문화 사회로의 전환을 보다 명확하게 이해할 수 있다.

2017년 행정안전부(사회통합지원과)에 의해 진행된 2016년까지의 외국인 주민 현황에 대한 조사결과에 의하면, 외국인 주민은 2008년부터 2016년까지 891,000명에서 1,764,664명으로 증가하였다. 외국인 주민은 한국 국적의 소지 유무 여부로 두 집단으로 구분되는데, 한국 국적을 소지하지 않은 외국인 주민(1,413,758명)은 외국인 근로자(30.7%), 외국국적동포(13.4%), 결혼이민자(9%), 유학생(5.4%), 기타 외국인(21.6%) 등이다. 반면 혼인 귀화자를 포함한 한국 국적을 취득한 자는 159,447명이며, 외국인 자녀의 출생은 191,459명으로 전체 외국인 주민의 10.8%에 이르고 있다. 우리나라에 거주하는 총 외국인 주민수가 총인구 대비 3.4%에 이르는 것으로 나타났

표 6-1 외국인주민 유형별 현황

(단위 : 명)

구분	외국인 주민 합계			국적미취득자						국적 취득자	외국인 주민 자녀 (출생)
	계	남	여	계	외국인 근로자	결혼 이민자	유학생	외국국적 동포	기타 외국인		
16년	1,764,664	946,561 (53.6%)	818,103 (46.4%)	1,413,758 (80.1%)	541,673 (30.7%)	159,501 (9.0%)	95,963 (5.4%)	235,926 (13.4%)	380,695 (21.6%)	159,447 (9.0%)	191,459 (10.8%)
15년	1,711,013	921,006 (53.8%)	790,007 (46.2%)	1,363,712 (79.7%)	573,378 (33.5%)	144,912 (8.5%)	82,181 (4.8%)	216,213 (12.6%)	347,028 (20.3%)	149,751 (8.8%)	197,550 (11.5%)
증감	53,651 (3.1%)	25,555 (2.8%)	28,096 (3.6%)	50,046 (3.7%)	▽31,705 (▽5.5%)	14,589 (10.1%)	13,782 (16.8%)	19,713 (9.1%)	33,667 (9.7%)	9,696 (6.5%)	▽6,091 (▽3.1%)

출처: 행정안전부(사회통합지원과), 2017. 「2016년 지방자치단체 외국인주민 현황」.

으며, 외국인 주민의 유형은 다음의 표로 살펴볼 수 있다.

이 중 특히 주목할 점은 1994년 이후 금년 5월 말(2018년)까지 난민신청자는 40,470명이며, 심사결정 종료자는 20,361명으로 나타난 것이다. 이 중 839명이 난민인정을 받았고, 1,540명이 인도적 체류허가를 받아 총 2,379명이 난민인정(보호)을 받고 있는데, 이는 전체 신청자 중 5.87%에 불과하다.

표 6-2 난민인정(보호) 현황

(1994.01.01. ~ 2018.05.31. 현재, 단위: 건)

연도 \ 구분	심사결정종료	난민인정(보호)			불인정
		소계	인정	인도적체류	
총계	20,361	2,379	839	1,540	17,982
1994–2010	1,913	336	216	120	1,577
2011	339	62	42	20	277
2012	649	91	60	31	558
2013	586	63	57	6	523
2014	2,376	632	93	539	1,744
2015	2,124	299	105	194	1,825
2016	5,332	344	98	246	4,988
2017	6,041	439	121	318	5,602
2018년 1~5월	1,001	113	47	66	888

출처: 법무부 · 외국인정책본부, 2018. 「출입국외국인정책 통계월보」.

1990년대 중반부터 결혼 이민의 증가로 인해 다문화 가구 혹은 가족에 대한 관심이 점차 높아지기 시작하였다. 여기서 다문화 가구는 귀화 등 출

활동
'생각해봅시다'에서 사례로 제시된 "난민반대집회와 찬성집회"에 나타난 문제에 대해 서로 논의해 보자.

생 이외의 방법으로 국적을 취득한 자 또는 외국인이 1명 이상 포함된 가구로 정의되며, 다문화 가족 지원법에 의하면, 다문화 가족은 "결혼이민자(대한민국 국민과 혼인한 적이 있거나 혼인관계에 있는 재한외국인)와 대한민국 국적을 취득한 자(출생에 의한 국적 취득, 인지에 의한 국적 취득, 귀화에 의한 국적 취득)로 이루어진 가족, 대한민국 국적을 취득한 자(인지에 의한 국적 취득, 귀화에 의한 국적 취득)와 대한민국 국적을 취득한 자(출생에 의한 국적 취득, 인지에 의한 국적 취득, 귀화에 의한 국적 취득)로 이루어진 가족"을 의미한다(여성가족부 2018). 2017년에 통계청에 의해 배포된 「2016년 다문화인구동태 통계」에 의하면, 다문화 가족은 총 387,000가구로 전체 가구의 3.4%를 차지하고, 국적별로는 베트남(27.9%), 중국(26.9%), 필리핀(4.3%) 순이며, 전년 대비 베트남 아내의 비중은 증가(4.8%p), 중국 아내의 비중은 감소(-1.0%p)한 것으로 나타났다(통계청, 2017).

다문화 가족은 국제결혼과 결혼 이민을 통해 급격히 증가해 왔으나, 2009년 이래로 점차 감소하기 시작했으며, 2016년에 이르러 다문화 혼인이 21,709건으로 전년 대비 3.4% 감소하였다. 그러나 전체 혼인에서 다문

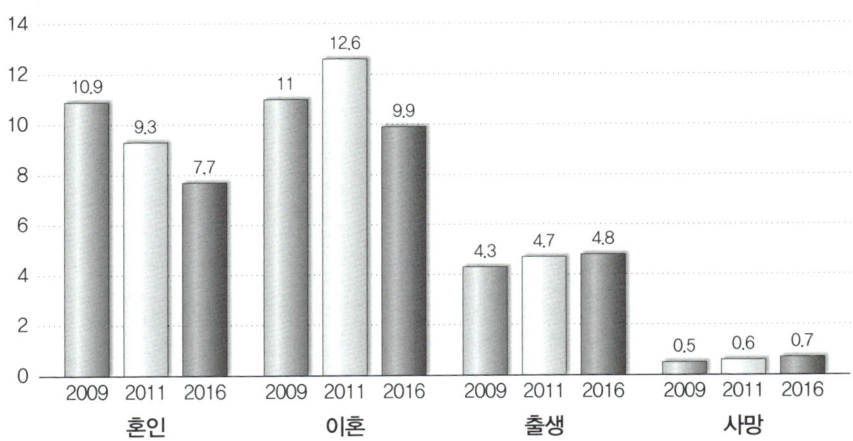

다문화 가구의 비중

출처: 통계청, 2017. 「2016년 다문화인구동태통계」.

화 혼인의 비중은 2015년보다 0.3% 증가한 7.7%에 이르고 있다. 다문화 이혼(9.9%)의 경우, 2011년의 12.6%에 비해 현저하게 감소하고 있으나 실제 평균 결혼생활의 지속기간은 7.4년에 불과하였다. 이를 좀 더 살펴보면, 다문화 이혼을 한 부부의 결혼생활 기간이 10년 미만인 경우가 74.9%로 대부분을 차지하며, 결혼생활 지속기간이 5년 미만의 경우 2008년의 78.2%보다는 많이 감소하여 36.7%로 나타났으나 한국인 간의 이혼(21.4%)보다는 높은 것으로 나타났다. 다문화 출생(4.8%)은 2015년(4.7%)에 비해 다소 증가하였으며, 전체 출생에서 다문화 출생이 차지하는 비중은 4.8%로 전년보다 0.3% 증가한 것으로 나타났다.

이러한 한국 사회의 다문화 현황을 기반으로, 민간단체를 포함한 한국 정부는 다문화 가족에 대한 지원방안을 모색해 왔다. 2010년부터 시행되고 있는 다문화 가족 지원정책은 2018년에 이르러 제 3차 기본계획을 수립하였다. 여기서 수립된 제3차 다문화 기본계획은 “참여와 공존의 열린 다문화사회를 구현하기 위하여 모두가 존중받는 차별 없는 다문화 사회 구현 및 다문화 가족의 사회·경제적 참여 확대, 다문화 가족 자녀의 건강한 성장 도모 중점 추진”을 위해 5개 대과제, 17개 중 과제 및 70개 소과제를 포함하고 있다. 5개 대과제는 각각 (1) 다문화 가족 장기 정착 지원, (2) 결혼이민자 다양한 사회참여 확대, (3) 다문화 가족 자녀의 성장지원과 역량강화, (4) 상호존중에 기반한 다문화 수용성 제고, (5) 협력적 다문화 가족 정책 운영을 위한 추진체계 강화이다. 이 제3차 다문화 기본계획은 2010년에 수립된 계획보다는 상호존중과 참여를 강조하는 형태로 그 기본방향을 제시하고 정책을 수립하고 있다. 즉 다문화 이해 교육과 다문화 수용성 증진을 위한 다각적 노력을 포함하여 중장기 계획을 세우는데 노력을 기울이고 있다. 동시에 청소년기에 다다른 다문화 자녀의 비중이 높아 갈 것을 예상하여, 다문화 청소년에 대한 관심과 교육의 필요성을 제기하고 있다(여성가족부, 2018: 10-11).

이러한 정부의 노력은 급증하는 외국인과 결혼이민자에 대한 다각적인 사회적 지원과 교육적 방향을 제시하고 있으나, 다문화 지원은 시행에 있어 많은 어려움을 겪고 있으며, 다문화주의와 다문화가족에 대한 새로운 인식의 전환을 요청하고 있는 현실이다. 특히 통계청의 자료에 의하면 결혼이민에 의한 다문화 결혼은 점차 감소하고 있으나, 다문화 출생은 다소 증가하고 있으며 전체 출생에 대한 다문화 출생의 비율은 증가하고 있는 현실이다. 또한 결혼 부적응으로 인한 이혼이 최근 감소하고 있으나 5년 미만에 이혼하는 비율은 전체 한국인 이혼보다 높은 실정이다. 이러한 다문화 현황은 5년에 한 번씩 수립되는 다문화 교육과 정책 수립을 고려해 볼 때 정책의 수립보다 빠른 속도로 변화하고 있다는 것을 보여 준다. 또한 대다수의 다문화 지원 정책이 국제결혼을 통해 이민을 온 결혼이민자와 그 가족의 적응문제에 집중되어 있는 현실이며, 이러한 정책 역시, 여성가족부 자체 평가에 의하면, 담당 공무원의 인력 부족 등 많은 한계점을 지니고 있다. 따라서 한국에서의 다문화 정책과 다문화 교육은 과연 어떠한 목적과 방향으로 실시되어야 하는가에 대한 근본적인 질문이 제기되어야 할 것으로 평가된다. 이를 위해 먼저 다문화주의에 대한 최근의 논의와 미국 사회에서 오랜 기간을 거쳐 진행되어 온 다문화주의적 관점에 대한 논의를 통해 한국 다문화 정책 및 교육의 방향을 살펴보고자 한다.

최근의 다문화주의 담론

아프리카 대륙으로부터의 강제이주와 유럽을 포함한 전 세계로부터 다양한 인종과 문화가 미국으로 유입되면서, 미국 사회는 다문화 현황과 문제에 대한 다양한 해결 노력을 오랫동안 시도해 왔다. 19세기와 20세기 초부터 진행되어온 초기의 다원주의적 노력은 뉴먼(William M. Newman)에 의하면 적어도 4가지 형태로 진행되었다고 서술되는데, 이는 (1) 동화, (2) 합병, (3) 고전적 형태의 문화적 다원주의 그리고 (4) 수정된 형태의 문화적 다원주의로 구분될 수 있다(Newman, 1973: 53-82).

첫째, 동화 이론은 A+B+C=A의 수식으로 설명되고 있는데, 여기서 A, B, C는 각기 다른 사회 집단이며 A는 주류집단을 지칭한다. 모든 집단은 주류집단의 관습, 생활스타일, 그리고 가치를 따라야 한다는 기본적 입장을 추구한다. 19세기와 20세기 초기에 생겨난 동화이론은 미국 사회의 심각한 구조적 변화에 대한 주류집단의 반동으로 설명되기도 한다.

둘째, 융합이론은 소수집단의 이상향(minority utopia)으로 지칭되기도 하는데, A+B+C=D의 수식으로 설명될 수 있다. 여기서 A, B, C는 각기 다른 사회적 집단이며, D는 각기 다른 사회적 집단이 합쳐져서 새로운 집단으로 형성된 것을 의미한다. 유대인 이민자에 의해 쓰여진 연극 제목에서 유래한 "멜팅 팟(용광로)"으로도 지칭되는 이 이론은 각기 다른 문화가 합쳐져서 전혀 다른 새로운 문화가 생겨날 것이며, 결과적으로 새로운 사회 문화적 현상이 될 것이라는 입장을 견지하고 있다. 동화이론이 주류집단의 가장 좋은 면만을 강조하듯이, 융합이론은 소수집단의 좋은 면들이 모여 가장 이상적인 사회를 형성할 것이라는 이상적 가정에 기초하고 있다는 것이 뉴먼의 입장이다.

셋째, 소수집단의 또 다른 형태의 이상향으로 지칭되는 문화적 다원주의는 A+B+C=A+B+C의 수식으로 설명될 수 있다. 뉴먼에 의하면, 각기 다른 사회적 집단은 시간이 흘러도 여전히 그 집단의 고유한 정체성을 유지한다는 것이다. 집단 사이의 평화적 공존이라는 용어로 설명되기도 하는 이 이론은 모든 인간이 평등하게 창조되었다고 하는 헌법에 기초하여 각기 다른 집단의 고유한 특징을 유지하는데 그 관심을 두고 있다.

멜팅 팟을 넘어서서 종합을 추구하는 네 번째 이론은 A+B+C=A1+B1+C1의 수식으로 뉴먼에 의해 설명되고 있다. 이 이론은 일반적인 이론적 입장을 넘어서서 인종적, 민족적, 종교적 소수집단 사이의 차이점과 공통점을 보다 세심하게 논의하고 있다. 이 이론은 소수집단이 새로운 미국화된 정체성을 형성하는 과정을 문화적 동화로 설명하면서, 그러면서도 각각의 집단은 다원적인 형태를 형성하고 있다는 것을 강조하고 있다. 그러나 모든 소수집단이 정치적 영역에 같은 방식으로 참여하고 있지 않다는 현실을 잘못 인식했다는 비판을 받기도 한다. 그럼에도 불구하고 수정된 문화적 다원주의 이론은 소수 집단 사이의 비교연구를 최초로 시도했다는 점에서 그 의의를 찾아볼 수 있다(53–82).

활동
위에서 제시한 다원주의적 노력에 대해 각자의 입장을 들어 토의해 보자.

이러한 뉴먼의 이론을 근거로 하여, 최근 다문화주의에 대한 담론은 여러 측면에서 논의되고 있는데, 대다수 다문화주의 이론가들에 의해 문화적 다원주의와 교육기회의 균등이라는 두 가지 용어가 가장 중요한 개념으로 인식되고 있다. 먼저 슬리터(Christine E. Sleeter)와 그랜트(Carl A. Grant)에 의하면, 문화적 다원주의는 한 개인의 독특한 정체성을 인정하면서, 다양성의 유지와 차이에 대한 관심 그리고 사회의 모든 면에서 활동적으로 참여할 수 있는 권리를 포함하는 것을 의미한다. 그들은 1973년도에 발표된 *National Coalition for Cultural Pluralism*을 인용하면서, 문화적 다원주의란 한 나라의 경계 안에서 각기 다른 신념, 행동, 인종색, 그리고 언어를 지닌 다양한 문화가 상호호혜적인 관계를 지니면서 동등하게 공존하는 상태를 지칭한다고 설명하였다. 반면 교육기회의 균등은 인종, 문화, 언어, 장애의 차원에서의 기회 균등을 의미하는 용어이다. 슬리터와 그랜트에 의하면, 학습자들은 교육 현장 속에서 평등한 기회, 개인적으로 자신의 역량을 발휘할 수 있는 미래를 위해 선택하고 노력할 수 있는 기회, 그리고 그들의 소수 문화와 언어의 차이에도 불구하고 자기존중을 개발할 수 있는 기회가 주어져야 한다는 것이다. 달리 서술하여, 교육의 환경 속에서 제공되는 교육내용은 다양한 문화적 배경, 한 가지 이상의 언어의 개발, 그리고 다양한 교수방법, 그리고 문화적 차이점을 존중하는 평가방법을 통해 선택되고 개발되어야 한다는 것이다(Sleeter and Grant, 2003: 159–164).

이러한 다문화주의 담론에는 다양성과 통합을 균형 있게 연계시켜야 할 필요성에 대한 논의가 중심적으로 자리 잡고 있다. 다문화주의 담론은 인권운동으로부터 시작되었으며, 위에서 제시한 두 가지 중요한 측면, 즉 문화적 다양성에 대한 인식과 소수 계층의 사회적 평등의 문제에 대한 논의로부터 시작되었다(Banks, 2010: 5-6; Sleeter, 2005: 10). 사회는 더 이상 동질적인 단일 문화로 구성되지 않았다는 인식을 기반으로, 다문화주의는 정체성에 대한 다양한 정의를 통합함으로써 현대 사회를 재정의 하는데 많은 영향을 미쳤다. 다문화주의를 비판하는 학자들은 이같이 다양한 가치와 관점을 지나치게 강조하는 것은 문화적 집단을 고립시키며 공유적 협력을 방해한다는 주장을 내세우기도 했는데, 여기서 중요한 문제는 다원화된 현대 사회 속에서 각각의 문화적 다양성을 존중하고 이러한 다양성 속에서도 함께 협력할 수 있는가에 대한 논의라고 볼 수 있다(Kim, 2012: 249).

따라서 다양한 전 세계적 현상 속에서 비판과 관심의 대상이 되고 있는 다문화주의에 대한 논의는 보다 새로운 관점에서 그 담론이 제기한 개념과 의미를 재구성해야 할 필요성이 제안되고 있다. 즉 통합적이며 민주적인 사회의 형성과 더불어 사회 구성원 자신의 인종적, 문화적 소속감을 유지하도록 돕는 새로운 다문화 정책과 관점의 필요성이 제기된다는 것이다. 다음 장에서는 이러한 최근의 다문화주의 담론을 기반으로 각각의 강조점을 중심으로 연구·발전된 다문화 관점의 유형을 살펴보고자 한다.

비판적 인종적 관점

보수적인 다문화주의적 입장을 비판하면서, 비판적 인종적 접근은 전통적인 관점에 대한 근본적 문제제기를 통해 사회 질서를 재편성해야 한다고 주장하고 사회의 변혁을 위해 반성적 상호주관적 의식과 인지적 자율성을 형성하는 방향으로 다문화 교육이 진행되어야 한다는 것을 그 목적으로 삼고 있다. 이를 위해, 이 접근은 문화의 경계 사이 혹은 문화를 넘나들면서, 현대인들에게 대화, 도덕적 논의, 그리고 관계를 맺을 수 있는 다면적 공간을 제공하려는 특징을 지닌다(Sleeter and McLaren, 1995: 18; McLaren, 1995: 35-45; 56-59). 맥라렌(Peter McLaren)에 의해 제시된 비판적 인종적 접근은 현재 진행되고 있는 다문화 관점이 서구의 이데올로기에 대한 체계적 비판을 제공하지 못했다는 것을 지적하면서, 사회 운동과의 연계를 통해 사회 질서를 재편성하고 사회적 변혁을 강조하는 특징을 지니고 있다(Cameron McCarthy, 1994: 82-83; Kim, 2012: 251-252).

시민교육적 관점

포괄적이며 개방적인 관점에 기반을 둔 다문화 교육을 주장한 시민교육적 접근은 다문화 교육의 대표적 학자인 뱅크스(James A. Banks, 1999; 2010)에 의해 제시되었다. 뱅크스는 전통적인 공헌중심적 접근에 대한 비판을 근거로 사회적 행동 접근(decision-making and social action approach)의 필요성을 강조하였다. 이는 시민들의 능동적인 참여를 통해 사회의 문제를 파악하고 문제를 해결하기 위해 보다 성찰적 행동을 취하게 하는 교육방법으로서, 사회적 비판의식을 함양하고 동시에 의사결정 능력을 향상시키는 것을 가장 중요한 목표로 삼고 있다(32; 239-242). 뱅크스는 사회적 행동 접근의 활용을 통해 문화적/인종적 공동체와 국가 공동체 사이의 균형을 강조하면서 보다 "포괄적"이고 "개방적"인 시민교육을 강조하였다. 다문화적 감수성(multicultural literacy)의 습득을 강조하는 다문화적 시민교육은 주요 개념, 상호적 교수방법, 그리고 적극적인 학생 참여를 강조하는 커리큘럼을 제시하였으며, 이 시민교육은 학습자들로 하여금 보다 민주적이고, 정의로우며 개방적인 사회를 건설하기 위해 사회적 시민적 행동에 참여할 것을 격려하는 특징을 지니고 있다(Banks, 1996: 42; 2007: 6; Cherry Banks, 1996: 81; Kim, 2012: 252-253).

상호문화적 관점

각기 다른 인종과 문화에 속한 사람들이 아이디어, 규칙, 가치 그리고 의미들을 교환할 수 있는 상호적 통합을 강조하면서, 포테라(Agostino Portera, 2011)는 상호문화적(intercultural) 접근을 제시하고 있다. 상호문화적 접근은 각기 다른 인종적 집단이 자신의 이야기와 공통의 관점을 계속적으로 교환하는 과정을 통해 상호적 통합관계를 형성하는 것을 목적으로 삼는 접근이다. 상호문화적 접근은 먼저, 각기 다른 문화적 배경을 지닌 인종 집단으로 하여금 보다 긍정적인 관계를 형성할 수 있도록 도와주며, 대화의 기회를 제공하고, 가치, 규범 그리고 행동방식을 연구하는데 관심을 두는 접근이다. 이 접근은 피부색, 언어, 문화, 그리고 종교에 상관없이 인간의 교육에 관심을 두는 트랜스문화적 접근과 각기 다른 차이점 속에서 평등권을 강조하면서 서로에게 영향을 주기보다는 평화 공존만을 강조하는 다문화주의적 접근의 문제점을 극복하고, 각 집단이 지니고 있는 선입관의 비교를 통해 아이디어나 원칙을 직접적으로 교환하고 서로에게 영향을 줄 수 있는 교육을 제공하려는 접근이다. 상호문화적 관점은 고착된 형태로 정체성을 이해하기보다는 끊임없이 집합적으로 변화되는 것으로 이해하며, 더 나아가 하나의 거대한 교실로 상정된 글로벌 교육공동체를 통해 글로벌 "상호연계성" 혹은 "관계성"을 형성하는 상호문화적 통합을 강조하는 특징을 보인다. 또한 상호문화적 관점이란 특정 프로젝트에 의해 수행되기보다는 모든 학문의 영역과 교육의 영역에서 활용되어야 하며, 교육에 관한 새로운 이해를 동반하는 접근이라고 정의하고 있다 (Portera, 2011: 19-21; Grant and Brueck, 2011: 3; Kim, 2012: 253).

맥라렌, 뱅크스 그리고 포테라에 의해 제안된 세 가지 접근은 다문화 교육의 실제에 중요한 이론적 기반을 제공하고 있다. 특히 이 세 가지 접근은 사회적 실천을 강조하고, 사회 구조의 문제점을 지적하며, 더 나아가 피상적이며 감상적으로 진행되고 있는 현존의 다문화 교육을 넘어서려는 공통의 특징을 보이고 있다. 달리 서술하여, 이 세 접근은 다양성 속에서의 통합 그리고 통합 속에서의 다양성을 이루는 데 필수적인 교육적 원칙을 제공함으로서 시민들로 하여금 변혁적 사회행동에 참여하도록 돕는 교육적 환경을 제공하는 것을 강조하고 있다(Kim, 2012: 254).

기독교적 관점과 다문화주의

그렇다면 다문화 사회 속에서 기독교는 과연 어떠한 관점을 제시하고 있는가? 최근 난민과 다문화 가족에 대한 교육 및 정책을 바라보는 사회적 견해가 점차 극명하게 갈라지고 있는 현 시점에서 기독교는 다문화주의 및 다문화 교육에 대해 어떠한 신학적 토대를 제공하고 있는지 살펴볼 필요가 있다.

신학적 관점에서 본 다문화주의: 하나님 공동체와 인간공동체 사이의 유비적 관계

최근 진행되고 있는 다문화적 상황과 세계화 현상 속에서 현대인들이 직면하는 다양한 차이의 문제와 이를 설명하고 해결해야 하는 과제가 종교 전반에도 영향을 미치고 있다. 앞서 제시한 사례들은 이러한 다양한 차이점을 과연 어떻게 다뤄야 하는가에 대해 기독교를 포함한 대다수 종교 공동체가 직면한 중요한 과제를 제시하고 있다.

그중 기독교는 이러한 인간 공동체의 다양한 차이점과 다문화적 과제들에 대해 과연 어떠한 관점을 제시하고 있는가? 이를 위해 최근 신학자들에 의해 재조명되고 있는 삼위일체론에 대해 살펴볼 필요가 있다. 교리의 입장이 아니라 현대 사회와의 연계성 속에서 삼위일체론에 관한 재조명의 필요성을 주장하고 있는 신학자 톰슨(John Thompson, 1994)은 삼위일체론을 통해 예시되고 있는 구원과 해방의 이중적 구조는 현대인의 삶과 신앙생활의 근본적인 형태를 연계시킬 수 있는 실천적 관점을 제시하고 있다고 보았다. 독일의 대표적 신학자 몰트만(Jürgen Moltmann, 1992; 1993)은 가부장적이고 상호관계성을 배제한 유일신으로서의 하나님만을 강조해 온 전통적 신관

> **삼위일체란?**
> **신의 모습에는 세 가지 위격(位格, persona)이 있다는 기독교의 교의(教義)로서 역사적으로는 니케아 종교회의(325년)와 콘스탄티노플 공의회(381년)에서 공인되었다. 즉 아버지 하나님, 아들 그리스도, 성령(聖靈)인 하나님이 있고 이 세 가지 위격은 단지 하나의 신을 의미할 뿐이며, 그 본성은 분리될 수 없다는 것이다. 성부, 성자, 성신은 모두가 동일한 힘과 영광을 지닌다는 삼위일체설은 기독교 신앙의 주축을 이룬다 (철학사전편찬위원회 2009).**

을 비판하면서, 삼위의 신(성부, 성자, 성령) 사이의 관계성(relationality)과 일치성(unity)에 관심을 기울였다. 몰트만은 페리코레시스(perichresis)라는 개념을 활용하여 삼위일체의 각 개체가 각기 개별적 특성을 유지하면서도 이와 동시에 다른 두 개체의 삶의 형태를 공유하는 신적 공동체(divine community)라는 새로운 개념을 제시했다(Moltmann, 1993: viii; 김현숙, 2004: 60-66).

> 신적 존재인 삼위는 모든 면에서 공통점을 지니지만, 이와 동시에 각기 개별적 특징을 지닌다. 따라서 삼위일체론은 인간 공동체의 모습을 이해하는 틀로서 활용될 수 있는데, 곧 인간 공동체 안에서의 각 개인은 타인과의 관계를 통해 자신과 타인을 이해하고, 더 나아가 권력과 소유라는 관점에서 상대방에 대한 중요성을 인정하는 방식을 통해 그들의 관계를 되돌아 볼 수 있다(Moltmann, 1993: 198).

이 같은 몰트만의 삼위일체론을 남미의 해방운동과 연계시킨 브라질의 해방신학자 보프(Leonardo Boff, 1988)는 인간사회와 신적사회를 연결시키려는 관점에서 협동과 평등을 추구하는 인간 사회의 한 모형을 제시하였다. 그는 삼위일체인 신적 공동체에서는 삼위 중 어느 한쪽에 의한 지배나 복종이 있을 수 없으며, 그 대신 서로의 독특성을 인정하고 영향을 미치는 상호호혜적 관계가 있을 뿐이라고 주장하면서, 이 형태를 인간 사회의 바람직한 공동체의 모습으로 연계시켰다(Boff: 116-119, 151-154; 김현숙, 2004: 67-68). 라쿠나(Catherine LaCugna, 1991; 1993) 역시 여성 신학적 관점에서 다음의 3가지 신학적 기초를 제시하였다. 첫째, 삼위일체론은 단순히 삼위의 신 사이의 관계뿐 아니라 인간 사회의 남성과 여성 사이의 평등성에 대한 논의의 필요성을 시사하고 있다. 둘째, 권력의 공유를 전제하는 삼위일체론은 소수의 권력에 의해 다수의 민중이 지배받는 정치적 형태에 관한 비판적 논의를 제시하고 있다. 셋째, 삼위일체론을 통해 규명된 기독교적 하나님은 기존의 생물학적, 문화적, 상식적 의미의 부성의 개념을 부정하고 이를 초월해야 할 필요성을 암시하고 있다(김현숙, 2004: 68-70).

삼위일체론적 하나님에 대한 신학자들의 해석은 교회와 삼위일체 하나님과의 관계를 통해 기독교적 삶과 관련된 윤리적 시사점을 제공하고 있다고 볼 수 있다. 즉 기독교 공동체는 삼위일체적 하나님의 통합적 이미지를 지향함으로써 다양한 계층, 인종, 성, 문화 속에서의 공동체적 일치성을 실현하기 위해 노력해야 한다는 것이다. 기독교 공동체의 구성원들은 각각의 평등적 삶을 영위하면서 타인과의 상호관련성을 인식할 뿐 아니라, 더 나아가 다문화적 사회 속에서의 개방적인 교제를 통해 기독교적 삶의 형태를 새롭게 형성할 필요성이 있음을 알 수 있다. 따라서 삼위일체적 특성을 반영하는 인간 공동체의 사회적 모형은 다음의 세 가지 시사점을 제공하고 있다. 첫째, 권력이나 소유에 의해 타인을 억압하거나 적대시하지 않고, 상호공존적 관계성을 중시하는 관점에서 사회생활을 영위해야 한다는 점이다. 둘째는 성, 인종, 계층, 문화 간의 차별을 정당시하기보다는 인간간의 평등적 관계를 유지해야 하며, 셋째, 그들 사이의 상호 인정과 존중을 공유하는 개방적 규범을 마련해야 한다는 것이다(김현숙, 2004: 70-73).

이 같은 삼위일체적 인간 공동체의 개념은 다문화 상황 속에서 나와는 구별되는 문화, 인종, 계층 등을 접하고 살고 있는 현대인들에게 중요한 기독교적 관점을 제공하고 있다. 즉 상호관련성을 거부하는 이기주의적 개인주의, 모든 인간의 평등성을 반대하는 이념적 차별주의, 그리고 상호주관적 가치를 수용하지 않는 배타적 폐쇄주의를 비판적으로 성찰하게 하면서, 최근 대두되고 있는 난민을 포함한 다양한 사회적 문제에 대한 기독교적 대안을 제시하고 있다.

성서적 관점과 다문화 교육

샌프란시스코 신학대학원의 교수였던 응(David Ug, 1992)은 다문화 사회와 다문화 종교공동체의 피할 수 없는 현실을 인식하면서, 기존의 신학적 전통, 성서적 내용 그리고 다문화적 환경에 대한 새로운 해석의 필요성을 제기하였다. 성서에 제시된 하나님의 창조이야기, 바벨탑과 오순절 사건 그리고 신약성서의 서신을 예로 들면서, 응은 다문화 신앙공동체를 형성해야 하는 신학적 의무를 제기하고 이를 위해 기독교의 새로운 실천방안을 교육적으로 제안하였다(Ug, 1992: 192-202).

응에 의해 제시된 다문화적 실천 방향과 더불어, 루이스(Laura B. Lewis), 크램(Ronald H. Cram) 그리고 마이클 리(James Michael Lee, 1997)는 사도행전(행 10:1-11:18)에 서술된 베드로와 고넬료 사이에 이루어진 서로 다른 문화 사이의 만남을 통해 다문화 교육의 모형을 제시하였다. 이 세 학자는 사도행전에 묘사된 각기 다른 문화 사이의 만남 속에서 나타난 6가지 특징을 가지고 구체적인 교육모형을 제시하였다. 특히 유대인 출신 기독교인인 베드로와 경건한 이방인인 고넬료 사이의 만남과 대면을 통해 그 당시 초대교회와 교회지도자들에게 유대인과 이방인이 나누는 삶의 모습을 지향하는 하나님의 비전을 제시함으로써 다문화 교육의 모형을 제시하고 있다(Kim, 2012: 256-257).

먼저 첫 번째 단계는 불완전한 개인적 전망(incomplete personal vision)의 단계로, 각기 다른 지리적, 문화적, 종교적 간격을 지닌 고넬료와 베드로가 개인적인 기도 가운데 이해할 수 없는 하나님의 계시를 받는 경험을 하는 단계이다. 두 번째는 하나님의 의도를 이해하기 위해 문화적 경계를 넘어 다문화적 만남을 시도하는 단계이다. 이 단계에서는 이방인과 종교적 법을 넘어서 문화적 타자에 대한 개방적 태도(openness to cultural other)를 습득하게 되는 특징을 보인다. 세 번째는 직접적인 대면만남(face-to-face encounters)이 일어나는 단계로서, 하나님 앞에서 이방인과 유대인이 비언어적 행위와 언어적 단어를 통해 공동의 인간성을 형성하며, 더 나아가 새로운 공동의 관점, 태도, 그리고 행동을 형성하는 대면 만남을 경험하게 되는 단계이다. 네 번째는 다양한 경험과 관점의 공유를 통해 다면적 관점(multiple perspectives)이 형성되는 단계이다. 이는 다문화 교육의 역동성을 보여주는 과정으로, 각기 다른 문화적 경험으로 도출되는 개인의 관점이 서로 만나 새로운 공유적 관점을 형성하게 되는 특징을 지닌다. 다섯 번째는 갈등과 공적 토론(conflict and public discussion of differences)의 단계이다. 다문화 내용을 강조하는 교육은 학습자들이 차이에 근거한 다양한 문제들을 논의하게 될 때 일정한 형태의 갈등에 직면하게 되는 특징을 지니지만, 이러한 갈등은 공동체로 하여금 생각하고 토론하도록 돕는 교육적 환경을 제공하게 된다. 루이스 크램, 그리고 마이클 리에 의하면, 갈등의 과정을 통해 다면적 관점을 이해하고 받아들이는 것은 기독교 공동체의 미래 전망을 보다 확장시키는 결과로 이어진다는 것이다. 마지막 단계는 상호적 환대(reciprocal hospitality)로서, 서로 다른 문화 사이의 환대와 밥상교제는 처음에는 도전과 갈등의 요소로 작용하나 점차 다문화 교육의 중요한 한 부분을 차지한다는 것이 중요한 특징이다(행 10:1-11:18).

루이스, 크램, 그리고 마이클 리에 의해 제시된 다문화 기독교교육의 모형은 성서에 기록된 다문화적 만남을 통해 기독교 공동체의 현장에서 실시될 수 있는 6가지의 중요한 특징을 제시하고 있다. 이 모형은 앞서 이론적 접근이 제시한 다문화 교육의 과정을 성서의 내용과 연계하여 그 특징을 잘 반영하고 있다. 구체적으로 서술하면, 이 모형은 이방인과 유대인의 종교적 법을 넘어설 뿐 아니라 문화적 경계를 넘어서 만남을 추구하고, 자신의 불완전한 환상을 이방인과의 만남을 통해 보완하며 이를 상호적 환대로 이끌어내며, 그리고 공적인 영역에서의 토론을 통해 다면적 관점을 형성하는 과정을 통해 다문화적 만남과 교육의 중요한 특징을 잘 나타내어 보여주고 있다고 평가될 수 있다.

정리해봅시다

앞서 '생각해봅시다'에서 제시된 "클락의 실험 재연"의 다큐멘터리, "A Girl Like Me"를 보면, 흑인 아동과 청소년들이 사회 속에서 경험해온 오래된 차별과 그로 인해 파생된 미의 기준이 그들의 자아정체감 형성과 긴밀하게 연계되어 있음을 살펴볼 수 있다. 이 다큐멘터리를 통해 다비스는 오늘날의 흑인 아동에게 미치는 사회적 영향과 1950년대 이래로 변화의 폭이 아주 적은 현대 사회의 안타까운 모습도 함께 지적하였다. 이는 피부색이 단순히 피부의 색깔로만 머무는 것이 아니라, 어린 흑인 아동들의 자아정체감과 밀접한 관련성을 지니고 있으며, 더 나아가 가치판단의 근거로 작용하고 있다는 것을 보여주는 중요한 한 실례라는 것이다. 이는 현재 진행되고 있는 다문화주의 담론에 대한 많은 시사점을 제공하고 있다. 또한 "난민반대집회와 찬성집회"에서 나타난 것처럼, 양극화된 사회의 이데올로기 현상도 현재 한국 사회가 직면하고 있는 난민 문제와 다문화 가족의 어려움을 극명하게 보여주고 있다.

1990년대 이래 다문화 현상에 직면한 한국 사회는 다문화 정책 및 교육에 있어 많은 시행착오를 경험하고 있다. 한국 사회의 다문화 정책은 다음의 3가지 문제점을 지니고 있다고 평가될 수 있다. 첫째, 피상적이고 감상적인 다문화 정책, 둘째, 소수 인종만을 대상으로 하는 교육정책, 셋째, 주류 사회에 대한 동화를 목적으로 하는 정책이 바로 그것이다. 사례 2에서 볼 수 있듯이 다문화 교육정책은 (1) 특정 문화의 음식, 춤, 노래만을 피상적으로 제공하는 차원에서 머물러서는 안 되며, (2) 소수 다문화가족만을 위한 교육이 아닌 함께 살아가는 대다수 시민의 인식을 변화시키는 통합적 다문화 교육을 지향해야 하며, (3) 주류사회로의 동화가 아닌 사회의 변혁을 위한 교육정책으로 전환되어야 할 필요성이 있다는 것이다. 특히 교육의 현장에서는 아직도 맥라렌과 뱅크스가 비판한 보수적 접근과 공헌중심적 접근에 머물러 있다고 볼 수 있다. 즉 주류 문화인 한국 문화에 소수 문화를 그대로 적응시키려는 정치적 입장을 지니고 있으며, 음식이나 음악, 춤과 같은 특정 문화적 요소만을 피상적으로 소개하는 수준에 머물러 있다. 또한 외국인들을 위한 특수 교육을 제공해 온 미국 및 유럽의 다문화 접근의 기본 입장을 여전히 따르고 있는 현실이다.

그러나 앞에서 기술한 바와 같이, 기독교는 삼위일체론적 하나님에 대한 기독교적 관점을 기반으로 다양한 계층, 인종, 성, 문화 속에서의 공동체적 일치성을 실현하기 위해 노력해야 하며 동시에 다양성을 인정해야 한다는 윤리적 가르침을 제공하고 있다. 따라서 포테라에 의해 지적된 바와 같이, 글로벌 현대사회에서 다문화 교육은 평화공존만을 단순히 강조하는 트랜스문화적 접근을 넘어서서 각 집단이 지니고 있는 선입관의 비교를 통해 서로에게 영향을 줄 수 있는 상호문화적 통합의 형태로 진행되어야 할 필요가 있다는 것이다. 또한 피상적이며 감상적으로 진행되어 온 다문화 교육과 정책의 한계를 넘어서서, 다문화 사회의 교육과 정책은 글로벌 교육공동체의 환경 속에서 현대 사회의 다양한 변화에 적절히 대응할 수 있는 "평등적 관계," "개방적 규범," "상호공존적 관계성"을 포함하는 기독교의 관점으로 전환되어야 할 필요가 있는 것이다.

토의해봅시다

공부를 위한 토론 주제들

1. 현재 한국사회에서 진행되고 있는 다문화 정책 및 다문화 교육에 대해 살펴보고, 그 실효성에 대해 논의해 봅시다.
2. 다문화주의 담론의 주요 특징에 대해 논의해 봅시다.
3. 다문화화된 사회 속에서 세계시민으로서의 태도란 무엇인지 논의해 봅시다.
4. 다문화적 사회 속에서 문화뿐 아니라 종교, 성, 언어, 계층 등 다름(differences)에 대해 어떠한 태도를 지녀야 하는지 논의해 봅시다.
5. 기독교는 다문화성 및 다문화주의에 대한 어떠한 태도를 가지고 있는지 논의해 봅시다.

더 읽을거리

- 김려령. (2008). **완득이**. 파주: 창비.
- 김현숙. (2012). 다문화주의 담론과 기독교교육. **기독교논총**, 86, 269-297.
- 뱅크스, 제임스 A. (2009). **다문화 시민교육론**. 김용신·김형기 역. 파주: 교육과학사.
- 슬리터, 크리스틴 E.·칼 A. 그랜트(2009). **다문화 교육의 탐구: 다섯 가지 방법들**. 문승호 외 역. 서울: 아카데미프레스.
- 김현숙. (2004). **탈인습성과 기독교교육**. 서울: 대한기독교서회.

7장

인류 진화 역사 안에서의 종교의 기원[1]

목적

- 인간은 여타 생명체들과 같이 진화과정을 통해 출현했고, 이를 바탕으로 고차원적인 의식과 행동을 보여주게 되었음을 이해한다.
- 인간의 종교적 의식과 행동 또한 진화과정에서 등장한 산물로 볼 수 있음을 이해한다.
- 그럼에도 불구하고 종교현상은 진화학적인 차원으로 환원시킬 수 없는 인간 사회의 고유한 정신 현상임을 이해한다.

시작하는 질문

- 인간은 여타 생명체와 질적으로 다른 존재인가? 다시 말해, 다른 생명체들보다 "더 나은" 존재인가?
- 인간의 종교적 행동의 기원은 초자연적인 원인으로부터 말미암은 것인가?
- 종교적 의식과 행동이 자연과정을 통해 발현되었다는 사실은 종교현상과 지식의 유효성을 훼손하는가?

개요

이 단원은 인류 진화 역사 안에서 발생한 고차원적인 의식과 행동, 그에 기반한 종교적 의식과 행동을 비판적으로 살펴본다. 구체적으로, 인간의 종교적 행동이 진화학을 통해 드러난 인류 진화 역사 안에서 이뤄졌음을 이해하는 동시에, 과학주의를 바탕으로 하는 환원주의적 해석과 이해를 비판하고, 종교경험을 중심으로 종교현상을 이해하여 인간의 종교적 행동에 관한 종교와 과학의 통전적 이해를 구성할 것이다.

핵심어

진화 | 인간 | 종교의 기원 | 계시 | 종교경험 | 진화학과 종교 | 종교에 관한 과학적 연구

생각해봅시다

2017년 5월 남아프리카 공화국 요하네스버그 외곽 지역 the Rising Star Cave System이라는 곳에서 호모 사피엔스 종과 공존했을 것으로 추정하는 호모 날레디 화석이 발견되었다. 날레디 종은 대략 335,000년에서 236,000년 전 사이 존속했을 것으로 보이는 초기 인류 종 가운데 하나다. 이 데이터가 흥미로운 것은 두 개의 동굴에서 날레디 시신 화석들이 각각 133구, 15구 발견되었는데, 시신 화석이 무더기로 발견된 각각의 동굴들에 이르는 경로가 쉽지 않음에도 날레디 종이 굳이 자기와 함께 생활 했던 다른 개체들의 시신을 에너지와 시간을 들여 그 깊은 동굴들에 안치시켰기 때문이다. 이를 토대로, 진화인류학자들은 조심스레 날레디 종이 죽음이라는 사건을 기념하기 시작했던 것은 아닐까 하고 추론한다.

죽음을 유의미한 사건으로 받아들이기 시작했다는 사실로부터 종교적 행동이 시작됐다고 단언할 수는 없다. 그럼에도 불구하고 진화학적 연구를 통해 이때가 아니더라도 인간의 종교적 행동은 인류 진화 역사 안에서 발생한 것임을 안다. 이 챕터에서는 진화인류학을 토대로 밝혀진 인간 종의 진화와 그 과정에서 발생한 종교적 행동의 기원에 대해 살펴본다. 이를 통해 우리는 종교 현상이라는 것이 상당 부분 인간 실존에 본유적인 것임을 깨닫고, 현대 사회에서도 존속하는 종교 현상을 합리적으로 파악하는 데 필요한 안목을 키울 것이다. 나아가, 인간의 종교적 행동이 진화과정을 통해 발생했다 하더라도 인간의 의식현상(예: 사랑, 우정, 정의 등)이 생물학

1 이 챕터는 필자가 출판한 다음의 논문을 요구된 형식에 맞게 수정한 것이다. 정대경, "종교의 기원에 관한 진화인류학과 신학의 학제 간 연구 가능성 모색," 「대학과 선교」 제55집(2023), 247–281. 더불어, 교재의 특성상 가독성을 높이기 위해 최대한 각주 처리를 하지 않았음을 밝힌다. 구체적인 출처 및 각주는 앞서 언급한 필자의 논문을 참조하라.

적이고, 진화학적인 차원으로 환원될 수 없는 것처럼 종교현상 또한 환원될 수 없음을 확인해 볼 것이다.

살펴봅시다

인류의 진화와 그 메커니즘

미국 프린스턴 대학의 진화인류학자 아구스틴 푸엔테스는 진화이론의 근대적 종합(the modern synthesis)의 한계를 지적하며 새롭게 제기된 확장된 진화종합론(Extended Evolutionary Synthesis, EES)의 관점에서 인류의 진화를 다룬다. 진화론의 근대적 종합이란 찰스 다윈이 제시했던 자연선택과 함께 유전변이를 진화의 또 다른 주요 요인으로 상정하고, 이를 토대로 생명체의 진화를 설명하는 입장이다. 20세기 초 멘델 유전학 연구의 재발견과 20세기 중반 DNA 이중나선의 발견 등을 필두로 유전학이 발전하면서 진화에 관한 근대적 종합 관점은 학계의 지배적인 입장으로 자리매김해 왔다. 하지만 이후 진화의 다른 주요 원인으로 환경과 생명체 스스로가 유전정보의 발현과 표현형질 결정에 미치는 영향 등이 주목되면서 기존 유전자 중심의 근대적 종합 이론을 비판하는 확장된 종합론이 제시되기 시작했는데, 푸엔테스는 이를 따르고 있다.

푸엔테스는 유전자 유전(genetic inheritance), 후성 유전(epigenetic inheritance), 행동 유전(behavioral inheritance), 상징 유전(symbolic inheritance) 등 네 가지 차원의 유전을 상정한다.

유전자 유전은 가장 잘 알려진 유전방식으로서 말 그대로 DNA 분자가 담고 있는 정보가 유전자를 통해 다음 세대로 전달되는 것을 의미한다. 후

성 유전은 생명체의 발달 과정에서 가해진 환경적 요인이 해당 생명체의 표현형질 결정에 영향을 주는 것을 의미한다. 예를 들어, 임신 기간 엄마가 받은 스트레스로 인한 변화는 태아의 발달에 영향을 미치고, 변형된 이 형질은 후대에 유전될 수 있다. 행동 유전은 생물학적 차원의 유전과 구분된 형태의 유전으로서 부모 세대의 행동과 기술이 자녀 세대로 유전되는 것인데, 대표적인 예로 침팬지 부모-자녀 세대 간 돌로 견과류를 깨뜨리는 행위나 막대기로 흰개미를 낚는 행위 등이 있다. 마지막으로, 상징 유전은 인간에게 고유한 문화 유전 방식으로 관념, 기호, 가치 체계 등이 사회적 교육과 문화를 통해 부모-자녀 세대 간 전이되는 것을 의미한다.[2]

인류는 앞선 형태들의 유전과 더불어 세 가지 층위(즉, 개체, 친족, 집단)에서 작동하는 자연선택을 거치면서 진화해 왔는데, 이때 각 층위에서 발생하는 생명체들 사이 협력과 생태지위 구성(niche construction) 또한 인류 진화 역사에 지대한 영향을 미쳤다. 그러므로 인류의 진화를 가능케 했던 원인으로 큰 틀에서 개체와 집단의 행위(즉, 개별적, 집단적 행위), 생물학적 요인(즉, 유전변이), 환경적 원인(즉, 물리적-비물리적 환경) 등과 같은 세 가지가 제시될 수 있다. 이는 기존 근대적 종합 이론이 유전자와 자연선택만으로 인류 진화의 역사를 설명해 왔던 것을 넘어 진화하고 있는 개체와 집단의 행위, 비물리적 환경 등을 진화과정의 원인들로 상정하면서 기존 진화이론의 설명 방식을 확장한 것이다. 종합해 보면, 인류는 자연환경 속에서 자신의 운명을 수동적으로 자연에 내맡긴 채 진화해 온 것이 아니라, 능동적으로 참여하면서 자신의 유전형질과 행동패턴, 자연환경 등을 직-간접적으로 결정하면서 진화해 왔다고 볼 수 있다.

---

2 아구스틴 푸엔테스, 『크리에이티브: 무엇이 인간을 예외적 동물로 만들었는가』 (서울: 추수밭, 2018), 20-21.

인류 진화의 개략적 연대기

인류와 침팬지의 마지막 공통조상(Last Common Ancestor, LCA)은 대략 1,100~800만 년 전 아프리카 숲속 생활을 했다. 그들은 오늘날의 유인원 종류나 침팬지, 사람과 전혀 달랐으며, 키는 120센티미터 전후로 나무 위와 땅 위를 오가며 생활했으나 포식자들을 피해 여전히 주로 나무 위에서 생활했다. 그들은 10명에서 30명 가량의 소규모 집단 중심의 생활을 하며 과일, 어린 나뭇잎, 버섯 등을 채집하며 생활했던 것으로 보인다. 900~700만 년 전 사이 인류의 조상인 호미닌과 침팬지의 조상인 파닌이 갈라졌다. 이때 인류의 조상인 호미닌은 여타 영장류들과 구분되는 이족보행을 시작한다. 이는 호미닌 화석에서 보이는 두개골과 척추 위쪽 끝 사이 각도와 골반, 하지의 모양 등을 통해 추정할 수 있다. 이족보행은 인류 진화에 있어 중요한 속성인데, 이족 보행을 통해 자유로워진 두 손은 도구 사용을 가능하게 했고, 도구 사용은 역으로 인간의 두뇌 용적 크기의 확대를 가능하게 했다.

현재까지 발견된 화석들을 토대로 진화인류학자들은 사헬란트로푸스 차덴시스(Sahelanthropus tchadensis), 오로린 투게넨시스(Orrorin tugenensis), 아르디피테쿠스 카다바(Ardipithecus kaddaba), 아르디피테쿠스 라미두스(Ardipithecus ramidus) 등 네 종의 초창기 호미닌 가운데 한 종을 현생인류의 조상으로 보고 있다. 차덴시스와 투게넨시스는 각각 중앙 아프리카와 케냐 중부를 중심으로 생활했던 것으로 보이고, 두 종 모두 700~600만 년 전 사이 존속했으며 이족보행을 했던 것으로 보인다. 아르디피테쿠스 속의 카다바와 라미두스는 580~440만 년 전 사이 존속했을 것으로 추정되며, 중앙아프리카를 중심으로 생활했던 것으로 보인다. 이들은 이족보행뿐만 아니라 긴 팔과 긴 손가락을 가지고 도구를 사용했던 것으로 보이며 남녀의 골격이나 어금니 차이가 크지 않았던 것은 유기적인 남녀 바탕의 사회적 관계를 형성했을 것을 추정하게 한다. 하지만 그들은 여전히 현생 인류에 비해 몸집이 작았고, 두뇌 사이즈는 보통 영장류들과 비슷했을 것이다. 나아가 나무 위에서 주로 지냈으며, 채식위주의 식사를 했을 것이다.

이후 인류는 370~350만 년 전 사이 출현한 오스트랄로피테쿠스 아파렌시스(Australopithecus afarensis), 케냔트로푸스 플라티오프스(Kenyanthropus platyops), 오스트랄로피테쿠스 데이레메다(Australopithecus deyiremeda) 등을 거쳐 300만 년 전 최초로 출현한 호모 속의 종에까지 이른다. 여기서 흥미로운 지점은 300만 년에서 200만 년 전 사이 등장한 세 부류의 집단들이다.[3] 첫 번째 집단은 루시보다 현생인류에 가까웠고, 나무가 아닌 땅에서 생활했으며 이 부류에 속한 대표적인 종 오스트랄로피테쿠스 아프리카누스(Australopithecus africanus)는 대략 300만 년에서 240만 년 전 사이 생존했는데, 이들의 이족보행은 같은 집단에 속하는 180만 년 전 등장한 오스트랄로피테쿠스 세디바(Australopithecus sediba)의 이족보행과 차이를 보여준다. 이는 이 시기 전체 호미닌 종족의 진화과정에서 많은 자연 실험이 전개되었고, 이를 통해 다양한 생물학적 속성들과 행동들이 출현, 채택되었음을 보여준다.

두 번째 집단은 기존의 종들과 연속성을 지닌 집단인 파란트로푸스 속 종들(예를 들어, 파란트로푸스 로보스투스, Paranthropus robustus)이다. 약 250만 년에서 140만 년 전 사이 살았던 이들은 이족보행과 도구사용의 행태들을 가지고 있었을 뿐만 아니라, 거대한 이와 저작근을 바탕으로 매우 단단하고 질긴 음식들을 처리하는 능력 또한 가지고 있었다. 이러한 행동학적, 생물학적 특징들은 해당 집단 내 종들이 당시 환경에 적응하는데 이점을 가져다주기는 했으나, 거시적인 관점에서 보면 해당 종들이 최종적으로 살아남는 데는 기여하지 못했던 것으로 보인다. 왜냐하면 당장에 주어진 환경 안에서 생존하기에 해당 생물학적, 행동학적 특성만으로도 충분했고, 이는 새로운 방향으로의 진화를 촉진하는 데는 크게 기여하지 못했기

3 앞의 책, 42–43, 62–5, 69.

때문이다. 세 번째 집단은 250만 년-200만 년 전 사이 등장한 호모 속 집단이다. 이들은 첫 번째 집단 내 종들로부터 적응방산(adaptive radiation)을 통해 나왔을 것이다. 적응방산은 생존압력 아래 과도한 경쟁으로 인해 새로운 방식의 행동이나 생물학적 특성 등이 채택되면서 기존의 종이 다양한 여러 개의 종으로 분화되는 현상이다.

적응방산으로 인해 200만 년 전 호모 속 초기 종들은 남아프리카와 동아프리카로부터 다른 지역들로 멀리 흩어지기 시작했고, 180만 년 전에는 중앙아시아(조지아의 드마니시 지역)와 동남아시아(인도네시아 자와섬) 등으로까지 퍼져 나갔다. 또한 이 기간 동안 호모 속 여러 종은 다양한 환경 속에서 생존을 모색하면서 상이한 신체적 특징과 행동패턴, 도구 등을 가지기 시작한다. 그럼에도 불구하고 같은 호모 속으로 분류할 수 있도록 해주는 공통요소는 대략 150센티미터 정도의 키, 15~25명 정도의 개체들로 구성된 집단생활, 수렵-채집 활동, 간단한 석기와 막대기 등을 사용했다는 것이다. 200만 년에서 180만 년 전 사이 생존했던 호모 속 초기 인류들은 앞서 언급한 파란트로푸스 속 종들보다 상대적으로 갸름한 턱과 입 구조를 가지고 있어서 단단한 동식물들을 섭취하지 못했던 이유로 상대적으로 강한 생존압박에 노출되고 있었다. 하지만 이러한 환경적 압박(environmental constraint)은 장기적으로는 생물학적-행동학적 이점을 창출하는 요인이 되었는데, 왜냐하면 상대적으로 생존에 불리한 생물학적-행동학적 특징을 메우기 위해 뇌가 커지고, 정교한 도구를 사용하는 결과를 낳았기 때문이다.[4]

실제로 200만 년에서 50만 년 전 사이 호모 속 초기 인류들의 두뇌 용적이 커졌고, 이는 긴 아동기와 돌봄, 사회적 협동과 비언어적 의사소통 및 육식 등으로 이어졌던 것으로 보인다. 다시 말해, 생존에 불리한 환경조건은 적응방산을 가능케 하는데, 이 과정에서 큰 열량을 요구하는 커진 두뇌를 유지하기 위해 육식 등이 시작되었고, 이와 더불어 상대적으로 길어진

4 앞의 책, 68-71.

아동기를 유지하기 위해 집단 내 개체들의 공동체적 분업(예를 들어, 육아, 집단사냥)이 활성화되고, 이는 다시 비-언어적 의사소통과 더욱 유기적인 사회적 관계의 발달을 가능케 한 것이다. 이러한 생물학적, 문화적 진화를 통해 호모 속 초기 종들은 포식자들에게 팔란트로푸스 속의 종들보다 취식하기 힘든 먹이로 인식되면서 팔란트로푸스가 멸절되고, 호모 속의 종들이 생존하는 결과로 이어졌을 것이다. 그럼에도 불구하고 최근 1만 년 전까지도 호모 속 전체 개체 수는 많지 않았다. 200만 년의 인류 역사 중 호모 속 전체 개체 수는 200만 명을 넘지 않았고, 최근 3만 년에서 2만 년 전까지 통틀어도 800만 명에 못 미쳤을 것이다.[5]

이 시기에 존재했던 호모 속 내 인류 종들을 분류하는 데 진화학자들 사이 논쟁이 있지만, 대략 4개의 무리, 11개의 다른 종이 있었을 것으로 추정된다. 네 개의 무리는 생존했던 시기와 생물학적, 행동학적 특성에 따라 다음과 같은 초기, 중기, 후기, 현재의 형태 등으로 나뉜다. 초기 형태의 인류는 호모 하빌리스(Homo habilis), 호모 루돌펜시스(Homo rudolfensis) 등의 종으로 230만 년에서 180만 년 사이 생존했고, 두뇌 용적은 600-650세제곱센티미터 정도로 현생 인류에는 못 미치지만 오스트랄로피테쿠스 등의 용적보다는 훨씬 커진 형태였다. 중기 형태의 인류는 호모 에렉투스(Homo erectus), 호모 에르가스테르(Homo ergaster), 호모 안테세소르(Homo antecessor) 등의 종으로, 예를 들어, 에렉투스는 180만 년-40만 년 전 사이 아프리카 전역에 거주하면서 이족보행을 하며 두뇌 용적은 750-1,000 세제곱센티미터에 이르렀던 것으로 보인다.

나아가 그들은 길어진 아동기를 가지기 시작했고, 돌과 나무 바탕의 도구들을 사용했으며, 수렵채집 뿐만 아니라 사냥과 불을 사용하기 시작했던 것으로 보인다. 이러한 생물학적-행동학적 특징들은 이후 후기 형태의 인류인 호모 하이델베르겐시스(Homo heidelbergensis), 호모 플로렌시스(Homo

---

5 앞의 책, 72-76, 100.

floresiensis), 호모 네안데르탈렌시스(Homo neanderthalensis), 데니소바인(Denisovans) 등으로 이어졌다. 이 가운데 플로렌시스는 에렉투스로부터 종 분화(speciation)해 나와 100만 년에서 6만 년 전 사이 생존하며, 작은 체구를 특징으로 동남아시아에 거주했던 것으로 보인다. 네안데르탈인은 40만 년에서 3만 년 전 사이 북아프리카, 유럽, 중동 및 중앙 유라시아 일부 지역에서 넓게 분포하며 생존했다. 이들은 현생 인류보다 몸과 뇌가 컸으며, 현생 인류와 상호교접과 교류하면서 지내다가 멸절했던 것으로 보인다. 호모 에렉투스 이후 등장한 하이델베르겐시스, 네안데르탈렌시스, 데니소바인, 플로렌시스 등은 독자적인 진화과정을 거치기 시작했고, 이 과정에서 현재 형태인 호모 사피엔스 사피엔스(Homo sapiens sapiens)인 우리 인류가 20만 년 전 출현했다. 현생 인류는 10만 년 전 유럽, 중앙아시아, 동아시아를 시작으로 6만 년 전부터는 동남아시아 섬들과 오세아니아 지역 등으로 넓게 퍼지기 시작했고, 2만 년 전 즈음 북극해가 얼었던 시점에는 아메리카 대륙으로까지 거주영역을 넓히면서 현 인류의 조상으로 자리매김하게 되었다.[6]

진화인류학에서의 종교와 그 기원의 의미

종교의 기원 문제와 연관해 진화인류학이 다룰 수 있는 대상으로서 "종교"는 무엇일까? 우리는 종교현상에 본질적인 인간의 "믿음(belief)"을 "구체적인 내용의 믿음을 갖는 것"과 "특정한 믿음을 가질 수 있는 기제(mechanism) 혹은 능력"과 같이 둘로 구분해 이해할 수 있다. 인간의 믿음 현상과 결부된 두 가지 가운데 종교의 기원 문제에서 진화인류학이 다룰 수 있는 대상은 후자, 곧 "특정한 믿음을 가질 수 있는 기제 혹은 능력"의

6 앞의 책, 77-81.

기원 문제다. 왜냐하면, 전자는 인간의 의식 내용으로서 감각질(qualia)과 결부되어 있는 주관적 차원의 경험이기 때문이다. 자연과학은 인간의 신경생리적인 작용과 주관적인 감각경험 사이 상관성은 파악할 수 있지만 둘 사이 인과관계는 파악할 수 없다. 이러한 맥락에서 우리는 진화인류학이 종교현상과 결부된 인간의 근본적인 인식기제의 기원 문제는 다룰 수 있지만 특정한 신념체계 혹은 신앙내용의 기원 문제는 다룰 수 없음을 분명히 할 필요가 있다.

무엇인가를 믿을 수 있는 능력 혹은 기제와 더불어 진화인류학에서 종교의 기원 문제를 다룰 때 논의하는 또 다른 인간정신의 특질은 상상력이다. 상상력은 감각경험을 통해 인지된 이미지, 느낌, 판단 등을 새롭게 조합해서 떠올리는 고차원적인 의식 능력을 의미한다. 이는 현재 상태를 인지, 판단하고, 미래를 예측하며, 무엇인가에 대해 희망하거나 혹은 새롭게 종합해 떠올릴 수 있는 능력을 의미한다. 이러한 맥락에서 우리는 인류 진화 과정 안에서의 종교의 발생이 먼 미래를 생각하고, 그것에 관해 그려보는 인간의 의식 능력과 결부되어 있음을 기억할 필요가 있다. 나아가 인간의 상상력은 경험데이터들을 새롭게 조합하는 과정에서 직접적으로 감각경험에 포착되지 않는 어떤 것, 직관에 반하는 어떤 것을 떠올리거나 창조할 수 있는 능력으로도 이해될 수 있다. 이를 토대로 본다면, 종교의 기원 문제를 다루는 인류학자 캔다스 알코타와 리처드 소시스가 지적하듯, 인간의 종교적 심성은 초자연적 행위자, 반-직관적 개념(예를 들어, 말하는 짐승, 눈에 보이지 않는 정령) 등을 떠올리는 의식적인 행위와 연관되어 있다.[7] 다시 말해, 인간이 감각적으로 경험되지 않는 어떤 것을 이미 주어져 있는 심상들을 새롭게 조합함으로써 창출할 수 있는 능력이 있을 때 종교가 출현했을 수 있다는 것이다.

---

7 Candace S. Alcorta and Richard Sosis, "Ritual, Emotion, and Sacred Symbols," *Human Nature* 16.4(2005), 323.

인간의 상상력을 기반으로 종교가 출현했다고 해서 그것이 종교가 지시하는 초월적인 실재의 허구성을 드러내는 것은 아니다. 왜냐하면, 우리는 종교의 기원에 있어 또 다른 중요한 요인으로 초월적 경험(transcendent experience)을 상정할 수 있기 때문이다. 초월적 경험은 감각경험을 통해 포착되지 않으면서도 인간의 주관적 경험에 직접적으로 포착되는 심상을 제공한다. 앞서 이야기한 초자연적 행위자, 반직관적 개념 등은 인간이 상상력을 바탕으로 만들어낸 심상일 수도 있지만, 계시적 경험을 통해 제공받은 심상일 수도 있다. 우리는 앞서 지적한 진화인류학의 한계 혹은 경계를 떠올리면서 종교의 기원을 가능케 한 중요한 요인으로서 계시적 경험을 상정할 필요가 있는 것이다.

나아가 대부분의 종교는 존재의 의미와 삶의 방향에 관한 해석과 내러티브를 지니는데, 그렇게 본다면 인류 진화 역사 안에서 종교 현상은 초기 인류 가운데 사건에 대한 해석과 내러티브를 발생시킬 수 있는 조건이 갖추어졌을 때 시작된 것으로 볼 수 있다. 이와 더불어 해당 해석과 내러티브를 집단의 구성원들이 함께 공유하고, 이를 토대로 특정한 상징체계를 만들며 의례를 수행하게 되면서 종교는 시작되었던 것으로 볼 수 있다.

종합해보면, 종교는 무엇인가를 믿을 수 있는 기제를 바탕으로 계시적 경험과 상상력을 통해 주어진 심상을 믿고, 그를 토대로 세계와 삶, 사건의 의미들을 파악하여 하나의 상징체계를 세우고 의례를 통해 그것을 표현하는 것을 의미한다. 이러한 현상이 인류 진화 역사 안에서 발생하기 위해서는 큰 틀에서 계시적 경험을 해석하고, 시간, 상징, 의미, 내러티브 등을 산출할 수 있는 (1) 고도의 인지능력과 상상력, 집단적 의례 혹은 의식을 수행하고, 종교적 행동을 교육, 학습할 수 있는 (2) 사회성(관계성)이 가능한 상태여야 한다. 그러므로 진화인류학적 차원에서 종교의 기원을 다룬다는 것은 종교현상을 가능케 하는 인지능력과 상상력, 사회성 등을 보여주는 초기 인류의 흔적들을 찾아보는 것이다.

종교의 기원에 관한 진화인류학적 설명

우리는 이족보행, 도구 제작 및 사용, 조직적 사냥 및 육식, 불의 사용, 커뮤니케이션 및 언어사용, 공동보육, 정착생활 및 가축화 과정 등의 발생이 인류에게 기초적인 인지능력과 상상력, 사회성을 가지는데 이바지했고, 나아가 고차원적인 인지능력과 사회성 바탕의 종교가 발생하는 데 공헌했을 것이라고 추론할 수 있다.

먼저, 이족보행은 잘 알려져 있는 320만 년 전 화석인 오스트랄로피테쿠스 아파렌시스(Australopithecus afarensis) 종의 루시에게도 발견된다. 이들은 앞서 소개한 같은 속 내 아프리카누스 종과 같이 두뇌 용적에 있어 당시 다른 초기 인류들과 크게 다를 바 없었지만 발자국 화석 등을 토대로 유추한 이들의 이족보행 방식은 다른 종들에 비해 현생인류의 걷는 방식에 더욱 가까웠다. 화석을 통해 우리는 그들이 직립보행으로 주로 이동했고, 하늘을 올려다보는 행위 또한 가능했음을 알 수 있다.

직립보행으로 인해 상대적으로 자유로워진 두 손은 도구의 제작과 사용이라는 자연스러운 행동으로 이어졌다. 도구의 사용은 사실 영장류뿐만 아니라 어느 정도의 지능을 가진 생명체라면 가능한 것이다. 중앙아프리카 구알루고(Goualougo) 지역 침팬지들은 막대기를 이용해 흰개미를 낚시하며, 야생 비버들은 나무를 가공해 작은 규모의 댐(20~30m)뿐만 아니라, 대규모의 댐(400m에 이르는)을 만들어 자신들의 생존공간과 환경(niche)을 확보한다. 동물들이 보이는 이런 행동양식은 특정 종 내 개체들이 고안하는 행위가 아니라, 해당 종 내 집단들이 보유하는 것으로서 사회적 관계를 통해 학습되고 세대 간 전이되는 행동이다. 이는 세대 간 전승의 맥락에서 사회적 관계성을 전제로 한다. 180만 년 전 초기 인류도 5-10킬로그램 정도의 돌들을 고르고, 그것들을 대략 5-10킬로미터 정도 운반해서 다듬었다. 비록 하찮아 보이지만, 사용할 돌을 고르고, 운반하며, 기초적인 석기를 제작하는 기술을 공유하는 것은 협동과 사회화 과정을 전제로 한다.

이 과정에서 필요한 사회적 협력, 소통은 당시 인류가 포식자들에 의해 피식(被食)되는 빈도수를 줄여주는데 기여했고, 나아가 포식자들이 잡은 먹이들을 처리하고(scavenge) 취식할 수 있도록 하는데 기여함으로써 육식으로의 식단전환을 가져오는데도 기여했을 것이다. 구체적으로, 대략 200만 년 전부터 시작된 인류의 육식은 다른 동물들이 사냥하고 남긴 사체들을 취식하는 소극적 노획으로부터 시작해 육식동물의 사냥 직후 사체를 강탈하는 적극적 노획을 거쳐 동물들을 직접 사냥하는 방식으로 전환되면서 더욱 활발해졌다. 이는 200만 년에서 100만 년 전 사이 호모 속 초기 인류들이 동아프리카, 남아프리카, 유라시아 등으로 진출하게 됐던 상황과도 연관이 있다. 새로운 거주 환경으로 인한 생태적 압박(예를 들어, 기후변화)으로 인해 그들은 생존을 위해 다양한 식사를 하도록 이끌렸는데, 이 과정에서 점점 커지는 뇌와 몸을 지탱하는 데 필요한 영양상의 압박으로 점차 육식이 중요한 영양공급의 방법이 되었을 것이다. 이를 토대로 초기 인류는 약 100만 년 전부터 의사소통이 필요한 조직적 사냥을 시작했고, 이 시기 불을 사용하게 되면서 화식을 포함한 육식의 증대와 낮-밤 사이클의 변화를 통한 공동체적 소통의 확장 등이 발생했던 것으로 보인다. 이러한 생활양식의 변화는 인류 사이 협동과 사회화 과정을 시작하는 중요한 계기가 되었다.

기초적인 사회성을 바탕으로 한 초기 인류의 행동(즉, 기초적인 도구제작과 이에 대한 학습, 조직적 사냥, 불의 사용)은 육식의 시작과 지속을 가능케 함으로써 유전변이를 바탕으로 우연히 얻게 된 고열량의 에너지를 요구하는 커진 두뇌 용적을 지탱할 수 있는 조건이 되었을 것이다. 그 후 커진 두뇌는 역으로 더욱 정교한 사회적 상호작용과 도구를 가능하게 하는 등 인류에게 새로운 방식의 생물학적, 문화적 진화를 가져왔다. 이러한 방식의 과거 인류 진화의 재구성은 실제 실험 데이터 등을 통해 뒷받침된다. 스코틀랜드 세인트앤드루스대학과 미국 에모리대학 연구팀은 피실험자들을 섭외해 그들로 하여금 돌로 도구를 만드는 훈련 프로그램을 설계하고, 진행하게 한 후 관찰했다. 이 과정에서 두뇌 활성화와 도구 제작 사이 연관관계를 밝히기 위해 뇌 주사 장치를 이용해 피실험자들의 뇌상태를 정밀 촬영한 것이다. 실험 결과, 훈련 시간 및 도구 만드는 과제 수행과 관련된 뇌 연결부위의 구조변화가 목격되었다.

구체적으로, 피실험자들의 후두엽 내 시각피질에 기존과 다른 활성화 패턴이 형성됐다. 나아가 복잡한 행위의 계획과 고차원적인 인지, 언어사용 등과 연관된 두정엽 내 상변연회(supramarginal gyrus)와 전두엽 내 우측 하전두회(inferior frontal gyrus)의 활성화가 증가한다는 사실 또한 밝혀냈다. 이러한 실험 결과는 도구 제작 과정에 참여하는 인간뿐만 아니라 이를 단순히 관찰하는 인간의 두뇌 또한 복잡해질 수 있는 가능성을 보여준다.[8] 이러한 결과들은 기초적인 도구의 제작과 육식의 시작, 관찰과 모방, 기초적인 사회적 의사소통 행위를 통해 200만 년에서 100만 년 전 사이 두뇌의 복잡도가 증가했고, 언어 및 고차원적인 인지 행동이 가능하게 되었을 것이라는 추론을 가능케 한다. 이를 뒷받침 하는 고인류학적인 사건은 올도완 공작기(Oldowan industry)로부터 아슐리안 공작기(Acheulean industry)로의 전환이다.

올도완 공작기는 대략 300만 년에서 200만 년 전 사이 만들어진 도구들을 바탕으로 구성한 과거의 기간이다. 이 기간 대표적인 도구들은 찍개(chopper)와 날돌(cutter)로서, 현대 기술문명의 관점에서는 상당히 조악한 수준의 결과물이지만 초기 인류에게는 복잡한 사고과정을 요구하는 것이었다. 왜냐하면, 돌에 어떤 충격을 가해야 그들이 원하는 모양의 석기를 얻을 수 있는가를 예측하고 계산할 수 있어야 했기 때문이다. 이후 인류는

8 구체적인 논의는 다음을 참조하시오. E. E. Hecht et al., "Acquisition of Paleolithic Toolmaking Abilities Involves Structural Remodeling to Inferior Frontoparietal Regions," *Brain Structure and Function* 220.4(2015), 2315–2331; T. J. H. Morgan et al., "Experimental Evidence for the Co–Evolution of Hominin Tool–Making Teaching and Language," *Nature Communications* 6.6029(2015), https://doi.org/10.1038/ncomms7029

150만 년 전부터 올도완 도구와 다른 모습의 도구들을 만들기 시작한다. 아슐리안 공작기는 보통 전기인 90만 년에서 70만 년 전 사이, 후기인 70만 년에서 25만 년 전 사이로 구분된다. 이 시기부터 기존 올도완 도구들과는 다른 더욱 정교한 형태의 주먹도끼 등이 발견된다. 대략 50만 년 전부터는 실용성과 무관한 대칭성을 보여주는 도구들이 등장하는데, 이는 인류가 단순히 실용적인 목적으로 도구를 만드는 것이 아니라 미적인 감각을 표현하는 방식으로 도구를 만들기 시작했음을 어느 정도 보여주는 것이다.

뿐만 아니라, 40만 년에서 20만 년 전 사이에는 당시 인류 집단들이 사용하는 도구가 더욱 다양해지고, 환경의 특성에 따라 지역적-구조적 특성을 반영한 도구들이 만들어지기 시작한다. 구체적으로, 큰 사냥감을 대상으로 하는 지역에서는 그에 상응하는 도구들이 만들어졌으며, 도구의 재료들이 다양하게 사용되기 시작했고, 기존 도구들을 이어 붙인 새로운 도구들이 제작되기 시작했다. 이와 더불어 인간의 형상을 한 돌, 조개껍질이나 뼈 등에 새겨진 문양들, 염료와 풀 같은 것으로 사용했던 미네랄, 장신구나 몸을 칠하는데 썼던 염료들이 다량으로 발견된 것은 이 시기 인류가 의미를 생성하고, 이를 표현하고 전달하는 방식의 행동을 보이기 시작했다는 것을 알려준다.

20만 년에서 8만 년 전 사이 타조알 껍질, 장신구, 오커, 안료 등을 통한 인류의 자신과 세계에 대한 의미생성과 표현은 더욱 정교해지다가, 7만 년 전부터 등장하는 동굴벽화와 4만 년 전부터 등장하는 조각상은 인류의 의미생성 기제가 더욱 발전했음을 잘 보여준다. 이 가운데 특별히 흥미로운 데이터는 3만 년에서 1만 8천년 전 사이 동, 서, 남유럽에서 발견되는 비너스 상(Venus Figurine)이다. 다양한 지역에서 발견되는 이 조각상은 당시 인류가 해당 조각상을 가지고 유사한 의미를 표현하고자 했었음을 알려준다. 물론 그들이 그 조각품을 통해 실제로 어떤 의미를 표현하고 전달하려고 했는지는 알 수 없지만, 적어도 그들 사이 보편적으로 통용되던 일종의 의미체계가 있었다는 점은 알 수 있다.

이렇듯 과거 인류는 생존했던 환경적 특성에 따라 상이하고 다양한 도구들을 만들어 사용하기도 했지만, 어느 시점에 와서는 생존이나 실용적 목적을 벗어난 도구와 조각 등을 만들고 이를 통해 일종의 의미체계를 생성하고 공유하기 시작했다. 이러한 현상은 당시 인류 집단들 사이 증가한 상호작용을 통해 가능해졌을 것이다. 다시 말해, 인간의 사회적 상호작용이 한 집단 내 개체들 사이 상호작용을 넘어 집단 간 상호작용으로 확장됐다는 것이다. 이 과정에서 인간의 의미생성 기제는 상상력을 바탕으로 죽음과 같은 사건을 다루기 시작한다. 이를 뒷받침하는 진화학적 데이터들은 다음과 같은데, 대략 40만 년 전 스페인 아타푸에르카(Atapuerca) 지역 시마 데 로스 우에소스(Sima de Los Huesos) 동굴 내 구덩이에 초기 인류는 28구의 시체들을 안치했다. 뿐만 아니라 앞서 소개한 호모 날레디 종은 지상으로부터 약 30m가량 되는 지하 동굴을 만들고 그곳에 대략 148구의 시신을 안치했다.[9] 이러한 흔적들은 상당히 초기부터 인류가 죽음이라는 현상을 일상적인 활동으로부터 구분하고 어떤 형태로든 기념하기 시작했다는 것을 알려준다.

이후 인류는 시신을 거주 공간 내 매장하기 시작하면서 어떤 형태로든 그 의미를 표현하고자 했던 것으로 보인다. 15만 년에서 5만 년 전 사이 크로아티아, 이스라엘, 프랑스, 이라크 지역 매장지들은 당시 인류가 가지 모양의 뿔, 조개껍데기, 돌 등을 시신 위에 올려놓았음을 보여주는데, 이는 그들이 죽음에 대해 어떤 의미를 전달하고자 했었음을 드러낸다. 나아가, 앞서 지적했듯, 7만 년부터 4만 년 전 사이에는 의미들을 전달하는 동

9 Eudald Carbonell and Marina Mosquera, "The Emergence of a Symbolic Bahaviour: the Sepulchral Pit of Sima de los Huesos, Sierra de Atapuerca, Burgos, Spain," *Comptes Rendus Palevol* 5.1–2(2006), 155–160; Lee R. Berger et al., "Homo naledi, a New Species of the Genus Homo from the Dinaledi Chamber, South Africa," *eLife* 4(2015), https://doi.org/10.7554/eLife.09560

굴벽화와 조각상이 만들어지기 시작했고, 3만 년에서 2만 년 전 사이에는 이러한 현상이 보편적으로 나타나기 시작했다. 이 과정에서 인류는 집단 내 더욱 복잡한 사회구조와 삶의 양식들을 만들면서 정착생활과 가축화를 시작하고, 상징을 사용하면서 일종의 의식을 수행하는 행태들을 보이기 시작한다. 구체적으로, 정착 생활이 본격적으로 시작된 1만 4천 년에서 8천 년 전부터는 일종의 의례와 연관된 물건들이 발견되는 것으로 보아 종교의식 혹은 종교현상이 존재했다는 추정을 가능케 한다. 푸엔테스는 다음과 같이 주장한다.

> 오늘날 터키 지역에 위치한 차탈회위크(Catalhoyuk) 같은 초기 정착촌 유적지(약 9,000년 전에서 8,000년 전)에서는 상징적 용도가 확실해 보이는 공간들이 발견됐는데, 황소 머리와 조각품, 예술작품 같은 것들이 사당이나 제단이라고 불리던 곳에 모여 있었다. 이 유물들은 당시 사람들이 초자연적이거나 초월적인 존재를 분명히 인정했음을 보여주는데, 일정한 의례 기능에 사용되었다는 상당한 증거도 존재한다. 하지만 이런 사당들 대부분이 생활공간 안에 들어가 있고, 고고학적 증거에 따라 일상적이고 세속적인 활동들이 이런 사당 안팎에서 계속 이어졌다는 사실이 증명된다.[10]

이후 인류는 집단마다 특징적이고, 개별적인 아이템과 도구들, 장례 방법과 큰 구조물, 인간 신체에 대한 표현들을 더욱 다양화하기 시작했고, 이 과정을 거치면서 8천 년에서 5천 년 전부터는 우리가 아는 종교가 등장하기 시작한다.

---

10 Fuentes, *Why We Believe*, 311–312.

자연과정을 통해 종교가 출현했다는 진화인류학적 설명은 종교적으로 수용가능한가?

지금까지 살펴본 종교의 기원에 관한 진화인류학적 설명은 몇 가지 신학적 숙고와 판단을 요청한다. 가장 먼저 살펴봐야 하는 지점은 종교가 진화 과정 안에서 초자연적인 혹은 기적적인 원인이나 과정 없이 출현했다는 것이다. 이러한 진화인류학적 설명은 신학적 차원에서 충분히 수용가능하다. 볼프하르트 판넨베르크는 「하나님에 대한 인간의 "자연적인 앎"」을 다루면서 인간에게 주어져 있는 "타고난 하나님 인식(cognitio innata)"을 이야기한다. 신은 본래부터 혹은 자연으로부터(von Natur aus) 모든 인간에게 알려져 있다. 구체적으로, 판넨베르크가 이야기하는 "타고난 하나님 인식"은 다음과 같이 정리할 수 있다. 신 인식은 세계와 자기에 대한 경험 이전에 주어져 있는 선천적인 앎이며, 타고난 양심으로서의 앎이고, 삶의 탈-중심성에 기반한 앎인 동시에 무한성에 대한 암묵적 앎이다.[11]

신에 대한 자연적인 앎은 경험을 통해 개념화되거나 주제화되지 않은 선천적인 앎으로서 아리스토텔레스의 감각론을 거쳐 아퀴나스의 신학적 사유 안에서도 강조되는 것이다. 신에 대한 자연적인 앎은 감각경험을 통해 인지된 세계 내 존재들을 통해 혼란 속에 있지만(sub quadam confusione) 감각경험의 주체에게 주어진다. 마르틴 루터와 초기 필리프 멜란히톤은 이렇게 주어져 있는 신에 대한 자연적인 앎이 타락한 이성을 통해 왜곡되어 현실화됨으로써 우상숭배의 형태인 여러 종교들이 나타나는 것이라고 지적한다.

나아가 스토아 학파로부터 아벨라르두스를 거쳐 루터에 이르기까지 인간의 타고난 도덕적 양심은 칸트가 이야기한 실천적 이성 차원의 행위적

---

11 볼프하르트 판넨베르크, 『조직신학』 1권, 신준호·안희철 옮김 (서울: 새물결플러스, 2017), 188-204.

앎뿐만 아니라 인지적 차원의 앎까지 포괄하는 것으로 이해되어 왔고, 이 앎은 곧 도덕적 양심의 근원인 신에 대한 자연적 앎으로 이해되어왔다. 마지막으로, 판넨베르크는 인간이 지니고 있는 근원적인 탈-중심성으로부터 암묵적인 무한성의 이념에 대한 앎을 도출한다. 다시 말해, 인간은 삶의 유한성에 직면해 자기의식과 실존의 기반이 자기 안에 있지 않고, 자기 밖에 있음을 직관적으로 파악하고 있으며, 이러한 직관적 앎 안에는 모든 의식과 실존의 기반으로서의 무한자인 신에 대한 이념 또한 들어 있다고 지적하는 것이다.[12]

"신에 대한 자연적인 앎"에 대한 통찰을 종합하면, 이는 세계 안에서 모든 인간에게 주어져 있는 것으로서 감각경험을 통해 시작되며 도덕적인 차원을 지닐 뿐만 아니라 인간의 유한성을 폭로하고, 실존과 의식의 기반으로서의 무한자를 드러내는 것이다. 여기서 우리는 앞서 살펴본 진화인류학의 종교의 기원에 관한 설명에 상응하는 부분들을 발견할 수 있다. 먼저, 종교현상이 초기 인류의 세계와 인간 자신에 대한 감각적 경험과 의미표현에 수반한다는 점이다. 인간의 형상을 한 돌로부터 라스코 동굴벽화 등을 통해 발견되는 초기 인류의 사건과 존재에 대한 경험과 인식, 그에 관한 의미론적 차원의 표현 등은 종교현상에 필수적인 초월적 차원에 대한 인식과 표현을 위한 기반이 되고 있다. 물론, 초기 인류의 의미생성과 표현 그 자체를 종교적 차원의 의미생성과 표현으로 볼 수는 없겠지만, 세계와 존재에 대한 감각경험과 그로부터 시작된 의미생성과 표현 안에는 궁극적 실재인 신에 대한 자연적인 앎이 암묵적으로 깃들어 있었던 것으로 볼 수 있을 것이다. 왜냐하면, 이러한 방식의 자연적인 앎이 인간의 의식에 주어져 있어야 루터와 초기 멜란히톤이 지적하듯 이후 이성적 반성 안에서 초월적 차원에 대한 앎 등이 현실화될 수 있기 때문이다.

나아가 신에 대한 자연적인 앎은 도덕적 차원 혹은 이타적 차원도 지니

12 앞의 책, 196-201.

고 있는데, 앞서 살펴본 인류 진화 과정에서 발달되는 사회적 관계와 이를 바탕으로 한 연민과 공동보육 등은 그것 자체로 인류의 이타적 공동체성이 발전하는 양상으로 파악 가능할 것이다. 물론 인류 이타성의 발전은 집단선택의 맥락에서 생존압력으로 인해 발생한 것일 수는 있겠다. 설령, 진화적 압박에 의한 상황에서 자신이 속한 집단 전체의 생존이나 개체, 혹은 자신의 유전자적 생존을 위해 채택된 행위로 이타적 행위와 성향이 출현했다 하더라도 그러한 방식의 이타적 성향과 행동 또한 신에 대한 암묵적 앎을 기반으로 하고 있다고 주장할 수는 있다. 왜냐하면 앞서 지적했듯 신에 대한 자연적인 앎은 그것을 지니고 있는 인간의 주제화된 의식이나 개념을 바탕으로 한 앎이 아닌 비주제화(un-thematized)[13]되고, 직관적으로 파악되어 반성적 사유 없이는 자신이 지니고 있다고도 파악될 수 없는 암묵적인 것이기 때문이다. 만약 그렇다면, 인류가 180만 년 전부터 보여주기 시작한 집단 내 다른 개체들을 향한 이타적 성향과 행위는 신에 대한 자연적인 앎으로부터 실현되고 있는 것으로 볼 수 있을 것이다.

마지막으로, 신에 대한 자연적인 앎은 인간 실존의 유한성과 탈-중심성, 무한자에 대한 의존성을 직관적으로 아는 것이다. 앞서 살펴본 바대로 적어도 1만 4천 년 전부터, 혹은 그보다 오래된 2만 년 전부터 뚜렷한 종교적 의식의 흔적들이 보편적으로 발견되고, 산발적이긴 하지만 호모 속 개체들 사이 종교적 사고나 행위는 그보다 훨씬 전인 50만 년에서 30만 년 전 사이에서 시작된 것으로도 볼 수 있다. 이 시기는 또한, 앞서 지적했듯, 초기 인류의 매장풍습이 나타난 시기이기도 하다. 물론, 40만 년 전 스페인과 33만 년 전 남아프리카에 살았던 초기 인류가 종교적 신념을 바탕으로 매장풍습을 수행했는지는 알 수 없지만, 적어도 그들이 죽음이라는 사건을 유의미한 사건으로 받아들이고 이를 기념하기 시작했다는 것은 인간 실존의 유한성에 대한 기초적인 파악으로 볼 수 있을 것이다.

---

13 "비주제화"라는 것은 의식의 지평 안에서 개념화되지 않는 어떤 상태를 지칭하는 말이다.

인간의 유한성에 대한 자각은 무한성에 대한 암묵적 앎과 연결되어 있다. 왜냐하면, 데카르트가 지적하듯, 무한성의 이념은 유한한 것들을 파악할 때 제약하는 조건으로서 작용하기 때문이다. 다시 말해, 오직 무한성을 통해서만 유한한 것이 생각될 수 있다. 물론, 무한성에 대한 직관이 그 자체로 신에 대한 의식인 것은 아니다. 그럼에도 불구하고, 유한한 것이 무한한 것에 의존하고 있다고 암묵적으로 파악하는 것은 인간 삶의 탈-중심성을 폭로하는 것이고, 인간 삶의 탈-중심성은 그것 자체로 인간과 세계를 둘러싼 모든 것의 기반에 대한 앎으로 이끌어갈 수 있다는 점에서 앞서 이야기해 온 인간 실존과 의식의 궁극적 기반으로서의 신에 대한 자연적인 앎, 혹은 비주제화된 신-의식(God consciousness)으로 넘어갈 수 있는 계기를 마련해준다. 이렇게 본다면, 초기 인류가 보여준 죽음에 대한 인식과 매장 풍습은 그것 자체로 인류가 자기 유한성을 파악하기 시작했다는 것과 그에 상응하는 실존 기반으로서의 신에 대한 암묵적 의식, 자연적인 앎, 비주제화된 신 관념을 지니기 시작했다는 것으로 이해할 수 있을 것이다.

종교의 발생을 자연과학적으로만 설명하는 것은 충분한가? 종교의 기원을 가능케 했던 요인들 가운데 과학으로 포착되지 않는 요소는 없는가??

지금까지는 우리는 진화인류학이 종교와 신학에 던지는 질문, 곧 종교 현상이 자연과정(혹은 진화과정)을 통해 기적적인 요인 혹은 초자연적인 요인 없이도 발생했을 수 있다는 가설에 대해 종교와 신학이 진화인류학의 과학적 연구를 수용하면서 긍정적으로 응답할 수 있는 가능성에 대해 살펴봤다. 이 챕터의 남은 부분에서는 그 역으로의 과정, 곧 종교와 신학이 진화인류학에 던질 수 있는 질문과 이에 대해 진화인류학이 종교와 신학의 주장을 수용하면서 긍정적으로 응답할 수 있는지를 살펴보고자 한다.

신학적 차원에서 본다면 종교의 출현은 신에 대한 자연적인 앎뿐만 아니라 특수한 형태의 계시적 경험으로부터 기인한다. 종교적인 지식과 행동을 일으키는 자료들은 보통 "종교의 경전과 전통, 경험과 이성"으로 상정된다. 하지만 이 챕터가 다루는 범위는 특수한 종교들이 태동하기 이전에 출현한 인류의 종교현상이므로 네 가지 자료 가운데 경험과 이성만이 상정될 수 있을 것이다. 이성을 바탕으로 한 계시적 경험은 앞서 언급한 암묵적으로 주어져 있는 무한자의 이념을 발견하고, 이를 합리적으로 논증할 때 발생한다. 어거스틴, 안셀름, 아퀴나스, 파스칼 등은 이러한 이해를 바탕으로 종교가 인간의 이성적 본성으로부터 기인하고 있다고 보았다. 하지만 칸트 이후 순수이성의 한계가 규정되면서부터 이성과 경험 사이의 관계가 전복되고 이성적 사유와 논증으로부터 계시적 경험이 도출되는 것이 아니라, 계시적 경험으로부터 계시적 의미를 발견, 도출, 혹은 구성하는 것으로서 이성의 역할은 재편된다. 다시 말해, 계시적 경험 안에서 상징이 주어지고, 이성은 이 상징의 의미를 반성적 사유 안에서 해석하고 구성함으로써 종교적 의미가 산출된 후 종교가 출현하는 것이다.

인류 진화 과정 안에서 종교가 출현할 당시 이성과 경험이 조금 전에 지적한 두 가지 방법 중 어느 쪽으로 작용했는지 알 수 없지만, 적어도 신학이 이를 바탕으로 진화인류학에 제시하는 것은 계시적 앎을 일으키는 이성과 경험이 종교의 출현에 반드시 작동했어야 한다는 것이다. 이는 종교의 기원에 관한 진화인류학 연구에 일종의 한계를 설정해 주는데, 곧 종교의 출현을 집단선택의 맥락으로 단순 환원시킬 수 없다는 것이다. 이러한 신학의 경계설정과 문제제기는 적어도 푸엔테스의 연구를 바탕으로 하는 진화인류학에 의해서는 긍정적으로 수용될 수 있다. 왜냐하면, 푸엔테스는 자연과학의 한계를 인정하면서 인간에 대한 비환원적(non-reductive) 이해를 바탕으로 종교의 기원 문제를 다루기 때문이다.

구체적으로, 앞서도 지적했듯, 푸엔테스는 종교의 기원 문제를 다룰 때 진화학이 "무엇인가를 믿을 수 있는 능력과 기제 그 자체"의 발생은 다룰 수 있지만 "특정한 내용의 믿음이나 신앙의 내용"의 기원은 규명할 수 없다고 주장한다. 다시 말해, "특정한 내용의 믿음, 곧 신앙을 갖는 것"은 진화인류학이 다룰 수 없는 영역, 곧 경계문제(Demarcation Problem)이므로 여기부터는 자연과학은 다룰 수 없고 신학이 다룰 수 있다고 하는 과학의 한계를 인정하는 것이다. 이를 토대로, 푸엔테스는 종교의 기원 문제에 대한 지배적인 진화적 접근인 채택물적 입장과 부산물적 입장에[14] 대해 두 입장 모두 일정 부분 종교의 기원 문제를 환원주의적으로 다루거나 기능주의적으로 다루면서 종교현상의 본질 중 하나인 각 종교의 구체적인 신념의 내용들, 그리고 그것을 가능케 한 요인으로서의 계시적 경험을 간과한다고 비판한다.[15]

푸엔테스는 인간의 신경내분비계(neuroendocrine system)를 다루면서 인간과 같이 사회적 관계를 형성하고 살아가는 존재의 생리학적 과정(예를 들어, 개체의 생식, 대사, 수면, 섭취와 소화, 에너지 소비, 혈압)은 물리적인 요인에 의해서만 영향받는 것이 아니라 동료와의 관계, 사회적 상호작용, 문화 등의 비물리적인 요인에 의해서도 영향받을 수 있음을 지적한다. 예를 들어, 어떤 환경적-사회적 배경에서 자랐는가에 따라 같은 음식에 대해 상이한 반응을 보이기도 하고, 같은 온도의 물이나 날씨에 대해 춥다고 느끼거나, 덥다고 느끼는 상이한 반응을 보이기도 한다. 이렇듯 푸엔테스는 인간의

14 채택물적 입장은 종교현상이 집단선택의 맥락에서 종교적 행동을 특징적으로 가진 집단들의 결속력과 협력을 높이고, 그렇게 집단 사이 경쟁에서 우위를 점할 수 있게 했기 때문에 채택되었다는 입장이다. 반면, 부산물적 입장은 인간이 지닌 고차원적 의식이 진화과정에서 생존에 유리함을 주기 때문에 채택되었으나, 고차원적 의식으로부터 필연적이지 않은 종교적 사유와 행동이 부차적으로 함께 출현했다고 보는 입장이다. 보다 구체적인 논의는 다음을 참조하시오. Jeffrey Schloss, "Introduction: Evolutionary Theories of Religion," in Jeffrey Schloss and Michael J. Murray eds., *The Believing Primate: Scientific, Philosophical, and Theological Reflections on the Origin of Religion*(New York: Oxford University Press, 2009), 1-25.

15 Fuentes, *Why We Believe*, 117, 120.

신경체계를 이해하기 위해서는 정신적 차원을 포함할 수밖에 없기 때문에 인간의 신경내분비계는 정신신경내분비계(psychoneuroendocrine system)로 분류돼야 한다고 역설한다.

종교의 기원과 관련되어 푸엔테스가 강조하는 인간 정신적 차원의 구체적인 사례는 심적 표상(mental representation)이다. 그는 심적 표상을 다음과 같이 규정한다. "심적 표상은 외부 조건을 재현하는 일종의 내부적이고 인지적인 기호다. 여기서 외부 조건은 반드시 실제적으로 경험된 어떤 것일 필요는 없다. 인간의 정신은 감각에 현재에는, 혹은 지금까지 한 번도, 포착되지 않았던 어떤 것의 감각적 느낌을 창출하는데 상징적 표상(symbolic representation)을 사용하기도 한다."[16] 그는 인지과학자 페테르 가르덴포르스(Peter Gärdenfors)의 구분을 따라 심적 표상을 신호적 표상(cued representation)과 원격표상(detached representation)으로 구분한다. 전자는 과거에 이미 경험했던 무엇인가가 일종의 이미지, 개념 등으로 남아 있는 것이다. 예를 들면, 과거에 있었던 사과에 대한 경험은 일종의 이미지 혹은 개념(예를 들어, 상큼함, 달콤함, 사과)의 형태로 의식에 저장되고, 경우와 상황에 따라 의식에 재현된다. 반면 원격표상은 과거나 현재 세계와 물체, 존재에 대한 실제적 경험으로부터 촉발되어 주어지는 종류의 심적 표상이 아닌 표상이다. 예를 들면, 신호적 표상들을 창의적으로 조합해서 산출할 수 있는 새로운 종류의 표상인 "12개의 발과 날개가 달린 문어"와 같은 것이 원격표상일 수 있다.

푸엔테스는 원격표상이 종교적 신념에 관한 인지행위와 연관되어 있음을 지적하면서, 이러한 표상은 기존의 이미지들, 개념들을 창의적으로 새롭게 조합하는 상상력, 현재 주어지고 있는 외부환경으로부터의 영향들을 차단하는 능력과 결부되어 있다고 지적한다. 인간은 상상력과 원격표상능력을 바탕으로 자기 자신의 미래적 상황이나 죽음 이후의 세계를 표상할

16 Fuentes, *Why We Believe*, 89–93.

수 있고, 이를 의식적으로 경험하고 의지하면서 종교적 인지가 출현했을 수 있다. 그러나 이러한 푸엔테스의 이해는 종교를 인간의 소망충족의 결과물로 봤던 포이어바흐 등의 입장과는 구분된다. 왜냐하면, 앞서도 지적했듯, 푸엔테스는 종교적 차원에 관한 원격표상이 단순히 인간의 상상을 통해 만들어진 의식적 인공물일 가능성뿐만 아니라, 초월적 경험 혹은 계시적 경험을 통해 의식적 차원에서 직접적으로 산출될 가능성 또한 상정하기 때문이다.[17] 이렇게 본다면 푸엔테스의 종교의 기원 문제를 대하는 학문적 태도는 해당 문제를 자연과학만이 다룰 수 있는 것으로 환원시키지 않고, 종교와 신학이 논의해 왔던 계시적 경험을 종교의 기원과 결부된 주요한 요인으로 상정한다는 측면에서 해당 주제에 대한 종교와 과학 사이 대화와 협업 가능성을 열어준다.

정리해봅시다

지금까지 우리는 인간의 종교적 행동이 진화인류학적인 관점에서 어떻게 발생하게 되었는가를 고찰하였다. 이러한 고찰을 해보는 이유는 오늘날에도 이어지고 있는 종교현상이 인류의 진화 과정 가운데 발생했다는 사실이 너무나도 명백해 보이기 때문이다. 인간의 종교적 행동은 생존에 대한 압박으로부터 주어진 협업과 소통, 고차원적인 의식 행위 등에 직/간접적으로 수반했을 가능성이 농후하다. 하지만 이러한 사실이 종교적 신념과 실천의 허구성을 드러내는 것은 아니다. 왜냐하면, 종교의 발생에 관

17 Ibid., 94, 138.

한 진화학적 설명들은 “종교적 신념” 그 자체의 발생에 관한 것이 아니라, 종교적 신념을 가능케 했던 인간의 “인식 기제 혹은 능력”의 발생에 관한 것이기 때문이다. 이러한 맥락에서 종교적 행동의 기원에 관한 과학적 설명은 계시 경험을 중요한 요인으로 상정해왔던 종교적 설명과 갈등 관계를 촉발하지 않는다. 도리어 종교현상을 합리적으로 바라볼 수 있는 안목을 제공하며 오늘날의 종교가 지나치게 미신적이고, 비합리적인 것으로 변질되지 않도록 기여할 수 있을 것이다. 역으로 종교적 행동의 기원에 관한 종교적/신학적 설명은 자연과학이 접근할 수 있는 경계를 명확히 하며, 인간 현상 가운데는 과학적 설명만으로 충분하지 않은 영역이 있음을 폭로함으로써 오늘날의 과학이 그 경계를 넘어 과학주의 혹은 환원주의적으로 흐르지 않도록 도울 것이다.

토의해봅시다

공부를 위한 토론 주제들

1. 인류의 진화과정에 결부되어 있던 주요 메커니즘은 무엇이었는지 토의해 봅시다.
2. 현생 인류에 이르기까지 호모 속으로 분류될 수 있는 종들은 무엇이 있었는지 토의해 봅시다.
3. 종교현상이 아닌 것들 가운데 인간의 믿음 체계, 상상력 등을 토대로 운영되는 것들은 무엇이 있는지 토의해 봅시다.
4. 종교적 행동의 기원에 주요한 요인 중 하나인 인간의 관계성은 인간이 지니고 있는 근본적인 특질인지 토의해 봅시다.
5. 종교현상에 주요한 원인 중 하나인 초월적 경험, 종교적 경험은 무엇인지 토의해 봅시다.
6. 인간의 종교적 행동의 기원이 진화학적으로 설명된다는 것은 종교현상의 유효성에 의문을 제기하게 하는지 토의해 봅시다.
7. 종교현상을 포함한 인간의 고차원적인 의식과 행동은 신경생리적인 과정, 진화학적 과정 등으로 환원이 가능하다고 생각하는지 토의해 봅시다.

더 읽을거리

- 아구스틴 푸엔테스. 『크리에이티브: 무엇이 인간을 예외적 동물로 만들었는가』. 서울: 추수밭, 2018.
- 정대경. "종교의 기원에 관한 진화인류학과 신학의 학제 간 연구 가능성 모색." 「대학과 선교」 제55집(2023), 247-281.
- Agustin Fuentes. *Why We Believe: Evolution and the Human Way of Being*. New Haven: Yale University Press, 2019.
- David J. Chalmers. "The Puzzle of Conscious Experience." *Scientific American*

273.6(1995), 80–86.

- Jeffrey Schloss and Michael J. Murray eds. *The Believing Primate: Scientific, Philosophical, and Theological Reflections on the Origin of Religion.* New York: Oxford University Press, 2009

8장

지구공동체와 인간의 책임

ECONOMY & ECOLOGY

목적

- 지구는 인간과 자연이 함께 어우러지는 생태공동체를 이루는 곳임을 인식한다.
- 기독교의 경제관을 명확하게 이해하여 현재 경제 및 생태 상황의 문제점을 인식하고 해결책에 대한 다양한 논의의 장을 마련한다.
- 경제와 생태의 문제에 있어서 인간의 역할이 무엇인지, 어떤 행위자로 그 문제에 접근해야 하는지 기독교적인 가르침을 통해서 살펴본다.

시작하는 질문

- 지금 인류 문명의 경제는 지속가능한 상태인가?
- 현재 지구 생태계의 위기를 어느 정도로 심각하게 인식하고 있는가?
- 어떤 생태관과 경제관을 가져야 현재 인류가 당면한 경제문제와 생태문제를 해결할 수 있을까?

개요

이 장은 인간을 포함한 지구공동체가 지속가능한 상태를 유지할 수 없는 현실을 마주하고 있으며, 기독교적인 가치에 기반한 새로운 경제관과 생태관이 인류의 당면 과제를 해결하는 하나의 길이 될 것이며, 정의, 평화, 창조의 보전을 통해서 우리 세대와 더불어 미래 세대, 그리고 생태계에 속한 모든 존재가 풍성한 생명을 누릴 수 있는 길을 모색해야 한다.

핵심어

정의 | 평화 | 창조의 보전 | 지구공동체 | 책임 | ESG | SDGs

생각해봅시다

다음 두 그림의 차이점과 공통점을 함께 논의해 봅시다.

녹아가는 얼음조각 위의 북극곰 (출처) Arne Naevra,Naturbilder.no.	구조 중인 시리아 난민 아이 (출처)REUTERS/Alkis Konstantinidis

살펴봅시다

생태·경제 문제의 현실

다음 세대에 대한 고민은 우리 시대만의 질문은 아니다. 이미 1907년 신학자 월터 라우쉔부쉬는 당시의 경제적 문제 때문에 사회복음이라는 의제를 가지고 당대와 미래 세대의 문제를 고민하고 해결하려 시도했다.

> 수년 후에 우리들의 불안하고 분노하던 심장들은 죽음 속에 잠잠해 질 것이지만, 우리 뒤에 이어서 태어날 후손들은 우리들의 죄로 황폐한 세계속에서 살아가거나, 진실에 대한 우리의 사랑이 지켜온 세계 속에서 살아갈 것입니다. 우리의 시선을 금전적 이득에 가두지 말고, 대신 미래의 지평을 바라보는 지혜로운 안목을 열고, 영원한 정신이 우리의 삶에서 무엇인가 진실의 본질을 드러내려 한다는 사실을 의식하면서 위대한 질문들에 대해 생각해 봅시다.[1]

라우쉔부쉬는 미래 세대를 염려하며 새로운 길을 모색했다. 물론 그 시대에는 생태 문제를 심각하게 고민하지 않았기 때문에 미래 세대를 고민하며 경제적인 부분에만 깊이 관심을 기울였지만, 이제는 생태문제가 경제문제와 분리되어 다뤄질 수 없는 시대를 살고 있다.

앞선 '생각해봅시다'에서 다룬 두 이미지는 안타까운 현실을 고발한다. 한쪽에서는 북극의 곰이 서식지를 잃어가는 현실이다. 그 배경에는 온실가스의 배출로 인한 북극 빙하의 소멸이 있다. 다른 쪽에서는 시리아 난민들이 배를 타고 바다를 건너서 안전한 곳을 찾다가 난파된 배에서 구조되는 장면이다. 가깝게는 경제적인 문제로 혹은 정치적인 문제로 이주할 곳을 찾는 사람들의 모습이지만, 더 근원적으로는 생태적인 문제, 다시 말해, 농경을 하기 어려운 상황이 된 터전 때문에 서로 갈등하고 전쟁하며, 다른 곳으로 이주할 수밖에 없는 이유를 발견할 수 있다. 인간의 경제와 자연 생태는 분리되어 고찰할 부분도 있지만, 동시에 연동될 수밖에 없는 부분이 있음을 인지하고 그 해결점을 찾아가야 할 현실에 우리가 서 있다.

1 Walter Rauschenbusch, *Christianity and the Social Crisis*. (New York: The Macmillian company, 1907), xxxviii.

생태문제의 현실

생태문제는 생각보다 심각하게 진행되고 있다. 이전에는 기후변화를 주로 사용했는데, 이제는 기후위기라는 말을 더 자주 듣는다. 각 일간지에도 기후나 환경 분야의 기사들이 특집으로 다뤄지다가 이제는 아예 고정 섹션으로 자리를 잡았다(경향신문, 한겨레, 한국일보 등).

표 8-1 IPCC보고서에 나타난 기후변화에 대한 인간의 영향[2]

연도	보고서	주요내용
1990	1차 보고서	"…**인간 활동**으로 인한 배출로 인하여 대기 중의 온실가스 농도가 급격하게 증가하고 있다.… 이와 같은 증가는 온실효과를 강화시켜 지구 표면의 온도의 추가적인 온난화를 야기할 것이다."
1995	2차 보고서	"대부분의 연구들은 상당한 변화를 감지하였으며, 관측된 온난화 추세는 그 원인이 온전히 **자연적이지 않을 가능성**(unlikely)이 높다. …자료들은 세계적 기후에 식별될 수 있는 인간의 영향이 있다는 것을 제시하고 있다."
2001	3차 보고서	"지난 50년간의 관측된 온난화가 인간 활동에 기인한다는 것을 나타내는 새롭고 보다 분명한 증거가 있다.…예상 온난화율 속도는 20세기에 관측된 변화에 비하여 훨씬 크게 나타나며, 고기후 자료에 기인한 최소한 지난 10,000년의 전례와는 다를 가능성이 **매우**(very likely)높다."
2007	4차 보고서	"기후시스템의 온난화는 현재 관찰되는 지구 평균 기온과 해수 온도의 상승, 광범위한 눈과 빙하의 융해 및 지구 평균 해수면 상승의 관측 자료에서 명백히 나타난다. 20세기 중반 이후 지구 평균 기온의 상승은 인위적 온실가스 농도의 증가에서 기인했을 가능성이 **매우**(very likely) 높다."
2013	5차 보고서	"기후시스템의 온난화는 명백하며, 1950년 이후 관측된 많은 변화들은 지난 수십 년에서 수천 년간 전례가 없었다. 대가와 해양은 따뜻해지고 눈과 빙하의 양은 줄어들고 해수면은 상승하였으며 온실가스의 농도는 증가하였다. …20세기 중반 이후 관측된 지구 온난화의 주요 원인이 인간의 영향이었을 가능성은 **대단히**(extremely) 높다."
2021	6차 보고서	주로 온실가스 배출을 통한 인간 활동은 **명백히**(unequivocally) 지구온난화를 유발했으며, 2011~2020년에 전 지구 지표면 온도는 1850~1900년 대비 1.1℃에 도달했다. 전 지구 온실가스 배출량은 지속 불가능한 에너지 사용, 토지 이용 및 토지 이용 변화, 지역 간, 국가 간, 국가 내, 개인 간 소비와 생산의 생활양식 및 패턴에서 과거부터 현재까지 계속된 불균등한 기여로 인해 지속적으로 증가해 왔다.

2 송재민, "기후변화 과학 및 국제 정책에 대한 고찰: 한계와 대안,"「신학과 철학」 29 (2016), 229쪽에 기초해서 2021년 발간된 6차 보고서 부분을 보충함.

기후변화에 관한 학술적인 논의에서 자주 듣는 단체 이름이 있다. IPCC이다. IPCC는 기후변화에 관한 정부 간 패널(IPCC, Intergovernmental Panel on Climate Change)의 약자로 세계기상기구(WMO)와 그 산하기구인 환경계획(UNEP)에 의해 1988년 설립된 조직이다. IPCC는 인간 활동이 기후변화에 끼치는 위험을 평가하고 그 영향과 실현 가능한 대응전략을 주기적으로 평가하며, 기후변화에 대한 국제연합 기본협약(UNFCCC)의 실행에 관한 보고서를 발행한다. IPCC는 직접 연구나 관측을 하지는 않고, 기후변화에 대해 포괄적인 최신 정보를 제공하여, 전 세계 학계, 정부, 그리고 산업 부문에서 기후변화와 관련된 표준 참고자료로 활용된다. [표8-1]은 IPCC가 1990년부터 2021년까지 작성한 보고서에 드러난, 기후변화에 인간이 끼친 영향에 대한 평가이다.

IPCC 보고서에 따르면 1차 보고서에서 6차 보고서에 이르기까지 30년간 기후변화에 끼친 인간의 영향에 대한 평가가 조금씩 달라지는 것을 볼 수 있다. 그리고 지난 2021년 6차 보고서에서는 인간이 명백히(unequivocally) 지구온난화를 유발했다고 발표했다. 기후위기는 더 이상 인간과 무관해서 벌어지는 일이 아니라, 인간 때문에 발생한 것임을 IPCC는 분명히 하고 있다.

기후변화가 온실가스를 배출하며 단순히 기후를 일시적으로 변화시키는 것으로 그치지 않고 인류와 생태계에 악영향을 끼친다는 것이 문제이다. 기후변화가 인간에게 끼친 영향을 실제적으로 보여주는 사진이 있다. "화씨5도"(Five Degrees)라는 사진으로, 2019년 소니 월드 포토그래피 어워드의 '올해의 사진작가'로 뽑힌 페데리코 보렐라(Federico Borella)의 작품이다.[3] 화씨5도는 140년 만에 최악의 가뭄을 겪고 있던 인도 남부 타밀 나두(Tarmil Nadu) 주 농촌에서 발생하고 있는 농부들의 자살을 그 주제로 하고 있다. 기후변화와 인도 농부의 자살 사이의 상관관계를 밝힌 버클리대학의 연구

3 https://www.federicoborella.com/five-degrees

를 토대로 이 작품은 파괴된 농촌 상황, 유가족의 눈물, 고인의 유품 등을 사진을 통해서 고발하고 있다. 버클리대학의 연구에 따르면 30년간 59,300명의 농부들이 자살을 했고, 농부들의 자살이 기후변화와 상관관계에 있는 것을 밝혀냈다.[4] 농부들은 대출을 내서 농사를 짓지만, 기후변화로 소출이 기대치에 못 미쳐서 빚이 계속 쌓이고 그 빚을 감당하지 못해서 비극에 이르게 되는 것이다. 주제가 화씨5도인 것은 2050년 인도의 평균 기온이 화씨5도(섭씨 2.78도) 상승될 것으로 추정하기 때문이다. 기온이 화씨5도 상승하면 작물재배의 환경은 더 악화될 것이고 농부들은 더 열악한 상태에 놓이게 될 형편이다.

인류문명과 생태문제

화씨5도가 고발하는 현실은 예외적인 사례일까? 인류 역사를 돌아보면 그렇지 않다. 거시적인 차원에서 생태의 변화가 인류 문명의 명멸에 끼친 영향을 정리한 학자인 클라이브 폰팅(C. Ponting)은 인류 고대문명의 멸망이 생태계 파괴와 직접적 관련이 있음을 밝혔다.[5] 인류에게 있어서 여섯 개의 고대문명이 명멸했다. 메소포타미아, 이집트, 인더스, 중국, 중앙 아메리카, 중앙 안데스 지역에서 고대문명이 출현하고 소멸했다. 이 거대 문명이 무너진 이유는 무엇일까? 여러 가지 원인을 언급할 수 있겠지만, 그 중의 하나가 역설적이게도 문명의 융성으로 인한 생태계의 파괴이다. 폰팅은 문명 멸망의 여러 가지 이유 가운데 생태계의 파괴를 그 중요한 이유로 들고 있다.

거대 문명의 공통적인 특징을 보면, 우선 성직자, 지배자, 관료, 수공업자, 군인 등 수천 명의 비생산 엘리트 계층이 존재한다. 이 다양한 계층은

---

4 https://doi.org/10.1073/pnas.1701354114
5 클라이브 폰팅, 이진아, 김정민 역, 『클라이브 폰팅의 녹색 세계사: 위대한 문명의 붕괴로 보는 환경과 인간의 역사』 서울: 민음사, 2019.

한편으로는 거대 조직의 운영을 가능케 한다. 다른 한편으로 조세, 조공, 강제 노동 등으로 상위 계층이 촘촘하게 하위 계층을 지배한다. 모든 문명에서 기록물이 남아있는데, 식량과 토지를 기록하고 있고, 관료들은 지배를 위해서 기록물을 발달시켰다.

예를 들어, 메소포타미아 문명은 기원전 5,000년 경 남쪽 수메르 지역에서 발생했고, 세계 최초의 도시인 우루크가 탄생했다. 이 문명에서 사원은 잉여 곡식 저장소이고 도시의 중심지였다. 그 거대한 사원은 지구라트라고 불리며 기원전 3,600년경 지어졌고, 이 사원의 면적은 우루크 지역의 1/3을 차지할 정도로 거대했다. 기원전 3,400년 경 원시적 형태의 문자가 발달했고, 기원전 3,600년경에는 10km에 이르는 거대한 도시장벽 안에 4만 명의 인구가 거주했다. 사원의 고위직과 세속지도자들은 노동력을 조직했고, 땅과 물을 차지하기 위해 전쟁을 지속했다.

메소포타미아 문명이 지속하기 위해서는 식량 공급이 제대로 이뤄져야 했다. 티그리스강과 유프라테스강 계곡의 남부 지역은 수량이 기본적으로 풍부했다. 봄에는 수량이 충분했는데, 물이 많이 필요한 8월과 10월에는 최저수위였다. 수메르 지역의 곡물을 재배하기 위해서는 관개 시설과 저수지가 필수적이었다. 40도가 넘는 무더위에 물의 증발량은 증가했고, 물의 증발과 함께 토양 속 염분은 증가했다. 수분 증발이 많은 지역에는 두꺼운 염분층이 형성되었다. 관개 시설을 인공적으로 만들었기 때문에, 그 아래 땅에는 물이 차는 현상이 발생했고, 땅이 질퍽거리는 현상과 더불어, 건축을 위한 대규모 벌목으로 상류지대 삼림이 황폐되어 진흙이 강으로 유입되며, 농경에 어려움을 가중시켰다.

기원전 3,500년 경 남부 메소포타미아 지역에서는 보리와 밀을 50%씩 재배했다. 그러나 토지의 염분이 증가하면서 밀 재배에서 염분에 강한 보리 재배로 농경이 변화되기 시작했다. 기원전 2,500년 경에는 밀 재배가 전체 작물의 15%에 불과했다. 기원전 2,100년 경 우르에서는 아예 밀 재배를 포기했고, 수메르 지역 전체에서 밀은 곡물 재배의 2%밖에 차지하지 못했다. 더 심각한 현상은 곡물 생산성의 하락이었다. 기원전 2,400년에서 2,100년 사이 작물 수확량은 40% 감소했다. 기원전 1,700년에는 66%가 감소했다. 기원전 900년에 메소포타미아 중부 지역은 지나친 관개 사업으로 인한 염화로 농업이 몰락했다. 식량 생산의 감소는 도시 및 군대 유지를 어렵게 만들어 군대 규모는 축소가 되고 내부갈등과 더불어 외부 침략에 취약하게 만들었다. 결국 메소포타미아 문명은 종말을 맞이하게 되었다.

메소포타미아 문명 뿐 아니라, 다른 문명들도 같은 어려움을 겪었다. 그래서 클라이브 폰팅은 문명의 붕괴는 환경 부담을 감당하지 못한 결과라고 설명한다. 사회의 복잡하게 짜인 상부구조를 지탱하기 위해서 농업기반 생태에 과도한 부담이 부과되었고, 삼림의 벌목, 토양의 침식, 그리고 관개확장으로 인한 토지의 염화가 식량생산 감소로 이어졌다. 식량생산의 감소로 비생산 인구의 부양이 불가능해졌고, 지배계급은 식량확보를 시도하다 피지배계층과 갈등을 일으키고 반란이 일어나서 내부적으로 힘이 약해진 상태에서 군대를 지탱할 식량도 부족해져 외부의 침략으로 문명의 붕괴를 겪게 된 과정을 설명하며 폰팅은 고대문명의 붕괴를 생태계의 파괴와 연결한다.

생태계 파괴의 문제로 문명의 멸망을 경험한 것은 고대시대만의 문제일까? 앞으로 우리가 당면할 문제일 가능성은 얼마나 될까? 마크 라이너스는 『최종 경고: 6도의 멸종』이라는 책에서 자세하게 인류문명뿐 아니라 지구생태계의 종말에 대해 서술한다. 그는 지구평균온도 1도에서 6도까지의 변화를 인류문명과 생태계 붕괴와 연결하여 자세하게 설명한다.[6] 간략하게 소개하면, 이미 현재 이산화탄소 농도를 나타내는 그래프(킬링 곡선, Keeling Curve)는 거침없는 우상향이며, 이미 19세기 산업화 이전보다 1도는 넘어선 상태이기 때문에, 홍수와 가뭄 등의 이상 기온 현상과 아프리카 지역의 건조화로 수천만 명이 넘는 주민들이 생계를 위협받고 있다. 자연생

6 마크 라이너스, 김아림 옮김, 『최종 경고: 6도의 멸종』, 서울: 세종서적, 2022.

태계에서도 이미 큰 규모의 개체 감소를 경험하고 있고, 해양에서도 대량 폐사 등이 발생하고 있다. 기온 2도의 상승은 기후붕괴로 혼란을 야기한다. 북극해의 얼음은 완전히 사라지고, 대량의 홍수 이재민이 발생하고, 식량 수확량은 급격하게 감소하며, 뎅기열 확산으로 3.9억 여명의 감염자가 발생하고, 사망에 이르는 폭염에 3.5억 여명의 도시거주민들이 노출된다. 기후붕괴로 익숙한 기후패턴이 무너지게 된다. 기온 3도의 상승은 인류를 뜨거운 기후 속으로 밀어 넣는다. 남극 서부 빙상은 완전히 붕괴할 것이며, 해수면은 5미터 상승하고, 세계 인구의 절반이 죽음의 폭염에 노출되며, 열대지역은 생존한계치를 초과해 이주가 불가피하고, 지구 육지 표면의 절반이 건조 기후가 되며, 아프리카와 남아시아의 거의 모든 지역의 농업이 붕괴해 10억 명 이상의 사람의 생계가 무너지고, 식량 부족으로 문명 붕괴의 위험이 높아진다. 기온이 4도 상승하면 지구는 사람의 거주지로 적합하지 않게 된다. 전세계적으로 극심한 더위에 노출되는 날이 30배 증가하고, 무더위로 인한 사망자가 국가별로 500%에서 2,000%까지 증가한다. 10억 명에 가까운 사람들이 기후난민이 되어 떠돌며, 전 세계 육지 표면의 절반 이상이 건조 지역으로 분류되고, 식량 수확량은 이론상 100% 소실될 위험성도 있으며, 모든 종의 최소 1/6이 멸종 위기에 놓인다. 기온이 5도 상승하면 기온에 대한 인류의 통제력은 상실된다. 아프리카 도시의 25%는 매년 200일의 폭염을 경험하고, 외부노동이 불가하여 경제가 붕괴하고, 대규모 농업은 먼 과거의 추억이 된다. 인류의 전면적 멸종은 일어나지 않지만, 거주 가능 공간의 90%를 잃고, 인류는 10% 정도 되는 기후피난처를 찾게 될 것이다. 생물종의 절반에서 2/3까지 개체수가 감소하는 대량 멸종이 예상된다. 기온 6도의 상승은 인간의 예측을 넘어선다. 6도 상승은 지구 시스템의 치명적 붕괴를 의미한다. 해양온난화와 산소부족으로 바다 생물의 대다수가 소멸된다. 산불은 북극에서 적도까지 계속 이어지고, 전지구적으로 가뭄이 지속되며, 열기가 강해 비는 땅에 닿기 전에 증발하고, 모든 대륙의 내륙은 사막화한다. 일어날 수 있는 최악의 상황은 이산화탄소 농도가 3,300ppm에 이르면, 평균기온은 226도가 되고 해양은 끓어오르며 생물권은 멸종될 위기에 처한다.

기후변화에서 기후위기로, 거기에서 더 나아가 기후붕괴로 향하고 있는 지금 상태로 우리 문명이 지속된다면, 우리의 미래 세대는 생물이 거주하지 못할 공간이 될 수도 있다는 경고이다. 문명에 대한 대전환이 없이는 미래 세대에게 지속가능한 문명을 제시하지 못할 가능성이 높다. 기후위기를 극복할 새로운 패러다임의 전환이 필요하다.

생태문제의 해결을 위한 기독교와 사회의 노력

기독교는 생태문제에 대해서 어떤 이야기를 하고 있는가? 기본적으로 기독교는 창조세계의 보전이라는 가치를 중요하게 여겨왔다. 기독교 경전에서 가장 첫 번째 책인 "창세기"는 세계의 창조 이야기를 담고 있다. 창조 이야기에서 가장 논란이 되었던 부분은 창세기 1장 28절로, "생육하고 번성하여 땅에 충만하여라. 땅을 정복하여라."라는 구절이다. 정복이라는 단어 때문에 지배와 착취를 용인하는 것으로 이해되었지만, 전체적인 맥락에서 볼 때, 땅과 거기에 속한 생물에 대한 책임으로 재해석되고 있다. 다시 말해서 땅에 대한 지배는 책임감 있는 사람으로 살아가라는 의미로, 자비, 자애로움, 연민을 가지고 세상을 돌볼 것을 의미한다. 창세기 2장 15절에서는 보다 명확하게 "주 하나님이 사람을 데려다가 에덴동산에 두시고, 그 곳을 맡아서 돌보게 하셨다."라고 말한다. 인류가 에덴동산을 손질하고 돌볼 책임이 있다는 의미이다. 그 후에 노아와의 계약에서도 생물 전체에 대한 배려가 언급된다. 노아의 홍수 이후에 많은 희생이 따른 뒤, 하나님은 노아와 계약을 맺으며, 모든 생물과도 계약을 맺는다. 생태계 전체에 대한 보호에 대한 약속이다(창세기 8장 9절~11절).

기독교에서 강조하는 "하나님의 나라"의 개념에 대한 부분도 새로운 성찰이 필요하다. 기독교 신앙이 죽음 이후에 구원을 받는 것으로 동일시되었다. 하나님 나라를 피난계획(Evacuation Plan)으로 보는 입장이다. 세상이 악하고 육체는 유한하기 때문에 무한하고 선한 곳으로 도피하는 것을 하나님 나라로 잘못 이해해 왔다. 기독교에서 말하는 "하나님 나라"는 건설계획(Building Plan)이다. 이 땅을 하나님께서 통치하시는 곳으로 하나님께서 만들어가실 수 있도록 우리가 청지기의 역할을 감당하는 것이다. 특별히 생태계와 관련해서 인간들이 대지를 돌보고 모든 존재가 자연의 섭리대로 기능할 수 있도록 하는 책임을 지는 것이 생태계 혹은 창조세계에 대한 청지기 정신이다.

현재 인류의 공통 주소는 427번지라고 한다. 공통주소가 무슨 의미일까? 모차르트와 베토벤, 마리아와 요셉, 그리고 동굴 속에 살던 인류의 주소는 275번지였다. 2020년에는 415번지였고, 2023년에는 420번지였다. 그리고 2024년에는 427번지이다. 이 숫자는 대기 중 이산화탄소 농도이다. 2024년 5월에 이산화탄소농도는 427ppm을 찍었다고 한다. 이 농도는 1,700년대에 비해 1.5배가 증가했다. 이산화탄소 농도가 450ppm을 넘어서면 북극곰의 생존이 어렵다고 한다. 그래서 이 숫자는 이산화탄소 배출량 감소를 심각하게 생각해야 할 이유가 된다. 이산화탄소의 배출량을 줄이고, 흡수량을 늘려서 순배출량이 0이 되는 탄소중립 혹은 넷제로(Net-Zero)를 이뤄야 미래세대와 생태계의 다양한 생물에게 생존가능한 지구를 제공해 줄 수 있다.

생태계의 파괴를 목도하며 그 회복을 위해서 노력한 것은 산업화 이후의 일은 아니다. 이미 오래 전부터 이 일들을 해 왔다. 기원후 6세기에 베네딕트 수도사들은 로마 제국의 붕괴와 유럽 경작지들과 숲이 파괴된 것을 보고 땅과 물을 회복하는 것이 영적인 실천이자 신의 부름으로 파악을 했다. 1098년에 창설된 시토 수도회도 나무 심기를 통해 삼림을 재조성하고 훼손된 땅을 개간했다. 다시 말해서 생태계의 회복을 위해서 노력을 하는 것은 인류의 오랜 전통이다.

생태 문제를 접근하는 다양한 방법이 있다([표8-2]). 이 다양한 접근 방식은 생태운동을 하는 다양한 집단들이 취하는 태도로 각각의 독특한 특징

표 8-2 **생태운동의 다양한 접근과 특징**

인간중심주의	사회생태주의	생물중심주의	심층생태주의
인간중심	←―――――	―――――→	생태중심
계급주의	←―――――	―――――→	평등주의
지배성	←―――――	―――――→	협력성
이분성	←―――――	―――――→	상호연결성
개체중심	←―――――	―――――→	전체성

들이 있지만, 전체적으로 인간중심주의와 심층생태주의 두 축 사이에 놓여 있다.

심층생태주의는 생태계 자체의 가치를 중시한다. 무생물을 포함한 모든 생태계 전체의 보호가 중요하다. 인간은 그 한 요소에 불과하기 때문에, 작은 생명 하나와 한 개인이 같은 가치로 여겨진다. 심층생태주의는 생태계 파괴와 그 보호를 절대적으로 중시하는 차원에서 인간중심주의의 세계관에 근본적인 도전을 하지만, 때로는 생태전체주의(Ecofacism)에 빠질 위험이 있다. 그 대척점에 있는 것이 인간중심주의이다. 인간중심주의에서 바라보는 생태계는 인간의 이해득실에 따라서 그 가치가 평가된다. 도구로서 자연을 바라보며, 모든 자연은 인간에게 유용성이 있을 때를 제외하고는 그 가치를 인정받지 못한다. 인간에게 해를 끼치지 않을 정도만 생태계의 보전을 주장한다. 생물중심주의는 심층생태주의에서 무생물을 제외한 다른 생명에만 도덕적 지위를 부여하는 입장이다. 심층생태주의가 지구전체의 보전을 중시한다면, 생물중심주의는 동물과 식물을 포함한 생물을 보호하는 입장을 취한다. 사회생태주의는 인간의 폭력적인 사회구조가 생태계에 확대되어 인간이 생태계를 강자로서 착취하는 형태임을 고발하며 그 해결책을 인간사회구조의 변혁과 연결짓는다.

현재 기후위기에서 기후붕괴를 예견하는 상황에서는 인간중심주의의 접근방식으로는 생태계의 위기를 타개하기가 어렵다. 인류의 소수 특권층은 이미 전지구적인 재난을 대비해서 도피할 안전한 피난처를 마련하고 준비하고 있기도 하고, 자연을 도구화하는 한, 기후위기를 해결해 가기 어렵다. 다른 한편에서, 자연에 대한 공감 능력이 뛰어난 이들은 심층생태주의나 생물중심주의의 차원에서 생태계의 위기를 극복할 운동을 펼쳐갈 수 있다. 그러나 다른 종과 인간의 가치를 동일시하는 급진적 운동들은 현 문명의 방향을 고려할 때, 많은 이들의 참여를 얻기는 쉽지 않다. 그나마 인류가 함께 이 문제를 해결해 갈 수 있는 가장 현실적인 방법은 사회생태주의의 모습일 것이다.

사회생태주의를 따르는 윤리적 방법론을 생태공동체적 윤리라고 할 수 있으며, 생태공동체적 윤리의 한 구체적인 방법은 캐롤린 머천트가 제안한 동반자 윤리이다. 동반자 윤리는 비인간과 인간의 상호의존성에 방점을 두고 다섯 가지 핵심적 명제를 제시한다. 그것은 "인간과 비인간 공동체 간의 형평성, 인간 및 다른 종 모두에 대한 도덕적인 고려, 문화적 다양성과 생물다양성 모두 존중, 여성, 소수자 및 자연을 윤리적 책임 규정에 포함, 인간과 비인간 공동체 모두의 지속적인 번영과 조화되는 생태적 관리"이다.[7]

머천트가 제시하는 다섯 가지 명제의 근저에 있는 것은 "관계"이다. 그녀가 말하는 관계는 지배와 피지배의 관계가 아니라 상호의존적이며 상호존중의 관계를 의미한다. 인간과 인간간의 관계에서의 우정과 배려를 기반으로, 생태계와의 관계에서도 자연을 배려하고 존중하는 자세가 필요하다. 시대적으로 예전에는 애완동물이라고 불렀던 동물들을 이제는 반려동물이라고 부르는 것이, 관계 중심 사고의 한 방증이라고 할 수 있다. 멸종위기에 있는 동물들, 서식지를 잃어가는 식물들, 이들의 고통에 대한 공감, 그리고 생명체로서 존중하는 자세가 필요하다. 이런 맥락에서 생태신학자이며 문화사학자인 토마스 베리(Thomas Berry, 1914–2009)의 문명에 대한 비판은 인류에게 공감능력의 확대를 요청한다.

7 Merchant, *Radical Ecology*, 84. 머천트, 『래디컬 에콜로지』, 131

우리는 오직 우리 자신들에게만 말을 한다.
우리는 강물과 이야기를 나누지 않으며,
바람 소리와 별들에게 귀를 기울이지 않는다.
우리는 위대한 대화를 차단시켰다.
그 대화를 차단시킴으로써 우주를 산산조각 내버렸다.
지금 벌어지고 있는 모든 재앙들은
그런 영적인 "자폐증"의 결과다.

토마스 베리는 우리가 상실한 영적인 능력의 회복이 필요함을 강조한다. 기후위기와 기후붕괴를 염려하는 시기가 되었지만, 그래도 우리에게 희망은 있다. 인간의 공감능력은 계급을 넘어, 인종을 넘어, 생물종을 넘어, 계속 확대되어 왔기 때문이다. 사회적 약자와 위기에 처한 생태계에 대한 공감의 확대, 그리고 그 확대된 공감에 기초한 행동방식이 미래세대에 새로운 희망을 줄 수 있을 것이다.

경제문제의 현실

인류는 모두 경제적인 측면을 포함해서 풍요로운 삶을 지향한다. 우리의 선조를 생각하면 우리가 풍요로운 삶을 사는 것은 부인할 수 없다. 누군가의 얘기처럼, 우리는 세종대왕보다 더 잘 먹고 잘 입고 살아간다. 문제는 우리가 누리는 이 풍요가 지속가능한가의 여부이다. 인공지능과 자동화로 대변되는 4차 산업혁명은 인간의 노동이 최소화된 유토피아의 모습을 꿈꾸게도 하지만, 수많은 사람이 노동에서 소외되는 디스토피아를 염려하게도 만든다.

세계경제포럼(WEF)은 2024년 1월 10일에 연차총회(다보스포럼)에서 "The Global Risks 2024"를 발표했다. 경제, 환경, 사회, 기술, 지정학 등 5개 분야에서 위험 요인을 분석하고 향후 전망을 제시했다.

표 8-3 The Global Risks 2024

순위	현재 글로벌 위기 요인	향후 2년 글로벌 위기 요인	향후 10년 글로벌 위기 요인
1	기상이변	역정보 및 허위정보	기상이변
2	AI생성 역정보 및 허위정보	기상이변	급격한 지구 시스템 변화
3	사회적·정치적 양극화	사회적 양극화	생물다양성 손실 및 생태계 붕괴
4	생활비 위기	사이버 위협	천연자원부족
5	사이버 위협	국가간 무력 충돌	역정보 및 허위정보
6	경기 침체	경제적 기회 불평등	AI 기술의 부작용
7	핵심상품 및 자원 공급망 붕괴	인플레이션	비자발적 이주
8	국가간 무력 충돌 확대 및 발발	비자발적 이주	사이버 위협
9	핵심 인프라에 대한 공격	경기 침체	사회적 양극화
10	식량 공급망 붕괴	오염	기상이변
11	언론 자유 통제	급격한 지구 시스템 변화	경제적 기회 불평등

보고서에 따르면, 시간이 지날수록 기후위기와 관련된 사안들이 더 많아지는 것을 볼 수 있으며, 동시에 경제적인 위기가 또한 지속될 것을 명기하고 있다. 경제와 관련된 것으로, 현재는 "생활비 위기"가 큰 위험 요소이고, 향후 2년간은 사회적 양극화, 경제적 기회 불평등, 인플레이션, 비자발적 이주가 위험 요소이며, 향후 10년 간은 비자발적 이주, 사회적 양극화, 경제적 기회 불평등이 위험 요소로 언급된다. 이 위기들은 지금 지속해 온 사회경제구조에 변화가 필요함을 보여준다.

소득과 부의 양극화는 문명의 시작부터 있었지만, 산업화 시대 이후 심화되었고, 제1차와 2차 세계 대전부터 1980년대까지를 제외하고는 계속 심화되었다. 앞서 세계경제포럼이 언급한 사회적 양극화에는 다양한 요소가 포함이 되지만, 경제적 요인이 중요한 것은 경제적인 양극화가 불평등

의 심화를 가져오고, 사회적 양극화와 직결되기 때문이다.[8]

우리나라의 불평등은 매우 높은 수준으로 알려져 있다. 상위 10%가 부의 59%를, 중위 40%가 20%의 부를, 하위 50%가 부의 6%를 차지하고 있다. 상위 1%는 한국 사회의 부 중에 25.4%를 차지하고 있다. 전세계의 부의 불평등은 훨씬 심각하다. 상위 10%가 76%의 부를 소유하고 있고, 하위 50%는 부의 2%만을 갖고 있다.[9] 부의 불평등과 경제적 양극화의 심화는 미래세대에게 불안하고 불안정한 미래를 가져다 줄 것이 자명하다. 심화된 부의 불평등은 갈등을 심화시키고, 역사속에서 러시아와 프랑스가 혁명을 일으켰던 것처럼, 사회구조의 급격한 변화도 예상할 수 있기 때문이다.

성서와 기독교 역사 속 경제관

경제와 관련해서 성서에 많은 언급이 있다. “일하기를 싫어하는 자는 먹지도 말라.”(데살로니가후서 3장10절)는 구절도 있지만, 모든 것을 다 팔아서 가난한 이들에게 주라는 구절(마태복음 19장 21절)도 있다. 전체적으로 성서는 고아, 과부, 나그네와 같이 당시에 경제적 능력이 박탈당한 사람들에 대한 보호를 강조하며 부의 축적보다는 부의 건강한 사용에 더 강조점을 두고 있다. 경제와 관련해서 기독교에서 가장 많이 언급하는 성서구절 중 하나는 사도행전 2장 44−47절이다.

---

8 “19세기 미국 상원의원이었던 마크 한나(Mark Hanna)는 ‘정치에 두 가지가 중요한 것이 있다. 첫 번째는 돈이다. 두 번째가 뭐였는지는 기억나지 않는다.’는 유명한 말을 남겼다.” Atkinson Anthony, *Inequality: What Can be Done?*, Cambridge: Harvard University Press, 2015), 305.

9 Lucas Chancel, Thomas Piketty, Emmanuel Saez and Gabriel Zucman, *World Inequality Report 2022,* World Inequality Lab, 2021.

믿는 사람은 모두 함께 지내며, 모든 것을 공동으로 소유하였다. 그들은 재산과 소유물을 팔아서, 모든 사람에게 필요한 대로 나누어 주었다. 그리고 날마다 한 마음으로 성전에 열심히 모이고, 집집이 돌아가면서 빵을 떼며, 순전한 마음으로 기쁘게 음식을 먹고, 하나님을 찬양하였다. 그래서 그들은 모든 사람에게서 호감을 샀다. 주님께서는 구원 받는 사람을 날마다 더하여 주셨다.

이 구절은 공동체 생활에 대한 이야기를 들려준다. 사람들이 함께 모여서 재산과 소유물을 팔고 필요한 대로 나누어주며, 주변 사람들의 호감을 사는 공동체 생활을 했고, 기독교 공동체의 수는 날로 늘어갔다는 보고이다. 초기 기독교 공동체의 정신을 이어받아 기독교 역사에서는 소유에 대해 분명한 입장을 견지했다.

기독교는 소유와 부에 대해 어떻게 생각해 왔을까? 역사 속에서 기독교는 소유를 어떻게 받아들여야 하는지, 또한 어떻게 사용해야 하는지를 논의했다. 현재 기독교는 다양한 교파와 사회적 상황 때문에 공시적으로는 부의 사용에 대해 다양한 의견들이 존재하지만, 통시적으로 교회는 성서의 가르침에 비추어 분명한 의견을 제시하고 있다. 교회 전통 속에서 부를 어떻게 다뤄야 하는지를 살펴보면, 우선 요한 크리소스톰(344-438)은 약자를 돕기 위해서 개인의 소유권을 제한해야 한다고 주장한다. 그는 자신의 설교에서,

왜냐하면, 우리의 돈은 주의 것이기 때문이다. 그러나 우리는 돈을 모아야 했을지 모른다. 우리가 빈궁한 사람들에게 공급할 수 있다면 더 많이 얻게 될 것이다. 이것이 하나님이 우리에게 더 많이 가지도록 허락한 이유이다. 당신을 위해서 매춘, 음주, 화려한 음식, 값비싼 옷 그리고 여타 종류의 권태로움에다 소비하라는 것이 아니다. 빈궁한 사람들을 위해서 당신이 나누어 주라는 것이다. …부자는 가난한 사람에게 나누어야 하는 돈을 가지

고 있는 일종의 청지기이다. 그는 궁핍한 동료 고용인들에게 나누어 주라는 명령을 받는다. 그래서 그는 자신이 필요로 하는 것 이상으로 자신에게 소비하면 추후에 가장 가혹한 벌을 대가로 치를 것이다. 왜냐하면, 자신의 재화는 자신의 것이 아니라 그의 동료 고용인들에게 속하기 때문이다. … 왜냐하면 당신은 다른 사람이 가지고 있는 것보다 더 많이 얻었고 더 많이 받은 것은 당신 자신에게 소비하라는 것이 아니라 역시 다른 사람들을 위해서 좋은 청지기가 되라는 것이기 때문이다.[10]

크리소스톰은 소유권을 한 개인의 독점적 혹은 절대적 권리로 생각하지 않는다. 우리 시대에는 소유권이 절대적 권리처럼 여겨지지만, 기독교 역사에서 소유권은 부차적인 것이었다. 크리소스톰도 같은 맥락에서 인간을 누구나 청지기로 간주한다. 청지기인 인간은 자신이 필요로 하는 것 이상을 소비하면 안 되고, 필요를 넘어서는 부는 자신을 위해 쓰는 것이 아니라, 다른 사람을 위해 존재하는 것이고, 다른 사람을 위해 써야 하는 것이다.

교부인 대 바질(Basil the Great, 330–379)은 보다 격렬하게 우리의 소유가 우리의 것이 아님을 강조한다. 그리고 자신의 소유로 타인을 돕지 않을 경우 불의를 저지른 사람으로 간주한다.

당신이 쥐고 있는 빵은 배고픈 사람을 위한 것이다. 당신이 치워 둔 옷은 입을 옷이 없는 사람을 위한 것이다. 사용하지 않아 삭은 신발은 신발이 없는 사람을 위한 것이다. 당신이 땅속에 묻어 둔 은화는 곤궁한 사람을 위한 것이다. 따라서 당신은 도움을 줄 수 있는 더 많은 사람이 있었으나 도와주지 않았으므로 부정의를 저지른 사람이다.[11]

---

10 John Chrysostom, *On Wealth and Poverty,* tr. by Catherine Roth (Crestwood, NY: St. Vladimir's Seminary Press, 1999), 49–50.

11 Basil the Great, *On Social Justice,* tr. by C. Paul Schroeder (Crestwood, NY: St. Vladimir's Seminary Press, 2009), 70.

대 바질은 우리가 소유하지만 사용하지 않는 경우는 그 물품이나 재화를 소유하고 있는 사람의 것이 아니라, 그 주변에 곤궁한 사람들의 것임을 분명히 한다. 넉넉하니까 나눠야 한다는 생각이 아니라, 자신이 지금 사용하지 않으면 다른 사람이 사용할 수 있도록 해야 하는, 소유의 공공적 측면을 보여준다.

교부 밀라노의 암브로스(340–397)는 부자들이 재물과 땅에 욕심을 품는 것을 신랄하게 비판하며, 벌거벗은 상태로 태어나는 것이 인간의 원모습이기 때문에 공유가 당연한 것임을 강조한다.

> 오! 부자여, 너는 얼마나 오랫동안 너의 미친 욕심을 날뛰게 할 것인가? '너는 혼자서만 이 땅을 독차지하려는가?'(사5:8) 왜 너는 자연을 공유하는 동료를 내어 쫓고 그것이 모두 너 자신 것이라고 주장하는가? 이 땅은 만민이 공유하도록 만들어졌다…너 부자여, 너는 왜 독점적으로 땅에 대한 권리를 침해하는가? 모든 가난한 자들도 품는 자연은 부자들을 따로 알아주지 않는다. 우리는 옷을 입은 채 태어나지도 금과 은을 가지고 출생하지도 않았기 때문이다. 사람들은 음식과 의복과 마실 것을 필요로 하면서, 빛 가운데 벌거벗은 상태로 태어난다. 자연이 만들어내는 것을 땅이 받아 벌거벗은 사람들에게 제공한다.[12]

비슷한 맥락에서 토마스 아퀴나스(1224–1274)도 재화와 물품의 공공성을 분명하게 강조하고 있다.

> 어떤 사람이 큰 부를 가진 것은, 자연법에 비춰볼 때, 가난한 자들을 구조하는 목적 때문이다. ……. 모두에게 같은 것을 공급하는 것은 불가능하지

12 찰스 아빌라/김유준 옮김, 『소유권: 초대교부들의 경제사상』, (서울: 기독교문서선교회, 2008), 106–07.

만 곤궁한 사람들이 많이 있기 때문에 각자는 자신의 소유를 청지기 정신으로 맡고 있으며, 그것을 가지고 도움이 필요한 이들에게 도움을 주어야 한다. 그럼에도 불구하고 그 필요가 분명하고 긴급하면, 어떠한 수단을 통해서라도 그 긴급한 필요는 채워져야 하며 (예를 들어, 한 사람이 긴급한 위험에 빠져 있고, 다른 해결 방법이 없다면), 그 사람은 다른 사람의 소유를 사용해서, 공개적으로든지 비밀리에 하든지, 자신의 필요를 채우는 것이 적법하다. 이것은 엄밀히 말하면 절도나 강탈이 아니다.[13]

아퀴나스는 다른 교부들보다 곤궁한 타자의 필요에 더 민감하다. 아퀴나스는 급한 필요의 경우는 누군가의 소유를 공개적으로든 은밀히든 가져가는 것이 아무런 문제가 되지 않는다고까지 말한다. 다시 말해서 재물에 대한 소유권이 절대적인 권리나 권한이 아님을 분명히 밝히고 있다. 교회 전통 속에 드러난 교부들은 소유가 그 자체에 목적이 있는 것이 아니라, 특정한 목적, 즉 가난한 자들을 돕기 위해서 하나님께서 허락하신 것임을 강조한다. 성서의 가르침과 교회 전통은 절대적 소유권이 아닌 목적성에 기반한 소유권의 상대성에 대해 말하고 있다.

이런 맥락에서 기독교윤리학자 다니엘 M. 벨 주니어는 소유를 섬김을 위한 선물이라고 규정하고 다음과 같이 주장한다.

우리 삶의 결과나 혹은 의미가 우리의 능력에만 의존하지 않기 때문에, 우리는 소유나 점유의 욕망에 지배당할 필요가 없다. 오히려, 우리는 우리가 가지고 있는 모든 것과 우리 자신이 사랑과 섬김으로 타자에게 제공되기 위해 우리에게 주어진 선물이라고 보기 때문에, 또한 그리스도 안에서 우리의 욕망은 자선, 정의 그리고 관대함으로 타자를 향해 외부로 움직이기를 가장 기뻐하기 때문에, 우리는 소유물에 집착하지 않는 사람들이고, 요

13 Thomas Aquinas, *Summa Theologiae* II–II, (Green Bay: Aquinas Institute, 2012), Q. 66, A. 7.

구하는 모든 사람들에게 베푸는 사람들이며, 사기당하는 것조차도 두려워 하지 않는 사람들이다(마5:42; 고전6:7).[14]

소유라는 것은 소유 자체로 의미가 있는 것이 아니며, 소유에 대한 욕망도 기독교와는 낯선 것임을 다니엘 M. 벨 주니어도 강조한다. 기독교의 경우 욕망의 방향성이 다르기 때문에 개인의 소유도 마찬가지로 타자를 향한 원심력적인 방향성을 갖고 있다는 것이다. 그는 우리 시대의 주류가 된 자본주의 경제와 그가 제시하는 "기독교적 신성한 경제"를 대비하며 어떻게 다른지, 그리고 경제를 기독교적인 차원으로 어떻게 다르게 만들어가야 할 지를 다음 [표8-4]와 같이 제시한다.

우선 두 경제는 인간관에서 다른 방향성을 갖는다. 자본주의 경제는 독립적이며 자율적인 개인을 지향한다. 마이클 샌델이 비판한 무연고적 자아(unencumbered self)를 말하며, 공동체와 무관한 존재를 의미한다. 자본주의는 그 무연고적 개인들을 위한 소극적이고 형식적인 자유를 보장한다.

표 8-4 **자본주의 경제와 기독교적 신성한 경제 비교**

	자본주의 경제	기독교적 신성한 경제
인간관	독립적 · 자율적인 자수성가형 개인	친교 속에 있는 사람들
자유	소극적 · 형식적 자유	적극적 자유, 선을 추구하는 자유
지향점	개인의 이익 최대화	공동선의 최대화
욕망	무한 경쟁에서의 승리	하나님과의 친교
가치평가기준	효율성과 비용편익분석	공유, 연대, 상호성
정의	공정으로서의 정의	자비로서의 정의
소유권	특정한 재물에 관한 허가권	다른 사람들을 위해 주어진 책임

14 Daniel M. Bell Jr., *The Economy of Desire: Christianity and Capitalism in a Postmodern World,* (Grand Rapids, MI: Baker Academic, 2012), 163. 다니엘 M. 벨 주니어/류의근,김정현,배윤기 옮김, 『자본주의 경제의 구원』, (서울: 기독교문서선교회, 2021), 217.

소극적인 자유라는 것은 다른 사람에게 침해받지 않고 자유롭게 행동하는 것을 의미하며, 자기실현보다는 개인의 자유 보장으로 선택에 있어서 다양성을 확보하는 것을 의미한다. 자본주의 안에서도 여러 가지 보완적인 제도적 장치에 대한 논의가 있지만, 기본적으로 자본주의는 무한경쟁에서의 승리를 지향하며, 그 과정에서 평가의 기준은 효율성과 비용편익분석으로, 이를 통해 개인의 이익을 최대화하는 것에 경도되어 있다. 정의(justice)와 관련해서도 공정(fairness)을 중요하게 여기기 때문에 정의의 내용이나 방향보다는 정의의 형식에 더 집중한다. 소유권과 관련해서는 동산과 부동산 등에 대한 개인의 독점적 허가권으로 이해한다.

이와는 다르게 다니엘 M. 벨 주니어는 교회의 가르침이 자본주의와는 결이 다른 입장을 취해왔고, 그 바탕 위에 기독교 경제의 인간 및 가치 이해를 설명한다. 기독교는 기본적으로 인간을 독립적인 존재로 보기보다는 친교 속에 있는 공동체의 구성원으로 바라본다. 그리스도를 머리로 하는 몸의 지체로 인간을 이해한다. 그래서 누군가의 굶주림과 고통은 주체와 무관한 아픔이 아니라 함께 연결된 아픔이다. 이 인간관 때문에 가치평가의 기준은 연대, 상호성, 공유가 된다. 기독교적 신성한 경제가 추구하는 것은 적극적 자유이고 선을 추구하는 자유이다. 개인의 소극적 자유보다는 자기의 목적 실현을 추구하는 자유이며, 공공선 혹은 공동선을 최대화하는 것으로 구성원이 함께 공감하고 공유하는 선을 추구하는 것이다. 정의와 관련해서도 균형을 추구하는 공정의 의미보다는 자비를 구현하는 틀로서의 정의이다. 소유와 관련해서는 소유권이 다른 사람들의 어려움을 돌아보는 데에 사용되어야 하는 책임으로 주어진 것이며, 모든 사람이 하나님의 선물로 서로에게 주어졌기 때문에 서로를 돌보며 하나님의 친교 안에 모두가 동참해야 한다.

정리해봅시다

현재 인류가 당면한 생태 문제와 경제 문제를 해결하는 데 있어서 패러다임의 전환이 필수적이다. 그리고 두 문제를 해결하는 데 필요한 공통된 패러다임은 대상을 도구화하지 않고 존재의 가치를 존중하며 더불어 살아가는 길이다. 샐리 맥페이그는 소수만이 축적할 수 있는 개인주의적이고 시장주의적인 자아관, 세계관을 버리고 자아와 지구의 모든 존재가 상호의존적인 관계 안에서 번영하는 새로운 세계관과 신앙관을 종교가 가르쳐야 한다고 힘주어 말한다. 다니엘 M 벨 주니어도 공유, 연대, 상호성이라는 가치를 기반으로 공공선을 추구하는 차원에서 경제적인 구조를 만들어가야 한다고 강조한다. 생태문제를 해결하는 것과 경제문제를 해결하는데 두 학자의 제안 중 공명하는 부분이 바로 공공선을 추구하는 상호성이다.

물론 현재 우리가 경험하는 있는 생태적·경제적 위기는 근본적인 변화를 요청하는 데 비해서 변화하는 속도나 열정이 그에 미치지 못하기 때문에 희망을 갖기가 쉽지 않은 상황이다. 그럼에도 불구하고 공공선에 대한 희망을 포기하지 않고 이 근본적인 변화에 참여해야 하는 이유는 그 외에 다른 길이 보이지 않을 뿐만 아니라, 특별히 인류의 역사 속에서 우리는 공공선을 추구하는 일에 열심히 참여해 왔기 때문이다.

"조선인의 위대한 장점은 인류애 법칙을 선천적으로 존중하고 일상에서 그것을 실천한다는 점이다."[15] 파리외방선교회의 샤를 달레 신부(1829-1878)가 조선을 관찰하면서 조선인들을 평가한 내용이다. 인류애 법칙을 존중하고 실천하는 모습을 구한말 국난의 시기에도 선조들은 보여왔다. 그 역사와 정신에 기초해서 현재의 위기들을 극복해 가도록 서로 협력하고 지지하며 건강한 생태경제의 구조를 만들어가야 할 때이다.

---

15 샤를 달레, 안응렬, 최석우 옮김, 『조선천주교회사(상)』, 분도출판서, 1979, 251.

토의해봅시다

공부를 위한 토론 주제들

1. 생태문제가 심각함에도 불구하고 탄소배출량을 줄이는 일에 국가 및 개인들이 적극적인 변화가 더딘 상태이다. 미시적·거시적 차원에서 탄소배출량을 줄일 수 있는 방법에 대해 토의해 봅시다.
2. 교회의 역사에서 지도자들은 부의 목적성에 대해서 분명히 밝히고 있다. 경제적 양극화가 심화되고 있는 현실에서 소유권을 어떻게 새롭게 규정할 수 있을까?
3. 캐롤린 머천트의 "동반자 윤리"는 다섯 가지 명제를 제시한다. 그 다섯 가지 명제 외에도 우리 사회에서 동반자 윤리를 실현하기 위해서 추가해야 할 것들이 무엇일까?
4. 공공선을 추구하며 살아가는 생태경제적인 삶이 필요하다. 생태위기와 경제위기를 극복하기 위해 필요한 생태경제적 삶을 위한 자신의 다짐을 한번 작성해 봅시다.

더 읽을거리

- 캐롤린 머천트/ 허남혁 옮김, 『래디컬 에콜로지: 잿빛 지구에 푸른 빛을 찾아 주는 방법』, 서울: 이후, 2001.
- 마크 라이너스/ 김아림 옮김, 『최종 경고: 6도의 멸종』, 서울: 세종서적, 2022.
- 클라이브 폰팅/ 이진아·김정민 옮김, 『클라이브 폰팅의 녹색 세계사: 위대한 문명의 붕괴로 보는 환경과 인간의 역사』, 서울: 민음사, 2019.
- 다니엘 M. 벨 주니어/ 류의근·김정현·배윤기 옮김, 『자본주의 경제의 구원』, 서울: 기독교문서선교회, 2021
- 월터 브루그만/ 정성묵 옮김, 『완전한 풍요』, 서울: 한국장로교출판사, 2021.

- 발터 케르버 외/ 박종대 옮김, 『현대 사회의 그리스도교 신앙: 정의, 가난과 부유, 경제와 도덕』, 서울: 서강대학교 출판부, 2013.

9장

평등을 향한 여정

목적

- 인권 개념의 발전과정을 살펴보고, 기독교가 인권을 어떻게 이해해왔는지 탐구한다.
- 성서에 드러난 기독교 인권사상의 근거를 살펴보고, 기독교와 인권의 역사적 관계를 이해한다.
- 기독교와 교회가 인권 실현을 위한 장(場)에서 어떤 역할을 해야 하는지 고민하고 생각을 나눈다.

시작하는 질문

- 역사를 통해 살펴보면, 사랑과 평화의 복음을 전파하는 기독교가 인권을 신장(伸張)하기도 하였지만 인권을 저해하는 모습을 보이기도 하였다. 그 이유는 무엇인가?
- 종종 기독교의 인권은 추상적 개념과 윤리적 차원에 국한된 것으로, 현실과 분리된 허공에 외치는 소리로 이해되기도 한다. 그렇다면 기독교적 인권은 현실에서 어떻게 실현되는가?
- 기독교적 시각에서의 인권과 인권사상이 충돌하는 경우 이를 어떻게 이해하고 조율할 수 있을까?

개요

인권이란 존엄성을 지닌 존재로서 인간이 갖는 천부적 권리이다. 현대 인권개념은 기독교의 인권사상과 관련이 깊다. 인간존엄성은 '하나님의 형상(Imago Dei)으로서의 인간'이라는 성서의 인간관으로부터 출발하며, 성서 전반에 걸쳐 잘 드러난다. 더욱이 인권사상이 발전하게 된 배경에는 종교개혁이라는 기독교의 역사적 사건이 있었다. 그럼에도 계몽주의의 산물이자 인간중심주의에서 출발한 인권사상은 반교권주의의 노선을 채택함으로 교회와 대립하게 되었고, 교회 역시 인본주의라는 비판으로 인권사상을 무시하였다. 그러나 두 차례의 세계대전이라는 극단적 폭력의 경험으로부터 인권사상과 기독교는 폭력적 정치권력 앞에서 상호 협력과 연대의 중요성을 이해하게 된다. 특히 기독교는 전후 평화를 위한 국제기구 수립과 인권선언 등을 선포하는데 기여했으며, 다양한 전 지구적 폭력과 억압의 현실에 적극적으로 참여하기 시작했다. 기독교와 인권은 인간 존엄성의 보호라는 측면에서 함께 접근하지만, 급변하고 다원화되고 있는 국제질서와 사회현실 앞에서 우선순위와 개별적 지향의 차이로 인해 상호 갈등을 야기하기도 한다. 기독교는 하나님 나라(Βασιλεία του Θεου)의 안목과 열린 개념으로 변화하는 사회에서 인권의 확대와 심화를 도모해야한다.

핵심어

기독교 | 인권 | 인권선언 | 타자 | 보편주의 | 하나님의 형상

생각해봅시다

기독교 역사 속의 인권과 정치

서기 1550년 에스파냐의 바야돌리드에서 벌어진 재판에서 다루어진 주제는 에스파냐의 아메리카 인디오들에 대한 폭력적 식민통치의 정당성이었고, 재판의 핵심은 아메리카 인디오들이 인간이냐, 아니냐 하는 것이었다. 아메리카 인디오들이 인간이냐 아니냐를 두고 논쟁을 벌이고 재판을 열었다는 것을 현재 사람들은 이해하기도 어렵고 심지어는 우스꽝스럽기도 하지만 그 당시에는 매우 중요한 논쟁 주제였다.

1472년 콜럼버스의 아메리카 대륙 발견 이후, 에스파냐는 아메리카 대륙을 식민지로 삼았고 수많은 인디오들을 학살하고 노예로 삼았다. 엄청난 폭력과 전염병으로 인해 아메리카 인디오 인구가 급감했고, 이에 대한 비판이 일기 시작했다. 에스파냐의 카를 5세는 엔코미엔다(Encomienda), 즉 정복자들에 대한 보상 제도를 폐지하려 했지만 엔코미엔다를 통해 막대한 이득을 보고 있던 지배층의 반발로 추진하지 못하고 있었다. 이에 카를 5세는 1550년 아메리카 대륙 인디오들의 지위와 권리에 대해 정리하기 위해 바야돌리드에서 회의를 연 것이다.

이 회의에서 논쟁을 벌인 것은 당대의 인문학자인 세풀베다(Juan Gines de Sepulveda)와 도미니크회 수사인 라스 카사스(Bartolomé de Las Casas)였다. 세풀베다는 아메리카 인디오들은 이성이 없고, 우상숭배, 식인, 인신공양의 죄를 범했기 때문에 폭력으로 지배하는 것은 정당하다고 주장했다. 아리스토텔레스의 노예론과 정전론(正戰論)을 내세워 군사적 정복행위를 옹호한 것이다. 이에 맞선 라스 카사스는 1544년에 치아파스 지역의 주교로 부임하여, 1547년까지 아메리카에 실제로 머물렀던 선교사 출신으로 정복자들의 군사적 정복에 반대하여 평화적 선교를 주장했다. 그는 인디오들에게도 이성이 있으므로 폭력이 아닌 설득과 교육으로 인디오들을 교화시켜야 한다고 맞섰으며, 한 걸음 더 나아가 주민들의 토지 소유권 역시 '자연법과 국제법'에 따라 존중되어야 함을 역설하면서 '개종하지 않는다고 원주민들을 처벌해서는 안 된다'고 주장했다. 논쟁 결과 어느 한 쪽이 결정적인 승리를 거두지는 못하였지만, 유럽 최초의 인권재판이라 불리는 바야돌리드 논쟁은 교회의 전통적인 입장과 타자와의 만남을 통해 '인권'의 새로운 문제를 제기하였다. 바야돌리드 논쟁은 오늘날 우리에게 우리 사회의 타자는 누구인가엔 대한 질문을 던진다(카리에르, 2007).

인간의 존엄성과 기독교의 역사

현대 세계가 이전 세계에 비해 발전했다고 주장하는 근거가 있다면, 가장 대표적인 것으로 '인권의 발전'을 들 수 있다. 인권이란 존엄성을 지닌 존재로서 인간이 갖는 기본적인 권리를 말한다. 사람이라면 누구나 갖는 권리로서, 어떤 차별도 받지 아니하며 자유, 평등, 정의를 구현하는 데 일차적으로 존중되어야 하는 전제조건이다. 그렇기 때문에 인권 보호는 인간존엄성의 존중을 위해 최전선에서 투쟁하는 이들의 명분이기도 한데, 특히 다원화되고 있는 현대사회에서 일어나는 새로운 사회문제에 빠지지 않고 등장한다.

이 글은 기독교와 인권의 역사적 관계를 살펴보고자 한다. 이를 통해 기독교가 지닌 인간존엄성의 근거와 인권개념의 발전 간의 관계를 고찰하고, 기독교의 하나님의 형상(Imago Dei) 개념이 현실에서 어떻게 실현될 수 있는지 논의한다. 기독교와 인권운동 간의 소통을 증진할 수 있는 논리를 살펴봄으로써, 현실의 고통과 폭력 앞에서 인간다움을 지켜내는 새로운 선교적 영역의 확장에 대한 이해를 도모하고자 한다.

살펴봅시다

인권과 인간존엄성의 근거는 무엇인가?

인권이란 '모든 사람들이 태어나면서부터 지니는 존엄한 권리로서 인종, 민족, 정치적 입장, 종교적 신념, 사회적 신분 혹은 경제적 영향력, 성과 나이, 언어에 상관없이 오직 인간이기 때문에 지니는 당연한 권리'이다. 따라서 인권은 근본적으로 인간 자율의 권리이자, 진정한 자유를 향한 인간해방을 의미하며, 법적·도덕적 권위에 근거해 정치제도로부터 적극적으로 보호받고 실현해야 할 권리이다. 1948년 세계인권선언서 전문은 다음과 같이 그 의미를 밝히고 있다.

> 인류 가족 모든 구성원의 고유한 존엄성과 평등하고 양도할 수 없는 권리를 인정하는 것이 세계의 자유, 정의, 평화의 기초가 됨을 인정하며, 인권에 대한 무시와 경멸은 인류의 양심을 짓밟는 야만적 행위로 결과하였으며, 인류가 언론의 자유와 신념의 자유, 공포와 궁핍으로부터 자유를 향유하는 세계의 도래가 일반인의 지고한 열망으로 천명되었으며, 사람들이 폭정과 억압에 대항하는 마지막 수단으로서 반란에 호소하지 않도록 강요받지 않으려면, 인권이 법에 의한 지배에 의하여 보호되어야 함이 필수적이며...(박홍순 외, 2015: 282).

전문에서 밝히고 있는 대로, 어느 누구도 타인의 인권을 침해하거나 유린할 수 없으며, 인권의 무시와 침해는 인류의 양심을 유린하는 만행이다. 인권은 자유, 정의 그리고 평등의 전제가 될 뿐 아니라, 인간 존엄성의 수호와 신장이라는 공통의 지향이 있다. 따라서 인권이란 개념은 그 자체로 사회적인 것이며, 국가 또는 공동체의 차원에서 법적 권리로 구체화되어야 한다. 만일 인권 수호를 위한 구체적인 실정법적 체계가 없다면, 그것은 단지 도덕이념이나 사회윤리의 차원에 머물러 있어 인권 박해로 이어질 가능성이 높아지기 때문이다. 그렇기 때문에 일반적으로 국내법 체계에서 인권은 헌법상 기본권으로 보장되며, 그 내용은 다음과 같다.

자유권: 시민적·정치적 권리	개인의 생명, 자유와 안전, 고문과 노예화로부터의 자유, 정치적 참여·의견·사상·표현·양심 그리고 종교의 자유 집회와 결사의 자유
사회권: 경제적·사회적 권리	노동권, 교육권, 그리고 적절한 생활수준과 음식·주거·건강보호를 받을 수 있는 복지권

인권의 발전에서 빼놓을 수 없는 것이 국제법이다. 국제법은 국가 간의 규범으로서 인류 전체의 질서와 공생을 위해 필수적임에도 불구하고 각 주권국가의 국내법 체계로는 감당하지 못하는 내용의 법규범을 이른다. 비록 법적 강제성은 없지만, 문화와 이념의 차이를 넘어서서 전 세계 인류가 인정하는 법적 확신에 기반을 두고 법적 지위를 획득하였으며, 관습법 내지 계약법의 형태를 취한다. 국제법은 인권의 보편화와 세계화에 절대적 기여를 하였으며, 그중에서도 국제인권법은 유엔을 중심으로 발전한 세계인권선언 및 국제인권조약들로 구성된 일련의 국제규범체계라고 할 수 있다. 그간 국제기구와 국가 간 체결한 주요 인권선언문과 협약 및 국제법적 조약은 다음과 같다.

주요 인권선언문과 협약 및 국제법적 조약

* 세계인권선언서 (1948년 12월 10일)
* 종족학살금지와 처벌에 관한 협약 (1948년)
* 인종차별 철폐 협약 (1966년)
* 경제적 사회적 문화적 권리에 관한 국제규약 (A규약:1966년 12월 16일)
* 시민적 정치적 권리에 관한 국제규약 (B규약:1966년 12월 16일)
* 여성에 대한 모든 형태의 차별철폐에 관한 협약 (1979년)
* 고문방지 협약 (1984년)
* 아동의 권리에 관한 협약 (1989년)
* 유럽 인권 규약 (1950년)
* 인간의 권리와 의무에 관한 아메리카 선언 (1948년)
* 아메리카 인권 규약 (1969년)
* 인간과 종족의 권리에 관한 아프리카 선언 (1981년)

여기서 하나 근본적인 질문을 던질 수 있다: '인권의 근거가 인간의 존엄성이라면, 그 존엄성은 어디에 근거하는가?' 국제연합의 국제인권선언은 이에 대해 설명하지는 않고 보장해야 할 인권을 열거할 뿐이다. 인권 보호를 위해 개인과 개별국가, 또는 집단의 권리를 제한하는 경우에도 오직 천부인권이라는 이유만으로 타당한가?

월터스토프(Nicolas Wolterstorff)에 따르면, 인권의 근거에 대한 세속적인 설명 대부분이 능력이론에 근거를 두고 있다. 능력이론이란 인간이 존엄한 것은 인간만이 지닌 고유한 능력, 대부분은 이성과 합리적 사고 때문이라는 것이다. 이는 바야돌리드 논쟁에서 세풀베다의 주장과 맥을 같이 하는 것으로, 이 경우 아기나, 치매 노인이나, 또는 장애인과 같은 경우 그들을 인간으로 존중해야 할 근거가 무엇인지에 대한 문제가 대두된다. 더 나아가 인간 이외의 생명의 권리와 환경권에 대해서도 동일한 문제제기가 가능하다.

월터스토프는 최근의 역사학을 요약하면서, 개

활동

1. 헌법상 기본권은 무엇인지 조사하고, 인권의 개념이 어떻게 변화해 왔는지 정리해 보자.
2. 본문의 표에 수록된 국제기구와 국가 간 체결한 주요 인권선언문과 협약 및 국제법적 조약 중 하나를 선택하여 배경과 내용 및 결과를 정리해 보자.
3. 인간존엄성의 근거는 무엇인지 토론해 보자.

인 인권을 처음으로 정립한 것이 계몽주의가 아니라 기독교 사상이라는 주장을 펼친다. 그에 따르면 인권의 기원은 성서의 여러 신학적 주제들의 기초를 정리한 기독교 사상이었으며, 오히려 계몽주의도 그 영향을 받았다. 인권은 '하나님의 형상을 닮은 존재로서의 내 앞의 타자'라는 기독교 신앙고백을 근거로 출발했다는 것이다.

성서와 인권

인간존중은 성서의 가장 핵심적인 정신으로, 이를 가장 잘 보여주는 것이 바로 창세기의 인간관이다.

> 아담의 역사는 이러하다. 하나님이 사람을 창조하실 때에, 하나님의 형상대로 사람을 만드셨다(창5:1).

성서에 따르면 인간은 창조주의 형상을 따라 빚어진 유일한 피조물이다. 다른 존재와 달리 오직 인간만이 하나님의 형상을 따라 지어졌다는 것은 인간의 특별한 지위와 존엄함을 드러낸다. 그러나 첫 인간 아담의 범죄로 말미암아 인간은 하나님의 형상을 상실하고, 생명은 폭력과 직면하게 된다. 창세기 9장 6절은 그 결과를 다음과 같이 전한다.

> 사람은 하나님의 형상대로 지음을 받았으니, 누구든지 사람을 죽인 자는 죽임을 당할 것이다(창9:6).

역설적이게도 죄로 상실한 하나님의 형상은 타자에 대한 폭력과 그로 인한 고통스러운 현실 앞에서 다시 회복된다. 이는 인류의 역사가 타자에 대한 폭력의 역사이며, 인권이 요청되는 성서적 근거 역시 바로 그 지점에 있음을 보여주는 대목이다. 폭력의 대상인 타자도 하나님의 형상대로 지으심을 받은 피조물임을 상기시켜 준다.

성서는 하나님의 형상에 따라 지음 받은 인간이 폭력과 억압에 처했을 때 혁명을 말한다. 그것이 바로 출애굽(이집트 탈출) 사건인데, 이는 이집트의 노예로 철저하게 비인간화되어 있던 이스라엘에 대한 해방선언이다. 하나님은 제국의 타자에 대한 노동 착취와 불법과 폭력에 저항하여 이스라엘을 직접 구원하셨고, 광야 40년을 통해 그들에게 자유와 평등을 훈련시켰다. 그리고 십계명을 주어 이스라엘과 계약을 맺는데, 이 계약은 이스라엘에게는 인간으로서 살아갈 지침이다. 출애굽 사건은 하나님에게는 이스라엘에 대한 폭력과 이스라엘 백성 간의 불법에 대한 응답이었다.

제국의 노예에서 해방된 이스라엘에게는 오직 한 가지 '책임'이 부과되는데, 그것은 바로 '인간다움의 회복 및 유지'였다. 이때의 인간다움은 이스라엘이 이집트에 의해 경험했던 타자화의 폭력을 반복하지 말라는 것이다. 그렇기 때문에 모세오경의 수많은 법조항 중 상당 부분이 현대의 사회법에 해당하는 내용으로 구성되어 있다. 대표적인 것이 출애굽기 21-23장의 계약법전과 신명기의 사회적 약자, 즉 가난한 자와 고아와 과부와 나그네에 대한 보호법[1], 출애굽기 21장의 노예규정들이다. 그중에서도 노예규정은 노예를 착취하기 위한 것이 아니라 보호하기 위한 법이다. 성서는 노예제 경제가 일반적이었던 시대에 기록되었음에도 불구하고, 노예들 역시 인간답게 살 수 있도록 보장하고 있다.

하나님의 형상을 닮은 인간에게는 이제 '회복'의 책임이 부여된다. 그것은 '죄' 이전의 하나님이 창조한 세계를 회복하는 것으로서 레위기 25장의 희년법에서 드러난다. 희년법은 50년마다 모든 땅을 원래 주인에게 돌

1 "당신들은 반드시 손을 뻗어, 당신들의 땅에서 사는 가난하고 궁핍한 동족을 도와주십시오. 그렇다고 하여, 당신들이 사는 땅에서 가난한 사람이 없어지지는 않겠지만, 이것은 내가 당신들에게 내리는 명령입니다."(신 15:11)

려주고, 노예를 해방하며, 땅을 기경하지 말고 쉬게 해주라고 명령한다.

> 너희는 오십 년이 시작되는 이 해를 거룩한 해로 정하고, 전국의 모든 거민에게 자유를 선포하여라. 이 해는 너희가 희년으로 누릴 해이다. 이 해는 너희가 유산 곧 분배받은 땅으로 돌아가는 해이며, 저마다 가족에게로 돌아가는 해이다. 오십 년이 시작되는 해는, 너희가 희년으로 지켜야 하는 해이다. 희년에는 씨를 뿌리지 말고, 저절로 자란 것을 거두어서도 안 되며, 너희가 가꾸지 않은 포도나무에서 저절로 열린 포도도 따서는 안 된다. 그 해는 희년이다. 너희는 그 한 해를 거룩하게 보내야 한다. 너희는 밭에서 난 것을 먹게 될 것이다(레 25:10-12).

그러나 이스라엘은 이 모든 의무와 책임을 방기한다. 그들은 가나안에 들어가 하나님의 통치가 아닌 왕의 통치를 선택했으며, 하나님의 법을 무시하고 약자를 억압하고 착취와 폭력을 행사한다. 하나님은 예언자들을 보내 가난하고 소외된 자들을 위해 당신의 공의를 선포하고 일깨우지만, 이스라엘은 결국 멸망하여 제국의 식민지로 전락, 다시 노예로 돌아가고 만다. 그러나 예언자들은 그 종말론적 상황 속에서 다시 하나님 나라의 회복과 이스라엘의 해방을 전한다.

> 주님께서 나에게 기름을 부으시니, 주 하나님의 영이 나에게 임하셨다. 주님께서 나를 보내셔서, 가난한 사람들에게 기쁜 소식을 전하고, 상한 마음을 싸매어 주고, 포로에게 자유를 선포하고, 갇힌 사람에게 석방을 선언하고, 주님의 은혜의 해와 우리 하나님의 보복의 날을 선언하고, 모든 슬퍼하는 사람들을 위로하게 하셨다. 시온에서 슬퍼하는 사람들에게 재 대신에 화관을 씌워 주시며, 슬픔 대신에 기쁨의 기름을 발라 주시며, 괴로운 마음 대신에 찬송이 마음에 가득 차게 하셨다. 그리하여 사람들은 그들을 가리켜, 의의 나무, 주님께서 스스로 영광을 나타내시려고 손수 심으신 나

무라고 부른다(사 61:1-3).

마지막 날에 사람들이 칼을 쳐서 보습을 만들고, 어린 양과 사자가 함께 뛰노는 샬롬(שלום, 평화)의 나라가 도래할 것이라는 구약의 예언은 폭력성의 전복과 타자성의 무화(無化)라는 인권이 지향하는 궁극적인 이상을 공유하고 있다. 그리고 이 모든 것의 근간에는 하나님의 형상으로서의 인간 회복이 자리 잡고 있다.

예수는 자신의 사역 첫 설교 본문으로 〈이사야서〉 61장의 말씀을 선택함으로써 자신이 구약의 하나님 나라를 계승하고 있음을 드러낸다. 그는 가난한 자에게 복음을 전하고, 죄 사함을 선포하며, 병든 자를 치유함으로써 인간을 고통에서 구원한다.

> 예수께서 온 갈릴리를 두루 다니시면서, 그들의 회당에서 가르치며, 하늘 나라의 복음을 선포하며, 백성 가운데서 모든 질병과 아픔을 고쳐 주셨다. 예수의 소문이 온 시리아에 퍼졌다. 그리하여 사람들이, 갖가지 질병과 고통으로 앓는 모든 환자들과 귀신 들린 사람들과 간질병 환자들과 중풍병 환자들을 예수께로 데리고 왔다. 예수께서는 그들을 고쳐 주셨다(마 4:23-24).

한 걸음 더 나아가 예수는 하나님의 나라가 지금 여기서 고통 받는 이들의 것이라고 주장한다. 이는 특히 예수의 산상수훈에 나오는 '팔복'에서

2 "예수께서 무리를 보시고, 산에 올라가 앉으시니, 제자들이 그에게 나아왔다. 예수께서 입을 열어서 그들을 가르치셨다. 마음이 가난한 사람은 복이 있다. 하늘 나라가 그들의 것이다. 슬퍼하는 사람은 복이 있다. 하나님이 그들을 위로하실 것이다. 온유한 사람은 복이 있다. 그들이 땅을 차지할 것이다. 의에 주리고 목마른 사람은 복이 있다. 그들이 배부를 것이다. 자비한 사람은 복이 있다. 하나님이 그들을 자비롭게 대하실 것이다. 마음이 깨끗한 사람은 복이 있다. 그들이 하나님을 볼 것이다. 평화를 이루는 사람은 복이 있다. 하나님이 그들을 자기의 자녀라고 부르실 것이다. 의를 위하여 박해를 받은 사람은

잘 드러나는데, 여기서 그는 가난한 자, 주린 자, 정의를 찾기에 갈급한 자들에게 도래할 하나님의 지배에 참여할 것을 약속한다.[2]

예수에게 타자의 문제는 사회적 약자를 넘어서서 사회구조로부터 소외된 이들로 확장된다. 그는 당대 이스라엘 전통에서 사회적 타자로 간주되어 철저하게 소외당했던 창녀와 세리와 이방인의 벗이었다. 예수는 그들에게 가해지는 폭력과 불법에 저항하였으며, 타자화의 구조를 부정하고 해체해버렸다. 그러한 예수의 가르침으로 창녀와 세리와 이방인은 스스로 인간임을 각성하고, 폭력과 불법으로부터 해방되어 새로운 존재로 변화한다.[3]

예수의 행적과 그 신앙의 특성 때문에 기독교는 인권을 위한 투쟁을 피할 수 없다는 복음주의 신학자 볼프강 후버(Wolfgang Huber)의 말에서 알 수 있듯이, 예수의 삶은 그 자체로 인권적이며 타자에 대한 전적 헌신이라 할 수 있다.

사도 바울의 '믿음으로 의롭게 된다'는 주장 역시 성서적 인권 개념의 근거로 제시할 수 있다. 사도 바울은 로마서에서 의인은 없나니 하나도 없고 깨닫는 자도 없어 다 치우쳐 한 가지로 무익하게 되어 선을 행하는 자가 하나도 없다면서 인간의 죄성을 고발한다. 그러나 바울에게 그것은 끝이 아니다. 비록 죄로 인해 하나님 앞에서 자신의 권리를 상실했다 하더라

복이 있다. 하늘 나라가 그들의 것이다. 너희가 나 때문에 모욕을 당하고, 박해를 받고, 터무니없는 말로 온갖 비난을 받으면, 복이 있다. 너희는 기뻐하고 즐거워하여라. 하늘에서 받을 너희의 상이 크기 때문이다. 너희보다 먼저 온 예언자들도 이와 같이 박해를 받았다."(마 5:1-12)

3 "그들이 다그쳐 물으니, 예수께서 몸을 일으켜, 그들에게 말씀하셨다. "너희 가운데서 죄가 없는 사람이 먼저 이 여자에게 돌을 던져라." 그리고는 다시 몸을 굽혀서, 땅에 무엇인가를 쓰셨다. 이 말씀을 들은 사람들은, 나이가 많은 이로부터 시작하여, 하나하나 떠나가고, 마침내 예수만 남았다. 그 여자는 그대로 서 있었다. 예수께서 몸을 일으키시고, 여자에게 말씀하셨다. "여자여, 사람들은 어디에 있느냐? 너를 정죄한 사람이 한 사람도 없느냐?" 여자가 대답하였다. "주님, 한 사람도 없습니다." 예수께서 말씀하셨다. "나도 너를 정죄하지 않는다. 가서, 이제부터 다시는 죄를 짓지 말아라."(요 8:7-11)

도, 하나님의 형상이신 예수 그리스도를 통해 인간의 권리는 회복된다. 예수 그리스도를 믿는 믿음 안에서 모든 사람은 하나로 통일되고 연대하게 되므로 타자에 대한 폭력은 불가능하다.

> 몸은 하나이지만 많은 지체가 있고, 몸의 지체는 많지만 그들이 모두 한 몸이듯이, 그리스도도 그러하십니다. 우리는 유대 사람이든지 그리스 사람이든지, 종이든지 자유인이든지, 모두 한 성령으로 세례를 받아서 한 몸이 되었고, 또 모두 한 성령을 마시게 되었습니다(고전 12:12-13).

활동

1. 이스라엘의 이집트탈출 사건을 현재의 인권 상황과 연결시켜 해석해 보자. 오늘날 이집트를 탈출하는 새로운 이스라엘 백성은 누구인지 토의해 보자.
2. 복음서에 등장하는 예수의 사건 또는 담화 중 하나를 선택하여 현대 인권 사상의 관점에서 현재 상황에 적용해 보자.

이 땅의 하나님 나라는 만인이 형제·자매로 결합하는 약속의 이른 성취다. 하나님의 다스림(統治)에 참여하는 해방된 인간은 자기중심성을 벗어나 개방된 자유에서 살기 때문에, 그들은 하나님의 형상이라는 보편적 책임을 지는 공동체인 동시에, 타자성을 극복하는 보편적 소통의 공동체이다. 이 땅의 하나님 나라야말로 인권이 지향하는 자유롭고 평등한 사회에서 개인들이 함께 살아가는 모습일 것이다.

기독교와 인권의 역사적 관계

인본주의자(Humanist)들은 근대 인권사상과 운동의 기원을 18세기 프랑스대혁명 시기로 간주한다. 프랑스대혁명이 반기를 들었던 기존 권력에는 제도화되어 개인의 자유를 억압했던 종교권력도 포함되어 있었다. 이러한 관점에서 기독교와 인권의 관계를 대립적인 것으로 보는 시각이 일반적이지만, 기독교 전통과 근대 인권사상의 깊은 상호 관련성은 부정할 수 없다.

많은 학자들이 주장하는 바에 따르면 세속적 인권의 뿌리는 기독교로부터 기인한다. 1895년 출간한 독일 공법학자 엘리네크(Georg Jellinek)는

『인권과 시민권 선언』에서 1789년 프랑스 인권선언의 모태가 된 것은 1776년 발표된「버지니아 권리선언」이라고 주장한다. 그 권리선언은 영국 청교도들이 종교 박해를 피해 미국에 이주한 후 정교분리와 종교 자유를 위해 선포한 것이다. 이후 그들이 주장한 종교의 자유는 언론, 출판, 결사의 자유 및 이주의 자유, 임의체포 금지, 경제활동의 자유 등으로 확장되었다. 결과적으로 옐리네크는 현대 인권은 종교의 자유에 그 기원을 두고 있다고 분석한다.

> 양보할 수 없고 천부적이면서도 신성한 개인의 권리를 법률적으로 확정하겠다는 생각은 정치적인 것이 아니라 종교적인 데에 기인한다. 지금까지 혁명의 업적이라고 간주되어 왔던 것은 사실상 종교개혁과 그 투쟁의 결실이다(옐리네크, 1991: 90).

종교개혁은 개인의 종교적 자유를 인정하지 않았던 가톨릭에 대한 저항으로 일어났으며, 인권의 발전에 심대한 영향을 끼쳤다. 개신교는 성직자의 중재 없이 성령의 도움으로 누구나 하나님께 직접 예배할 수 있다는 만인사제설을 주장했고, 평신도가 직접 성서를 읽고 스스로 해석하는 것을 허용했다. 이는 근대의 자율적 개인의 출현과 종교적 자유를 주장하는 근거가 되었다. 가톨릭으로부터의 종교 자유를 위해 정치적 자유를 주장했던 루터와 칼뱅의 영향으로 교회의 권력은 국가로 이동했고, 기존의 자연법적 체계를 개인의 자유권으로 전환하는 계기가 되었다. 인권의 선포로 교회의 전통적인 세계관은 대변화에 직면한 것이다.

20세기 초, 두 차례의 세계대전에서 인간이 인간에게 저지른 전대미문의 대학살을 목격하면서 세계는 충격에 빠졌다. 더 이상 인간 이성을 신뢰할 수 없을 때, 인권의 근거조차 흔들릴 때, 개신교는 인권을 적극적으로 수용했으며, 인권운동에 적극적으로 참여했다. 그것은 기독교의 인권사상이 인간 이성에 대한 신뢰에서 출발한 것이 아니라 하나님의 은혜에 의해 부여된 존엄성이라는 관점에서 비롯된 것이었기에 가능했다. 세계교회협의회(WCC)를 중심으로 하는 에큐메니컬 운동이 교회의 사회적 책임을 추구하는 과정에서 인권사상도 교회의 실천적 신학과제로 새롭고 강력하게 대두되었다.

개신교 지도자들은 인권에 대한 문제제기와 대안을 제시하면서 국제사회에서도 활동을 이어갔다. 국제기구 설립에 영향을 주었으며, 특히 2차 세계대전이 끝난 후 초교파 세계교회협의회(WCC)와 국제문제에 관한 교회위원회(CCIA)는 세계인권선언 18조에 사상, 양심, 종교의 자유를 포함시키는 데에 일조했다. 이후로도 세계교회협의회를 통해 국제사회에서 인권의 불가분성과 보편성, 인권의 정치화에 대한 반대, 사형폐지, 평화구축, 종교 자유와 종교적 관용·여성·원주민·난민·장애인 등 모든 종류의 차별에 대한 반대를 선언함으로써 인권 신장에 이바지하였다.

개신교와 달리 가톨릭은 근대의 인권사상이 제시한 인간론을 비판적으로 인식하였다. 그들의 전통적인 인간관은 '이마고 데이'(Imago Dei), 즉 '하나님의 형상'이다. 권력이 되었던 가톨릭은 계몽주의 이래 발전한 과학 등 진보적 사상과 대립했으며, 종교적 자유를 비롯한 개인의 자유를 억압해 왔다. 그러나 개신교의 종교개혁 등 사회변화를 경험하면서 가톨릭 역시 변화에 직면하는데, 네오토미즘(Neo-Thomism)에 기반을 둔 개인의 권리와 공동체의 권리에 대한 새로운 인권이론을 발전시킨 것이다.

1891년 교황 레오 13세의 노동회칙 '자본 및 노동의 권리와 의무'를 통해 유럽의 사회적 시장경제가 근간을 마련했고, 교황 비오 12세는 전쟁이 한참이던 1942년 인간의 존엄과 기본권을 대표로 하는 평화 5개항을 발표했다. 가장 극적인 변화는 1963년 제2차 바티칸공의회에서 일어났다. 교황 요한 23세가 공의회에서 선포한 회칙 '지상의 평화'는 가톨릭교회가 인권사상을 전적으로 공인하는 계기가 되었다. 이 회칙에서 인권은 모든 사람들이 공존하는 근거가 되는 조건으로 천명되었다. 더 나아가 신앙과 인권의 내용적 통일성을 인정했고, '종교의 자유에 대한 선언'을 선포함으로써 종교 자유의 권리까지 선언하였다.

> 이 바티칸 공의회는 인간이 종교 자유의 권리를 가지고 있음을 선언한다. 이 자유는. 모든 인간이 개인이나 사회단체의 강제, 온갖 인간 권력의 강제에서 벗어나는 데 있다. 곧 종교 문제에서 자기의 양심을 거슬러 행동하도록 강요받지 않아야 하고...(중략)...그 위에, 종교 자유의 권리는 참으로 인간의 존엄성 그 자체에 바탕을 두고 있음을 선언한다. 그 존엄성은 계시된 하나님의 말씀과 이성 그 자체로써 인식된다. 종교자유의 이러한 인간 권리는 사회의 법적 제도 안에서 인정을 받아 시민권이 되어야 한다(한국천주교중앙협의회 편, 2003: 248).

이는 단순히 종교적 자유를 인정하는 것을 넘어서 개인의 자유권을 인정했다는 점에서 가톨릭 인권의식의 근본적인 변화를 보여준다. 그럼에도 불구하고 여전히 가톨릭은 공공선을 보호하기 위해 개인의 자유보다는 객관적 진리를 우선하는 입장이며, 사회성을 강조하기 때문에 개인을 중심으로 하는 인권사상을 비판적으로 수용하고 있다.

기독교와 인권의 역사적 관계는 한국의 근현대사에서도 중요한 위치를 차지한다. 개신교는 구한말 한국에 들어온 이후 꾸준하게 한국의 자유와 평등을 개선하는 데 영향력을 행사해 왔다. 선교사들이 서구적 교육기관들을 설립하면서 근대적 시민의식이 한국에 뿌리내릴 수 있었다. 개신교인들이 주도하였던 독립협회나 초기에 독립협회의 주최로 열렸던 만민공동회의 공화제 요구는 구한말의 민권운동이 개신교의 선교와 상호 연관 속에 진행되었다는 것을 보여준다. 또한 두 단체에 신분에 관계없이 다양한 사람들이 참여할 수 있었을 뿐 아니라 만민공동회의 회장으로 천민계층의 인사가 수차례 선출되었다는 것은 한국의 전통적 신분제의 해체를 설명할 때 개신교의 영향을 빼놓기 어렵게 만든다. 조선 중엽 이후 공적 영역에서 활동하는 것이 불가능에 가까웠던 여성들이 다양한 영역으로 진출하게 된 것에도 역시 개신교의 영향이 컸다.

한국 인권운동의 태동기는 일반적으로 1970년대 중반부터 1980년대 중반으로 본다. 앞서 언급한 사례들은 권리의 주체를 개인보다 민족공동체로 보는 경향이 드러나기 때문이다. 이는 국권피탈의 위기 속에서 진행된 민권운동의 태생적 한계이기도 했다. 또한 해방 후 권위주의적 정부의 시기에는 수많은 인권침해가 존재하였음에도 인권을 이념으로 삼아 독재정부에 저항하는 운동이 발현하지 못했다. 이 시기 한국의 저항 이념은 구한말과 마찬가지로 민중의 권리, 민족의 권리와 같이 집단적 권리를 의미하는 민권이었다.

1972년 유신헌법의 등장으로 헌법에서 민주주의적 요소들이 파괴되자 민주화를 요구하는 이들을 국가폭력으로부터 보호하기 위한 새로운 이념이 필요해졌고 인권이 비로소 저항의 정신으로 전면에 등장하기 시작하였다. 한국 인권운동단체의 효시는 개신교의 한국기독교교회협의회(NCCK) 인권위원회와 가톨릭의 천주교정의구현전국사제단이라 할 수 있다. 두 단체는 군사독재기 내내 인권침해 피해자 및 그 가족들의 탈출구이자 보호막으로 활동하면서 정부의 반인권적 정책을 비판하였다. 한국기독교교회협의회(NCCK)는 인권을 위한 투쟁이 교회의 존재이유라고 선언하였다.

> 교회의 존재이유는 하나님 말씀의 선포와 실천에 있다. 그리스도는 하나님의 독생자로 이 땅에 와서 모든 백성을 부조리와 속박, 미움과 쟁투로부터 구원하시려고 억눌리고, 가난하고, 고통받는 이들과 아픔을 같이하다가 민중선동이란 죄목으로 십자가에 죽으셨다. 그리스도의 활동은 자유와 정의실현을 위한 자기희생이었으며, 지금도 그렇게 활동하고 계시다는 것을 교회는 증거하고 있다. 교회는 그리스도를 머리로 하는 지체이기 때문에 결코 그리스도의 뜻과 그리스도가 명령하는 이러한 사명을 저버릴 수 없다(손승호, 2017: 151-152 재인용).

한국기독교교회협의회(NCCK)는 세계교회협의회(WCC), 아시아기독교협의회(CCA)를 비롯한 국제적 개신교 연대를 이용하여 국제여론을 통한 한국정부 압박에 나섰다. 종교단체들이 가진 국제적 연대는 군사정권의 탄압을 막아내는 효과적인 무기였다. 특히 미국, 독일, 일본 등의 주요 경제협력대상국 여론의 악화는 한국정부로서도 부담이 되었기 때문이다. 정부의 통제에서 상대적으로 자유로웠던 내한 외국인 선교사들 역시 한국의 상황을 알리는 데 일조하였다. 그 결과 교회는 비교적 안전한 활동의 무대를 마련할 수 있었고 재야, 대학생, 해직언론인, 해직교수 등의 민주화운동가를 보호하는 인권운동체로서의 시대적 사명을 다할 수 있었다.

> **활동**
>
> 1. 루터와 칼뱅의 종교개혁의 과정과 내용을 조사하고, 종교개혁이 개인의 자유와 평등이라는 인권의 기본사상에 끼친 영향을 조사해 보자.
> 2. 제2차 바티칸공의회 이전과 이후의 가톨릭교회의 인권의식을 비교하고, 이로 인한 구체적인 변화들을 조사해 보자.
> 3. 한국기독교교회협의회와 천주교정의구현사제단의 대표적인 인권 투쟁을 조사하고 그 업적과 한계를 토론해 보자.

오늘 한국의 시민사회는 평화로운 방식으로 대통령을 탄핵하고 새로운 정부를 구성할 정도의 강력한 힘을 가지고 있다. 그러나 처음부터 오늘과 같은 역량을 가지고 있었던 것은 아니며 폭압적 정부의 공격에 무방비로 노출되었던 때도 있었다. 한국 인권운동의 출발점에서 종교계 특히 기독교가 선도적으로 활동하였을 뿐 아니라 시민사회의 운동을 보호하고 성장을 촉진해왔다는 점을 기억할 필요가 있다. 민주화 이후 시민사회가 크게 성장하면서 더 이상 그리스도교가 인권운동을 주도하는 현상은 발견할 수 없지만 교회는 여전히 다양한 영역에서 인권을 보호하기 위한 활동을 이어가고 있다.

기독교와 인권의 실현

역사적으로 볼 때 기독교와 인권사상은 불가분의 관계라 할 수 있다. 인권사상이 배태되고 발전하기까지 기독교가 끼친 영향이 크지만, 현대에 이르러서는 오히려 인권운동이 기독교 인권을 선도하고 있는 것으로 보이기도 한다. 그러나 인권사상 역시 한계를 갖고 있다.

철학자 아른트 폴만(Arnd Pollman)은 기존의 인권개념이 지닌 부정적 측면을 다음과 같이 정리하였다. 첫째, 인권은 '유럽중심주의'적이다. 둘째, 인권은 '제국주의'의 일환이다. UN을 통해 추진되어 온 인권정책이 종종 서구 제국주의자들의 이익을 위해 악용되어왔다는 견해다. 셋째, 인권은 '반다원주의'다. 서구세계 중심의 이념을 기준으로 제시함으로써 세계의 다양성과 다원성을 위협한다. 넷째, 인권은 '개인주의'이다. 인권은 개인의 이익만을 극대화한 통일된 서구 중심의 법문화를 구축하려는 시도이다. 따라서 우리는 인권의 정치적 측면을 주시하지 않으면 안 된다.

앞서 예시로 들었던 바야돌리드 논쟁에서 드러나듯이 인권재판의 이면에는 당대의 정치 질서인 보편주의의 이해관계가 충돌하고 있다. 세풀베다가 근대성을 대변한다면 라스 카사스는 근대성이 은폐하고 있는 식민성을 드러낸다. 아메리카라는 타자의 출현 앞에서 라스 카사스의 목소리는 근대성 내부에 존재하는 차별에 대한 반근대성의 목소리였던 셈이다. 서구 보편주의의 타자 개입은 이처럼 기독교적 가치와 문명화라는 명목에서 출발하여 현재에 이르러서는 자유와 평등이라는 인권개념으로 발전하고 있다. 그리고 이 보편주의가 세계화와 함께 타자에 대한 새로운 억압과 폭력의 명분이 되기도 한다. 우리는 바야돌리드 논쟁과 같은 인권논의의 변주가 현대정치에서도 계속되고 있음을 간과해서는 안 될 것이다.

따라서 이제 인권의 보편성은 새롭게 정의되어야 한다. 인권에 있어서 보편성은 객관적 진리나 단일한 원리가 아니라 전 인류의 경험적 차원에서의 공감이라는 측면에서 다루어져야 할 것이다. 인간의 존엄성이 누구에게나 해당되는 보편적 권리인 동시에, 인간의 존엄성을 억압하는 폭력적 타자화 역시 누구나 직면하는 현실이다. 이는 폭력과 고통이 모든 인류에게 해당되는 공통의 문제라는 의미도 있지만, 동시에 전 지구적 차원의 다양성을 기저에 인정하고 있다는 뜻이기도 하다. 따라서 인권의 보편성은 인권에 대한 최종적이고 확정적인 정의가 불가능하다는 의미이며, 인권이 사회 변화에 따라 언제든 새롭게 정의될 수 있는 '열린 개념'이라는 것을 뜻한다.

그러므로 인권의 기본원리는 문화 간의 열린 대화와 상호개방성이다. 여기서 개방성이란 자신이 자명하다고 생각하는 것을 의심하고 고쳐나가려는 마음가짐만이 아니라, 인권이란 완결된 형태로 정의되거나 보장되지 아니하여 항상 인간의 역사 속에서 새로운 방식으로 형성되거나 위협될 수 있다는 것을 의미한다. 그러므로 인권 담론은 인권이념이 법으로 성문화되었다고 종결될 수 없다. 다양한 가치체계로 구성된 현대사회에서 보편적 인권이념의 논증은 한편으로 기독교는 특정 지역에서 발생한 특정 문화를 배경으로 한 특정 종교인만큼, 고유의 전통과 성질, 그리고 교리와 체계를 갖추고 있다. 그 지점에서 다원화된 현대사회와의 대화에서 인권사상만큼 적극적이고 변화에 기민하게 대응하기는 어렵다. 그렇기 때문에 기독교는 인권사상의 요구를 보다 예민하게 수용하고 진지하게 고민해야 한다. 그렇지 않으면 역사에서 자주 경험했던 바와 같이 기독교 자체가 또 다른 폭력과 억압이 될 것이기 때문이다.

인권의 개방된 논증은 지구상의 종교와 문화의 다양성을 배제하기보다 이를 위해 개방되어 있어야 한다. 이것은 신학적 논증의 유일성만을 주장하는 것이 아니라 오히려 그 한계를 인정하고 다른 보편적 논증의 가능성도 허용한다는 의미이다. 이제 인권은 기독교에게 다양한 종교와 문화 간의 열린 대화를 요구한다. 어떤 종교나 문화도 인권을 자기 안에 제한해서는 안 되며, 오히려 각 종교와 문화는 인권의 강화와 계속적 발전을 위해 무엇을 해야 할지를 물어야 할 것이다.

WCC의 인권 운동은 1975년 나이로비에서 열린 제5차 WCC 총회에서 '하나님은 모든 사람이 완전한 인권을 누릴 수 있는 사회를 구현해 나간다'는 선언을 채택했다. 1983년 밴쿠버에서 열린 제6차 총회에서는 인권운동을 위한 교회의 소명과 참여의 동기를 강조하면서, 불의와 억압의 희생자들을 위한 일에 초점을 맞췄다.

이처럼 인권사상과 기독교는 인간 존엄성이라는 출발점의 일치 외에도 현실의 고통을 직시하고 있다는 점에 궤를 같이한다. 인권운동이 인간이 인간으로 살아갈 수 없는 고통스러운 현실과 폭력의 경험에 대한 문제제기와 이를 변화시키려는 의지가 변화를 추동하면서 일어난 것이라면, 기독교 신학 역시 인권의 당위성을 인간이 당하는 불법과 고난에서 찾고 있다. 이에 대해 신학적 인권 실현의 길을 인간의 고난과 하나님의 해방 사이의 변증법적 중재에서 구했던 신학자 몰트만은 다음과 같이 말한다.

> 인권은 그런즉 추상적 이상으로 생각될 일이 아니요 인간과 민족과 국가들이 처해 있는 구체적인 고난의 역사와 현재 이루어지고 있는 해방투쟁의 맥락 가운데 파악되어야 한다(몰트만, 1992: 166).

기독교는 하나님의 통치의 약속이라는 종말론적 신학에 근거하여 세계와 미래를 전망한다. 이는 모든 인간들에게 지금 이곳에서 책임 있는 삶을 살 것을 요구하는 동시에 인류가 보편적 책임공동체를 이루고 있음을 뜻한다. 따라서 구약의 예언자 전승은 하나님이 마지막 때에 개인이 아니라 민족을 심판하신다고 예고한다.

기독교 종말론은 이중적인데, 한편으로는 이 땅의 현실에 적극적으로 참여해야 할 책임을 부여하면서도, 동시에 일체의 인본주의적 시도를 부정한다는 점이다. 기독교적 관점에서는 세속의 현실적 한계, 즉 인권의 이상과 정치체제의 불일치가 해소되기 어렵다. 그러므로 무엇보다 먼저 기독교적 인권론은 하나님의 통치와 인간의 행위 사이의 극복할 수 없는 차이를 인정해야 한다. 그럼에도 불구하고 성령의 역사에 힘입어 이 땅에서 하나님 나라의 건설을 향해 나아간다. 하나님의 통치에 참여하는 해방된 인간은 더 이상 자기중심적 자유가 아니라 상호소통하는 자유를 선택하고,

활동

1. 세계기독교교회협의회(WCC)의 취지와 활동을 이해하고, 한국기독교교회협의회(KNCC)의 인권과 관련된 대표적인 활동가들을 조사해 보자.
2. 기독교와 인권운동의 갈등 사례를 조사하고 그 원인이 무엇인지 생각해 보자. 그리고 기독교의 핵심가치와 인권의 보편가치의 충돌이 어떻게 시대에 따라 변화했는지 토론해 보자.
3. 사회의 변화에 따라 새롭게 나타날 기독교와 인권운동의 갈등은 무엇이 될지 생각해 보자.

결과적으로 보편적 책임 공동체의 완성을 지향한다.

> 그러므로 너희는 이렇게 기도하여라. ... 그 나라를 오게 하여 주시며, 그 뜻을 하늘에서 이루심 같이, 땅에서도 이루어 주십시오(마6:9-10).

정리해봅시다

인권이란 존엄성을 지닌 존재로서 인간이 갖는 기본적인 권리를 말한다. 사람이라면 누구나 갖는 권리로서, 성별, 인종적, 계급적, 문화적 차별을 받지 아니하며 개인에게 있어서나 사회적으로도 자유, 평등, 정의를 구현하는 데 일차적으로 존중되어야 하는 전제조건이다.

역사적으로 여성과 유색인종의 참정권은 오랫동안 제한받아왔다. 난민의 지위도 인정받지 못했었다. 장애인의 권리도 폭넓게 수용되지 못했다. 사회적 소수자의 입장도 철저하게 부정되었다. 이러한 인권의 제약은 자유나 평등을 향한 오랜 투쟁의 결과 오늘날 상당히 개선되었고 이제 인권은 모든 인간의 양도할 수 없는 기본 권리로 인식하게 되었다. 세계인권선언은 모든 인류의 인권에 대한 희망을 표명한 도덕적 선언이다. 이에 따라 각 국가들이 이를 비준하고 국내법에 반영하는 동시에, 후속 규약을 통해 법적 효력을 강화하고 있다.

그러나 이런 천부인권이라는 자연법적 인간이해는 인간의 존엄성을 자기 자신에게서 구할 수밖에 없는 순환론에 빠지게 된다. 그러나 인권은 인간 자신이 획득한 것이 아니라 하나님으로부터 주어진 것이라면, 그리고 칭의에 의한 것이라면, 우리는 순환론을 벗어나 인권 사상의 중요한 전제를 확보하게 된다.

인권에 대한 성서의 관점은 다음과 같다. 첫째, 성서는 인간의 존엄성을 긍정한다. 인간은 하나님의 형상을 따라 하나님을 알고 서로 섬기며 땅을 다스리도록 창조되었기 때문이다. 둘째, 성서는 인간의 평등을 긍정한다. 모든 인간은 동일한 한 분 하나님의 형상으로 지음을 받았기 때문에 그 지위가 동등하다. 셋째, 성서는 인간에게 책임을 부여한다. 하나님은 이웃을 사랑하고 섬기는 의무를 우리에게 부여하셨다. 때문에 우리는 이웃의 권리를 위해 투쟁해야 하며 이를 위해 우리의 권리를 기꺼이 포기할 수 있어야 한다.

끝으로 인권은 18세기 계몽주의자들의 산물이 아니라 기독교의 핵심사상으로부터 전제된 것이다. 또한 당시의 단일종교권의 지배권력이었던 가톨릭에 저항하여 개인의 종교적 자유를 획득하고 시작된 종교개혁이야말로 인권사상의 모태가 되었다. 이후 프랑스대혁명의 반교권주의로 인해 인권사상과 기독교의 대립관계가 형성되었으나, 두 차례의 세계대전으로 기독교는 인권의 중요성을 자각, 이를 적극적으로 수용하기 시작한다. 이를 계기로 인권 역시 비약적 발전을 이루어 오늘날 국제기구와 국가간 협약 및 선언의 형태로 인권보호가 이루어지고 있다.

한편으로는 제도화된 교회에 대한 문제제기로 인해 인권과 기독교간의 긴장관계가 형성되기도 하지만, 타자에 대한 폭력과 억압의 현실이 계속되는 한 기독교와 인권은 함께 협력하여 이를 개선해나가야 할 것이다. 기독교적 용어로는 그것이 하나님 나라의 추구이고, 인권의 입장에서는 '모든 인간이 자유롭고 평등한 사회'를 향한 투쟁일 것이다.

토의해봅시다

공부를 위한 토론 주제들

1. 인간 존엄성의 근거는 무엇인지 생각해 봅시다.
2. 오늘날 이집트를 탈출하는 새로운 이스라엘 백성은 누구입니까? 이스라엘의 이집트탈출 사건을 현재의 인권 상황과 연결시켜 해석해 봅시다.
3. 기독교는 인권사상의 근거를 제공하고 이를 위해 투쟁하기도 하였지만 인권을 탄압하고 억압하는 체제이기도 하였습니다. 기독교가 어떤 상황에서 특정한 모습을 지니는지 토론해 봅시다.
4. 기독교 종말론의 이중성이 '모든 인간이 자유롭고 평등한 사회'를 향한 투쟁과 어떻게 연결되고 해석될 수 있는지 토론해 봅시다.
5. 대한민국 정부 수립 이후 우리사회의 인권탄압의 주제들과 이를 둘러싼 투쟁들은 어떠한 인물들과 단체들을 중심으로 이루어졌는지 시대별로 조사하고 토론해 봅시다.

더 읽을거리

- 김형민. (2011). 하나님의 권리와 인간의 권리: 현대인권신학의 동향과 전망. 성남: 북코리아.
- 몰트만, 위르겐. (1992). 정치신학, 정치윤리. 서울: 대한기독교서회.
- 박흥순 외. (2015). (국제기구와) 인권 · 난민 · 이주: UN인권(헌장 · 협약 · 지역) 기구 UNHCR IOM. 서울: 오름.
- 손승호. (2017). 유신체제와 한국기독교 인권운동. 서울: 한국기독교역사연구소.
- 옐리네크, 게오르그. (1991). 인권선언논쟁. 김효전 역. 서울: 법문사.

10장

기독교는 여성의 동지인가 적인가?

성서 전통에 나타난 여성 이해

목적

- 역사 속에서 기독교가 여성의 적과 동지로 등장했던 상황을 인식하고 이를 비판적으로 평가한다.
- 기독교의 전통인 성서는 여성에 대해 무엇을 말하고 있는지 살펴본다.
- 여성에 관한 기독교의 시각은 여성의 인권에 어떠한 영향을 주었는지 성찰한다.

시작하는 질문

- 기독교의 전통(성서)은 여성에 대하여 무엇을 말하고 있는가?
- 여성에 대한 기독교(성서)의 시각은 여성의 인권에 어떠한 영향을 주었는가?
- 기독교의 인권 존중 사상이 어떻게 여성 차별을 극복하는 사회적 에너지원이 될 수 있는가?

개요

최근의 여성 문제는 다양한 사회적 문제와 연결되면서 여러가지 담론을 형성해 내고 있지만 여전히 남성과 여성이라는 양성 간의 정의의 실현은 묘연하고, 양성 평등의 문제의식은 부실한 상황이다. 이 장은 인류의 역사 속에서 특정한 방식으로 규정되고 평가되어 온 여성과 여성의 위치를 특별히 기독교와 연관하여 고찰하고자 한다. 기독교 역사 속에서 여성을 정의롭게 규정하지 못했던 흔적들을 살펴보고, 기독교 경전인 성서에 나타난 여성과 관련된 본문들을 해석하여 여성에 대한 왜곡된 인식을 비판적으로 검토한다.

핵심어

성서 읽기 | 성서 해석자인 여성 | 성서의 이중성 | 여성신학 | 성서의 여성 이해

생각해봅시다

기독교, '여성'을 돌아보다

2016년 5월 21일 강남역 사건으로도 불리는 여성혐오 범죄 사건이 발생하여 여성들뿐만 아니라 우리 사회 전체에 큰 충격을 주었다. 여성이라는 이유로 증오나 멸시의 대상이 되고, 인격이 아닌 도구나 사물로 취급받고, 차별, 억압, 폭력의 대상이 되는 것에서 더 나아가 기본 인권인 생명조차를 위협받고 있다는 것이다. 사회적 불안의 돌파구를 찾기 위해 권력과 종교가 여성을 집단 혐오의 대상으로 만들고 희생양으로 삼았던 사례는 마녀사냥/마녀재판이라는 이름으로 인류의 역사에 각인되어 있다. 1486년 도미니칸 수도회의 성직자들에 의해서 출간된 『마녀의 망치』는 1490년 교황청이 오류라고 공식 인정했지만 그 파장을 막을 수 없었다. 악마와 여성에 대한 잘못된 중세 기독교적, 민간 신앙적 신념은 시대적·정치적 불안 요소들과 결합하여 400여 년간에 걸쳐서 50만 명에 달하는 여성들을 무참하게 희생시켰다. 교황 요한 바오로 2세가 《기억과 화해: 교회와 과거의 잘못》(2003년)을 발표해서 교회가 하나님의 뜻이라는 핑계로 인류에게 저지른 각종 잘못을 최초로 공식 인정하면서 마녀재판에 대한 잘못도 사죄하였지만, 기독교가 여성의 적이었던 불행한 사례가 아닐 수 없다.

우리나라의 초기 개신교는 여성을 사회적 공간에 불러냄으로써 여성의 자의식을 일깨우고, 여성들이 교회라는 공적 공간에서 사회적 지위를 가지고 일할 수 있도록 했다는 점에서 여성의 의식과 삶에 중요한 변화를 가져온 사례로 볼 수 있다. 19세기 말 우리나라에 전래되는 개신교는 철저한 유교 질서 아래 완고한 가부장제 사회에서 억압되어 있었던 여성들을 교회라는 공적인 사회 공간으로 불러내고, '전도부인'과 같은 선교 활동의 지도자로 일하게 하였다. 또한 교회는 여성들이 근대 교육을 통하여 글을 배우고, 자신의 '이름'을 사용하면서 자의식을 지닌 주체로 성장할 수 있도록 하였다. 교회라는 새로운 공간에서 여성들은 기존의 질서를 교란시킬 수 있는 가능성을 제공받았던 것이다. 그러나 아쉽게도 실현에 있어서는 여전히 현실적 한계를 가지고 있었다. 여성들은 근대적인 공사 이분법 아래 갇히고, 현모양처라는 고전적인 역할론에서 완전히 탈피하지 못했으며, 교회 내 젠더 위계를 극복하지 못하였다.(이숙진, 2006: 56-100) 이런 한계에도 불구하고, 초기 개신교는 여성들에게 전통적인 질서와 새로운 질서가 혼재되고 충돌하는 역동적 장을 제공함으로써 새로운 가능성을 제공했다는 점에서는 제한적이나마 긍정적인 기여를 한 것으로 평가할 수 있다.

기독교의 여성관 다시 보기

인간과 기계의 경계가 모호해져서 새로운 인간, 새로운 기계의 정체성을 규정하는 일을 더 이상 미루어서는 안된다는 긴박한 주장들이 쏟아진다. 그러나 신인류의 탄생이라는 시대의 흐름이 무색하게, 구인류는 아직도 그들의 정체성을 구성하고 있는 남성과 여성이라는 두 개의 성(性)과 관련된 문제에서 자유롭지 못하다.

제10장의 본 논의를 시작하기에 앞서, 이 장에서 주목하고자 하는 주제의 범위를 분명히 해야 할 것 같다. 첫째, 남성과 여성이라는 양성 간의 정의(justice), 양성 평등의 문제의식을 다룬다. 그 이유는 최근 여성과 관련된 담론이 다양한 사회 문제와 연결되면서 확장성을 보여주고 있지만, 양성 평등의 사회적 실현이 여전히 낮은 수준에 머물러 있기 때문이다. 둘째, 여성에 집중한다. 양성 간의 관계 또는 남성과의 비교가 상대적으로 필요할 수도 있겠으나 그보다는 여성 자체에 대한 이해나 평가에 무게를 두고자 한다. 셋째, 기독교(성서)로 제한한다. 기독교가 탄생하게 되는 1세기 이

전에도, 그리고 기독교라는 종교의 경계 밖에서도 여성은 특정한 방식으로 규정되었고, 평가되었다. 그 지난한 역사를 모두 포괄한다는 것은 이 장의 목적에 부합하지 않고 지면의 한계도 있어서, 기독교(성서)와의 연관 속에서 여성에 대한 인식을 고찰하는 것으로 논의를 제한하고자 한다.

기독교 2,000여 년의 역사는 한편으로는 여성이 정의롭게 규정되지 못했던 흔적을 고스란히 반영하고 있으며, 다른 한편으로는 혁명적인 관점으로 여성의 위치를 설정하기도 하였다. 이러한 기독교와 여성 간의 관계의 밑바탕에는 기독교 경전인 성서의 여성관이 자리 잡고 있다. 따라서 이 장에서는 기독교의 핵심 전통인 성서 안에서 여성이 어떻게 이해되었는지 검토하면서 기독교가 양성 평등의 실현을 위해서 어떤 도전과 기여를 할 수 있는지 살펴보기로 하겠다.

살펴봅시다

성서는 기독교 신앙의 규범을 담고 있는 경전(Canon)으로서, 기독교의 신앙 전통 안에서 여성이 어떻게 이해되었는지 살펴보고자 할 때 유용한 기초 자료가 된다. 성서의 문헌들은 교회로부터 정경으로 권위를 부여받는 정경화(Canonization)를 기준으로 한다고 해도 2,000여 년 이전에 형성된 것이므로, 그것을 현대적 관점에서 해석하거나 적용하고자 할 때는 해석학적인 판단을 거치게 된다는 것에 유념할 필요가 있다. 먼저 성서를 여성의 관점으로 읽는다는 것이 무엇인지 소개하고, 방대한 성서의 내용 중에서 논란이 되는 대표적인 본문들을 살펴보기로 하겠다. 마지막으로는 외경에 나타난 여성 이해를 간략히 소개하겠다.

성서 읽기와 해석자로서의 '여성'의 등장

성서 읽기의 세 가지 관점들

성서를 읽는다는 것은 단순히 문자를 스캔하는 과정이 아니라 그 문자들이 갖는 의미를 해석하는 과정이다. 읽는 이가 의식하든지 의식하지 못하든지 해석의 과정은 진행되고 있으며, 그 과정을 의식하는 것이 성서를 읽는 첫 단계라고 하겠다. 다양한 해석의 방식들이 있지만 크게 세 가지 유형으로 정리해 볼 수 있다(피오렌자, 1994: 35-64 참고). 첫째는 성서를 신화적 원형으로 이해하여 신격화하는 관점으로, 성서를 하나님과 동일시한다. 이런 입장에서는 성서에 대한 무조건적 수용을 주장하고, 성서 해석에 있어서는 문자적 해석 방식을 채택한다. 이 관점의 난관은 성서에 대한 문자적 해석의 모순들을 해결하지 못하는 것이다. 둘째는 성서를 역사적 원형으로 보는 것으로, 성서에 대한 비판적 읽기를 시도한다. 이 관점에서는 다양한 비평적 해석 방식이 도입되고 적용된다. 성서 텍스트(본문)가 무엇을 말하고 있는지(what it means)를 밝히는 데 무게 중심을 둔다. 이 관점에서는 역사-비평적, 문학적, 사회-인류학적 분석 방식 등 다양한 학문적 읽기 방법이 개발되고 적용되어, 성서 본문의 역사적, 사회-문화적 배경, 본문 자체의 문학적 특징 연구를 통해서 성서 본문의 의미에 접근한다. 여기서는 해석 방법론이 중요하므로 방법론의 장점과 단점, 공헌할 수 있는 바와 한계점을 평가하는 것이 필요하겠다. 셋째, 성서를 해석학적 원형으로 이해하는 관점으로, 성서를 읽는 해석자에 대해 관심을 가지고 성서와 해석자 간의 상호 소통적 읽기를 추구한다. 이 관점에서는 해석자의 경험과 현실에서 형성된 이데올로기가 해석의 주요 기준이 되기 때문에 해석자에 대한 관심이 중요시되며, 해석자와 텍스트 간의 만남에서 일어나는 사건, 변화, 실천의 역동성을 주목한다.

성서 해석자로서의 '여성'의 현실과 경험에 대한 비판적 인식

해석의 주체자로 '여성'을 새롭게 인식하고 부각시키게 된 것은, 여성 인권 운동을 통하여 여성의 인권과 사회적 지위에 대한 인식이 확대되면서 활발하게 이루어진다. 네오 페미니즘의 영향을 받아서 1960년대 미국에서 여성신학이 활성화되면서, 해석의 주체로서의 '여성'이 부상하고, 여성들의 자의식이 주목을 받는다. 성서 해석에 있어서도 성서의 기록, 해석, 전수의 과정들이 가부장적인 사회 안에서 '남성'에 의해서 주도되었다는 것을 비판적으로 성찰하게 된다. 이러한 인식은 무엇보다도 여성들의 삶이 놓여졌던 가부장적 사회 구조에 대한 비판과 성찰을 가져왔다. 그리고 이러한 남성 중심적이고, 차별적인 사회구조 속에서 왜곡되었던 여성들의 삶의 정황, 즉 여성에 대한 사회적 차별과 억압, 여성들의 사회적 소외 문제를 드러내고 고발하게 된다. 여성신학은 이러한 차별적 상황을 하나님의 정의에 부합하지 않는 것으로 규명해 내고, 여성들에 대한 사회적, 교회적 불의에 대하여 저항한다. 러셀은 이것을 해석학적 순환으로 잘 제시해 주는데, 여성들의 억압의 경험에서 출발하여 그 억압의 사회적 상황을 분석하고, 문제에 대하여 성서 안에서 질문과 답변을 찾아서 삶의 변혁을 추구한다는 것이다.

활동

'여성'의 삶과 경험에 대한 비판적 인식을 담고 있는 문학작품이나 영화를 선택해서 여성들의 삶의 현실과 경험에 대해서 평가하고 서로 의견을 나눠보자.

여성신학의 성서 읽기 방식

성서의 이중성에 대한 여성신학의 고민

여성의 관점에서 기독교 경전인 성서를 읽고자 할 때, 해석자들은 성서에서 여성에 대한 이중적 평가를 만나게 된다. 이것은 구약성서나 신약성서 모두에서 발견되는 것으로, 명백하게는 기원전 5-6세기에서[1] 기원후 1세기에 이르기까지 성서가 형성되는 가부장적 시대 배경과 연관되지만 성서 전통에서 그런 사회적 관습들을 어떻게 인식하고 해석했는지는 논란의 여지를 남기고 있다. 여성 차별을 지지하고 강화하는 것처럼 보이는 성서의 언급들로는 창조 이야기에 나오는 하와에 대한 언급들, 십계명에서 아내를 소유 목록에 언급하고 있는 언급들, 제2바울 서신과 일반서신에 나오는 여성에 대한 차별적 규정과 금지 명령들, 등이 제시된다. 반면에 당대의 여성들의 사회적 지위나 차별에 무색하게 혁명적이고 전복적인 주장들도 존재한다. 구약성서의 예언서들과 같은 해방과 정의의 전통들에서는 뛰어난 지도력으로 민족을 구한 여성 사사들(The Judges), 예언자들의 활동이 전해지고 있다. 복음서가 증언하는 예수의 여성 제자들(또는 추종자들)은 당시의 가부장적 질서 안에서 여성들이 공적 활동에서 배제되었던 것과 달리 공동체 내에서 공적인 리더십을 발휘하며 적극적으로 활동했던 것으로 보인다. 바울의 편지글들은 원시기독교 공동체에서 여성의 지위를 어떻게 규정하고 있는지에 대한 논란을 보여주는 대표적인 사례로 자주 언급되는데, 여성 차별적 언급들과 남녀의 차별없음(평등함)을 선언하는 언급들이 모두 등장한다. 제3장에서 대표적인 본문들을 소개하고자 한다.

성서의 이중적 진술들에 대해서 여성신학이 안고 있는 고민은, 성서가 당대의 가부장적 사회구조 속에서 탄생했다는 것을 인정하고 비판적으로 성찰하는 것이다. 이것은 성서가 탄생하는 시대적 한계와 그것을 극복하기 위한 성서적 전망을 엄밀하게 평가하는 것이다. 또한 성서가 세계 종교인 기독교의 경전으로서 종교적 권위를 가질 뿐만 아니라 정치적, 문화적 영향력을 발휘하고 있기 때문에 이중적 진술들에도 불구하고 성서를 외면할 수 없다는 것이다. 성서가 잘못 해석되어 오용된다면, 그 파급력을 무시할 수 없다. 실제 여성 차별적 언급들을 토대로 여성에 대한 억압과 차별을 정당화했던 사례는 기독교 내·외부에서 쉽게 찾아볼 수 있다. 이중적 본문에 대한 고민은 성서가 개별 문헌들이 아니라 전체로서(성서는 개신

1 성서 기록에 사용되는 개별 자료들은 더 이전에 형성된 것으로 추정되는 것들도 있다.

교 기준으로 66권으로 구성되어 있다.) 정경이라는 교회적 지위(권위)를 갖고 있다는 것이다. 따라서 특정한 관심사를 기준으로 어떤 개별 문헌이나 특정 본문을 제외시키고 받아들이기 어렵다는 것이다. 결국 여성신학은 이러한 고민들을 뒤로 하고, 성서가 여성신학의 준거 텍스트가 될 수 없다는 판단을 하는 경우, 성서를 넘어선 여성신학을 지향한다. 반면에 성서에 대한 재해석을 통해서 성서를 준거 텍스트로 삼고자 하는 경우는 성서를 안고 여성신학을 추구한다. 후자를 대표하는 서구 학자들을 들자면, R. R. 류터는 성서 종교의 해방적, 예언자적 비판과 문화적 왜곡을 구분해야 한다고 보았고, L. M. 러셀은 성서의 핵심을 해방적이라고 보고, 불변하는 전승과 변하는 전승을 구별해야 한다고 주장한다. P. 트리블은 문학비평적 관점에서 배후의 정황(context)를 배제하고 본문 자체가 가부장적인지 비가부장적인지를 스스로 비판하도록 해야 한다고 하였다. E. S. 피오렌자는 성서를 규범적/이념적 원형(archetype)으로서가 아니라 역사적인/기원적 원형(prototype)으로 봐야한다고 주장한다. 따라서 계시는 성서에서 완성된 것이 아니라 현재도 진행하고 있다는 것이다(피오렌자, 1994: 51-56).

여성신학의 성서 해석 지향점

피오렌자는 여성의 관점에서 읽는 성서해석학은 첫째 의심의 해석학이라고 한다. 성서 본문을 무비판적으로 긍정하고 동의할 것이 아니라 본문 배후의 남성 중심, 가부장적 잔재를 의심하고 문제제기 해야 한다는 것이다. 이렇게 함으로써 본문을 새로운 시선으로 바라볼 수 있게 된다는 것이다. 둘째 기억의 해석학이다. 이것은 여성들의 고난의 역사에 대한 기억과 회상을 되살려서 여성들의 역사를 재건하는 것이다. 이러한 시도들의 맥락에서 피오렌자는 초기 기독교 역사의 전승에서 여성의 역할을 재발견하고, 트리블은 구약에서 어머니로서의 하나님 언어를 재건한다. 브루튼은 유대교 회당의 여성 지도자들을 다시 구성해냈다. 셋째 선포의 해석학이다. 성서는 교회 공동체의 거룩한 책으로서 교회 공동체 안에서 선포의 기

활동
세계 종교들 가운데 그들의 사상이나 실천에 있어서 여성 인권을 회복하는데 기여한 사례를 찾아보고 평가해 보자.

능을 한다. 따라서 여성 차별과 여성 억압의 본문을 교회의 공식 선포의 내용에서 제거해야 한다는 것이다. 여성 차별과 억압은 예배 낭독용 성구집이나 교리문답서 등에서 공식 선포되지 않아야 한다. 넷째 창조적 현실화의 해석학이다. 여성해방적 성서 읽기의 결과를 역사적 상상력, 예술적 재창조, 새로운 예배와 의식에 새롭게 도입해서 삶으로 실현시키는 것이다. 곧 삶의 실천과 변혁을 지향하는 것이다(피오렌자, 1994: 54-64).

성서의 여성 이해와 젠더 코드

여자는 열등한 존재로 창조되었다?

여성 차별의 근거로 오용된 대표적인 성서 이야기는 〈창세기〉의 남자와 여자의 창조 이야기가 아닌가 싶다. 〈창세기〉의 인간 창조 이야기는 두 가지 전승이 전해진다. 하나는 1장 1절-2장 4절 전반부(P자료로 불림)와 2장 4절 후반부-3장 24절(J자료로 불림)이다. 1장 26-27절에는 우리가 알고 있는 아담과 하와 이야기가 나오지 않는다. "우리의 형상을 따라 우리의 모양대로 우리가 사람을 만들고... 하나님이 자기 형상 곧 하나님의 형상대로 사람을 창조하시되 남자와 여자를 창조하시고", 여기서는 하나님과 인간(남자와 여자)의 관계를 설명하는 데에 초점이 있다. 또다른 하나는 2장 4절-3장 24절의 에덴동산 이야기이다. 이 이야기 속에서는 남자와 여자의 창조와 뱀의 유혹, 동산에서의 추방 이야기가 전개되는데, 이 본문에 묘사된 여성에 대한 논쟁점은, 1) 여자는 남자로부터 창조되었을 뿐만 아니라, 그 창조의 목적도 남자를 돕는 열등한 존재이다. 2) 여자는 하나님의 명령을 어기고, 남자를 죄에 빠지게 한 근원적 잘못을 범한 죄의 원인이다. 이러한 해석은 정당한가? 〈창세기〉 2장을 근거로 여성의 열등함을 주장하는 이유로는 첫째 남자로부터 여자가 창조되었다는 것이다. 2장 23절은

"이쉬(ish)에서 나왔으니 이샤(isha)라고 하리라."고 언급한다. 최초의 인간 아담(Adam)으로부터 ish와 isha라는 두 존재가 구분된 것이다. 그런데 아담이 남자라고 언급된 적이 없으므로 남자에게서 여자가 창조되었다는 것은 성서적이지 않다. 둘째 여자가 남자의 '돕는 배필'로 창조되었다는 주장이다. 그러나 여기에서 '돕는 배필(ēzer)'이라는 의미는 '하나님이 직접 돕는다'는 의미로, 부수적이고 보조적인 의미에서의 돕는 자를 뜻하지 않는다. 하나님의 도우심을 제공하는 존재를 보내주었다는 의미를 갖는다. 아담을 남자로 이해하고 싶은 경우라면, 선악과를 금지한 명령이 이샤가 창조되기(2:23) 이전 아담에게만 주어졌다는 것을(2:17) 기억해야 한다. 즉 선악과를 먹지 말라는 금지 명령은 남자에게만 주어진 것이라는 점이다. 아담을 남자로 해석한다면, 하나님의 금지 명령을 어긴 것은 남자가 된다. 여자는 논리적으로 볼 때, 하나님에게 금지 명령을 받은 바가 없으며, 따라서 명령을 어긴 것은 아니며, 그에 대한 책임을 져야 하는 것 또한 아니다. 하와를 신의 금지 명령을 어기고, 남자를 죄에 빠뜨린 악녀로 주장하는 것은 논리적이지도 성서적이지도 않은 주장이다. 아담을 인간으로 본다면, 남자와 여자 이전 첫 인간에게 선악과를 먹지 말라는 금지 명령이 주어진 것으로, 인간에게 금지 명령 거부에 대한 책임이 주어진다. 라페이는 여자와 뱀과 남자는 모두 하나님에게 불순종하는 역할을 했고 모두 벌을 받았다고 말하면서 이브를 세상 죄의 원인으로 중상하고 ... 그러한 주장을 옹호하는 것은 성서를 가부장적 편견에 따라서 해석하는 것이라고 일침을 놓는다(라페이, 1998: 52-53).

여자는 잠잠하라 vs 남자나 여자나 그리스도 예수 안에서 차별이 없습니다

신약성서[2] 27권 중에서 13권의 저자로 등장하고,[3] 원시 기독교가 그 첫

2 기독교의 경전인 성서는 구약성서(The Old Testament)와 신약성서(The New Testament)로 구분된다.

3 바울 자신이 직접 쓴 편지는 7편이고, 나머지 6편은 바울의 사상을 계승한 자들에 의해서 쓰여졌을 것으로 평가되고 있다.

발생지인 유대 사회의 경계를 넘어서 비유대권으로 전파되는 데 큰 기여를 했던 바울의 편지글에는 여성에 대한 상반된 견해들이 등장한다. 바울은 한편으로는 "유대 사람도 그리스 사람도 없으며, 종도 자유인도 없으며, 남자와 여자가 없습니다. 여러분 모두가 그리스도 예수 안에서 하나이기 때문입니다."(갈 3:28)라고 선언하여[4], 남성과 여성이 차별이 없다고 분명하게 언급한다. 그러나 다른 한편으로는 "남자의 머리는 그리스도요, 여자의 머리는 남자요, 그리스도의 머리는 하나님이신 것을, 여러분이 알기를 바랍니다."(고전 11:3), "여자들은 교회에서는 잠자코 있어야 합니다. 여자에게는 말하는 것이 허락되어 있지 않습니다. 율법에서도 말한 대로 여자들은 복종해야 합니다. 배우고 싶은 것이 있으면, 집에서 자기 남편에게 물으십시오. 여자가 교회에서 말하는 것은, 자기에게 부끄러운 일입니다."(고전 14:34-35)라고 말한다. 우선 이 본문들이 모두 1세기 가부장적 사회를 배경으로 기록되었다는 것을 기억해야겠다. 이러한 사회적 배경을 토대로 판단해 보면, 〈갈라디아서〉의 주장은 매우 혁신적인 주장이었던 반면에, 〈고린도전서〉의 주장들은 당시 사회의 가부장적 인식을 수용하고 있는 것으로 보인다. 현대의 해석가들은 이 불편한 진실을 해결하기 위해서 나름의 선택을 해왔다. 이 선택은 크게 두 부류로 구분될 수 있는데, 하나는 성서 전통의 가부장적 소산을 인정하는 방향이다. 이 경우 성서는 양성 평등을 지지하는 전거로서의 지위를 잃거나 적어도 그 영향력이 축소된다. 다른 하나는 이러한 여성 차별적 언급들은 당대의 관행을 반영하는 것이지 바울의 의도는 아니라고 주장한다. 후자의 방식은 해당 본문의 맥락에 대한 해석을 통해서, 또는 바울 선교의 정황을 폭넓게 추적함으로써 주장된다.

4 동일한 구절에 대하여 한글성서 개역개정판은 "유대인이나 헬라인이나 종이나 자유인이나 남자나 여자나 다 그리스도 예수 안에서 하나이니라"고 번역하였으나 한글성서 새번역이 그리스어 원문성서에 더 가깝게 번역하였다.

〈고린도전서〉 11장을 여성차별적으로 해석하는데 반대하는 학자들은, 본문이 여신도들이 이방의 여사제들처럼 머리를 풀어헤치고 열광에 빠져 기도하거나 예언하는 것을 금지하려는 목적에서 언급되었다고 주장한다. "여자가 머리에 무엇을 쓰지 않은 채로 기도하거나 예언하는 것은..."(고전 11:5)이라는 구절은 고린도 교회에서 여성들이 이미 남성과 평등하게 대중 앞에서 기도와 예언을 할 수 있었고, 이를 통해서 지도력을 발휘할 수 있었음을 보여준다(다우첸베르크, 1992: 237-238). 바울은 고린도 교회에서 여성들이 남성과 동일하게 성령의 인도를 받아 지도력을 행사하는 것에 대해서 아무런 의문도 제기하지 않는다. 바울은 단지 여성들의 지나친 행동이 오해를 불러일으켜, 공동체의 분열을 가져올 것을 우려하여 이러한 목회적 권고를 하고 있다는 것이다(Meeks, 1983: 220). 이러한 입장에서는, "주님 안에서는, 남자 없이 여자가 있지 않고, 여자 없이 남자가 있지 않습니다. 여자가 남자에게서 난 것과 마찬가지로, 남자도 여자의 몸에서 났습니다. 그리고 모든 것은 다 하나님에게서 났습니다."(고전 11:11-12)라는 바울의 언급에서 여성에 대한 비차별적 입장을 재확인한다고 주장한다. 〈고린도전서〉 14장의 경우는, 공동체의 공적 예배에 여성의 참여가 허용되고 있다는 점을 상기시키면서, 여성에 대한 성적 차별이라기보다는 예배 질서를 어지럽히는 사람들(남자이든 여자이든)에 대한 경고로 해석한다(최영실, 1995: 154-157). 다우첸베르크는 원시 기독교가 초창기에는 남녀 평등적 전망을 가졌으나 바울이후 가부장적인 사회질서를 수용해가는 과정을 겪게 된다고 평가하면서, 바울의 편지들에는 이런 과도기적 상황이 반영되어 있다고 본다. 그는 양성 평등적인 초기 기독교의 사상을 회복하는 것이 양성 평등 시대를 살아가는 교회의 입장이 되어야 한다고 주장한다(다우첸베르크, 1992: 281-284). 바울의 여성 이해는 그의 선교 정황을 통해서도 살펴볼 수 있는데, 그의 편지글에는 여성 동역자들이 자주 등장하며, 그들의 적극적인 후원과 활동이 자주 소개된다. 〈로마서〉 16장에서 바울은 로마 교회에서 중요한 역할을 했던 8명의 여성에게 안부 인사를 전한다. 특별히 뵈뵈(Phoebe, 롬 16:1), 루디아(Lydia, 행전 16:14), 브리스가(Prisca, 롬 16:3-5; 행 18:3; 고전 16:19), 유니아(Junia, 롬 16:7)와 같은 여성들은 고린도 교회와 로마 교회에서 후원자로서, 여성 사도로서 바울과 함께 일했던 초기 기독교 공동체의 지도자들이었다. 스타크(R. Stark)는 다양한 통계와 사회학적 통찰을 통해 바울 공동체 내에서 여성들이 훌륭한 지도력을 발휘했다고 주장한다(스타크, 2016: 195). 바울은 그의 선교 활동에서 여성 지도자들의 도움과 협력을 경험하였다. 이것은 바울이 교회공동체에서 여성의 역할과 지위를 인정하지 않았다면 가능하지 않았을 것이다.

그리스도 안에서, 남자도 없고, 여자도 없다는 바울의 평등 선언은 그리스도와 함께 새로운 질서, 새로운 세상이 시작된다는 바울의 종말론적 확신에서 비롯된다. 여성해방 운동이 20세기 후반에야 본격적으로 시작되었던 것을 생각해 보면, 2,000년 전의 고대인 바울이 자신의 공동체 안에서 남성과 여성의 평등한 사회적 역할과 권리를 주장한 것은 놀라운 일이 아닐 수 없다. 바울이 확신했던 새로운 세상이, 오늘날 양성 평등을 향해 그 길고 험난한 여정을 계속해 나가고 있는 모든 사람들에게, 강력한 희망의 전거가 되길 기대한다.

마르다와 마리아: 여성의 일과 역할 논쟁[5]

두 명의 여성, 마르다와 마리아에 대한 이야기가 〈누가복음〉 10장 38-42절을 통해서 전해진다. 접대하는 일로 분주한 마르다가, 예수의 말씀을 듣고 있는 마리아가 돕도록 해달라고, 예수께 요청한다. 그러나 예수는 마르다에게 "...마리아는 좋은 몫을 택하였다. 그러니 아무도 그것을 그에게서 빼앗지 못할 것이다."고 답변한다. 이 이야기에 대한 전통적인 해석에 따르면, 마르다는 집안일을 돌보는 전통적인 여성의 역할을, 마리아

5 이 부분은 김선정, "누가 10장 38-42절의 여성과 일", 「신학논단」 30(2002):93-111을 정리한 것으로, 자세한 논의는 이 글을 참고하라.

는 초기 기독교 안에서의 새로운 여성의 역할, 즉 예수의 제자가 되는 일을 보여 준다. 예수께서 마르다를 꾸짖고, 마리아의 입장을 변호하였으므로, 접대하는 일(집안 일, 전통적인 여성의 일)보다 말씀을 듣는 것이 중요하다는 것이다. 과연 봉사(접대)는 말씀을 듣는 일보다 열등한가? 다시 표현하면, 소위 여성의 일은 남성의 일보다 열등한가? 기독교는 여성들도 남성의 일을 할 수 있다고 주장하는 방식으로 여성의 권리를 지지하는가?

이 본문을 자세히 읽으면, 전혀 다른 맥락에서 여성의 역할을 평가하고 있다는 것을 알게 된다. 〈누가복음〉이라는 문헌이 1세기 후반에 저술되었다는 것을 기억하자. 접대의 일, 디아코니아(diakonia)는 기본적으로 식탁에서 시중드는 것을 의미한다. 남성과 여성의 활동 영역이 확연히 구분되었던 당시의 관행에서, 이 일은 여성들의 영역에 속한 것으로 간주되었다. 그런데 〈누가복음〉의 저자는 〈누가복음〉 전체에서 디아코니아를 매우 중요한 일로 평가하고 있다(눅 4:39; 8:1–3; 10:8–9; 12:37). 심지어 예수는 자신을 "시중드는 사람"(ho diakonōn)으로 규정한다(눅 22:27). 접대하는/섬기는/시중드는 일(diakoneō)은 당시 사회에서는 사회적으로 지위가 낮은 여성이나 노예가 하는 일이었지만 〈누가복음〉에서는 이러한 가치를 그대로 수용하고 있지 않고 오히려 본받아야 할 행위라고 주장한다(눅 18:14하반절 참고).

문제가 되었던 것은 디아코니아가 아니라 마르다가 많은 일로 염려하고(merimnaō) 걱정하였다(thorubazō)는 것이다. 근심하고 걱정하는 것은 〈누가복음〉이 경계했던 삶의 태도였다.(눅 8:14; 12:22, 25, 29) 필요한 것은 하나뿐이라는 예수의 답변은 마르다의 많은 염려들이 무의미하다는 것을 의미하는 것이지, 그 필요한 일이 곧 마리아가 선택한 일이라는 것을 의미하지는 않는다. 그렇다면 그 필요한 한 가지 일은 무엇인가? 마리아가 선택한 좋은 몫이 아닌가? 그러나 우리는 마르다가 선택한 디아코니아가 결코 '나쁜' 몫이 아니라 그것 또한 '좋은' 몫임을 앞에서 살펴보았다. 결국 마르다의 선택이나 마리아의 선택 자체가 비교의 대상이 되고 있지 않음을 알 수 있다. 다만 마르다의 선택은 지나친 염려와 걱정, 불평으로 말미암아 좋은 몫으로서의 의미를 상실하고 있는 것이다. 따라서 필요한 것은 많은 염려와 걱정이 아닌 다른 사람이 빼앗을 수 없는 좋은 몫을(디아코니아이든 말씀 경청이든) 선택하는 것이다.

이 이야기는 마르다와 디아코니아, 그리고 마리아와 말씀을 듣는 일이 모두 새로운 가치를 획득하고 있음을 보여준다. 당시 사회에서 전통적으로 노예나 여성의 일, 사적 영역의 일로 여겨진 디아코니아의 가치를 공적 영역, 즉 초기 기독교의 매우 중요한 정신으로 다루고 있다는 점에서, 누가공동체는 당시 사회와는 다른 시각에서 디아코니아의 가치를 평가하고 있다. 이것은 또한 그것을 담당했던 여성의 역할에 대해서도 새로운 가치를 부여하는 것이다. 이 본문에서 '마르다의 디아코니아'는 새로운 가치를 획득하고 있다. 마리아의 행위 역시 당시 사회의 여성들에게는 흔하지 않은 일이었다. 당시 그레코-로만 세계의 철학자들이나 유대교의 랍비들은 여성을 제자로 받아들이지 않았다. 여성들이 스승을 따라 그의 가르침을 받는 일은 그다지 일반적인 일은 아니었다. 그러한 일들은 여성의 일로 간주되지 않았다. 이 본문의 말씀은 예수의 말씀을 듣는 마리아를 통해서 이 일이 여성의 일이 될 수 있다는 것을 보여 준다. 마르다와 마리아 이야기는 주변 사회의 가치들을 재평가하고 독자적으로 새 시대를 향해 나아갔던 초기 기독교공동체의 사회적 세계의 한 단면을 반영하고 있는 것이다(김선정, 2002: 93-111).

예수의 여성성과 남성성[6]

기독교의 중심 인물인 예수를 증언하는 복음서들은 각기 특징적인 방식으로 예수를 증언한다. 그 중에서도 〈요한복음〉은 젠더 코드를 사용하여 예수의 신성을 고백하고 있다. 즉 고대 지중해 사회가 여성성/남성성의

6 이 부분은 김선정, "요한복음서에 나타난 예수의 여성성과 남성성", 「신약논단」 24권 1호(2017. 봄):113-142를 정리한 것으로 자세한 논의는 이 글을 참고하라.

상징으로 여겼던 사회-문화적 가치들을 예수의 정체성 규명에 적용하고 있다는 것이다.

첫째, 고대 사회에서 남성성을 상징했던 지배력/통제력과 남성답지 못함(또는 여성성)을 상징했던 종속/복종의 가치가 요한의 예수를 묘사하는데 매우 특징적으로 나타난다. 아버지와 아들의 관계 속에서 그려지는 〈요한복음〉의 예수상은 1세기 그레코-로만 지중해 사회의 남성성을 표방한다. 아들은 가부장인 아버지의 권위를 전적으로 위임받고 아버지와 하나로 일치됨으로써 가부장으로서, 아버지로서 권한과 권위를 행사하는 남성성을 확보한다. 그러나 이 남자다움은 아버지에게 철저하게 종속됨으로써만 가능하다. 아들은 종속이라는 남자답지 못함(여자같음)을 수용하고 받아들임으로써 그 권한과 권위의 계승을 보장받는다. 요한공동체는 이 종속성 속에 그 당시 사회의 여성성을 표방했던 젠더 코드를 반영하였다.[7] 권위에 도전하고, 그를 극복하고 이김으로써 승리하고 쟁취하는 남성성이 존경받던 고대 세계에서, 철저한 복종/종속에 토대한 권위의 획득은 독특하고 이례적이다. 게다가 흥미로운 것은, 이 지배와 복종의 관계가 대립적이거나 경쟁적이지 않고 서로를 지탱하는 상생적인 것으로 묘사된다는 것이다. 〈요한복음〉에서 예수의 권위가 아버지의 권위에 근거하고 있다는 점에서 당시 사회의 남성적 젠더 코드를 사용하고 있지만, 이 권위를 보장하는 결정적인 것이 종속과 복종이라는 여성적 젠더 코드라는 점에서 이 두 가지 가치는 서로를 지원하는 상생적 관계로 설정되어 있다고 볼 수 있다.

둘째, 〈요한복음〉은 예수를 하나님과 하나라고 고백하는데, 이것은 예수에게 최고의 남성성을 돌리는 것이다. 신성이라는 것은 그레코-로만 젠더 담론의 관점에서는 완전함을 주장하는 것으로, 이상적인 남성, 완전한 남성, 진짜 남자를 넘어서는 최고의 남성성의 표지이다(Conway, 2003: 168).

---

7 종속성과 여성성의 연결은 1세기 지중해 사회의 가치이며, 현대 페미니즘의 관점에서는 이 둘의 연결 자체를 거부한다.

그러나 흥미로운 점은 예수의 신성 묘사가 단순히 남성성을 구현하는 방식으로만 이루어지지는 않았다는 것이다. 요한의 예수는 야웨의 자기 계시 공식인 ego eimi를 사용하여 자신의 정체성을 드러낸다. 〈출애굽기〉 3장 14절에서 야웨는 모세에게 자신을 "I am who I am(ego eimi)"이라고 소개하는데, 요한의 예수는 바로 이 문구를 자신이 아버지와 하나라는 것을 주장하는데 사용하는 것이다. 이러한 방식은, 아버지로 지칭되는 야웨와의 일치를 주장하는 하나의 방식으로써, 예수 신성의 남성적 이미지를 지지한다. 그런데 예수의 신성에 남성적 이미지를 부여하는 ego eimi 다음에 나오는 단어들을 살펴보면 흥미로운 특징을 발견하게 된다. '나는 생명의 빵이다'(요 6:35), '나는 세상의 빛이다'(요 8:12), '나는 ... 문이다'(요 10:7), '나는 ... 목자다'(요 10:11), '나는 부활이요 생명이다'(요 11:25), '나는 길이요, 진리요, 생명이다'(요 14:6), '나는 참 포도나무다'(요 15:1) 등등, 예수를 설명하는 명사들이 주로 여성 명사[8]로 이루어져 있다. 포스터는 생명, 빛 등이 지혜를 연상시키고 있다는 것에 주목하여, 이것이 남성적인 로고스 예수와 여성적인 지혜 예수를 연결시키는 것이라고 주장하였다(Foster, 1990: 198-202). 예수의 신적 정체성을 설명하는 데 여성 명사를 사용하고 있는 또 다른 경우들도 있다. 특별히 서막 부분에서, 예수의 신성 안에서 모든 사람에게 빛이 되는 '생명'이 나고, '영광'이 보이고, '은혜'와 '진리'가 '충만'하다. 예수의 신성을 묘사하는데 사용된 여성 명사들은 대부분이 그레코-로만 사회의 주요 미덕들(virtues)이었고, 신격화되어 숭배되었다. 특별히 이러한 덕목들은 많은 경우 여성 신으로 형상화되었다.[9] 또한 예수 신성의 여성성을 주목한 가장 전통적인 시도는 유대 지혜 전승에서 여성으로 의인화된 소피아와의 관계를 다룬 것이다(Gross, 1981: 183-193).

셋째, 고대 그레코-로만 지중해 사회에서 남성성의 특징 중 하나는 스

---

8 신약성서는 그리스어로 기록되었기 때문에 그리스어의 여성 명사를 뜻한다.

9 영원(Aeternitas), 풍요(Abundantia), 믿음(Fides), 관용(Libralitas), 자유(Libertas), 경건(Pietas), 등이 신으로 숭배되었다.

스로 자신의 '몸'의 안위를 지키는 것이었다. 폭력이나 기타 외부의 힘에 의해서 해를 입지 않는 것은 남성이 스스로 자신을 지킬 수 있는 능력을 보여주는 것으로 남성성의 한 특징을 이룬다. 따라서 외부의 폭력에 대항하여 자신의 몸을 지킬 수 없는 '연약함'은 남자답지 못한 것, 또는 여성적인 것으로 간주되었다(Gleason, 2003: 326). 이러한 관점에서 볼 때, 체포당하고, 채찍에 맞고, 조롱당하고, 경멸받고, 가시관을 쓰고, 최종적으로는 십자가에 매달려서 처참하게 죽음을 맞이하게 되는 예수의 수난과 죽음은 예수의 무기력함, 연약함을 그대로 보여주는 것으로, 고대 젠더적 관점에서 본다면 남성적이지 못한 것이었다. 특별히 〈요한복음〉에서만 언급되는 본문들, 즉 죽음을 확인하기 위해서 무릎을 꺾는다든지(요 19:32), 병사가 예수를 창으로 찔렀다든지(요 19:34) 같은 신체 훼손에 대한 언급들은 몸의 파괴를 직접적으로 언급함으로써 스스로를 돌보지 못하고 희생당하는 연약함을 강화시킨다. 예수는 남자답지 못하게 '힘없고 연약한' 모습으로 죽어간다. 즉 이 수난 이야기의 큰 흐름은 여성적 젠더 코드에 속한다고 볼 수 있다.

그러나 요한공동체는 이러한 남자답지 못한, 여성적 코드의 예수의 수난과 죽음을 역전시키는 다른 전망을 제시한다. 그것은 두 가지 방식으로 전개되는데, 하나는 이 무기력한 수난과 죽음이 예수의 신성을 회복하는 영광의 때에 속한다는 것이다(Bauckham, 2015: 58-61). 이것은 육체의 죽음이야말로 완전한 신성을 위한 필요조건이라고 보는 고대 로마의 사상을 토대로 이해할 수 있다. 고대 로마인들은 인간이 육체를 벗은 후, 곧 죽은 후에야 비로소 완전한 신성을 획득할 수 있다고 믿었다. 요한공동체의 이러한 사상은 '연약함'에 완전히 다른 가치, 곧 승리와 영광으로 표현되는 남성성을 부여하였다. 두 번째는 폭력적인 수난과 죽음이 타인에 의해서 가해지는 것이 아니라 예수 자신이 스스로 주도해 나가고 감수해 나가는 것으로 묘사하는 것이다. 요한복음서 수난 묘사의 독특성인 예수의 주도성은 남성적 코드를 반영한다(요 12:27; 18:4-9, 23; 19:28-30).

1세기 지중해 사회에서 여성성은 남성성과 비교해서 종속적이며 열등한 것으로 평가되었다. 남자가 여자 같다는 것은 수치스러운 일이었으며, 따라서 이상적인 남성으로 인정받고자 하는 경우는 여자의 일을 해서는 안 된다고 생각하였다. 이러한 평가에도 불구하고 요한공동체가 예수를 설명하는 데 있어서 당시 우월한 것으로 간주되었던 남성적 표상만으로 설명하지 않고, 열등한 것으로 여겨졌던 여성적 표상들을 사용하였다는 것은 흥미롭다. 1세기 그레코-로만 지중해 사회에서 여성성이 상대적으로 평가절하 되었음을 고려한다면, 자신들의 공동체에서 매우 중요한 의미를 지닌 예수라는 인물의 정체성을 묘사하는 데 있어서, 당시 사회에서 폄하되었던 여성적 특성을 과감하게 주요 특징으로 제시했다는 것은 주목할 가치가 있다. 요한공동체의 이러한 입장은 요한공동체가 젠더 코드에 대한 당시의 가치판단을 그대로 추종하고 있지 않았다는 것을 보여주는 것이다. 남성성의 가치를 우월하게 판정했던 1세기 지중해 사회의 전망에 비추어보면 여성적 코드를 매우 중요하게 여겼던 것으로, 여성성으로 더 기울어져 있었던 것으로 보는 것이 정당할 것이다(김선정, 2017: 113-136).

신약 외경(영지주의)에 나타난 여성

영지주의

기독교 경전 전통에는 흔히 우리가 성서라고 부르는 정경(Canon) 전통 이외에 외경(Apocrypha) 전통이 있다. 구약 외경의 경우는 알렉산드리아 정경 전통에 포함되어 있기 때문에 가톨릭교의 경우 이를 제2경전으로 지칭하여 그 권위를 인정하고 있다.[10] 신약 외경(Apocryphal New Testament)을 신약

10 개신교회는 팔레스틴 정경 전통을 따르고 있어서 구약 외경이 정경에 포함되어 있지 않다. 그러나 개신교회와 가톨릭교회가 공동으로 번역한 우리말 성서 공동번역에는 외경(제2경전) 문서들이 포함되어 있다. 토비트, 유디트, 솔로몬의 지혜, 바룩, 예레미야의

정경 문서와 유사한 형식 및 내용을 지니고 있지만 신약 정경에 포함되어 있지 않은 다수의 문서들을 가리킨다. 도마복음, 유다복음, 마리아복음, 피스티스 소피아 같은 영지주의 문헌들이 신약 외경에 포함된다.

영지주의(Gnosticism)는 2-3세기 '영지' 개념을 중심으로 발달한 사상을 지칭한다. 영지주의에서는 선한 정신 세계와 악한 물질적 세계를 이원론적이고 대립적인 것으로 설정하고, 얄다바오스/데미우르고스(Yaldabaoth/Demiurgos)같은 하등한 신이 세상을 창조했다고 주장한다. 인간은 악한 물질 세계에서 벗어날 때 구원을 받는데, 악한 물질 세계에서 벗어나기 위해서는 신의 빛을 깨닫는 것, 즉 영지(gnosis)를 통해 깨달음을 얻는다고 본다. '영지'는 이성적 지식이 아니라 직관적인 '깨달음'이나 '통찰'에 가깝다. 영지주의에서 자신을 안다는 것은 인간의 본성과 운명을 아는 것을 뜻하며, 가장 깊은 수준에서 자신을 안다는 것은 동시에 하나님을 안다는 것을 의미한다. 영지주의에 관한 간접자료로는 기독교 초기 교부들의 영지주의 반박글이 있고,[11] 대표적인 직접 자료들로는 1945년 이집트 나그 함마디에서 발견된 곱틱어로 기록된 총13권 52편의 논고들(Nag Hammadi Library)을 들 수 있다.

영지주의 문헌들에 나타난 여성 이해

초기 기독교 교부들의 영지주의 반박은 영지주의 공동체에서 여성들이 긍정적이고 중심적인 역할을 했음을 보여준다. "그 여자들은 감히 가르치고 토론에 참여하며 구마와 병을 고치는 체하더니만, 세례를 주는 일에도 주저할 줄 모르지 않는가?"(터툴이아누스) "성찬식 기도를 드리고 의식을 진행하도록 여자들에게 컵들을 건네주었다."(이레네우스) 이러한 교부들의 언급들은 여성들이 세례를 주고 성찬식을 집례하는 공적 일에 참여하고

편지, 마카비서 상, 마카비서 하, 수산나, 세 청년의 노래, 벨과 용(뱀), 에스더 속편, 벤시락(집회서), 에스드라서 상, 에스드라서 하, 므낫세의 기도로 구성되어 있다.

11 이레네우스, 『위명을 가진 영지 사상에 대한 고발과 논변』; 히폴리투스, 『논박서』; 에피파니우스, 『파나리온』 등

있음을 보여준다. "구주는 우리들 이상으로 그녀를 사랑하셨던 것이오. 그래서 다른 제자들은 마리아의 가르침을 받는 것을 찬성하고"(『마리아 복음』) 여기서는 마리아와 베드로를 경쟁 관계로 묘사한다. 또한 여성형으로 표현된 많은 신적 존재들이 있다고 전한다. 카리스(은혜), 소피아(지혜), 시게에(침묵) 등. 신을 남성적 속성과 여성적 속성의 한 쌍으로 표현하기 때문에 여성적 속성의 신성에 대한 묘사가 많다. 신적 어머니에 대한 묘사도 등장하는데, 신적 어머니를 영(성령)으로 묘사하기도 한다. "보이지 않고, 순결하고, 완전한 영의 모습이다. 어머니-아버지(matropater)... 그녀는 모든 것의 어머니가 되었다."(『요한의 비밀서』)

그러나 다른 한편으로 영지주의의 성차별 경향이 논란이 되기도 한다. 공동체에서 여성들이 활발히 활동했음에도 불구하고 현존 자료들에는 여성 영지주의 교사에 대한 언급이 없다. 영지주의 복음서의 대표인 도마복음서에는 "모든 여자가 자신을 남자로 만들면 천국에 들어갈 것이기 때문이다"(도마복음 114). "여자에게서 태어나지 않은 자를 보면 땅에 엎드려라. 그를 경배하라"(도마복음 15). 육체나 성교, 출산과 연관하여 여성에 대한 부정적인 묘사를 하고 있으며, 욕정과 여성을 동일시하여 거부한다. 온전자를 아는 여자로 묘사된 막달라 마리아는 성교와 출산을 거부한다. 『구세주와의 대화』에서는 "여자가 없는 곳에서 기도하라"고 한다. 최고의 신은 양성적이 아닌 '아버지'로 묘사되며, 양성으로 묘사되는 것은 신으로부터 나온 유출들이다. (『요한 외경』) 여성적 이미지의 신 소피아의 타락으로 얄다바오트(데미우르고스)가 탄생해서 그에 의해서 어리석고 탐욕스러운 암흑의 물질 세상이 창조되었다는 타락한 소피아 신화를 가지고 있다.(아라이 사사구, 1993: 243-275 참고; 페이걸스, 1997: 112-146 참고)

활동

기독교 경전 전통 안에 나타난 다양한 여성들에 대한 이야기를 발굴하고, 그 이야기들에 드러난 여성에 대한 인식과 사회문화적 배경을 평가해 보자.

기독교는 물론이고 주변 종교와 사회에 영향을 끼친 영지주의는 한편으로는 여성들의 활발한 활동이나 신성에 대한 빈번한 여성 이미지 사용을 보여주고 있다. 그러나 다른 한편으로는 여성 지도자의 부재, 여성을 육체, 성적 욕망, 출산 등과 부정적으로 연관시키는 경향, 부정적인 여신 이미지 생성(소피아의 타락신화) 등의 특징을 보이고 있어서, 영지주의의 여성 이해에 대해서는 보다 주의 깊은 평가를 내려야 한다.(수잔네 하이네, 1998: 169-198 참고; 퍼킨스, 2003: 261-279 참고)

정리해봅시다

기독교는 역사 속에서 때로는 여성의 적으로 등장하기도 하고, 또 때로는 여성의 동지로 등장하기도 한다. 이 이중적 역할은 기독교 전통의 핵심이 되는 경전(성서)의 해석으로부터 비롯되었다. 경전의 해석은 해석자의 정체와 이데올로기로부터 영향을 받는다. 여성의 관점은 성서 텍스트가 고대 가부장적 세계관을 배경으로 형성되었음을 비판적으로 성찰한다. 강력한 가부장적 세계 속에서 성서가 어떻게 그 세계를 반영하고, 또 그것을 거부해왔는지 그 대표적인 본문들을 살펴보았다. 여성신학적 해석가들이 직시하였듯이 기독교의 정경인 성서는 종교적, 정치적, 사회적, 문화적으로 큰 영향력은 발휘해왔다. 성서의 본문들이 의도적이든 아니든 잘못 해석되었을 때, 그것은 인류에게 재앙으로 경험되었다. 특히 여성들과 사회적 약자들에게 부당하게 적용된 경우에는 더더욱 그러하다. 성서가 추구했던 세계, 하나님의 사랑과 정의가 임하는 세상, 하나님의 통치는 언제나 사회적 약자들을 지지하고, 그들을 보호하고, 그들의 권리를 신의 이름으로 지키는 것이었다. 성서는 늘 이러한 세계를 꿈꾸고 지향해 왔으며, 이러한 세상의 도래를 방해하는 압제와 억압을 거부하고 저항하였다. 성서는 늘 자유와 해방을 꿈꾼다. 오늘도 가열차게 차별없는 세상을 꿈꾸는 여성들에게 성서가 희망의 전거가 되기를 바란다.

토의해봅시다

공부를 위한 토론 주제들

1. 여성의 삶의 현실과 경험을 해석의 전거로 삼다는 것은 어떤 의미에서 중요한지 토의해 봅시다.
2. 성서의 여성 차별적 본문들을 사용하여 여성들을 억압해온 역사적 사례를 조사하고 평가해 봅시다.
3. 성서의 양성 평등적 본문들을 사용하여 여성의 인권을 지지하고 발전시킨 사례를 조사하고 평가해 봅시다.
4. 성서의 이중적 본문을 다루는 여성신학의 방식을 평가하고 토의해 봅시다.
5. 남성과 여성의 차별없는 세상을 만드는 데 기독교/성서는 어떤 기여를 할 수 있는지 토의해 봅시다.

더 읽을거리

- 강남순. (1998). **페미니즘과 기독교**. 서울: 대한기독교서회.
- 살리, 사라. (2009). **주디스 버틀러의 철학과 우울**. 김정경 역. 서울: 앨피.
- 피오렌자, E. S. (1986). **크리스찬 기원의 여성 신학적 재건**. 김애영 역. 서울: 종로서적.
- 한국여성신학회 편. (1995). **성서와 여성신학**. 서울: 대한기독교서회.
- 한국여성신학회 편. (2018). **혐오와 여성신학**. 서울: 동연.

11장

신(神)은 불안한 인간들의 심리적 투사, 실화인가?

목적

- 종교의 심리학적 이해는 종교적 폭력으로 포장된 인간 내면의 불안과 수치심을 살펴보도록 돕는다.
- 무의식적 죄책감과 원죄(原罪)에 대한 정신분석적 해석을 통해 신(神)과 인간의 심리적인 관계를 새롭게 진단해 본다.
- 기독교의 성육신 교리는 수치심으로 괴로워하는 인간들에게 심리적인 치유 모형을 제공한다.

시작하는 질문

- 종교는 불안 심리의 투사라는 접근을 어떻게 이해할 것인가?
- 인간은 모두 죄인이라는 기독교 원죄 교리에 대한 현대적인 대안은 무엇인가?
- '죄짐 맡은 구주'라는 예수와 친구가 되는 방법은 무엇일까?

개요

이 장은 종교로 포장된 폭력이나 강박성을 비판적으로 해석해온 정신분석학의 주장을 살펴본다. 정신분석학이 다루는 죄책감이나 수치심, 자아 정체성 등은 종교의 중요한 주제이기 때문이다. 이 장은 원죄 교리를 믿기 어려워하는 현대인에게 수치심이라는 새로운 종교 감정을 통해 예수의 역할에 대한 심리적인 이해를 도모한다.

핵심어

프로이트(Freud) | 에릭슨(Erikson) | 정신분석학 | 죄책감 | 수치심 | 원죄 | 성육신

생각해봅시다

목사는 왜 법당에 오줌을 쌌을까?

2012년 8월 20일경 울산광역시의 한 40대의 전직 목사 A씨가 대구광역시 동화사에 난입해서 대웅전에 있던 법화경과 선문절요 등 불경 8권을 찢고 인근 산신각에서는 탱화와 벽화에 사인펜으로 욕설을 적는 등 낙서를 한 것으로 드러났다.

뿐만 아니라, A씨는 신발을 신은 채 불단 위를 돌아다니며 불교용품인 청수 그릇에 소변까지 봤던 것으로 밝혀졌다. 이는 법당의 CCTV에 고스란히 찍혀서 체포되었는데, 조사 과정에서 "불경에 헛된 것이 적혀 있어서 훼손했다."고 진술했다.

전직 목사의 훼불 행위는 여기서 끝나지 않고, 경찰조사 중 여죄가 있는 것으로 드러났다. 울산의 한 가톨릭 성당에서 성모상을 넘어뜨리고 소변을 본 후 다시 침입하여 성모상의 몸과 얼굴에 자신의 대소변 배설물을 묻히는 몹쓸 짓을 했다는 것이다. 심지어 A씨는 조사과정에서 "성령이 이끄는 대로 행동했다."고 말한 것으로 전해졌다.

이 훼불 사건은 이후 2012년 9월 21일자 SBS 방송의 〈궁금한 이야기 Y〉에서 '목사는 왜 법당에 오줌을 쌌을까?'라는 제목으로 방영되었다. 이 방송 프로그램은 다소 이해하기 힘든 인간 행위의 배후를 전문가에게 문의하는 형식을 취하고 있다. 그렇다면, A씨가 언급한 '성령에게 이끌린 행동'을 어떻게 해석할 수 있을까?

방송 프로듀서는 도저히 믿기 어려운 종교인의 기괴한 행동의 원인을 전문가에게 물었다. 방송에 출연한 한 종교심리학 전문가는 A씨의 훼불 행위를 오직 '성령에게 이끌린' 종교적인 행위였다고만 보기는 어렵다고 밝혔다.

A씨가 자신의 행동을 파괴적인 범법 행위라고 여기지 못할 만큼, 무엇인가에 홀린 듯 행동을 취한 것은 이유가 따로 있다는 것이다. 전문가는 오히려 A씨 내면에 도사리고 있는 심리적인 보상을 눈여겨보아야 한다고 강조했다.

이 전직 목사의 신앙이력과 배경을 살펴보면 그가 심리적으로 매우 불안한 상태였음을 쉽게 알 수 있기 때문이다. 그는 원래 울산의 어느 유명 교회에 부목사로 초빙되었고, 그 교회의 담임목사는 그에게 몇 년 봉사하면 자신이 은퇴하고 담임목사직을 물려주겠다고 약속하였다는 것이다.

그러나 그가 담임목사보다 설교와 목회를 비교적 잘 감당하였고, 교인들의 마음이 점점 그에게로 기울자 담임목사는 그를 시기하기 시작했다. 결국 담임목사는 그를 대놓고 비난하고 교인들과 분리시키기 시작했으며, 새로운 후임 목사를 초빙했다. 결국 그는 처절한 배신감과 버려짐의 느낌을 경험했을 것이다.

그의 가정 배경은 어떠했을까? 그는 부모나 형제자매로부터 튼실한 지원과 지지를 받고 있었을까? 그렇지 못했다. 그의 아버지는 불교신자였다. 목사인 아들은 아버지가 기독교로 개종하도록 여러 노력을 다했지만, 허사였다. 아버지는 대놓고 목사인 아들의 기독교 신앙을 조롱했으며, 불교 신앙을 고수했다.

그의 훼불행위는 어쩌면 자신의 심리적인 불안과 수치심에 대한 보상행위처럼 작용했는지 모른다. 자신의 존재를 비참하게 만드는 아버지는 그로 하여금 그를 안전하게 지켜주고 지원해 주는 따뜻한 신(神)의 이미지를 가지는 것을 어렵게 했을 가능성이 높다.

훼불사건이나 불교 사찰이나 불교 정신으로 세워진 대학교 등에서 공격적인 선교활동을 하는 이들의 심리를 살펴보면, 극심한 불안이 도사리고 있을 수 있다. 이들의 공격적인 행위는 종교적으로는 '충성스러운 행위'다. 하지만, 더욱 깊숙한 내면에는 "이 정도라면 하나님이 나를 지켜 주실 거야."라는 보상심리가 작용하기 때문이다.

종교의 심리학적 이해

종교를 연구하는 학자들은 종교적 체계나 신념, 혹은 종교적 경험을 자신의 방식으로 정의하고 해석해 왔다. 어느 명망 있는 종교사학자나 종교현상학자라 할지라도 이러한 자신의 정의와 해석이 보편적이라고 주장하는 것은 결코 쉬운 일이 아니다. 종교는 분명히 인류 역사를 통해 특별한 역할을 해왔고, 단순하게 한 가지 방식으로 이해할 수 없는 복잡성과 다양성을 동시에 지니고 있기 때문이다.

일단 종교를 중점적으로 연구하는 학문 영역을 짐작해 보자면, 주로 종교학, 신학, 문헌학, 역사학과 같은 인문학(humanities)일 것이라고 단정하기 쉽다. 그렇다면, 종교라는 연구 영역을 심리학의 중심 주제로 연결시키는 일은 가능한 일일까?

최근 심리학은 인지생물학이나 생리학에 비견할 만큼 과학적인 면모를 갖추고 있어 종교현상을 중심적인 연구주제로 삼는 일은 지극히 비상식적인 일처럼 보인다. 하지만 19세기 말부터 시작된 독립된 심리학 분야의 연구주제를 살펴보면 이런 비상식이 상식으로 통했던 점을 발견할 수 있다.

1873년 하버드대학교에서 해부학, 생리학을 처음 강의했던 미국의 대표적인 철학자 윌리엄 제임스(William James)는 1875년 돌연 심리학을 강의하면서 『심리학의 원리』(*Principles of Psychology*)를 집필하기 시작했다. 장장 1,400페이지에 달하는 이 책은 12년이 걸려서야 1890년에 출간되었다.

다시 1880년 하버드대학의 철학과 교수로 자리 잡은 James는 1907년 은퇴할 때까지 미국의 실용주의 철학의 창시자로 명성을 떨쳤다. 그가 1902년에 완성한 『종교적 경험의 다양성』(*The Varieties of Religious Experience*)은 종교심리학 분야의 필수적인 교과서가 되었다.

제임스가 하버드대학교에서 심리학과 철학을 가르칠 때, 그에게 사사한 학자들 중에는 종교심리학 분야의 초창기 개척자들이 즐비하다. 제임스의 지도하에 하버드대학교에서 심리학 전공자 최초로 철학박사(Ph.D.)를 취득한 홀(G. Stanley Hall)이 대표적인 인물이다. 그의 심리학 연구주제는 놀랍게도 모두 종교현상에 관한 것이었다.

홀은 미국심리학회(American Psychological Association)를 창시하고, 초대회장을 지낸 인물로 심리학이 미국 내 독립적인 학문체계를 갖추도록 하는 데 결정적인 역할을 하였다. 뿐만 아니라, 미국 매사추세츠 주 클라크대학교(Clark University)의 초대총장으로 클라크 종교심리학 대학원을 만들고, 1909년 지그문트 프로이트(Sigmund Freud)를 개교 20주년 기념 강좌에 초청하여 정신분석학을 미국 내에 소개하는 데 기여하기도 했다.

하지만, 1900년대 초 프로이트가 정신분석적인 틀을 가지고 인간의 종교경험을 해석하면서, 북미에서의 종교에 대한 심리학적 이해는 다소 병리적인 방향으로 흐르게 된다. 이는 이전 철학자 제임스가 종교경험에 대한 실용주의적인 접근을 시도했던 것과는 극명한 대조를 이루게 된다.

살펴봅시다

강박행동과 종교적 행위

프로이트는 대표적인 근대 무신론자 중 하나다. 특히나 그는 기독교에 대한 반감이 컸던 이론가였다. 그가 비판한 종교에 대한 문헌을 보면 원죄에 시달리는 기독교인에 대한 분석이 자주 등장한다. 프로이트가 종교에 대해 관심을 가지게 된 것은 참으로 운명적이었다. 그는 로마 가톨릭교회가 국교였던 오스트리아 비엔나에서 거의 평생을 살았던 유태인이었다.

비엔나 의과대학 의학도로 생리학 교수가 되길 소망했던 프로이트에게 유태인이라는 출신성분은 악재로 작용했다. 그를 아꼈던 지도교수는 솔직하게 유태인은 비엔나대학의 교수로 임용될 수 없음을 통보하고 일찍부터 개업의로 나설 것을 권고하였다. 지도교수의 고언대로 프로이트는 비엔나 시내 자택에서 닥치는 대로 신경증 환자들을 진료하기 시작했다.

그가 만난 초기 환자들의 대부분은 여성이었고, 유독 강박증에 시달리는 신경증 환자들이 많았다. 그가 종교에 대해 저술한 초창기 문헌들을 보면, 처음에 그가 종교에 관심을 갖게 된 것은 종교 그 자체에 대한 관심 때문이라기보다 그가 진료하던 강박증 환자들의 증상에서 종교인들과 비슷한 행태를 발견했기 때문이라고 밝히곤 했다.

그중 1907년에 저술한 '강박 행동과 종교적 행위'라는 소논문이 전형적인 작품이다. 프로이트의 눈에는 자신이 치료하는 신경증 환자들이 마치 종교인들이 가지는 죄책감과 신에게서 느끼는 공포불안을 겪고 있는 듯 보였다. 프로이트는 종교인들의 예배행위와 비슷한 의식이 자신이 진료하는 강박증 환자에게서도 발견되었다고 적고 있다(프로이트, 1907).

강박증 환자들은 밤에 홀로 잠자리에 드는 것이 엄청난 불안과 공포로 다가오기 마련이다. 그들은 이러한 자신의 불안을 보상할 수 있는 신경증적인 의식을 만들어낸다. 자기 전에 침대를 정리한다든지, 속옷도 특별한 색깔로 맞추어 입고, 음악과 조명을 특별하게 만들기도 한다.

이러한 의식은 신경증 환자들에게 마치 종교인들이 예배의식을 절대적으로 여기는 것과 같이 중요하게 기능한다. 환자들은 점점 이러한 의식에 과민하게 집착하게 되고, 이러한 의식을 어기게 되는 날에는 어김없이 감당할 수 없는 공포와 불안을 경험한다.

프로이트가 21세기를 살고 있다면, 간혹 한국의 개신교회 신자들이 40일 동안 특별새벽기도회를 작정하고 참석하는 현상을 어떻게 해석할까? 39일까지 충실하게 지각 한 번 하지 않고 참석하던 한 신자가 마지막 날은

늦잠을 자서 참석하지 못했다고 가정해 보자.

그 신자의 심중에는 어떠한 일들이 일어나게 될까? 만약 그 사람이 평정심을 잃고 걷잡을 수 없는 죄책감이 엄습하면서, 더 나아가서는 신(神)으로부터 받을 처벌을 두려워하기 시작했다면, 프로이트는 어떤 진단을 할까?

누구나 전날 조금 더 일찍 잠자리에 들지 못했던 것을 후회하거나 마지막까지 완주하지 못한 아쉬움 등이 밀려오는 것은 인지상정이리라. 그런데 갑자기 하나님으로부터 불안한 기운을 감지하거나 혹시 자신에게 엄청나게 불행한 일이 찾아오리라고 걱정하는 마음이 생긴다면 그 심리적 기원을 약간 의심해 보아야 한다.

이는 프로이트가 기독교인에게 예배라는 의식행위가 신앙과 믿음을 표현하는 과정이라기보다는 심중 깊은 곳에 있는 불안을 보상하는 행동이었다고 지적한 것과 무관하지 않기 때문이다. 그렇다면 종교인들이 예배의식에 참석하지 못하여 불안에 대한 보상이 충분치 않으면, 바로 처벌공포에 대한 강박증이 생겨난다는 설명이 설득력을 얻게 된다.

이에 프로이트는 종교 행위가 신의 처벌에 대한 공포와 죄책감을 끊임없이 보상하려는 과정이라고 확신하고, 신앙은 결국 강박에 불과하다고 결론을 내렸다. 기독교인들에게 원죄라는 교리는 바로 이 강박적인 죄책감이 그 뼈대를 이루고 있다고 여겼다. 결국 프로이트는 종교 그 자체가 집단적인 강박신경증이라고 강한 확신을 가지게 되었다.

활동
프로이트가 지적한 것처럼 현대 종교인들의 강박적인 행동의 사례들을 찾아보자.

프로이트가 이해한 원죄는 살인죄?

여러 해 전에 연세대학교의 〈기독교의 이해〉 강의를 개설하면서, 종교에 대해 심한 알레르기반응을 일으키는 무신론자 대학생들의 심리를 이해하려고 여러 가지 보고서를 받아본 적이 있다. 기독교가 가진 교리 중 대표적인 몇 가지를 소개하고, 가장 거부감을 가지게 되는 교리를 순서대로 꼽아보도록 하고 그 이유를 묻는 설문을 했다.

학생들이 꼽은 거부감이 가장 적은 교리는 성육신 교리였다. 하나님이 세상을 이처럼 사랑하사 인간의 모습으로 독생자를 보내셨다는 것은 별 무리 없이 받아들일 만한 것 같았다. 신학적으로 가장 복잡하고 설명하기 어려운 교리인데도, 비기독교인들이 받아들이기에는 별반 어려운 내용이 아니라는 것은 예상 밖의 결과였다.

반면에 가장 많은 학생들이 격렬하게 거부감을 가지고 있는 교리는 바로 인간의 원죄(原罪)에 관한 교리였다. 학생들은 왜 태어나기도 전에 그들이 죽을 수밖에 없는 죄를 지었다고 주장하는지 당최 이해할 수 없다는 반응이었다.

또한 적지 않은 학생들이 아담과 이브의 타락 이야기를 그대로 믿는 순진한 기독교인들을 도대체 이해할 수 없다고 부가설명을 달기도 했다. 자기들이 짓지도 않은 죄가 스스로 있다고 믿고 회개를 자청하는 기독교인들을 딱하게 여기는 이들도 있었다. 지금의 젊은 청년들이 교회에 출석하기를 꺼려하는 이유를 어느 정도 가늠해 볼 수 있는 설문이었다.

〈기독교의 이해〉 과목을 수강하는 대학생들에게 예수 그리스도의 성육신 사건도 인간의 죄 때문이라고 설명하노라면, 인간의 원죄를 도무지 믿지 못하겠다는 학생들이 다시 고개를 절레절레 흔들게 될 것 같았다. 나름대로 죄를 짓지 않고 건전한 민주시민으로 살아보려고 하는 청년들에게 처음부터 인간의 죄성(罪性)을 강조하는 기독교의 교리가 이해하기 어려울 만도 하다.

성육신은 별로 거부감이 없으나 원죄는 당치 않다는 반응을 보였던 대학생들이 프로이트의 원죄에 대한 설명을 듣는다면, 무릎을 칠지도 모른다. 원죄를 기독교인들이 무의식 중에 가지고 있는 불안과 공포 심리를 교리적으로 포장한 것이라고 설명한다면 말이다.

사실 프로이트는 원죄에 대해 훨씬 엉뚱한 상상력을 발휘했다. 인류의 종교가 시작된 시점까지 거슬러 올라가면, 원죄란 바로 자신의 아버지를 죽인 살인과 연관이 있었을 것이라는 추론을 제시했다(프로이트, 1913).

때는 원시시대로 거슬러 올라간다. 마을의 족장은 여러 여성들과 관계를 가지고 많은 자녀들을 낳았을 것이고, 그중 아들들은 아버지의 절대 권력 앞에 한없이 무력하게 지낼 수밖에 없었을 것이라고 추측했다.

젊은 여성들은 모두 아버지의 차지였다. 아들들은 아버지의 죽음을 기다릴 수밖에 없었다. 그러다가 지치고 지친 아들들이 아버지를 제거하고자 비밀모의를 하고, 결국 아버지를 공모하여 살인했을 것이라고 소설 같은 주장을 폈다.

심지어 프로이트는 아들들이 아버지를 살해하고 그 시신을 나누어 먹었으리라는 막장 드라마를 주장하기도 했다. 그래야 이들이 살아생전 아버지의 권력을 나누어 가질 수 있으리라는 막연한 환상을 가졌을 것이란 설명이다.

그러나 아버지만 없으면 자기들 세상이 오리라고 기대했던 아들들에게 찾아온 것은 어마어마한 불안과 아버지가 가진 절대 권력에 대한 그리움이었다. 결국 프로이트는 이들이 만들어 낸 환상이 토템 신(神)이었을 것이라고 설명했다. 이것이 프로이트가 본 인류의 첫 번째 신(神)이요, 그 신(神)은 바로 죽은 아버지를 이상화한(idealized) 대상에 불과하다.

즉, 프로이트의 주장에 의하면 인류에게 원죄는 아버지 살해에 대한 죄책감이다. 이것은 기독교인들뿐 아니라, 모든 인간에게 주어진 원죄이다. 프로이트는 기독교의 성육신 교리도 이러한 원죄와 연관이 있다고 믿었다.

'눈에는 눈, 이에는 이'라는 함무라비 법전에 나오는 탈리온 법칙에 따라, 인류의 원죄, 즉 살인죄의 죗값은 살인으로 갚을 수밖에 없다. 하늘의 하나님이 아들 독생자를 죽음으로 이르게 할 수밖에 없었다는 것이다.

그러나 프로이트가 제시한 기독교 원죄와 성육신에 대한 논리적인 이해도 종교인들이 가진 무의식적인 불안 앞에서는 영락없이 굴복하고 만다. 기독교가 성육신과 그리스도의 죽음으로 결국 인류의 살인죄 값이 보상된다는 구조를 제시했건만, 결국 종교인들에게 아버지(신)를 처벌하는 것에 대한 불안과 공포는 여전히 분해되지 않고 더욱 깊이 내면화되었다고 볼 수밖에 없지 않은가?

죄짐 맡은 우리 구주, 어찌 좋은 친군지?

기독교인들이 프로이트의 종교 해석, 특히 원죄와 성육신에 대한 심리적인 해석을 듣고 있으면 울화가 치밀 법하다. 예수가 인류의 아버지 살해죄를 갚기 위해 이 땅에 오셨다니, 무슨 당치도 않는 소리냐고 말이다.

그래도 여기서 기독교인들이 프로이트를 가상하게 여길 수 있을 포인트도 발견할 수 있다. 프로이트마저도 예수가 인류의 '죄짐 맡은 구주'라는 사실을 인지적으로는 믿었던 듯하다. 프로이트도 기독교 교리상 예수는 인류의 죗값 때문에 결국 이 땅에 올 수밖에 없는 구조라는 점을 전제하고 자신의 주장을 편 것이다.

인간이 신(神)에게 가지는 감정이 단지 죄책감뿐일까? 신(神)과 인류 사이의 종교적인 감정은 어떤 것들이 있을지 상상해보자. 인간의 유한성, 즉 결국 죽을 수밖에 없는 인간의 근본적인 불안이 전제되어 있기에 인간은 신(神)을 필요로 한다고 볼 수 있다. 인간이 느끼는 절대자를 향한 절대 의존의 감정이 가장 중요한 종교적 감정일 수도 있다.

그러나 기독교에서 인간은 단순히 신체적으로 죽을 수밖에 없는 것이 아니라, 죄로 죽을 수밖에 없는 운명이다. 그래서 인간의 죄의식이 다른 모든 종교적인 감정보다 앞서고, 그런 인간의 죄짐을 맡은 그리스도가 하나님과 인간을 매개하는 중요한 다리가 된다.

그렇다면, '죄짐을 맡은 구주'는 찬송가 가사처럼 진정 기독교인들의 친구가 될 수 있을까? 친구란 본시 가족 이상의 친밀감을 나누는 존재가 아니었던가? 프로이트가 자신의 강박증 환자들과 비교했던 기독교인들은 모두 친구 되신 구주를 통해 하나님과도 충분한 친밀감을 가졌어야 했을 텐데, 그러지 못했던 듯하다. 무슨 연유에서 아직도 처벌에 대한 공포를 품고 강박적인 신앙의 모습을 나타내게 된 것일까?

인간 누구에게나 죄책감은 강박적인 마음을 만들어낸다. 죄에 눌려 있는 시간이 길면 길수록 불안은 가중되기 때문이다. 어린 시절 부엌에서 엄마가 외출하신 틈을 타서 몰래 과자를 꺼내 먹다가 엄마가 아끼는 그릇 하나를 깼다고 가정해 보자.

아이가 즉시 깨진 그릇을 감쪽같이 치워놓았다면 엄마가 집에 돌아오신 후에도 눈치채지 못하실 것이다. 그러나 아이는 엄마가 그 그릇을 쓰려고 찾기 전까지 마음 편히 있을 수 있겠는가? 엄마가 부엌에 들어갈 때마다 불안과 처벌에 대한 공포는 아이의 가슴을 짓누른다.

모든 아이들이 다 그럴까? 모든 아이들이 엄마가 좋아하는 그릇을 깨면 다 죄책감과 불안 사이에서 혼란을 경험하게 되는 것일까? 꽤 오랜 시간 자신의 죄를 끌어안고 말 못하고 끙끙대고 있어야만 할까? 꼭 그렇지는 않다.

문제는 아이가 엄마와 얼마나 친구 사이 같이 깊은 친밀감을 확보하고 있느냐에 따라서 달라진다. 엄마랑 친한 아이일수록 자신이 저지른 행위에 대한 고백이 빠르다. 친한 친구 사이일수록 실수에 대한 죄책감과 처벌에 대한 공포가 줄어드는 이유는 무엇일까? 친구 사이에는 부모 자녀 사이보다 힘의 격차가 크지 않다. 그래서 상대적으로 친구와는 손쉽게 마음을 서로 포갤 수 있는 심리적 거리가 가깝기 마련이다.

내게 보고서를 낸 한 대학생은 원죄를 다룬 창세기의 이야기를 두고 다음과 같이 적었다. '가장 이해가 안 되는 것은 아담과 이브 이야기다... 먹지 말라는 과일을 에덴동산 가운데 두고 지켜보는 하나님도 이해가 안 되고, 겨우 과일 몰래 먹었다고 원죄의 주인공이 된다는 것은 억지다... 진짜 이해가 안 되는 게 있다. 과일을 먹기 전에는 아담이나 이브가 자신의 나체가 부끄럽지 않다가 과일을 먹고 나서야 부끄럽게 되었다는 것은 정말

웃기다. 어차피 세상에 둘밖에 없는 데 나체가 왜 창피하다는 건지.' 이 학생의 보고서 내용은 기독교인들에게 깊은 생각거리를 제공한다. 부엌에 들어가서 과자를 먹다가 그릇을 깨고 들킬까 봐 조마조마한 아이나, 생명나무 과일을 먹고 하나님의 눈을 피해 숨어있던 아담과 이브는 너무나도 동일한 마음의 그림자를 공유하고 있기 때문이다. 이들이 가진 버려짐에 대한 불안과 처벌에 대한 공포의 그림자는 하나님과의 거리를 점점 멀리 떨어지도록 만들었던 것이다.

정말 아담과 이브 이야기는 죄와 처벌, 불안과 버려짐(에덴동산에서의 추방)의 이야기이기만 한 걸까? 한 대학생의 지적처럼 성적인 수치심은 도대체 왜 여기에 언급되어 있는 걸까?

폭력과 수치심의 관계

미국 하버드 의과대학의 정신의학자 제임스 길리건(James Gilligan)은 매사추세츠주의 형무소에서 오랜 기간 동안 살인을 비롯해 아주 치명적인 폭력을 범한 재소자들의 범행동기를 밝히기 위해 심층 인터뷰와 연구를 실시했다. 25년간에 걸쳐서 연구한 결과 그는 대부분의 재소자들이 아주 흡사한 정서적 경험을 한 후에 순간적으로 치명적인 범죄를 저지른다는 사실을 발견했다. 그들의 저지른 범죄의 무의식적인 동기는 주로 그들이 가지고 있는 원한이나 증오가 아니라, 그들의 수치심이었다. 거의 모든 재소자들이 기억하는, 범죄의 마지막 순간에 들었던 무의식적 메시지는 "이렇게 무시를 당하고 어떻게 살아? 도저히 참을 수 없어. 없애버려!"였다. 대부분 '체면 손상'(loss of face)을 수없이 경험한 경우에 더 이상 참을 수 없게 된 순간이나, 너마저 나를 창피하게 할 수는 없다는 생각이 들 때 자기 방어의 수단으로 폭력을 행사한다는 것이다.

폭력과 수치심의 관계에서 나타나는 놀라운 사실은 폭력의 발단이 수치심을 느끼게 하는 '대상'에 대한 문제이기보다는, 수치심을 느끼는 개인 '내면'의 문제라는 점이다. 주로 극단적인 폭력을 동반하게 되는 병리적인 수치심은 왜곡된 자아상을 가지게 한 성장 환경과 관련되어 있다. 수치심이라는 정서는 한 인간의 정서적 경험이 중요한 타인들에 의해 제대로 돌보아지지 않을 때 얼마나 치명적인 결과를 가져올 수 있는 지를 가장 잘 보여주는 예다(권수영, 2006: 105-106).

아담과 이브가 가진 수치심의 정체

면밀히 따져보면, 아담과 이브의 '벗은 몸을 부끄러워' 하는 이야기는 정말 이해하기 어려운 측면이 있다. 위 대학생의 지적처럼 어차피 둘밖에 없는데, 둘이서 함께 몸을 숨길 만큼 창피함을 느낄 수 있을까? 어쩌면 에덴동산 밖에 또 다른 사람들이 살고 있었으리라는 엉뚱한 상상을 할 수도 있다.

하지만, 에덴동산에서 아담과 이브는 서로의 부끄러운 몸을 보는 순간, 감당할 수 없는 수치심을 느끼지 않았던가? 에덴동산에서 아담과 이브 단둘이 하나님과 함께 살았다면, 아담과 이브의 부끄러움은 하나님과의 관계에서 느끼는 느낌일 수 있다. 〈창세기〉는 분명히 이들이 하나님께로부터 숨은 이유를 기록하고 있다. "저는 벗은 몸인 것이 두려워서 숨었습니다."(창 3:10)

아담과 이브의 수치심은 두려움과 연결되는 하나님 앞에서의 감정이다. 창세기는 인류의 조상 아담과 이브가 죄책감 이전에 수치심과 두려움을 느끼고 있었다고 증거하고 있다. 이들이 느꼈던 수치심은 어떤 감정일까?

〈창세기〉 2장 25절에 보면, 아담과 이브가 에덴동산 중앙에 있는 과실나무의 열매를 먹기 전에는 "벌거벗고 있었으나 부끄러워하지 않았다."고 기록하고 있다. 이유는 무엇일까? 과실 안에 특별한 성분이라도 있어서 먹은 즉시 성적인 수치심을 느꼈다는 말일까?

수치심은 정체성이 생기면 즉시 발효되는 느낌이다. 갓난아이가 벌거벗어도 전혀 창피하지 않은 이유는 아직 자신이 누구인지 정체성이 확립되기 훨씬 이전이기 때문이다. 부모로부터 자신의 이름은 부여받았지만, 정작 자신은 그 이름의 주인공이란 생각조차 없을 때는 결코 수치스러울 수 없다.

갓난아이가 엄마 품에서 안겨 있을 때는 전혀 성적인 수치심을 느낄 틈이 없다. 엄마 품에 있는 갓난아이의 사진을 상상해보면, 나체의 아이가 가장 자연스럽다. 심지어는 엄마까지도 맨몸이면 훨씬 자연스러울 수 있다. 엄마와 갓난아이가 서로의 벗은 몸에 수치심을 느낀다면 정말 이상한 일이다.

이유는 간단하다. 이들은 세상 누구보다도 친밀한 사이이기 때문이다. 아이를 출산한 산모와 갓난아이는 거의 한 몸을 이룬 한 사람 같은 존재다. 이 때 갓난아이의 존재형태를 심리학자들은 엄마와의 사이에서 자신의 존재를 분리해 낼 수 없을 만큼 가까운 '자타미분화의 단계'라고 불렀다.

갓난아이는 아직 자타미분화의 단계에서 어른들로부터 예쁜 옷들을 선물 받는다. 하지만 이때 의복은 벗은 몸을 부끄러워 가리는 기능을 하지 않는다. 그저 부모가 입혀주니 입고 있을 뿐이다. 혹은 사진 찍기 좋아하는 어른들의 모델 역할을 하려고 이 옷 저 옷 입게 되기도 한다.

정작 벗은 몸을 부끄럽게 여길 때는 아이가 소위 사회생활을 시작할 때다. 이쯤 되면 엄마도 나와 한 몸이 아니라, 나와는 전혀 다른 사람이란 점을 알게 될 때다. 엄마 이외의 사람들과의 관계가 시작될 시기도 바로 이때다. 아이에게 아빠는 물론 형제와 자매, 그리고 친구들이 생기게 된다. 간혹 자신의 모습을 부끄럽게 여기는 수치심이 바로 이때 본격적으로 느껴지기 시작한다.

내가 엄마는 물론 여러 다른 사람들과는 확연하게 구별되는 존재라는 생각이 확립되면 성적인 수치심도 자리를 잡는다. 웃통을 벗는 일은 창피한 일이 되고, 바지 지퍼가 내려가 있으면 얼굴이 화끈거리기도 한다.

성적인 수치심은 단순히 자신의 벗은 몸과 성기를 가리지 않고 겉으로 드러낼 때 생기는 감정이라고 협소하게 정의하면 수치심의 심리적인 의미를 충분히 담아낼 수 없다. 수치심은 갓난아이가 엄마와의 미분화된 친밀한 관계 속에서는 가질 수 없었던 감정인데, 훗날 자신이 서서히 엄마와는 다른 자기 자신으로 독립해 가면서 저절로 체득하게 된다.

기독교 신학에서는 인간의 죄짐을 대신 지신 그리스도에 대한 이해, 즉 기독론에 입각한 인간의 죄책감에 대해서는 매우 비중 있게 관심을 둔 것이 사실이다. 죄책감만 눈여겨보다 보니, 창세기에 나타난 수치심에 대해서는 별반 관심을 두지 않았다. 아니면, 정말 신학자들조차 벗은 몸에 대한 수치심을 성적인 수치심이라고만 좁게 해석했는지도 모른다.

정작 아담과 이브가 에덴동산의 과실을 먹고 나서 죄책감에 시달렸다는 표현은 창세기에 눈 씻고 찾아보아도 없다. 벌 받을 것이 두려워 숨었다는 표현보다 '벗은 몸'이 두려워 숨었다는 표현이 어떤 의미를 담고 있는지 깊이 고민해 본 기독교인들은 많지 않았던 듯하다.

창세기에 기록된 감정이 죄책감이 아니라, 벗은 몸이 두려워 숨게 되고 결국 하나님께서 벗은 몸을 가리도록 하셨다면, 바로 하나님과의 관계 안에서 느끼는 수치심이야말로 매우 중요하게 다루어야 할 핵심종교 감정일지 모른다.

수치심: 신(神)과의 관계를 보여주는 감정

심리적인 렌즈로 본다면, 수치심을 느낀 아담과 이브는 더 이상 하나님과의 친밀한 관계 안에 있지 않다는 표시다. 더 이상 아담과 이브의 존재는 하나님과 한 몸을 이룬 관계가 아니다. 애초에 하나님은 아담과 이브가 에덴동산의 청지기로 모든 자연과 사물을 향유하도록 명하셨다. 단지 중앙에 있는 과일나무의 과실만은 먹지 말라 하셨다.

금지된 장난은 더 저지르고 싶은 심리가 아담과 이브에게도 있었나보다. 모든 것을 다 누리고 다스리라고 했건만, 한 가지 금지된 것이 더 궁금했을 수도 있다. 궁금한 건 못 참는 성격이어서 이브가 뱀의 유혹에 넘어가고 아담은 이브의 제안을 거절하지 못한 게 아니다.

뱀은 더 이상 하나님과 이브가 친밀하게 관계를 맺지 못하도록 이간질한다. '너는 하나님처럼 될 것이다.'라는 유혹은 하나님과 분리되어 대적하기를 촉구한다. 아담과 이브는 에덴동산을 다 차지하고 누릴 수 있는 특권을 가지되, 에덴동산의 중앙 과일나무로 상징되는 하나님께 속한 관계임을 기억하라는 하나님의 음성을 망각하게 된다.

과실을 먹기 전과 후에 가장 많이 달라진 것은 벗은 몸에 대한 인식의 차이만이 아니다. 먹은 후에는 아담과 이브의 정체성이 달라졌다. 하나님처럼 되려고 했던 인간은 스스로 하나님과의 친밀한 관계를 버리고 말았다. 더 이상 하나님은 한 몸 이룬 친밀한 대상이 아니라, 자신과 철저히 다른, 그래서 이제는 자신이 두려워해야 하는 대상으로 돌변한다.

정신분석에 매료되었던 발달심리학자 에릭 에릭슨(Erik Erikson)은 수치심과 죄책감을 비교하는 흥미로운 언급을 한 적이 있다. 죄책감은 아이가 자신이 한 행동(what I did)에 대한 느낌인 반면, 수치심은 자신의 존재(who I am)에 대한 느낌이라는 것이다.

죄책감은 그릇을 깨뜨린 아이가 엄마의 나무라는 소리를 듣고 나서 가질 수 있는 감정이다. '내가 부엌에 들어갈 때는 행동을 조금 더 조심했어야 하는데'라는 후회감과 함께, 주로 자신의 행동에 대한 반추를 통해 느끼는 감정이다.

그런데 수치심은 조금 다르다. 아이가 그릇을 깨고도 바로 이실직고하지 않고 며칠을 버텼다고 가정하자. 그러다 며칠 후 엄마는 바로 그 깨진 그릇 조각을 찾다가 아이에게 물어도 아이는 자신은 모른다고 잡아뗀다. 일주일이 훌쩍 지나서 결국 들통이 났다면 어떻게 되었을까?

엄마는 말로 야단치는 것으로 모자란다는 생각이 들지도 모른다. 몇 번을 물어봐도 거짓말로 일관했던 괘씸죄가 추가된다. 엄마는 아이의 엉덩이를 벗기고 여러 차례 체벌을 하고, 옷을 벗긴 채로 손을 들고 서 있도록 했다고 가정해 보자.

이때 아이는 벌을 서면서 자신의 '벗은 몸'을 보게 된다. 에릭슨은 이때 아이가 느끼는 감정은 죄책감이 아니라 수치심에 가깝다고 주장한다. 이때 느낌은 자신이 한 행동에 대한 후회보다는 나는 어떤 존재인가(who I am)에 치중하여 더 많은 부정적인 정서를 동반한다.

'우리 엄마가 날 사랑하시지 않아... 나는 정말 보잘것없는 존재인 게 분명해!'라는 자기 자신에 대한 비참한 감정에 휩싸이는 게 바로 수치심이다. 수치심이 심해지는 경우, 아이는 '나는 엄마의 친자식이 아닐 거야'라는 강한 분리감을 경험한다.

그래서 에릭슨은 죄책감이 아이가 엄마의 잔소리나 핀잔을 듣는 '청각적'(auditory) 경험이라면, 수치심은 자신의 벗은 몸을 보는 '시각적'(visual) 경험에 가깝다고 정의한다. 심리학적으로 지나치게 단순화시킨 정의이지만, 일반 독자에게는 이해도를 높이는 명쾌한 설명이다. 수치심은 '벗은 몸'을 보는 느낌인 동시에, 자신의 존재를 타인과 분리하고 비참하게 평가절하하는 느낌인 것이다.

수치심은 자신과 타인 사이에서 느꼈던 친밀감에 금이 가면서 자신의 존재를 모든 타자로부터 분리하는 아픔의 감정이다. 창세기의 아담과 이브가 느꼈던 감정이 바로 이러한 배경을 가지고 있다. 수치심은 아담과 이브에게 하나님은 더 이상 친밀한 대상이 되지 않고, 두려움을 느끼는 공포의 대상으로 돌변했다는 증표다.

아담과 이브 이야기에 등장하는 중심적인 종교적 감정은 금지된 과실을 따먹은 행동에 대한 인간의 죄책감이 아니다. 오히려 한 몸 이룬 하나님과의 관계를 떠나 스스로를 분리시키고 말았던 인간의 불안한 존재에 대한 부적절한 느낌이 핵심감정이라고 보아야 하지 않을까?

〈창세기〉에서의 아담과 이브의 수치심은 단순히 벗은 부끄러움이 아니라, 하나님 앞에서 자신의 자리를 잃어버린 혼란스런 경험을 상징적으로 증거하고 있다. 하나님 안에 거하는 안전한 자리가 아니라 스스로 하나님이 되고자 하는 자리로 바뀔 때, 인간은 두려움에 휩싸이고 결국 하나님을 떠나게 된다.

수치심은 바로 타인과의 친밀감이 깨진 직후 생기게 되는 두려움에 기인하여 결국에는 자신에 대한 부정적인 존재감에 빠지게 만든다. 수치심은 혼자서는 느낄 수 없다. 늘 나와 다른 사람 사이에서 발생하는 감정이다. 이 때 나와 타인 사이의 관계의 질을 가장 잘 보여주는 감정이 바로 수치심이다. 어쩌면 수치심의 순기능은 내가 내 주위 중요한 대상과의 관계에서 친밀감과 연대감을 느끼고 있는지, 두려움이나 공포에 가까운 분리를 경험하는지를 보여주는 잣대가 되는 것이다.

결국 〈창세기〉 3장이 보여주는 인류의 시작은 수치스럽고 불안한 시작이다. 스스로 하나님을 떠나게 되는 운명적인 인간 존재에 대한 이야기다. 보기에 따라 인간을 에덴동산에서 쫓아내신 하나님의 이야기로 볼 수 있으리라. 하지만 인간이 먼저 유혹을 견디지 못하고 스스로 하나님처럼 되려고 하면서, 피할 수 없이 하나님을 두려워 숨는 존재로 전락한다.

기독교 신앙의 유무와 관계없이 인류 모두가 아담과 이브의 운명을 이어받는다. 인생은 '나는 누구인가'에 대한 정체성 고뇌의 순례과정이다. 하나님과 연결하여 존재를 재정립하려는 기독교인들과 달리 하나님 없이 스스로 하나님처럼 살려는 사람도 내면 깊숙이에서는 늘 불안하고 부끄러운 일면을 가지고 산다. 나 아닌 타인들과의 관계의 질은 늘 2% 부족하기 때문이다.

수치의 화신(化神), 예수 그리스도

우리 모두는 일평생 크고 작은 수치경험으로부터 완전히 벗어나긴 힘들기 마련이다. 태생적으로 자존감이 낮아서라기보다는 주위의 모든 사람들과 충분히 안전감 있고 친밀감 있는 관계를 만들어가기가 쉽지 않기 때문이다. 한편, 누구와도 친밀감을 느끼지 못한 존재는 불안과 공포에 휩싸이기 쉽다. 프로이트가 그의 논문, '강박행동과 종교적 행위'에서 일반화한 강박적인 종교인들을 떠올려 보라. 마치 하나님을 떠나 숨은 아담과 이브의 모습과 유사하지 않은가.

그렇다면, 기독교에서 인류의 조상 아담과 이브의 원죄(original sin)만 언급하는 것보다 원초적인 수치심(original shame)을 함께 언급하는 것도 가능하지 않을까? 현대인들에게 우리 인류는 아담과 이브가 지은 죄를 물려받았다거나 프로이트가 주장한 대로 아버지 살해의 죄를 이어받는다는 것은 좀처럼 이해하기 어렵다.

하지만 인류 모두는 자신이 홀로 완벽하게 존재하려 했으나, 그러지 못해 부끄럽고 불안한 존재감을 안고 살아가는 뿌리 깊은 수치심을 내재하고 있다는 사실을 이해하는 것은 어렵지 않다.

'수치심의 심리학'의 관점으로 보면 일반인들에게 예수의 이 땅에 오심과 죽으심도 좀 더 이해가 쉽게 될 듯하다. 예수가 인류의 죄를 대신 지기 위해 오셨을 뿐 아니라, 수치로 가득한 개인에게 찾아오셔서 하나님과 친밀감을 회복할 수 있도록 오셨다는 설명이다. 수치심이 있는 이들과 한 몸이 되려면 어떤 모습의 예수여야 할까?

예수의 일생은 그야말로 수치로 점철되어 있었다고 해도 과언이 아니다. 아래 박스 안에 있는 우화를 읽어보라. 우화는 예수의 일생을 비유적으로 잘 정리하고 있다.

하늘에서의 소송: 신(神)을 재판하다

이 세상이 끝날 때 수억이나 되는 사람들이 하나님 보좌 앞에 있는 큰 평원 위에 흩어져 있었다. 보좌 앞 가까이에 있는 몇 몇의 그룹들이 수치심으로 움츠러들었다가 이제는 호전적인 태도로 힘주어 이야기했다. "어떻게 하나님이 우리를 심판하실 수 있지? 그분이 우리가 겪은 고통에 대해서 어떻게 이야기하실 수가 있지?"라고 조롱 섞인 말을 하자, 한 갈색 머리 여인이 끼어들었다. 그녀는 나치 수용소에서 받은 문신으로 새겨진 죄수 번호를 보여주기 위해서 옷소매를 걷어 올렸다. "우리는 테러, 구타, 고문, 죽음을 치욕적으로 견뎠다."

또 다른 그룹에서 한 흑인 남자가 그의 옷 칼라를 젖혀 밧줄 때문에 생긴 추한 상처를 보여주면서 말했다. "난 아무런 죄도 없는데 다만 흑인이라는 이유 때문에 굴욕적으로 매를 맞았지. 노예선에서는 숨이 막혀 질식했고, 사랑하는 이들과 헤어지는 고통을 겪었고, 죽음이 안식을 줄 때까지 일해야만 했어."

평원을 지나 멀리서도 그와 같은 수많은 그룹의 사람들이 있었다. 각자는 다 하나님이 이 세상에서 허락하신 악과 고통에 대해 불평했다. "친절과 빛만이 있고 애곡이나 두려움, 굶주림, 증오가 없는 천국에 사는 것이 하나님께는 얼마나 행운일까? 정말로 사람이 이 세상에서 겪도록 강요된 것에 대해서 하나님이 알고는 계실까? 결국 하나님은 아주 보호된 삶을 살고 계시네."라고 그들이 말했다.

그래서 각 그룹은 가장 극심한 고통과 치욕을 겪은 사람을 그들의 지도자로 뽑았다. 거기에는 유태인, 흑인, 인도에서는 최하층 천민, 사생아, 히로시마에서 온 사람들과 시베리아의 노예수용소에서 온 사람들이 선발되었다. 평원 중앙에서 그들은 서로 의논을 시작했다. 마침내 그들은 소송을 제기할 준비를 했다.

이윽고 그들의 소송준비가 이루어졌다. 먼저 하나님 앞에서 그들의 재판관이 되기에 합당한 사람이 있어야 했다. 나아가 그 재판관은 그들이 겪었던 고통과 치욕을 모두 겪어야 한다는 점에서 결국 그들은 스스로 재판관이 되기로 했다. 그들의 판결은 하나님은 사람으로서 이 지구상에 직접 살아야 한다는 선고로 종결지어졌다. 덧붙여 그 분은 하나님이기에 자신을 돕기 위해 자신의 신적인 능력을 쓸 수 없다는 점을 확실히 하기 위한 아래와 같은 보호 조약들을 체결했다.

"그로 하여금 유태인으로 태어나게 하자.

그의 출생의 적법성이 의심되도록 하자. 누가 정말로 그의 아버지인지를 아무도 모르도록 말이다. 그로 하여금 아주 정의롭고 급진적으로 어떤 한 가지 사건에 우승자가 되게 해서 그것으로 인하여 미움과 정죄를 받게 하고, 모든 중요한 전통적이고 확립된 종교권위에 대한 노력들을 무시하게 해서 그를 몰락시키자.

그로 하여금 그의 가장 절친한 친구들로부터 배반당하도록 하자. 거짓 고발로 해를 받아서 편견에 사로잡힌 배심원 앞에서 재판 받고, 또 겁많은 판사에게 선고받도록 하자. 모든 살아 있는 것들로부터 완전히 버림을 받게 하자. 그래서 철저히 혼자라는 것이 무엇인지를 알게 하자. 그로 하여금 고문 받고 도둑들과 함께 죽는 가장 치욕스러운 죽음을 맞이하게 하자."

여러 재판관들이 그 선고에 해당하는 자기 부분을 낭독했을 때, 거기에 찬성하는 웅성거림이 그 군중들 사이에서 일어났다.

그런데 마지막 사람이 선고 낭독을 마쳤을 때 한동안 긴 침묵이 흘렀다. 아무도 말이 없었다. 아무도 움직이지 않았다. 왜냐하면 그들 모두는 하나님이 이미 그 선고를 받고 감내하시며 그의 형을 마치셨음을 알았기 때문이다.

* 발췌: 미국 캘리포니아 버클리에서 발행한 〈Christian Liberation〉 뉴스레터 중에서 일부 번역

기독교인들은 예수의 성육신 사건이 인간의 죄 때문이라는 교리적 가르침에 너무도 익숙하다. 성서에는 창세기에서부터 예수의 삶과 사역을 다룬 복음서에 이르기까지 인간의 고통과 수치의 역사가 일관되게 흐르고 있다. 그 중심을 관통하는 예수 그리스도의 수치 경험이 간과되어서는 안 된다. 하늘의 하나님은 한 유대 땅에 성육신하신 것일 뿐 아니라, 인간 개개인의 심중에 가장 어둡고 부끄러운 내면으로 찾아와 성육하셨던 것이다.

기독교에서 예수는 인간의 수치 경험을 온몸으로 이해하고자 오신 하나님이다. 예수의 일생은 출생에서부터 수치로 점철된 삶이었다. 자신의 출생 자체부터 치욕이었다고 믿는 그 누구도 예수처럼 짐승이 태어나는 자리에서 출생하기란 쉽지 않을 것이다. 아무에게도 내보일 수 없는 부끄러운 과거가 있는 이라도 예수의 십자가 앞에서는 친밀한 연대감을 느낄 수밖에 없는 이유다.

예수는 죽음의 순간에도 흉악범이나 반역을 시도한 혁명가들을 공개적으로 죽이는 방식인 십자가형으로 처형되었다. 이는 모든 사람들 앞에 발가벗겨져 물과 피를 다 쏟을 때까지 전시하는, 그야말로 극단적인 수치형이다. 육체적 고통뿐 아니라, 처절한 전 존재적인 모멸과 굴욕을 겪을 수밖에 없었던 죽음이 바로 예수의 십자가형이었다. 곁에 아무도 없이 가장 외롭고 비참한 죽음을 맞이하는 이들도 예수의 십자가 앞에서는 하나 됨을 경험할 수 있다.

활동
〈바보 예수〉라는 화집을 출간한 김병종 작가처럼 무력한 인간 예수를 묘사한 예술작품을 찾아보자.

교리적으로 예수는 분명 구세주다. 하지만, 심리학의 렌즈로 본 예수는 수치의 화신(化神)으로 살다 간 사람이다. 왜 그래야만 했을까? 부끄러운 인간에게는 하나님과의 강박적인 두려움이나 공포감 대신 친밀감을 느낄 수 있는 매개가 있어야 했다.

인간의 죄 때문에 예수가 우리 대신 갚기 위해 오셨다는 단순한 명제를 조금 더 깊이 생각해야 한다. 우리의 내면 깊숙이 자리 잡고 있는 원초적인 수치심 때문에라도 말이다.

정리해봅시다

이 장에서는 신(神)은 불안한 인간이 투사하여 만들어 낸 허구적 존재라는 프로이트의 주장을 살펴보면서, 신(神)과 존재적으로 관계를 맺으려는 다양한 인간의 심리에 대해서 살펴보았다. 가장 신뢰하던 이들에게 배신을 당하고, 세상에 내 편이라고는 한 명도 보이지 않을 때 우리는 살아있음에 대한 공허함을 느낀다.

심지어 어떤 이들은 더 이상 살 필요가 없다고 느끼면서 스스로 극단적인 선택을 하는 경우도 있다. 실로 안타까운 일이다. 요즘 세상에는 단 한 사람의 절친한 친구만 있어도 살릴 수 있는 극단적인 죽음이 적지 않다.

수치심이 많은 이들은 쉽게 자신이 발가벗겨졌다고 느낀다. 애써 감추고 있지만, 상담사나 정신건강 전문가들 앞에 앉으면 눈을 잘 맞추지 못하는 경우가 많다. 전문가의 눈을 통해 자신 안에 발가벗겨진 치욕스런 자신의 내면을 들킬 수 있으리라는 두려움이 앞서기 때문이다. 아담과 이브로부터 시작된 인류사는 하나님의 눈을 피하려는 역사였다.

하나님처럼 되고자 했던 인류의 역사는 수치심의 역사로 시작을 고할 수밖에 없었다. 참으로 아이러니하게도 하나님이 되고자 한 인간과 다시 하나 되고자 하나님은 스스로 인간이 되는 수치를 감당했다. 왜일까?

아담에게 '네가 어디 있느냐?' 부르시던 하나님, 물리적 장소를 몰라서가 아니라 눈을 맞추기 원하셨던 하나님은 결국 스스로 눈 맞춤을 작정하셨다. 기꺼이 수치스러운 이들이 눈을 맞출 수 있을 만한 가장 수치스러운 대상이 되어서라도 인간을 직접 마주하기를 원하셨던 것이다.

필자는 기독교 상담 현장에서 출생부터 어마어마한 수치심을 가진 이들을 만나왔다. 결코 회복 될 것 같지 않던 이들이 십자가 위에서의 예수 그리스도의 얼굴과 눈을 마주할 수 있는 순간에 엄청난 회복의 역사가 이루어지는 것을 목도하여 왔다. 기독교 상담은 수치심과 강박적인 공포를 가진 이들이 십자가 앞에서 수치의 화신인 예수 그리스도를 만나도록 돕는 일이 치유의 핵심이다.

프로이트의 지적대로 종교가 강박이 되면 그것은 속박이지, 자유를 주는 진리가 되지 못한다. 처벌에 대한 불안을 피하기 위한 강박을 벗어나 수치의 화신 예수와 만나는 십자가에서 새로운 회복의 역사가 시작된다. 수치의 화신 되신 예수의 모습은 강박적인 공포감을 희석시킬 수 있도록 부끄러운 존재들과의 마음의 간격을 줄여준다. 그에게만은 우리가 숨기고 있는 가장 부끄러운 내면의 모습도 꺼내 놓을 수 있을 것 같은 안전감이 확보된다.

연세대학교의 건학이념이자 교훈인 요한복음의 '진리와 자유' 정신은 서로 연결되어 있다. 우리가 믿는 기독교가 강박이 아닌 자유의 종교로 나아갈 때 바로 가장 근본적인 기독교의 진리가 완성되는 것이다. 예수를 통하여 인간 내면의 수치의 자리에 찾아와 하나 되신 하나님의 성육신 사건은 인간 누구든지 불안과 처벌의 강박으로부터 벗어나 자유케 한다. 그래야 원죄가 아닌, 우리의 수치를 함께 경험하신, 아니 더 먼저 더 깊이 경험하신 예수와 친구 되게 하시는 놀라운 진리를 알 수 있게 되리라.

토의해봅시다

공부를 위한 토론 주제들

1. 종교에 대한 심리학적인 이해가 주는 새로운 통찰에 대해 말해 봅시다.
2. 종교로 포장된 폭력과 종교로 포장된 불안의 사례를 찾아봅시다.
3. 신학자 폴 틸리히(Paul Tillich)는 기독교에서 죄(sin)란 인간의 범법 행위(wrongdoing)를 의미하기보다는, 하나님과 친밀함을 경험하지 못하는 분리(separation)를 의미한다고 지적한 바 있습니다. 이에 대한 각자의 견해를 나누어 봅시다.
4. 죄책감과 수치심의 차이점을 염두에 두고, 이러한 감정이 현대 종교인에게 미치는 영향에 대해서 토의해 봅시다.
5. 유태인 예수가 경험한 수치 경험과 유사한 자신의 경험에 대해서 나누어 봅시다.

더 읽을거리

- 권수영. (2005). **프로이트와 종교**. 서울: 살림출판사.
- 권수영. (2006). **누구를 위한 종교인가: 종교와 심리학의 만남**. 서울: 책세상.
- 제임스, 윌리엄. (2000). **종교적 경험의 다양성**. 김재영 역. 서울: 한길사.
- 프로이트, 지그문트. (1907/2004). **종교의 기원**. 이윤기 역. 서울: 열린책들.
- 한국기독교상담심리학회 편. (2018). **종교적 경험과 심리**. 서울: 학지사.

12장

개척자들의 신앙과 교육

목적

- 초기 선교사들은 조선의 청년들에게 기독교 정신과 서양학문을 가르쳐서 근대 문명을 꽃피웠다.
- 연세의 지도자들은 시대적 고난과 제약을 지혜롭게 극복하면서 기독교 정신에 바탕을 둔 연세교육의 이상을 구현하였다.
- 연세의 교육은 진리와 자유의 정신을 터득하여 인류 공동의 번영과 행복을 위하여 기여하는 인재를 양성하는 것이다.

시작하는 질문

- 연세대학교의 초기 개척자들이 대학을 설립하게 된 동기는 무엇인가?
- 연세의 지도자들이 연세교육을 통하여 실현하려고 노력한 교육의 목적은 무엇인가?
- 연세대학교가 진리의 전당으로서 고난의 역사를 극복하고 계승해온 연세정신은 무엇인가?

개요

이 장은 연세대학교의 창립과정과 건학이념을 기독교 선교 및 기독교 정신의 관점에서 살펴보고자 한다. 주로 대학을 이끌어온 지도자들의 신앙과 교육실천을 통하여 연세대학교의 교육방침과 정신의 형성과정을 분석하여 그 의미와 영향을 이해하고자 한다. 연세의 창립자들은 나라 잃은 슬픔 속에서 살아가는 젊은이들에게 동서고근의 화충이라는 교육방침을 제시하여 민족의 정신과 서양학문의 조화로운 학문을 발전시켰다. 또한 이들의 교육정신을 이어받은 한국인 지도자들은 진리와 자유의 정신을 따라 양심과 이성에 기초한 삶을 제시하고 실사구시의 학문으로 인류문명의 발전에 이바지 하는 연세인을 양육하고자 하였다.

핵심어

알렌 | 에비슨 | 세브란스의학교 | 언더우드 | 조선기독교대학 | 연희전문학교 | 동서고근의 화충 | 백낙준 | 진리와 자유 | 박대선

생각해봅시다

"저는 모든 것을 하려고 합니다."

저는 미국시민으로서 조선인을 위해 제가 할 수 있는 모든 것을 하려고 합니다. 만약 정부에서 약간의 시설들을 제공한다면 병든 사람들은 서양과학에 의해 치료를 받고, 부상당한 군인들도 돌 볼 수 있는 장소가 생기는 것이므로 조선정부로서도 큰 이익이 될 것입니다. 그리고 이곳은 청년들에게 서양의학과 보건학을 가르치는 기관이 될 것입니다.

미국의 모든 도시에는 하나 이상의 병원이 있습니다. 서울에도 병원은 하나 꼭 있어야 하고 적은 비용으로 만들 수 있습니다. 저는 기꺼이 정부의 관심 아래 병원의 책임을 맡으려고 하며, 저의 업무에 대한 보수는 없어도 됩니다. 필요한 것은 쾌적한 장소에 위치한 커다란 한옥 한 채와 일 년 단위의 운영비가 전부입니다. 이 운영비에는 조명, 땔감, 조수, 간호원, 잡역부로 일할 사람들과 가난해서 음식을 마련할 수 없는 환자들을 위한 음식과 약값 300달러 정도가 포함되어 있습니다. 이 제안을 수락하신다면, 여기에서 일할 다른 미국인 의사를 6개월 내에 구할 것이며, 우리는 보수를 받지 않고 함께 일할 것을 약속드립니다. 우리의 생활비는 미국에 있는 자선단체에서 지원을 받을 것입니다. 현재 이 단체는 북경, 천진, 상해, 광동과 다른 중국 도시들의 병원에 지원을 하고 있는데, 그중에 두 곳은 이홍장(李鴻章)이 재정지원을 한 곳입니다. 이 제안을 수락하신다면, 그 기관은 왕립병원(His Corean Majesty's Hospital)이라고 부르게 될 것이고, 고통 속에 있는 국민들이 적절하게 치료받는 것을 보는 기쁨을 폐하에게 안겨드릴 것이며, 백성들의 사기는 올라갈 것입니다.[1](알렌, 1885년 1월)

연세의 시작

연세의 역사는 세브란스와 연희의 두 갈래로 이어온 각기 다른 지체가 합쳐진 것이지만 그 운영주체가 같은 외국 기독교 선교부들이었고, 언더우드의 사후에 오랫동안 에비슨이 두 학교의 교장을 겸임하였고, 법인이사들도 서로 겹치는 경우가 많아서 교육이념과 교육행정을 공유해 왔기 때문에 건학이념도 공유해 왔다. 초창기의 연세의 역사를 살펴보면 어디에나 기독교의 향기가 나고, 교육활동의 동기에는 기독교 신앙이라는 광맥이 흐르고 있다.

이 장에서는 연세의 지도자들이 연세의 역사 가운데 구한말 혼란의 시대로부터 70년대 독재의 시대에 이르기까지 건학이념을 어떻게 이해하고, 지키고, 계승해 왔는지를 살펴보고자 한다. 연대기적 순서를 따라 다음과 같은 주제를 다룰 것이다. ① 알렌의 제중원과 연세의 시작, ② 에비슨의 세브란스와 의학교육, ③ 언더우드의 교육선교와 대학의 이상, ④ 에비슨의 헌신과 연희전문, ⑤ 백낙준의 연세정초와 진리와 자유, ⑥ 박대선의 양심과 건학이념 구현.

1 "安連의 病院建設案".舊韓國外交文書卷10(美案1).113.

살펴봅시다

알렌의 제중원과 연세의 시작

앞서의 글은 선교사 알렌(Horace N. Allen)이 제안한 "서울의 조선 국왕과 폐하의 정부를 위한 병원설립안"의 일부이다. 알렌은 제안서에 병원설립과 함께 조선 청년들에게 조선에 서양과학을 가르치게 될 것이라는 점을 분명히 밝히고 있다. 고종은 알렌의 제안을 수용하여 재동 33번지(현재의 헌법재판소)의 폐가를 주어 병원으로 사용하게 하였는데, 그 집은 갑신정변으로 살해된 홍영식의 집이였다.

1885년 4월 3일, 정부의 외아문(外衙門:외교부에 해당)은 미국인의사 알렌이 의원을 개설하였고, 진료비는 무료이니 누구나 치료를 받으라고 공지하였다. 그리하여 1885년 4월 10일에 선교사 알렌에 의하여 최초의 서양병원이 개설되었다. 병원의 이름은 "대중을 구제하는 집"이라는 뜻을 가진 "제중원(濟衆院)"[2]이라 하였다.

당시 제중원의 운영을 위하여 만든 "공리의원규칙"에는 다음과 같은 조항이 들어있다. 제1조 생도 약간 명이 매일 배우는 시간은 오전 7시부터 오후 4시까지이며, 휴일을 제외하고는 마음대로 놀 수 없다. (학업에)정통하고 탁월하여 중망을 얻은 자는 공천하여 표양(表揚)한다. 제2조 생도는 약의 배합 및 제조와 기계 등의 설치를 담당하며 한결같이 의사의 지휘를 따라야 한다.

알렌은 이듬해 3월 29일, 각도의 감영(監營)에서 추천한 16명의 학생을 선발하여 제중원의학교를 시작하였다. 경쟁시험을 통하여 선발된 이들은

2 광혜원이라 불리던 것이 2주 후에 제중원으로 바뀌었다.

알렌: 최초의 내한 선교사(1884년)

4개월간의 학습과정을 거쳐서 12명을 본과생으로 선발하고, 학비와 기숙사비는 면제되고 졸업 후에는 정부의 관직을 주기로 했으며 처음에는 알렌, 언더우드(Horace G. Underwood), 헤론(John W. Heron) 선교사가 영어, 물리, 화학 등을 가르쳤다.

알렌은 미국 오하이오주 델라웨어 출신으로 웨슬리언 대학을 졸업하고, 선교사가 되기 위하여 신시내티 마이애미(Miami)의과대학에서 의학을 공부하고, 부인과 함께 중국선교에 헌신하였다. 하지만 그는 미국 북장로교 선교부에 조선선교사를 지원하여, 가장 먼저 1884년 9월 20일 제물포로 입국하였다.

이에 앞서 미국 북장로교 선교부 총무인 엘린우드는 마퀀드 기금(F. Marquand)의 관리자 맥윌리엄스(D. W. McWillams)가 조선선교사에게 5천 불의 선교비를 제공하겠다는 제안을 수락하였다. 그런데 마퀀드 기금은 "기독교교육을 위하여 국내외에 사용할 수 있다"는 지정기부금이었다. 따라서 이 기금을 받은 알렌은 조선청년들에게 서양학문을 가르쳐야 하는 책무가 지워졌다.

알렌은 처음에 조선정부가 선교를 허락하지 않았기 때문에 미국 공사관의 의사로 있었다. 그러다가 갑신정변(1884년 12월 4일)으로 인하여 중상을 입은 고위관료 민영익을 치료해 준 것을 계기로 조선정부에 병원설립을 요청하게 되었고, 고종의 허락으로 조선 최초의 서양병원과 의학교를 설립하게 된 것이다.

활동
구한말 기독교 선교사들이 어떻게 들어오게 되었고, 당시 국내의 어떤 사람들이 선교사들의 입국을 요청했는지 조사해 보자.

에비슨의 세브란스와 의학교육

제중원과 의학교는 후에 캐나다에서 입국한 선교사 에비슨(Oliver R. Avison)의 헌신을 통하여 크게 발전하였다. 에비슨은 토론토의과대학 교수이며, 시장의 주치의로 명성을 얻고 있었지만, 조선에 파견된 친구들인 게일(James S. Gale)과 하디(Robert A. Hardie)의 권유와 언더우드의 요청을 받고 조선선교를 결심하였다. 당시 그는 아이가 셋 있었고, 부인이 넷째를 임신하고 있었다. 그래서 이웃들이 아이들을 데리고 오지인 조선으로 떠나는 것을 반대하였다. 에비슨은 "만일 벤쿠버에 도착할 때까지 아픈 셋째 아이가 살아서 승선할 수 있으면 조선으로 가겠다"고 말하며 친구들의 만류를 뿌리쳤다. 오랜 항해 끝에 그는 1893년 6월 16일 부산항에 도착하였고, 11월 1일부터 제중원에서 의료사역을 시작하였다. 당시 제중원은 조선정부와 미국 북장로교 선교부가 공동으로 운영하고 있었는데, 에비슨은 조선정부에 요청하여 병원운영권을 넘겨받아 선교부 소속으로 이전하고, 병원을 확장하고자 하였다.

에비슨: 연희전문과 세브란스의전의 교장

에비슨은 1900년 4월, 뉴욕 에큐메니칼선교대회에 참석하여 "의료선교에서의 상호협력(Comity in Medical Missions)"이라는 제목으로 조선에서의 병원건립과 협력선교의 필요성을 역설하였다. 그때, 클리블랜드의 부호 세브란스(Louis H. Severance)가 그의 연설에 감동하여 병원 건축을 위한 비용 1만 달러를 기부하겠다고 나섰다. 에비슨이 감사의 인사를 하자, 세브란스는 "당신은 모르겠지만 아내와 나는 거의 1년 동안 어느 곳엔가 병원을 짓게 해달라고 기도했는데, 그 기도가 응답된 것 같습니다. 받는 당신의 기쁨보다 주는 나의 기쁨이 더 큽니다"라고 대답하였다. 에비슨은 그의 후원에 힘입어 남대문 밖에 1904년 9월 23일, 새 병원을 건축하여 "세브란스씨기념병원"이라고 불렀다. 세브란스 가족들은 계속해서 병원과 의학교를 위하여 기부금을 보내 주었고, 그의 아들 존 롱 세브란스(John Long Severance)는 유산을 은행에 맡겨 사후에까지도 기부금을 보내고 있다.

에비슨은 고종의 어의(御醫)였지만 선교사로서 항상 가난하고 낮은 민중들에게 의술을 베풀고자 했다. 어느 날 무어(Samuel F. Moore) 선교사가 "동구 밖 백정촌에 환자가 있는데 가줄 수 있겠나?"라고 물었는데, 그는 "내가 왕자의 감기나 고치려고 여기에 온 줄 아나, 바로 그런 가난한 환자를 보러 왔으니 어서 가세"라고 대답하였다. 그는 백정촌을 여러 번 방문하여 정성을 다하여 박성춘을 치료하였고, 교회로 인도하여 후에 교회장로와 은행가가 되게 하였으며, 그의 아들 박서양을 제중원의학교에 입학시켜 서양의학을 배우게 하였다. 에비슨은 조선 청년들을 서구의학 과정에 따라 교육시켜 1908년 6월 3일, 첫 졸업생 7명을 배출하였는데, 그들은 모두 일본과 조선에서 의원을 개업할 수 있는 의술개업인허장을 받았다. 제1회 졸업생 중에 김필순은 독립운동을 돕다가 중국으로 도피하였고, 조선인 이상촌을 건설하다가 안타깝게도 일본인에게 독살되었고, 박서양은 모교에서 가르치다가 용정으로 이주하여 숭신학교와 구세병원을 설립하고 독립군의 군의로 활동하였다.

활동

구한말의 의료상황이 어떤 상황이었으며, 의료선교사들의 봉사에 대하여 한국인들이 어떻게 반응했는지 조사해 보자.

언더우드의 교육선교와 대학의 이상

언더우드(한국이름 원두우)는 알렌에 이어 1885년 4월 3일 부산으로 입국한 후에 서울로 와서 제중원의학교에서 영어와 화학을 가르치고, "언더우드학당"을 세워 교육선교를 시작하였다. 그는 이듬해 7월 18일, 노춘경에게 처음으로 세례를 주고, 새문안교회를 비롯하여 서울경기 43교회, 황해 30교회, 충북경북 3개 등 총 77개의 교회를 설립하였고, 연세대학교의 전신인 조선기독교대학을 설립하였다.

언더우드는 뉴욕대학을 졸업하고 뉴브룬스위크(New Brunswick)신학교에서 신학을 공부할 때, 일본선교사 그리피스(William E. Griffis)가 쓴 "은둔의 나라, 한국"이라는 책을 읽고 감동을 받았다. 그는 "하나님을 알지 못하는 사람들이 1천2백만 명이나 있다니!"하고 생각하여 조선선교를 지원하였다.

청년 언더우드와 한복을 입은 언더우드가족

"신학교를 갓 졸업한 저는 이방지역에서 사역할 필요성이 막대함에도 불구하고 아직 그런 일꾼들이 부족하다는 점에 주목했고, 기도하면서 심사숙고한 다음에 제 일생을 해외선교에 헌신하기로 결심하였습니다... 저는 이방지역에 복음을 전하지 않는다면 사랑이 없는 것이라고 생각합니다. 저는 해외선교에 나서려고 하는데, 몇 개월 전 한국에 선교사를 파견해달라는 이수정의 진지한 호소를 듣기 전까지는 어느 곳을 가야할지 결정하지 못했습니다... 저는 귀 선교본부에 한국에서의 선교사역을 위하여 저를 임명해 줄 것을 요청하기로 하였습니다. 저는 지금 거의 25세가 되며, 건강하고 거의 강철 같은 체질을 가지고 있습니다."

청년 언더우드는 지원서에서 어떤 언어든 쉽게 배울 수 있고, 어떤 기후에도 견딜 수 있는 강한 체질을 가지고 있다고 말한다. 그의 한국선교에 대한 열정이 얼마나 큰 것이었는지를 알 수 있는 대목이다. 후에 세계적인 기업을 성장시킨 친형 존 토마스 언더우드(John T. Underwood)가 뉴욕에서 시카고까지 동행하며 동생의 조선행을 송별하였고, 사업에 성공하여 선교를 돕겠다고 약속하였다. 그는 교육보다는 복음선교를 우선하여야 한다는 장로교선교사회의 방침에도 불구하고, 교육에 대한 희망을 놓지 않았다. 그가 세운 언더우드학당은 이후 예수교학당, 민노아학당, 경신학교로 이어졌다. 그는 한국선교 20주년을 맞이하여 이렇게 자신의 포부를 밝혔다.

"나는 미래에 모든 읍과 마을에 세워진 학교에서 가르치는 공동체 정신을 가진 기독교 교사들을 보며, 모든 대도시에 세워진 중고등학교들, 의과대학과 간호학교, 모든 도시에 자급하는 병원들, 효율적인 본토인 여자전도인들, 성경교사들, 고통당하는 자를 돌보고 죽어가는 자에게 빛과 위안을 주는 여자 집사들, 그리고 전국 방방곡곡에서 그리스도의 사랑을 실제로 보여주는 자비의 기관들을 본다. 나는 기독교 가정, 기독교 마을, 기독교

통치자들, 기독교 정부에 대한 비전을 가지고 있다."

그는 마치 오늘의 한국교회와 한국사회를 눈으로 선명하게 보는 것 같이 한국의 미래에 대한 소망을 말하고 있다.

언더우드는 이러한 원대한 비전을 실현하기 위하여 서울에 대학설립을 추진하였다. 그는 이미 안식년(1909년) 때 친형 존 토마스 언더우드의 도움을 받아 대학설립을 위하여 5만 2천 달러를 모금하여 북장로교 선교부에 맡겨 놓고 있었다. 그는 이미 평양에 설립되어 운영되는 숭실학교와 더불어 서울에 대학을 하나 더 설립하여 한국의 교육적 수요를 충족시켜야 한다고 생각하였다. 특히 그는 비기독교인 청년들에게 기독교적 소양을 가지고 일반학문을 배울 수 있게 하여야 하고, 재정적인 어려움으로 일본유학을 갈 수 없는 학생들에게 고등교육의 기회를 마련해 주어야 한다고 생각하였다. 그러나 언더우드가 소속되어 있는 장로교 한국선교사회가 그해 연례회의에서 그의 제안을 부결시키면서 혼란에 빠지게 되었다. 다행히 1910년, 미국남북감리교의 한국선교사회가 장로교와 연합하여 서울에 대학을 설립하기로 결의하고, 북장로교 선교부에 협력을 요청함으로써 언더우드의 계획은 다시 빛을 보게 되었다. 감리교는 서울에 대학을 설립해야 하는 이유를 이렇게 설명하였다. "서울은 수도이고, 철도의 중심지로 학생들이 각지에서 올 수 있고, 대부분의 선교회들이 본부를 두고 있으며, 종교, 문화, 산업, 교육의 중심이며, 배재학교와 세브란스의학교가 있기 때문이다."

그러나 장로교 한국선교사회는 대학은 하나로 족하며 비기독교인들의 교육은 선교사의 소관사항이 아니며 교육은 어디까지나 교회를 위한 것이어야 한다고 주장하는 평양 쪽 선교사들의 의견을 받아들여 1912년 9월 투표로 서울의 대학안을 또다시 부결시켰다. 이에 미국의 각 교파 선교부들로 조직된 합동위원회는 여러 번의 논의를 거쳐, 1914년 1월 최종적으로 서울의 대학설립안을 확정하였고, 미국 북장로교 선교부의 브라운 총무도

언더우드의 꿈: 머피-다나설계사무소에 의뢰하여 만든 조감도(1917년)

그해 12월 8일, 서울에 하나의 대학을 세우기로 최종 결정하였다고 통보하였다. 장로교 한국선교사회의 거듭되는 반대의견에도 불구하고, 미국 남북감리교 선교부와 북장로교 선교부가 언더우드의 대학설립을 적극적으

활동
언더우드의 조선기독교대학 설립과정을 조사해 보고, 당시 총독부는 어떤 입장이었는지 조사해 보자.

로 도왔다.

언더우드는 새 대학은 교단연합으로 세워져야 하고, 신학, 문학과 이학, 의학과 간호학 등의 서양학문을 배울 수 있는 종합대학이어야 하며, 기독교인이 아니라도 누구나 수학할 수 있는 개방적인 대학이어야 하고, 또한 대학은 지역공동체와 더불어 국가의 모든 영역에 영향을 미치는 교육기관이 되어야 한다고 하였다. 새 대학의 임시관리이사회는 1915년 3월 5일 임시운영자로 학장 언더우드, 총무에 밀러, 회계에 겐소를 임명하고, 오랜 산고 끝에 1915년 4월 12일, 서울YMCA에서 신입생 60명을 받아 조선기독교대학(Chosen Christian College)이 시작되었다.

에비슨의 헌신과 연희전문

언더우드는 조선기독교대학을 미국대학에 비견할 만큼 좋은 대학으로 발전시키기 위하여 최고의 학자들을 초빙하고, 넓은 교지를 마련하여 한 세기 후를 바라보고자 했다. 그러나 애석하게도 그는 개교 다음해 병을 얻어 1916년 10월 12일 미국에서 사망하고 말았고, 부학장이던 에비슨이 그의 유업을 이어받게 되었다. 에비슨은 언더우드의 부고를 접하고 미국 북장로교 선교부총무 브라운에게 다음과 같은 서신을 보냈다.

"저는 24년간 언더우드 박사와는 형제와 같이 지냈습니다. 우리는 서울에서 함께 살면서 서로 아주 친밀하고 지속적인 조화 속에서 사역하였습니다...하나님께서 비록 그 일꾼을 데리고 갔지만 사역은 버려두지 않을 것입니다...저는 언더우드 박사를 한국에서 아니 아마 전 선교지에서 가장 위대한 선교사 가운데 한 명이었다고 생각합니다. 지금까지 그 어느 누구도 그 만큼 한국인의 신뢰를 받은 사람이 없다고 생각합니다. 이 나라의 가장 높은 사람으로부터 가장 낮은 사람까지 모두가 그를 존경했고 사랑했으며, 말년에 현존하는 정부의 전적인 신뢰를 받았습니다."

에비슨은 언더우드와 뜻을 가장 잘 이해해주는 동료였고, 혼란의 와중에서도 언제나 그의 편을 들어준 협력자였다. 그는 세브란스병원의 원장과 세브란스의과대학 학장으로써 풍부한 행정경험을 가지고 있었고, 부학장으로 이미 학교설립에 동참하고 있었다. 더구나 그는 미국장로교의 독지가들인 루이스 헨리 세브란스와 그의 아들 존 롱 세브란스, 그리고 언더우드의 친형 존 토마스 언더우드와의 친분으로 인하여 일부 선교사들의 반대를 극복하고 언더우드의 원대한 계획을 실천할 수 있는 자질과 능력을 겸비하고 있었다. 조선기독교대학 학장에 취임한 에비슨에게 주어진 과제는 학교의 운영비 모금과 설립인가, 부지구입 등 세 가지였다. 특히 학교운영비는 학생들의 수업료 수입을 거의 기대할 수 없는 상황에서 미국 선교부 지원금 및 교회의 헌금을 요청하여야 하고, 설립인가의 문제는 일본의 기독교학교의 경험을 배워야 하는 문제이고, 부지구입은 전적으로 총독부의 협력을 받아야 하는 일이었다.

우선 초기의 대학운영은 전적으로 미국 선교부와 교회에 의존하여야 했다. 다행히 존 토마스 언더우드와 존 롱 세브란스가 1917년 감리교 해외선교본부에 "조선의 기독교교육을 위한 연합이사회"를 만들어 대대적인 모금운동을 전개하였고, 대학설립에 참여한 교파들이 안정적인 후원금을 지원해 주었다. 장로교는 학교설립을 반대한 한국장로교선교회의 입장 때문에 1921년까지 도움을 주지 않았지만, 대신에 감리교가 큰 도움을 주었다.

또한 에비슨은 총독부로부터 대학설립인가를 받아내어 정규학교로 인정받아야 했다. 대학의 설립인가를 받기 위해서 가장 먼저 준비해야하는 일은 법인정관의 작성과 소정의 예치금을 마련하는 일이었다. 사립연희전문학교 기독교연합재단법인의 기부행위(정관)는 미국 선교부들의 연합위원회에서 초안을 작성하였고, 에비슨이 언더우드의 뜻을 따라 고등법원 원장이며 경성교회 장로로 법인이사로 참여한 와타나베 도오루(渡邊暢)의 도움을 받아 최종안을 만들었다.

정관의 수정불가 조항과 교사이전

언더우드는 사망 직전까지도 와타나베에게 법인정관에 반드시 넣어야 할 내용을 강조하였다. 첫째로 법인은 기독교 신앙에 바탕을 둔 기관이라고 명확히 규정하여야 하고, 둘째로 법인이 운영하는 기관의 교장과 교사는 건전한 신앙인이어야 한다고 규정하여야 한다는 것이다. 최종안에는 제2조에 "본법인은 기독교주의에 의하여 연희전문학교를 설립 유지하는 것을 목적으로 하고, 연희전문학교는 조선교육령에 따라 전문교육을 행하는 것으로 한다"로 결정되었고, 또한 제6조에는 "본법인의 이사는 모두 일본국내에 거주하는 자여야 하고 또한 이사 직원 교수회원 및 모든 본 전문학교의 교수(教授)에 종사하는 자는 기독교성서를 믿는 자여야 한다"로 정하였다. 그리고 가장 특징적인 규정인 제20조에는 "본 기부행위는 제2조, 제6조, 제20조를 제외하고, 정당한 때에 개최된 이사회에서 이사회 총수의 3분의 2이상의 동의를 얻고, 주관관청의 허가를 받아 변경할 수 있다"라고 정했다. 한편 거의 같은 시기에 진행된 세브란스의학전문학교 법인기부행위도 제20조에 "본정관 개정: 2조, 6조, 18조, 19조, 20를 제외한 조항은 특별이사회에서 재적 3분의 2 찬성으로 개정할 수 있다"라고 규정하였다. 2조와 6조는 연희전문학교와 같은 내용이고, 18조와 19조는 법인해산과 재산처리에 관한 조항이다.

에비슨은 새 학기가 시작되기 전에 법인등록을 마치기 위하여 1917년 3월 3일, 총독부 내무부장관 우사미(宇佐美勝夫)를 방문하여 정관초안과 제출서류에 대한 검토를 받았다. 또한 에비슨은 마지막으로 "우리가 이해하기를 학교당국이 총독부에서 정한 교과과정과 별개로 나누어서 교내에서 종교적 예배를 행하고 성서 교육을 할 수 있다고 보는데, 가령 수업 전후의 시간에 실시하는 것이 가능한가?"라고 구체적으로 질문하였고, 우사미는 "그 의견이 맞다"고 대답하였다. 연희전문학교는 1917년 4월 7일부로 인가되었고, 세브란스의학전문학교는 5월 14일부로 인가되었다. 연전과 세전의 정관의 특징은 소위 수정불가 조항들이 포함되어 있다는 것이다. 이 조항들은 말 그대로 어떤 경우에도 변경할 수 없는 금과옥조인데, 모두가 기독교적 정체성을 담보하는 내용이다. 이는 미국 선교부의 초안보다 더 강화된 내용으로 일본의 기독교학교인 도시샤와 메이지학원의 정관을 원용한 것이다. 오늘날에도 연세대학교의 법인정관에는 그때 만든 수정불가 조항이 그대로 포함되어 있어서 기독교적 정체성을 지키는 역할을 하고 있다.

또한, 에비슨은 조선기독교대학이라는 명칭을 그대로 사용하고자 하였지만, 총독부가 한국어로 '대학(college)'과 '기독교(christian)'라는 단어의 사용을 허락하지 않아서 부득이 '사립연희전문학교'이라는 명칭을 사용하게 되었다. 하지만 영어명칭은 Chosen Christian College를 그대로 사용하도록 허락하였기 때문에, 1957년 1월에 연희와 세브란스가 합쳐 연세대학교가 탄생될 때까지 공식 영어명칭으로 사용하였다.

법인설립을 마친 에비슨은 언더우드의 유지인 캠퍼스 조성을 위한 대지구입에 착수하였다. 언더우드는 오랫동안 신촌 부지를 구입하고자 하였으나, 학교의 설립이 결정되지 않아서 뜻을 이루지 못하였다. 언더우드가 매입하고자 한 땅에는 왕족의 묘지가 있었고, 북장로교 내부의 갈등이 진행되는 동안 일부의 땅이 동양척식 주식회사로 넘어가 버렸다.

에비슨은 총독부의 도움을 받지 않고서는 학교 부지를 매입할 수 없다고 생각하고, 학교설립에 호의적인 총독부의 우사미 가츠오(宇佐美勝夫) 내무부장관 겸 토목국장에게 요청하였고, 공무과장이며 인천항을 설계한 사카이데 나루미(坂出鳴海) 경성교회 장로를 법인이사로 맞이하였다. 그들은 언더우드와 에비슨의 학교설립의 순수한 뜻을 받아들여 넓은 부지를 다시 살 수 있도록 협력을 아끼지 않았다. 에비슨은 당시 81명에 불과한 소수의 학생들을 위하여 300에이커의 땅을 매입하면서 "이 아름다운 땅은 향후 20년간 사용할 교실건물을 위한 것이기도 하지만, 앞으로 50년, 100

년 학교의 발전에 따라 수천 명의 학생들을 위해 새로 건물을 지어야 할 때를 위한 것이기도 하다"고 원대한 꿈을 제시하였다. 교지매입자금의 일부인 5만 2천 달러는 언더우드가 이미 모금하여 북장로교 선교부에 예치해 두고 있었다. 대학설립을 적극적으로 지지한 감리교에서 15만 달러를 지원하였고, 존 토마스 언더우드가 2천 파운드를 보내오는 등 모두 40만 9천 달러가 모금되었다. 에비슨은 1917년 6월 23일, 당시 경기도 고양군 연희면 송림의 토지를 동양척식주식회사로부터 매입하였고, 이어 주위의 산지와 토지를 매입하였다.

에비슨은 같은 시기에 등록한 세브란스의학전문학교의 교장을 겸직하면서 18년간 연희전문학교의 교장으로 대학의 기반을 튼튼히 하였다. 그는 부지매입이 끝나자마자 존 토마스 언더우드가 보내준 기부금으로 먼저

스팀슨관 건축: 현존 최고의 건축물(1919년)

치원관(致遠館)을 목조로 건축하여 1918년 3월에 이전하여 새 학기를 맞이하였다. 그리고 로스엔젤리스에 거주하는 스팀슨(Charles Stimson)의 기부금으로 1919년 4월에 스팀슨관을 지었고, 존 토마스 언더우드의 기부금 10만 달러로 현재 본관으로 사용하는 언더우드관을 지었고, 매사추세츠의 피츠필드(Pittsfield) 제일감리교회의 헌금으로 1924년 가을에 아펜젤러관(Appenzeller Hall)을 지었다. 1928년에는 남학생 기숙사로 3층 석조건물이 건립하고, 미국 북감리회 해외선교부 총무인 핀슨(W.W. Pinson)을 기념하여 핀슨관이라고 불렀다. 또한 1933년 5월 말에는 화학교수인 밀러(Frederick S. Miller)에 의하여 6천 명을 수용할 수 있는 노천극장이 만들어졌다. 연희전문학교 캠퍼스의 마스터 플랜과 건물설계는 미국인 건축가인 헨리 머피(Henry K. Murphy)에 의하여 이루어졌다. 그는 뉴욕에 "머피-다나 건축 사무소"를 운영하면서 한국과 중국, 일본과 필리핀에서 주로 기독교계 학교의 건축을 도왔다. 그는 에비슨의 부탁을 받고 학교의 넓은 부지의 조감도를 완성하였고, 치원관과 초기의 석조건물들을 건축하였다.

에비슨의 신앙과 교육관

에비슨은 세브란스와 연희를 기독교정신의 바탕 위에 바로 세우고, 오늘의 세계적인 대학으로 도약할 수 있는 기초를 다져놓은 탁월한 교육 행정가이다. 에비슨은 어린 시절부터 아버지를 따라 방직공장에서 일하며 자신의 운명을 스스로 개척하는 진취성을 보였고, 토론토대학 YMCA의 활동을 통하여 해외선교의 의미와 가치를 배웠고, 먼저 한국으로 간 친구들과의 교제를 통하여 선교사의 꿈을 키웠다. 세브란스병원과 세브란스의학전문학교 그리고 연희전문학교에서 보여준 에비슨의 지도력과 추진력은 그의 믿음에 바탕을 둔 것이었다. 그는 의료선교사의 마음가짐에 대하여 다음과 같이 말하고 있다.

"선교사로 헌신한 사람 치고 마음속에 예수 그리스도의 구원의 복음을 순수하고 솔직하게 전하려는 생각을 갖지 않고 다른 생각을 가지고 이방사람들에게 가는 사람은 없다. 그들은 예수님이 세상에 계실 때 하신 것처럼, 먼저 사람들이 처해 있는 고통을 진정으로 안타까워하고 있다는 사실을 보여주지 않으면 안 된다. 그래서 의료선교사들은 더 많이 열린 마음으로 그들에 대한 의료봉사를 친절하게 수행하고 있다. 선교사역에 모든 생애를 바친 대부분의 의사들은 그들의 의료봉사 그 자체가 그리스도 복음의 일부라고 생각하고 있다."

에비슨은 직접선교를 주장하는 선교사들에 대하여 교육과 의료는 그리스도의 복음을 전하는 데 가장 좋은 수단이 된다고 주장하였다. 이러한 선교정신은 연세대학교의 역사에 도도히 흐르는 광맥이 되었고, 학문과 교육에 동기를 부여하는 원동력이 되었다. 당시 입학책임자들은 "비기독교인들도 적당히 받아들이되 비교인의 수가 교인의 수를 넘지 아니할 것은 물론, 다수의 기독교인으로 소수의 비기독교인 학생을 포섭 내지 동화함이 정당한 기독교학교의 교육방침이다"라고 믿었다. 한국 내 선교단체들을 대표하여 부교장 빌링스(B.W.Billings)와 밀러는 삼일운동 직후에 총독에게 종교탄압을 철회하고 헌법에 규정된 종교와 신앙의 자유 및 사립학교의 자유를 보장해달라고 진정서를 제출하였는데, 1920년 3월 드디어 "개정사립학교규칙"이 개정되어 연희전문학교는 채플과 성서를 교육과정에 넣을 수 있게 되었다. 언더우드와 에비슨이 동료선교사들의 반대를 무릅쓰고 대학설립을 강행한 것은 바로 이런 변화의 기회가 올 것이라고 믿었기 때문이었다. 에비슨은 특히 졸업생들에게 중고등학교 교사와 같이 안정된 직업만 선택하지 말고, 사업을 하든지 상급학교에 진학하여 전문성을 가지라고 권유하였다. 그는 언더우드의 유지(遺旨)에 따라 연희전문학교를 위하여 당대 최고의 학자들을 초빙하여 교수진을 구성하였고, 학교를 국제적인 기독교 사학(私學)으로 발전시켜 독립의 역량을 기르고자 하였다.

에비슨의 교육관은 [동명(東明)](1923년)에 기고한 "조선의 교육"에 잘 나타나 있는데, 그는 한글사용과 초등교육의 필요성을 주장하면서 "일반 민중들이 정당하고 고상한 지조와 세계이상을 품게 할 수 있는 문학을 보급하여 지,덕,체 삼면을 고르게 발달시켜야 하고, 특히 종교는 심령을 함양시키는 것이다"고 말한다. 이러한 그의 교육관은 연희전문을 통하여 실현되었는데, 연희전문의 교육적 특징은 조선말과 조선 글, 조선 역사, 조선 문학을 가르치는 것이었다. 처음에는 총독부의 규제로 인하여 조선어를 비교과과정으로 편성하여 가르쳐야 했지만, 최현배, 정인보 등의 조선어학자들은 조선어 교육의 선구자가 되었다.

에비슨의 후임으로 교장이 된 언더우드의 아들 원한경(Horace Horton Underwood)도 한국인 교수들이 조선말로 조선인 학생들에게 현대교육을 시키는 것을 지상목표로 삼았고, 만주사변 이후에는 조선학의 대가인 유억겸 부교장을 중심으로 학교를 운영하도록 하였다. 이렇게 연세대학교의 한글사랑은 에비슨의 서민에 대한 특별한 사랑과 한국인의 능력에 대한 신뢰에서 비롯된 것이다. 그의 한국인에 대한 신뢰는 연희전문의 모든 학과의 과장을 한국인 교수로 보하여 학교의 운영을 맡기고, 1934년 9월 17일 세브란스의전을 은퇴할 때 동료선교사들의 반대를 일축하고, 오긍선(吳兢善) 교수를 교장으로 세운 것에서 나타났다.

연희전문의 교육방침-동서고근의 화충

연희전문학교에는 1930년대 초기 이미 연희가 배출한 이원철 박사를 비롯하여 유억겸, 백낙준, 정인보, 이순탁, 이춘호, 최현배, 백남운, 현제명 등의 기라성 같은 한국인 학자들이 포진하고 있었다. 에비슨은 이들 한국인 학자들을 적극적으로 받아들이고, 선교사 교수들과 협력하여 연세교육의 기초를 놓았다. 에비슨을 중심으로 동양과 서양의 학자들은 건학이념인 기독교 정신을 기반으로 하여 동양의 학문과 서양의 기술을 아우르고, 옛것과 새것을 아우르는 화충을 교육방침으로 제시하였다. 이러한 동서고근의 화충은 한 세기를 훌쩍 넘은 역세의 역사 속에서 연세의 교육과 연구를 이끌어 가는 선도자의 역할을 감당하고 있다. 초창기 연세의 선각자들이 제시하고 연희전문의 교육을 통하여 실천하고자 했던 교육방침은 다음과 같다.

> 본교는 기독교주의하(下)에 동서(東西) 고근(古近) 사상의 화충(和衷)으로 문학, 신학, 상업, 수학, 물리학, 화학에 관한 전문교육을 시(施)하야 종교적 정신의 발양(發揚)으로써 인격의 도야(陶冶)를 기(期)하며 인격도야로부터 돈실(敦實)한 학구적 성취를 도(圖)하되 학문의 정통(精通)에 반(伴)하야 실용(實用)능력을 겸비한 인재배출로써 교육 방침을 삼는다.

알렌이 제중원을 세운 지 한 세기가 되어 발간한 『연세대학교 백년사』는 교육방침을 이렇게 해설하고 있다.

> 연전의 내면적인 교육방침은 기독교주의 아래 동서고금 사상의 절충, 즉 본교 창립정신에 입각한 신과의 설치를 비롯하여 선진국가의 정신과학수입, 상업 진흥을 위한 선도자 양성, 자연과학 이론의 실생활에서의 적용, 농업에 대한 실용지식의 함양 등을 목표로 문학, 신학, 농학, 상업학, 수학 및 물리학, 응용화학에 관한 전문교육을 실시하고, 종교적 정신의 함양으로 인격의 도야를 기하여 독실한 학구적 성취를 기도하되 학문의 정통에 의한 실용의 능력을 겸비한 인재를 양성함으로써 우리 민족의 지도자를 배출하는 데 두고 있었다.

연희전문학교의 설립과 더불어 연세의 개척자들이 정착시키고자 한 연세교육의 목표는 "동서고근(東西古近)의 화충(和衷)(동서양과 전통-근현대의 소통)"이다. 동서는 동양의 학문과 서양기독교의 정신문화를 말하고, 고근은 옛부터 내려온 전통과 현대의 첨단과학을 말하는 것이다. 이 둘의 화충

활동

1. 정관상 수정불가 조항이 연세에 미친 영향을 살펴보고, 타 대학의 정관과 비교하여 그 상이점을 조사해 보자.
2. 허가권자의 입장에서 81명의 학생으로 30만평의 교지를 매입하겠다는 에비슨과 전교생 260명의 학교에 6천명을 수용하는 노천극장을 짓겠다는 밀러에 대하여 반대의견은 제시해 보자.
3. 에비슨의 교육관이 어디에서 온 것인지 조사해 보자.
4. 연희전문의 교육방침을 만들 때, 어떤 교수들이 재직하고 있었는지 조사해 보자.

적 소통을 통하여 조화롭고 건전한 학문과 인격을 추구하고, 이를 통하여 민족의 부흥과 해방을 기대하며 이상과 현실을 조화할 줄 아는 섬기는 지도자를 양성하는 것이 연희전문학교의 일관된 교육목표이다. 또한 이러한 교육목표를 달성하기 위하여 연희전문학교의 건학이념인 기독교 정신과 가치를 가르치고 배우는 데 최선을 다해왔다. 그러나 일제침략기에 세워진 연전에서 동서고근의 절충에서 핵심적 가치이자 서양 학문의 기반이 되는 기독교정신을 교육과정에 넣는 일은 쉬운 일이 아니었다. 총독부에 의하여 기독교 학교에서마저도 기독교 교육은 금지되어 있었고, 그로 인해 언더우드의 대학설립 계획이 무산될 위기에 있었다. 언더우드와 에비슨은 그런 엄중한 상황을 극복하기 위하여 신학과를 설치하여 기독교 과목을 학생들에게 수강하게 하였고, 정규수업 시간 외에 자율학습의 형식으로 채플을 실시하였다. 다행히 삼일운동 후에 소위, "문화정치"의 흐름 속에서 대학의 자율성이 대폭 확대되었다. 교과목의 제한과 교원의 자격이 완화되어 종교의식과 성서의 교육이 가능하게 되었기 때문에 연희전문학교는 본래의 모습을 되찾을 수 있었다.

그러므로 연희전문학교 교육의 최종목표는 기독교주의에 입각한 동서고근의 사상을 화합하는 것이었다. 그것은 선진국가의 학문을 받아들여 전문교육을 실시하고, 신앙훈련과 학구적 성취를 통한 인격의 성숙과 실용능력을 겸비한 인재를 양성하여 민족을 이끌어 가게 하는 것이었다. 특히 기독교 정신에 바탕을 둔 이타적 사랑에서 비롯된 헌신과 봉사, 그리고 동양의 인문학과 서양과학을 조화시키는 교육과 연구는 미래적 가치관을 추구하는 진보적인 사고 없이는 불가능한 일이었다. 연세교육이 처음부터 과학 기술을 중시하고 상업학을 가르친 것은 동서의 화충과 더불어 새 시대의 문명을 열기 위한 고근의 화충을 추구하였기 때문이다.

백낙준의 연세정초와 진리와 자유

연희전문학교는 에비슨 교장의 퇴임 후에 원한경(Horace Horton Underwood) 교장을 맞이하여 일제말기의 혼란기를 극복하고자 하였으나, 제2차 세계대전의 소용돌이 속에서 연희전문과 세브란스의전은 전시체제에 협력을 강요받고, 교명을 바꾸면서 선교사들은 강제로 귀국당하고, 한국인 교수들은 학교를 그만두어야 했다. 1945년 8월, 일본의 패전 후에 이름을 되찾은 연희전문학교는 백낙준 교장을 맞이하여 연희대학교로 승격하고, 1957년 1월에 세브란스와 통합되어 연세대학교가 되어 오늘의 글로벌 명문대학으로 발전하게 되었다.

백낙준은 1927년 6월 미국의 예일대학에서 한국인 최초로 박사학위를 받고, 에비슨의 권유에 따라 연희전문의 교수가 되어 성서와 동양사를 가르쳤다. 1937년부터 해방되기까지 일제에 의하여 교수직이 박탈되었으나, 해방 후에 학교로 돌아와서 연세교육의 기초를 새로 놓는 작업에 착수하였다. 그는 일제에 의해 억압받았던 건학이념을 되찾아 기독교교육을 강화하는 가운데 채플을 중시하였고, 남녀공학을 처음으로 실시하였다. 그리고 연세의 교훈인 "진리와 자유"를 새로 제정하여 공포하였다. 이 교훈은 성경말씀 "그러므로 예수께서 자기를 믿는 유대인들에게 이르시되 너희가 내 말에 거하면 참으로 내 제자가 되고 진리를 알지니 진리가 너희를 자유롭게 하리라"(요 8:31-32)에서 유래한 것이다. 요한복음 8장에 보면, 예수 그리스도가 이 말을 하자, 유대인들이 자기들은 아브라함의 자손으로 누구에게도 속박되지 않는 자유인의 삶을 살아가고 있는데 속박에서 벗어나야 한다니 그게 무슨 말이냐고 반박을 한

백낙준 동상(1987 ©연세학풍연구소)

다. 예수는 유대인들이 아브라함의 자손이라는 민족적 우월의식에 사로잡혀서 다른 민족과 다른 계층의 사람들을 소외시키고 있으니, 먼저 그런 허구적 선민의식에서 벗어나야 한다고 질책하고, 이에 유대인들이 분노하며 돌을 들어 예수를 치려고 하자 급히 피하는 장면이 연출된다. 결국 예수는 세상을 변화시킬 새로운 교훈과 새 삶의 방식을 제시하지만 유대인들은 새로운 진리를 깨닫지 못하고, 그들만의 전통과 습관에 소박되어 자유로운 사고와 행동이 불가능하였던 것이다.

기독교 신학을 가르친 백낙준 교장은 예수의 가르침을 잘 이해하고 있었기 때문에 예수의 말씀을 찾아 연세의 교훈으로 삼은 것이다. 그는 진리와 자유의 교훈에 대하여 이렇게 말한다.

> "진정한 자유는 진리를 바탕으로 이뤄져야 한다는 뜻입니다. 사람은 누구나 인격을 가지고 있고 따라서 남의 지배나 다스림을 받지 않아야 됩니다. 이것은 외적 자유지요, 각자는 또 양심을 가졌고 도의를 알고 이상을 바라며 살지요. 이 양심과 도의와 이상을 해치려는 '죄'에서 벗어나는 것이 곧 내적 자유입니다. 내적 자유 없이는 외적 자유를 누릴 수 없습니다. 학문적 양성을 통해 지식의 발전으로 진리를 깨치는 일이 곧 내적 자유를 충실하게 누릴 수 있는 조건이지요. '자유'를 얻기 위해서는 '진리'를 알아야 한다는 생각에서 그렇게 정했던 것입니다."

대학을 진리탐구의 전당이라고 말하지만 대학이 연구하고 교육한 진리를 현장에서 실천하지 않는다면 그 의미는 반감될 수밖에 없다. 그러므로 대학의 사명인 진리탐구는 다양한 속박의 상황에서 인간을 자유롭게 하는 실천적 삶으로 이어져야 하는 것이다.

활동
백낙준의 진리와 자유에 대한 해석을 기초로 하여, 동료학생들이 교훈을 어떻게 이해하고 있는지 조사해 보자.

또한 백낙준은 문교부장관으로서 해방 후 한국교육의 기틀을 새로 잡는 가운데, "널리 사람을 이롭게 하는 사람"

이라는 뜻의 홍익인간(弘益人間)을 국가의 교육이념으로 설정하였다. 그는 "사람이 배우는 것은 자신의 명리(名利)나 부귀영화만을 위한 것이 아니라 모든 사람들에게 도움이 되기 위한 것이니, 배우는 자는 사회와 민족을 위해 사용하겠다는 목적을 가지고 배움에 임해야 한다"고 설명하고 있다. 결국 그의 교육이념은 목사요 신학자로 산 그의 기독교신앙에서 나온 것으로 예수 그리스도의 이타적 사랑을 본받아 이웃과 더불어 사는 삶을 이상으로 삼고자 하였고, 그러한 교육이념을 실천하기 위하여 진리를 깨달아야 한다고 주장하였다. 또한 그는 진리를 깨닫는 방법으로 수기치인(修己治人)이라는 유학의 실천윤리를 제시하였다. "옛 선조들은 먼저 자신의 인격과 학문을 닦은 후에 나아가 남을 다스리는 것을 교육의 목적으로 삼았다"고 하여 인격수양과 학문연구를 대학교육의 핵심가치로 보았다. 백낙준은 기독교 신앙을 "영혼의 닻"이라고 말하고, 모든 연세의 구성원들이 영혼의 닻인 믿음을 굳게 붙잡고 바로 서서 흔들리지 아니하고 앞으로 나아가는 믿음의 사람들이 되기를 희망했다.

박대선의 양심과 건학이념 구현

박대선은 오랜 역사를 통하여 설정된 연세의 교육이념을 가장 잘 이해하고 실천하여, 오늘의 연세대학교의 성격을 갖추게 한 인물로 평가 받는다. 그는 군사독재가 극심하던 1964년 9월부터 11년간 총장으로 재임하였다. 그는 자신의 삶으로 기독교적 양심의 본을 보여주며, "진리와 자유"의 건학이념을 충실하게 실천하였고, 연세대학교를 그 규모와 내용에 있어서 세계적인 대학으로 발전시켰다. 기독교인 독립운동가의 후손인 박대선은 군사독재정권의 간섭과 통제에 항거하여 교수와 학생을 지킨 지도자로 기억되고 있다. 그는 경상도에서 태어나 일본에서 자라고, 북한에서 일하다 월남하여 미국 보스턴대학에서 신학박사학위를 취득하였다. 그는 총장에

박대선 박사: 신념과 양심의 대변자

취임한 후에 미국과 독일의 기독교계 재단의 원조를 받아내어 교육시설을 확충하고, 연합신학대학원과 교육대학원을 비롯한 대학원들을 설립하고, 스스로 채플에 참여하는 등 연세의 기독교적 학풍의 정착에 진력하였다.

박대선을 기억하는 사람들은 모두 한결같이 그는 원칙을 중요시하였으나, 언행이 따듯하였고, 그리고 정의를 찾는 구도자였다고 증언한다. 그는 연세의 역사와 전통의 하나인 채플을 중단하라고 요구한 정부의 처사에 대하여 단호하게 거부의사를 밝혔다. "역사와 전통을 자랑하는 대 연세대학교가 한 나라의 문교부 장관이 채플을 하루 중단하라고 해서 중단한다면 대학의 자유는 어디에 있고 대학의 금과옥조와 같이 여기는 대학의 이상과 이념은 어떻게 될 것인가? 연세대학교의 교육이념, 즉 기독교 정신에 입각한 고등교육 실시도 중단할 것인가? 기독교대학의 총장은 총장직을 걸고 기독교대학의 이념을 위하여 양보하지 말고, 투쟁할 것은 투쟁해서 쟁취해야 된다고 생각한다." 당시 채플이 끝나면 학생 지도자들이 채플에 참석한 학생들을 대상으로 독재정권 타도와 민주주의 신장을 주장하였기 때문에 정부에서 채플을 잠시라도 중단해 달라고 하였다. 그러나 연세공동체의 구성원들은 누구나 일제 강점기에도 중단하지 아니한 채플을 중단하는 것은 연세의 정체성을 훼손하는 중대한 일이라고 하며 정부의 몰이해를 성토하였고, 박대선 총장은 채플에 관하여 단호한 입장을 발표한 것이었다. 그는 채플을 통하여 학생들이 연세의 교훈인 진리와 자유의 의미와 가치, 그 실천의 방안을 가르치고 배우는 것이 연세의 자랑이라고 생각하였다. 그는 졸업생들에게도 기독교 정신과 자신의 신앙을 숨기지 않았고, 예수 그리스도의 희생과 사랑을 배우라고 당부했다. "삶의 목적을 제시해 주고 나아갈 방향을 보여주며 사람을 완전히 변화시켜 새 사람을 만들고 진정한 생명을 부여해 주시는 예수 그리스도를 한번 우러러보고 이 교문을 나가시기를 기대합니다. 그의 온유하고 겸손한 마음이 여러분의 마음이 되고 그의 희생과 봉사와 사랑의 정신이 여러분의 정신이 되시기를 바라는 마음 진실로 간절합니다."

박대선은 졸업생들에게 권유한 대로 스스로도 언제나 온유하고 겸손한 마음을 가지고, 희생과 사랑의 삶을 살려고 노력하였다. 군사독재의 끊임없는 부당한 간섭에 굴하지 않고 신앙적 양심과 연세의 건학정신을 지키고자 했다. 그는 정부의 방침과 요청을 거부하고, 지금은 위헌이 된 당시 긴급조치 위반으로 실형을 살다 가석방 된 김찬국, 김동길 교수를 복직시키고, 15명의 학생들을 복학시켰다. 당시 문교부는 예상대로 연세대 이사회에 정부의 요청을 거부한 총장을 해임하라는 통지를 하였고, 박대선은 양심에 따라 행한 정당한 행위였지만 대학을 지키기 위하여 사표를 제출하지 않을 수 없었다. 학생들을 비롯하여 모든 연세 구성원들이 박대선 총장의 입장을 지지하였지만, 독재권력의 마수를 피할 수 없었고, 결국 그는 1975년 4월 총장직을 사임할 수밖에 없었다. 그는 사임서 제출에 즈음한 담화문에서도 건학정신의 중요성을 강조하고 있다.

> "한국의 대학이 민족과 국가가 열망하는 사명을 성취하기에 아직 많은 난관이 가로놓여 있는 현실을 본인은 잘 알고 있습니다. 그러나 교육하는 이는 언제나 그 최선의 길을 택해야 한다고 믿고 있습니다. 연세는 또한 앞으로 영원무궁토록 기독교 정신에 입각하여 교육을 실시한다는 건학정신을 망각하지 말아야 할 것을 굳게 믿고 있다는 것도 나의 신념입니다."

박대선이 말하는 건학정신은 물론 연세의 교훈인 진리와 자유인데, 그가 깨달은 진리인 기독교신앙에 따른 양심을 지키려다가 독재권력의 희생이 된 것이다. 그는 백낙준이 말한 대로 양심과 도의와 이상을 해치려는

> **활동**
> 박대선 총장의 사임에 관련한 당시의 신문기사를 찾아서 매스컴의 입장이 무엇이었는지 조사해 보자.

정치권력의 죄에서 벗어나 내적 자유를 얻고자 투쟁한 것이다. 박대선이 독재정권의 부당한 요구로 총장공관을 떠날 때, 이사할 집을 마련할 수 없을 정도로 청렴하게 산 것이 세상에 알려졌고, 이를 안타깝게 생각한 동창회 유지들이 전세아파트를 마련해 준 것은 유명한 일화이다.

정리해봅시다

연세의 건학정신은 근대의 여명기에 희생과 봉사라는 기독교의 가르침을 실천하기 위하여 한국에 와서 평생을 헌신한 선교사들에 의하여 제시되었고, 구한말의 혼란기와 일제 강점기의 억압 속에서 미래의 독립되고 번영된 조국을 믿음으로 바라본 한국인 선각자들에 의하여 계승되어 발전되었다. 처음으로 내한한 선교사 알렌은 기독교 정신을 바탕으로 한국청년들에게 서양의학과 보건학을 가르치는 기관으로 제중원을 설립하여 한국에서 근대교육의 문을 활짝 열었고, 에비슨은 받는 기쁨보다 주는 기쁨이 더 크다고 말하는 세브란스의 기부를 통하여 세브란스병원을 건축하고 제중원의학교를 서양의학 수준으로 격상시켜서 백정 출신의 박서양을 첫 졸업생으로 배출하여, 사학정신에 의한 서민교육의 새 장을 열었다. 한편 언더우드는 친형인 기업가 존 토마스 언더우드의 협력에 힘입어 비기독교인을 포함하여 재정적으로 어려운 청년들을 위하여 개방적이고 종합적인 조선기독교대학을 설립하여 그들을 지역공동체와 더불어 국가의 모든 영역에 영향을 미치는 지도자로 교육하고자 하였다. 언더우드는 그가 소망한 모든 읍과 마을에 학교가 세워지고, 기독교 기관과 지도자들이 그리스도의 사랑을 실천하고 고통당하는 이들을 돌보아 주는 모습을 보지 못하고 세상을 떠났지만, 그의 유업은 에비슨을 비롯한 동료 선교사들에 의하여 훌륭하게 성취되었다.

에비슨은 기독교 교육과 건전한 신앙인의 구성원이라는 수정불가 조항을 정관에 명시하여 연희전문학교와 세브란스의학전문학교를 기독교 정신의 바탕 위에 우뚝 세워놓았고, 50년, 100년 후의 학생들을 위하여 방대한 교지를 마련함으로써 연세의 미래를 기약했다. 또한 여러 해외 선교부들과 교회, 독지가들은 연세의 발전을 기원하며 기부금을 보내 주어 아름답고 유서 깊은 연세의 건축과 뜰을 만들어 주었다. 에비슨은 어려운 사람들에게 실질적인 도움을 보여주어야 한다는 신념을 가지고 그리스도의 사랑과 봉사를 실천하여 초창기의 연희전문과 세브란스의전을 명실공히 근대고등교육의 산실로 만들었고, 연희전문의 교육방침을 동서고근의 화충으로 정하여 세기를 넘어 이어가는 연세의 학풍으로 정착시켰다. 연희전문과 세브란스의학 전문의 교육목표는 선진학문을 받아들여 전문교육을 실시하고 신앙훈련과 학구적 성취를 통한 인격의 성숙과 실용능력을 겸비한 인재를 양성하여 민족의 미래를 개척하는 것이었다.

백낙준은 1957년 1월에 연희와 세브란스를 통합하여 연세대학교로 다시 태어나게 하였고, 일제에 의해 억압된 건학이념을 되찾아 채플 등 기독교 교육을 강화하고, 성서의 가르침을 따라 연세의 교훈을 진리와 자유라고 정하였다. 그는 진정한 자유는 진리를 바탕으로 이루어지는 것이며, 양심과 도의와 이상을 해치려는 죄에서 벗어나는 것이 곧 자유라고 정의하였고, 해방공간에서 새롭게 얻은 자유를 지키고 확장하기 위하여 연세가 진리 탐구의 사명을 수행해야 하며, 배운 자는 자신의 명리가 아닌 민족과 사회를 위하여 이웃사랑을 실천하여야 한다고 주장하였다. 군사독재시대에 연세의 총장으로 기독교적 건학이념을 공고히 하고, 대학을 발전시킨 박대선은 스스로 정치권력에 굴하지 않는 자유로운 양심의 본을 보여 주었다. 학생들의 데모를 막기 위하여 채플의 중단을 요청한 독재권력에 대하여 단호히 대학의 자유를 수호하였고, 건학정신을 지키고자 하였다. 그는 독재정권에 의하여 강제로 총장직을 사퇴하여야 했지만, 기독교적 건학이념을 굳건히 지킨 연세의 양심으로 남았다.

연세대학교는 1885년 4월부터 오늘날까지 기독교정신에 기초한 고등교육의 실천이라는 건학이념을 지켜오고 있으며, 연세의 지도자들은 국가적, 정치적, 사회적 위기의 상황에서도 흔들리지 않고 진리와 자유의 가르침을 따라 교육과 연구, 실천적 삶을 지속하여 왔다. 일제강점기와 군사독재의 강압통치 아래서도 연세의 개척자들은 종교행사와 채플을 통하여 건학이념을 구현하고자 최선을 다하였고, 혼란과 전쟁, 가난 속에서도 기독교적 사랑과 봉사의 정신으로 국가와 민족, 인류의 번영을 견인하기 위하여 온고지신과 실사구시의 교육과 연구에 진력하여 동서고근의 화충이라는 연세학풍을 형성하여 왔다. 또한 연세대학교는 한국사회의 민주화와 경제적 성장 그리고 지구촌의 글로벌화로 인한 세속화의 물결 속에서도

교훈석: 요한복음 8:32

창립기의 초심을 잃지 않고, 교육연구와 사랑의 실천을 통하여 고난당하는 이웃을 돌보고, 지구적 과제를 해결하기 위하여 진리탐구에 정진하고 있다. 지난 세기 연세가 지켜온 역사의 발자취는 연세에 주어진 하나님 은총의 증거이며, 연세를 이끌어온 개척자들의 기도와 수고의 열매이다.

오랜 역사 속에서 수많은 고난과 고통을 넘어 연세가 지켜온 기독교적 건학이념은 오늘의 연세이념에 잘 표현되어 있다.

> "연세대학교는 기독교의 가르침을 바탕으로 진리와 자유의 정신에 따라 사회에 이바지할 지도자를 기르는 배움터이다. 연세인은 겨레와 인류의 문화유산을 이어받고 창의력과 비판력을 길러 학문의 발전을 이끌어간다. 또한 정의감과 기백을 드높이고 열린 마음으로 이웃을 위해 봉사하며, 인류의 번영에 이바지한다. 우리 연세인은 이러한 사명을 깊이 새겨 세계 속에 자랑스러운 연세 정신을 구현하기 위해 지도적 역량을 힘껏 발휘한다."

연세의 자랑은 진리와 자유의 정신을 체득하여 예수 그리스도가 십자가 위에서 보여준 희생과 사랑을 실천하는 것이니, 모든 연세의 구성원은 교가로 부르는 "열성, 진실, 몸과 맘을 기울여 연세에 맡기어진 하늘의 사명"을 다하여야 한다. 지난 역사 속에서 그러했듯이 미래의 새 역사에서도 연세의 기독교적 건학정신은 국가와 민족, 지구촌과 인류를 구하고 이끄는 빛이 될 것이다.

토의해봅시다

공부를 위한 토론 주제들

1. 알렌이 어떻게 제중원을 설립하게 되었는지 살펴봅시다.
2. 한국에서 헌신한 에비슨의 신앙적 동기가 무엇인지 생각해 봅시다.
3. 연희전문학교 법인정관의 작성과정에 관하여 토의해 봅시다.
4. 동서고근의 화충이라는 교육방침이 연세의 교육에 어떤 영향을 미쳤는지 토론해 봅시다.
5. 연세의 교훈인 진리와 자유의 의미와 실천방안에 대하여 토의해 봅시다.

더 읽을거리

- 연세대학교백년사편찬위원회 편. (1985). 연세대학교백년사. 서울: 연세대학교 출판부.
- 연세의료원120년사편찬위원회. (2005). 인술, 봉사 그리고 개척과 도전의 120년. 서울: 연세의료원.
- 이만열, 옥성득 편역. (2007). 언더우드자료집III. 서울: 연세대학교 출판부.
- 조재국 외. (2015). 연세의 개척자들과 연세학풍. 서울: 연세대학교 대학출판문화원.
- 최재건. (2012). 언더우드의 대학설립. 서울: 연세대학교 출판문화원.

중앙일보. 입맛 까다로운 랍비 '소금 굽는 건 처음 본다.' 2011.8.30.

한겨레. 70m 사이로… '예멘 난민'반대 집회와 찬성 집회가 열렸다. 2018.7.10.

강남순. (1998). **페미니즘과 기독교**. 서울: 대한기독교서회.

강희천. (1989). 기술과학과 인간의 가치. 종교교육위원회 편. **현대인과 기독교**. 서울: 연세대학교 출판부.

곤잘레스, 후스토 L. (1998). **기독교사상사 1: 고대편**. 이형기·차종순 역. 서울: 한국장로교출판사.

권수영. (2005). **프로이트와 종교**. 서울: 살림출판사.

______. (2006). **누구를 위한 종교인가: 종교와 심리학의 만남**. 서울: 책세상.

기독교환경운동연대. (2002). **녹색의 눈으로 읽는 성서**. 서울: 대한기독교서회.

김균진. (2006). **자연환경에 대한 기독교 신학의 이해**. 서울: 연세대학교 출판부.

김려령. (2008). **완득이**. 파주: 창비.

김상근. (2007). **세계사의 흐름을 바꾼 기독교의 역사**. 서울: 평단문화사.

김선정. (2002). 누가 10장 38-42절의 여성과 일. **신학논단**, 30, 93-111.

______. (2017). 요한복음서에 나타난 예수의 여성성과 남성성. **신약논단**, 24(1), 113-142.

김은국. (2010). **순교자**. 도정일 역. 파주: 문학동네.

김정남. (2012). **이 사람을 보라: 어둠의 시대를 밝힌 사람들**. 서울: 두레.

김준우 편. (2012). **기후붕괴의 현실과 전망 그리고 대책**. 서울: 한국기독교연구소.

김학철. (2009). 후기 자본주의 속의 종교와 예술: 앤디 워홀의 경우. **신학논단**, 55, 215-258.

김현숙. (2004). **탈인습성과 기독교교육**. 서울: 기독교서회.

______. (2012). 다문화주의 담론과 기독교교육. **기독교논총**, 86, 269-297.

김형민. (2011). **하나님의 권리와 인간의 권리-현대인권신학의 동향과 전망**. 성남: 북코리아.

내쉬, 제임스 A. (1997). **기독교 생태윤리: 생태계 보전과 기독교의 책임**. 서울: 한국장로교출판사.

넬슨-폴마이어, 잭. (2012). **예수를 배반한 기독교**. 한성수 역. 일산: 한국기독교연구소.

다우드나, 제니퍼·새뮤얼 스턴버그. (2018). **크리스퍼가 온다: 진화를 지배하는 놀라운 힘**. 김보은 역. 파주: 프시케의 숲.

다우첸베르그, 게하르트 외. (1992). **원시 그리스도교의 여성**. 윤선아 역. 왜관: 분도출판사.

라페이, 알리스 L. (1998) **여성신학을 위한 구약개론**. 장춘식 역. 서울: 대한기독교서회.

로스, 게르하르트. (2015). **뇌와 마음의 오랜 진화**. 김미선 역. 서울: 시그마프레스.

루벤슈타인, 리차드. (2004). **예수는 어떻게 하나님이 되셨는가?** 한인철 역. 일산: 한국기독교연구소.
루이스, C. S. (2001). **순전한 기독교**. 장경철·이종태 역. 서울: 홍성사.
류터 R. 로즈마리. (2000). **가이아와 하느님: 지구 치유를 위한 생태 여성 신학**. 전현식 역. 서울: 이화여자대학교 출판부.
마이어스, 로빈. (2012). **예수를 교회로부터 구출하라**. 김준우 역. 일산: 한국기독교연구소.
맥그라스, 알리스터. (2016). **기독교의 역사**. 박규태 역. 서울: 포이에마.
맥페이그, 샐리. (2008). **기후변화와 신학적 재구성**. 서울: 한국기독교연구소.
모랭, 에드가. (1993). **지구는 우리의 조국**. 이재형 역. 서울: 문예출판사.
몰트만, 위르겐. (1992). **정치신학, 정치윤리**. 서울: 대한기독교서회.
민경배. (2007). **한국기독교회사**. 서울: 연세대출판부.
민경식. (2008). **신약성서, 우리에게 오기까지: 신약 사본과 인쇄본 이야기**. 서울: 대한기독교서회.
민영진. (1999). **성경 바로 읽기**. 서울: 대한기독교서회.
박대선. (1975). 사임서 제출에 즈음학 박총장 담화문. **연세춘추**, 716, 3.
박보경. (2010). 1950년 한국 전쟁 당시 한국 교회의 역할. **선교와 신학**, 26, 105-140.
박형우 편역. (2015). **언더우드 내한관련 자료집** 1859-1885. 서울: 연세대학교 대학출판문화원.
박흥순 외. (2015). **(국제기구와) 인권·난민·이주: UN인권(헌장·협약·지역)기구** UNHCR IOM. 서울: 오름.
백관익 편. (1989). **백낙준박사대담모음 내일을 위하여**. 서울: 정음문화사.
뱅크스, 제임스 A. (2009). **다문화 시민교육론**. 김용신·김형기 역. 파주: 교육과학사.
법무부·외국인정책본부. (2018). **출입국외국인정책 통계월보**. 서울: 법무부.
벵스트, 클라우스. (1994). **로마의 평화**. 정지련 역. 천안: 한국신학연구소.
보그, 마커스. (1996). **미팅 지저스**. 구자명 역. 서울: 홍성사.
______. (1997). **예수 새로 보기**. 김기석 역. 천안: 한국신학연구소.
______. (2001). **새로 만난 하느님**. 한인철 역. 일산: 한국기독교연구소.
______ ·톰 라이트. (2001). **예수의 의미**. 김준우 역. 일산: 한국기독교연구소.
______. (2010). **기독교의 심장**. 김준우 역. 일산: 한국기독교연구소.
브래들리, 이안. (1996). **녹색의 신**. 이상훈·배규식 역. 서울: 따님.
사사구, 아라이. (1993). **신약성서의 여성관**. 김윤옥 역. 서울: 대한기독교서회.
살리, 사라. (2009). **주디스 버틀러의 철학과 우울**. 김정경 역. 서울: 앨피.
서중석. (1992). **예수**. 서울: 동아출판사.
손승호. (2017). **유신체제와 한국기독교 인권운동**. 서울: 한국기독교역사연구소.
슈밥, 클라우스. (2016). **클라우스 슈밥의 제4차 산업혁명**. 송경진 역. 서울: 메가스터디.

스타크, R. (2016). **기독교의 발흥**. 손현선 역. 서울: 좋은씨앗.
스텀프, 새뮤얼 이녹. (2004). **소크라테스에서 포스트모더니즘까지**. 이광래 역. 서울: 열린책들.
스퐁, 존 쉘비. (2004). **예수를 해방시켜라**. 최종수 역. 일산: 한국기독교연구소.
______. (2005). **새 시대를 위한 새 기독교**. 최종수 역. 일산: 한국기독교연구소.
______. (2011). **만들어진 예수, 참 사람 예수**. 이계준 역. 일산: 한국기독교연구소.
______. (2017). **기독교 변하지 않으면 죽는다**. 김준우 역. 일산: 한국기독교연구소.
슬리터, 크리스틴 E.·칼 A. 그랜트. (2009). **다문화교육의 탐구: 다섯 가지 방법들**. 문승호 외 역. 서울: 아카데미프레스.
시몬, 마르셀. (1990). **예수 시대의 유대교 종파들**. 박주익 역. 서울: 대한기독교서회.
양명수. (1995). **호모테크니쿠스**. 천안: 한국신학연구소.
어만, 바트. (2006). **성경 왜곡의 역사**. 민경식 역. 서울: 청림출판.
______. (2010). **예수 왜곡의 역사**. 강주헌 역. 서울: 청림출판.
에반스, 크레이그. (2011). **만들어진 예수**. 성기문 역. 서울: 새물결플러스.
엘륄, 자끄. (2008). **서구의 배반**. 박건택 역. 서울: 도서출판 솔로몬.
______. (2013). **기술 체계**. 이상민 역. 서울: 도서출판 대장간.
여성가족부. (2018). **다문화가족지원법 시행령**. 서울: 여성가족부.
______. (2018). **제3차 다문화가족정책 기본계획(2018~2022)**. 서울: 여성가족부.
연세대학교 박물관 편. (2013). **연희전문학교 운영보고서 下**. 서울: 선인.
연세대학교백년사편찬위원회 편. (1985). **연세대학교백년사**. 서울: 연세대학교 출판부.
연세의료원120년사편찬위원회. (2005). **인술, 봉사 그리고 개척과 도전의 120년**. 서울: 연세의료원.
예레미아스, 요아힘. (2010). **예수시대의 예루살렘: 신약성서시대의 사회경제사 연구**. 한국신학연구소 번역실 역. 천안: 한국신학연구소.
옐리네크, 게오르그. (1991). **인권선언논쟁**. 김효전 역. 서울: 법문사.
오강남. (2001). **예수는 없다**. 서울: 현암사.
윌슨, 에드워드 O. (2005). **통섭**. 최재천·장대익 역. 서울: 사이언스북스.
윙크, 월터. (2003). **예수와 비폭력 저항**. 김준우 역. 일산: 한국기독교연구소.
______. (2004). **사탄의 체제와 예수의 비폭력**. 한성수 역. 일산: 한국기독교연구소.
______. (2014). **참사람: 예수와 사람의 아들 수수께끼**. 한성수 역. 일산: 한국기독교연구소.
이경숙 외. (2007). **기독교와 세계**. 제5개정판. 서울: 이화여자대학교 출판부.
이대성. (2009). **진리에 관한 다학제적 성찰**. 서울: 연세대학교출판부.
이덕주. (1995). **초기한국 기독교사 연구**. 서울: 한국기독교역사연구소.
이만열. (1992). **한국기독교와 민족의식**. 서울: 지식산업사.

이만열·옥성득 편역. (2007). 언더우드자료집III. 서울: 연세대학교 출판부.
이숙진. (2006). 한국기독교와 여성 정체성. 서울: 한들출판사.
장신. (2015). 연세대학교 토지소유변동백서. 서울: 학교법인 연세대학교.
정승우. (2007). 인류의 영원한 고전 신약성서. 서울: 아이세움.
정용석. (2007). 한국 기독교의 역사. 이경숙 편. 기독교와 세계. 서울: 이화여자대학교 출판부.
정운형. (2017). 언더우드의 선교활동과 애민(愛民)교육. 연세대학교 대학원 박사학위 논문.
정종훈. (2007). 생활신앙으로 살아가기. 서울: 대한기독교서회.
제임스, 윌리엄. (2000). 종교적 경험의 다양성. 김재영 역. 서울: 한길사.
젠킨스, 필립. (2009). 신의 미래. 김신권·최요한 역. 서울: 웅진씽크빅.
조재국 외. (2015). 연세의 개척자들과 연세학풍. 서울: 연세대학교 대학출판문화원.
______ 편. (2016). 기독교대학의 규정과 교육활동. 서울: 신앙과지성사.
조태연. (1999). 예수운동 – 그리스도교 기원의 탐구. 서울: 대한기독교서회.
철학사전편찬위원회. (2012). 철학사전. 서울: 중원문화.
최재건. (2012). 언더우드의 대학설립. 서울: 연세대학교 출판문화원.
카리에르, 장 클로드. (2007). 바야돌리드 논쟁. 이세욱 역. 서울: 샘터사.
커즈와일, 레이. (2007). 특이점이 온다. 김명남·장시형 역. 서울: 김영사.
크로산, 존 도미닉. (1998). 예수는 누구인가. 한인철 역. 일산: 한국기독교연구소.
______. (2000). 역사적 예수. 김준우 역. 일산: 한국기독교연구소.
______. (2001). 어두운 간격: 이야기 신학을 위하여. 이대성 역. 일산: 한국기독교연구소.
______. (2007). 하나님과 제국. 이종욱 역. 서울: 포이에마.
______. (2009). 예수. 김기철 역. 일산: 한국기독교연구소.
______ · 조나단 리드. (2010). 예수의 역사. 김기철 역. 일산: 한국기독교연구소.
______. (2012). 비유의 위력. 김준우 역. 일산: 한국기독교연구소.
키퍼, 카일. (2018). 신약, 문학으로 읽는 신약성서. 김학철·이승호 역. 서울: 비아.
타이센, 게르트. (2018). 기독교의 탄생: 예수 운동에서 종교로. 박찬웅·민경식 역. 서울: 대한기독교서회.
토플러, 앨빈. (2006). 부의 미래. 김중웅 역. 서울: 청림출판.
통계청. (2017). 2016년 다문화인구동태통계. 대전: 통계청.
퍼킨스, 퓌메. (2004). 영지주의와 신약성서. 유태엽 역. 서울: 감신대 성서학 연구소.
펑크, 로버트. (1999). 예수에게 솔직히. 김준우 역. 일산: 한국기독교연구소.
페이건, 브라이언. (2015). 세계 선사 문화의 이해: 인류 탄생에서 문명 발생까지. 이희준 역. 서울: 사회평론.

페이절스, 일레인. (1997). **영지주의 신학**. 최의원 외 역. 서울: 한국로고스 연구원.
펠리칸, 야로슬라프. (2017). **성서, 역사와 만나다**. 김경민·양세규 역. 서울: 비아.
프로이트, 지그문트. (1907/2004). **종교의 기원**. 이윤기 역. 서울: 열린책들.
______. (1913/1995). **토템과 타부**. 김종엽 역. 서울: 문예마당.
피오렌자, E. S. (1986). **크리스찬 기원의 여성 신학적 재건**. 김애영 역. 서울: 종로서적.
______. (1994). **돌이 아니라 빵을: 여성신학적 성서해석학**. 김윤옥 역. 서울: 대한기독교서회.
핀버그, 앤드류. (2018). **기술을 의심한다: 기술에 대한 철학적 물음**. 김병윤 역. 서울: 도서출판 당대.
하늘 땅 물 벗 편. (1998). **녹색 성서**. 서울: 가톨릭출판사.
하라리, 유발. (2015). **사피엔스**. 조현욱 역. 서울: 김영사.
하이네, 수잔네. (1998). **초기 기독교 세계의 여성들**. 정미현 역. 서울: 이화여자대학교 출판부.
한국여성신학회 편. (1995). **성서와 여성신학**. 서울: 대한기독교서회.
______. (2018). **혐오와 여성신학**. 서울: 동연.
한국천주교중앙협의회 편. (2003). **사회 교리에 관한 교회 문헌: 교회와 사회**. 서울: 한국천주교중앙협의회.
한인철. (2016). **예수, 선생으로 만나다**. 서울: 청송출판사.
행정안전부(사회통합지원과). (2017). **2016년 지방자치단체 외국인주민 현황**. 서울: 행정안전부.
헉슬리, 올더스. (1997). **멋진 신세계**. 정홍택 역. 서울: 소담출판사.
헤슬러, 마르티나. (2013). **기술의 문화사**. 이덕임 역. 서울: 생각의 나무.
헹엘, 마틴. (1996). **십자가 처형**. 김명수 역. 서울: 대한기독교서회.
______. (2009). **신구약 중간사**. 임진수 역. 파주: 살림.
호슬리, 리처드. (2004). **예수와 제국**. 김준우 역. 일산: 한국기독교연구소.
______ 편. (2014). **제국의 그림자 속에서**. 정연복 역. 일산: 한국기독교연구소.

Aubert, M. et al. (2018). Palaeolithic cave art in Borneo. In *Nature*. DOI: 10.1038/s41586-018-0679-9.
Avison, Oliver R. (1918). Chosen Christian College at Seoul Korea. Jul.8.1918,1-2.
______. (1934). Contribution of Medical Work to the Christian Government, *The Fiftieth Anniversary of the Korea Mission of the Presbyterian Church*, June 30-July 3, 1934, Post Chapel, John D. Wells School, Seoul Chosen, 169.
Banks, Cherry A. McGee. (1996). Intellectual Leadership and African American Challenges to Meta-Narratives. In James A Bank (Ed.), *Multicultural Education, Transformative*

Knowledge, and Action: Historical and Contemporary Perspectives. New York: Teachers College Press, Columbia University.

Banks, James A. (1999). *An Introduction to Multicultural Education*. (2nd ed.). Boston: Allyn and Bacon.

_______. (1996). The African American Roots of Multicultural Education. In James A. Banks. (Ed.), *Multicultural Education, Transformative Knowledge, and Action: Historical and Contemporary Perspectives*. New York: Teachers College Press, Columbia University.

_______. (2007). *Educating Citizens in a Multicultural Society*. (2nd ed.). New York and London: Teachers College, Columbia University.

_______. (2010). Approaches to Multicultural Curriculum Reform. In James A. Banks and Cherry McGee Banks. (Eds.), *Multicultural Education: Issues and Perspectives*, (7th ed.). Hoboken, NJ: Wiley.

_______. (2010). Multicultural Education: Characteristics and Goals. In James A. Banks and Cherry McGee Banks. (Eds.), *Multicultural Education: Issues and Perspectives*. (7th ed.). Hoboken, NJ: Wiley.

Bauckham, Richard. (2015). *Gospel of Glory: Major Themes in Johannine Theology*. Grand Rapids: Baker Academic.

Boff, Leonardo. (1988). *Trinity and Society*. Translated by Paul Burns. Maryknoll. New York: Orbis Books.

Conway, Colleen M. (2003). Behold The Man! Masculine Christology and The Fourth Gospel. In Stephen D. Moore and Janice Capel Anderson. (Eds.), *New Testament Masculinities*. Atlanta: Society of Biblical Literature.

Craig, A. B. (2013). *Understanding augmented reality : concepts and applications*. Waltham, MA: Elsevier, Morgan Kaufmann.

Foster, Ruth Ann. (1990). *The role of feminine language and imagery for God in the development of a New Testament view of God*. Michigan: U.M.I.

Gleason, Maud W. (2003). By Whose Gender Standards (If Anybody's) Was Jesus a Real Man? In Stephen D. Moore and Janice Capel Anderson. (Eds.), *New Testament Masculinities*. Atlanta: Society of Biblical Literature.

Grant, Carl. A. and Christine E. Sleeter. (1997). Race, Calss, Gender and Disability in the Classroom. In James A. Banks and Cherry A. McGee Banks. (Eds.), *Multicultural Education: Issues and Perspectives*. Boston: Allyn and Bacon.

Grant, Carl A. and Stephen Brueck. (2011). A Global Invitation: Toward the Expansion of Dialogue, Reflection and Creative Engagement for Intercultural and Multicultural Education. In Carl A. Grant and Agostino Portera. (Eds.), *Intercultural and Multicultural*

Education: Enhancing Global Interconnectedness. New York: Taylor & Francis.

Gross, Rita M. (1981). Steps Toward Feminine Imagery of Deity in Jewish Theology. *Judaism*. 30/2, 183–193.

Headrick, D. R. (2009). *Technology: A world history*. New York: Oxford University Press.

Henshilwood, Christopher S. et al. (2018). An abstract drawing from the 73,000–year–old levels at Blombos Cave, South Africa. In *Nature* 562 (7725), 115-118.

Jellinek. (1964). Die Erklärung der Menschen– und Büergerrechte. In Schur, R.(hg). *Zur Geschichte der Erklärung der Menschenrechte*. Darmstadt.

Kim, Hyun–Sook. (2012). Multicultural Religious Education in a Trinitarian Perspective. *Religious Education*. 107/3, 247–261.

Kowalsky N. and Haluza–DeLay R. (2013). Homo Energeticus: Technological Rationality in the Alberta Tar Sands. In: Jerónimo H., Garcia J., Mitcham C. (Eds.), *Jacques Ellul and the technological society in the 21st Century. Philosophy of engineering and technology*, vol 13. Springer, Dordrecht, 159–175.

LaCugna, Catherine Mowry. (1991). *God For Us: The Trinity and Christian Life*. New York: HarperSanFrancisco.

Lewis, Laura B., Ronald H. Cram, and James Michael Lee. (1997). Curriculum and Multicultural Religious Education. In Barbara Wilkerson. (Ed.), *Multicultural Religious Education*. Birmingham, Alabama: Religious Education Press.

_______. (1993). God in Communion with Us. In LaCugna Catherine Mowry. (Eds.), *Freeing Theology: The Essentials of Theology in Feminist Perspective*. New York: HarperSanFrancisco.

Li–Hua, Richard. (2009). Definitions of technology. In Friis, J. Kyrre Berg Olsen, Pedersen, S. Andur, & Hendricks, V. F. (Eds.), *A companion to the philosophy of technology*. (pp.18–22). Chichester, UK: Wiley–Blackwe.

McCarthy, Cameron. (1994). Multicultural Discourses and Curriculum Reform: A Critical Perspective. *Educational Theory*. 44/1, 81–116.

McLaren, Peter L. (1995). White Terror and Oppositional Agency: Towards a Critical Multiculturalism. In Christian E. Sleeter and Peter L. McLaren. (Eds.), *Multicultural Education, Critical Pedagogy, and the Politics of Difference*. Albany, NY: State University of New York Press.

Meeks, W. (1983). *The First Urban Christianity Christians: The Social World of the Apostle Paul*. New Haven: Yale University Press.

Moltmann, Jürgen. (1992). *History and the Triune God: Contributions to Trinitarian Theology*. Translated by John Bowden. New York: Crossroad.

_______. (1993). *The Trinity and the Kingdom: The Doctrine of God*. Translated by Margaret Kohl. Minneapolis: Fortress Press.

Mumford, Lewis. (1962). *Technics and civilization*. New York: Harcourt, Brace and Co.

Newman, William M. (1973). *American Pluralism: A Study of Minority Groups and Social Theory*. New York: Harper&Row.

Portera, Agostino. (2011). Intercultural and Multicultural Education: Epistemological and Semantic Aspects. In Carl A. Grant and Agostino Portera. (Eds.), *Intercultural and Multicultural Education: Enhancing Global Interconnectedness*. New York: Taylor&Francis.

Renfrew, C. and Bahn, P. G. (2014). *The Cambridge world prehistory 3 Volume Set*. Cambridge: Cambridge University Press.

Sale, Kirkpatrick. (2006). *After Eden: The evolution of human domination*. Durham and London: Duke University Press.

Sleeter, Christine E. and Carl A. Grant. (2003). *Making Choices for Multicultural Education: Five Approaches to Race, Class, and Gender. fourth edition*. New York: John Wiley&Sons.

Sleeter, Christian E. and Peter L. McLaren. (1995). Introduction: Exploring Connections to Build a Critical Multiculturalism. In Christian E. Sleeter and Peter L. McLaren. (Eds.), *Multicultural Education, Critical Pedagogy, and the Politics of Difference*. Albany, NY: State University of New York Press.

Smith, H. (2001). *Why religion matters : the fate of the human spirit in an age of disbelief*. New York, N.Y.: HarperCollins.

Spier, F. (2010). *Big history and the future of humanity*. Chichester, U.K.: Wiley-Blackwell.

Thiselton, Anthony C. (1992). *New horizons in hermeneutics. Michigan*: Zondervan Publishing House.

Thompson, John. (1994). *Modern Trinitarian Perspective*. Oxford: Oxford University Press.

Ug, David. (1992). Impelled Toward Multicultural Religious Education. *Religious Education*. 87/2, 192-202.

Volf, Miroslav. (1998). *After Our Likeness: The Church as the Image of the Trinity*. Grand Rapids, Michigan: William B. Eerdmans Publishing Company.

_______. (2018). The Challenge of Universality. Paper presentated at Lecture Series for International Scholars at Yonsei University, 28 May, at Yonsei University, Seoul.

| 부록 |

연세의 인물들

1　알렌 Horace N. Allen, 安連, 1858~1932

알렌은 조선에 정주한 첫 번째 선교사이다. 그는 1858년 4월 23일 미국 오하이오주 델라웨어에서 호러스 알렌(H. Allen)과 제인(Jane M. Riley)의 5남매 중 막내로 태어났다. 알렌은 델라웨어 장로교회에 출석하며 교회에서 중국, 인도에 파송한 선교사와 혼(A. D. Hawn) 목사의 영향을 받으며 선교사의 꿈을 키웠다.

알렌은 웨슬리안대학교(Ohio Wesleyan Uni.) 재학 중에 선교사로 헌신했으며, 일생 동반자가 될 메신저(F. A. Messenger)도 만났다. 두 사람은 1881년 6월 각각 이학사, 문학사 학위를 받았다. 이후 알렌은 의료선교사가 되기 위해 스털링 의과대학(Starling Medical School)에 입학했다. 그는 혼 목사의 지도를 받아 1882년 9월 26일 의료선교사를 준비하고 있다는 사실을 미 북장로회 해외선교부에 밝히며, 친구 리(Charles Lee)와 함께 중국으로 파송되기를 희망했다. 그리고 더 높은 수준의 의학을 공부하기 위해 마이애미 의과대학(Uni. of Miami)에 편입해 20주 동안 정규과정을 이수하고, 1883년 3월 졸업했다.

미 북장로회 해외선교부는 1883년 3월 26일 알렌을 중국선교사로 임명했다. 알렌은 자신에게 영원한 행복을 가져다줄 의료선교지가 정해지자, 그해 5월 17일 리 목사의 주례로 메신저의 부모 집에서 결혼했다(민경배, 1992). 그리고 9월 1일 샌프란시스코에서 선교지 중국으로 출발했다.

왕진을 나가는 알렌(1885)

알렌은 1883년 10월 11일 상하이에 도착해, 의사가 필요하다는 선교사들의 요구를 받고 난징으로 향했다. 하지만 그는 붙임성이 적은 데다 아내의 좋지 않은 산후 예후와 갓난 딸의 병치레로 인해 한동안 방황했다. 그러던 중 조선의 사정을 잘 알고 있는 헨더슨(E. Henderson) 등에게 조선에도 의사가 필요하다는 말을 들었다. 이에 알렌은 조선과 함께 성장하겠다는 꿈을 품고(H. N. Allen, 1909), 1884년 9월 22일 서울에 들어왔다. 그는 미국공사관의 무급의사로 임명을 받고, 상하이로 돌아가 10월 26일 가족과 함께 다시 입국했다(H. N.Allen Papers). 비록 선교사 신분을 드러낼 수 없었지만, 알렌은 "조선이 기독교 국가가 되는 것을 보고 싶다(I hope to live to see the day when she shall be a Christian nation)"라는 선교 비전을 품고 조선에 들어왔다.

알렌은 갑신정변 당시 크게 다친 민영익을 민첩하면서도 적절하게 치료함으로써 한국 선교사에 길이 남을 발자국을 남겼다. 그는 민영익을 살려 위정척사 이념에 사로잡혀 있던 사람들에게 서양 의술의 우수성을 입증해 보임으로써 광혜원(이하 제중원)과 제중원의학교를 설립할 수 있었다.

1885년 언더우드(H. G. Underwood)와 헤론(J. W. Heron)이 차례로 들어옴으로써, 이른바 'First Trio'에 의한 조선선교회가 설립되었다. 하지만 알렌은 동료들과의 불화 끝에 주미조선공사관 초대 전권 대신 박정양(1842~1905)을 보좌하는 참찬관으로 전직하여 제중원을 떠났다. 헤론의 갑작스러운 죽음으로 잠시 제중원을 맡기도 했지만, 1890년 7월 9일부터 전문외교관으로 활동했다.

대한제국 주재 특명전권공사(1901~1905)에 오른 알렌은 대한의 독립을 위협하는 일본 제국주의의 급격한 부상을 우려했다. 나아가 일본을 이용하는 루스벨트(T. Roosevelt)의 아시아 정책을 비판하다가, 1905년 3월 29일 공사직에서 해임됐다. 그런데 알렌은 선교사 시절부터 미국 자본의 진출을 알선한 일로 냉소적인 비판에서 벗어나 있지 않다. 한편, 알렌은 미 북장로회 한국 선교 25주년 기념식에 보낸 글에서 다음과 같은 내용을 언급했다.

> 저는 국제사회에서 침몰하는 대한의 모습을 떠올리면 미국을 대표하는 공사로서 재직했던 것에 어떤 죄책과 수치심을 느낍니다. 하지만 첫 선교사로 한국에 부임한 사실만큼은 기쁨이자 큰 영광입니다.

대한제국 정부는 1904년 4월 9일 알렌에게 태극장을 수여했다(고종실록).

알렌은 1905년 6월 미국으로 돌아가 오하이오주 털리도(Toledo)에 정착했으며, 1932년 12월 11일 74세의 일기로 생을 마감했다.

2 언더우드 Horace G. Underwood, 元杜尤, 1859~1916

언더우드는 1859년 7월 19일 영국 런던에서 태어났다. 그는 5남매 중 넷째로 어린 시절 어머니를 여의고(1865), 형 프레더릭(W. Frederick)과 프랑스 유학 중 미국으로 이주했다(1873). 언더우드는 가족과 함께 그로브 개혁교회(Grove Reformed Church)를 출석하며, 담임목사인 메이븐(W. V. V. Mabon)의 신앙 인격과 학문의 영향을 받았다(정운형, 2017).

언더우드는 1877년 뉴욕대학교(New York Uni.) 문리대학에 입학했다. 재학 중 다양한 동아리 활동과 더불어 졸업할 때까지 교지 편집인을 맡았으며, 웅변대회에 참가하여 웹스터 상을 받기도 했다. 대학 졸업 후 뉴브런즈윅신학교(New Brunswick Theological Seminary)에 입학해, 1학년 때 선교사가 되기로 했다(H. G. Underwood, 1884).

미국교회는 조미수호통상조약이 체결되자(1882.5) 조선의 선교 가능성을 타진했다. 미 북장로회는 김옥균(1851~1894)이 보낸 선교 사업 요청서(1883.4)에 이어 맥윌리암스(McWilliams)의 선교기금 약정 편지에(1884.2) 고무되어 조선선교부 설립을 추진했다. 이를 위해 1884년 4월에 의사 헤론(J. W. Heron)을, 7월에는 언더우드를 조선의 선교사로 각각 임명했다.

신약성서번역위원회(뒷줄부터 시계방향으로 문경호 김명준 정동명 게일 언더우드 레이놀즈, 1904 평양)

언더우드는 1884년 11월 11일 화란개혁교회 뉴브런즈윅 교구에서 목사 안수를 받고, 12월 31일 샌프란시스코에서 조선을 향해 출발했다(정운형, 2016). 일본 요코하마에 2개월간 체류하는 동안 서광범(1859~1897), 이수정(1842~1886) 등에게 조선에 관한 이야기를 듣고, 조선말과 글을 배우고, 1885년 4월 5일 제물포를 통해 서울로 들어왔다.

선교 사업을 할 수 없는 상황에서 언더우드는 알렌(H. N. Allen)의 제중원 활동을 돕는 한편, 기독교 복음을 전하기 위해 일요학교(Sunday School, 1885.7) 및 고아학당(1886.5)을 시작했다. 또한, 성서와 찬송가(『찬양가』) 번역 및 편찬 등 선교 토대를 구축하는 데 심혈을 기울였다. 그는 1887년 9월, 한국 최초의 조직교회인 정동교회(현 새문안교회)를 세운 이래 70여 곳의 교회와 예배처를 관장했으며(정운형, 2017), 『그리스도신문』을 발간해 서구 문명과 기독교 정신을 널리 소개했다(김도형, 2018).

언더우드는 의료 사업이 고통의 완화와 치료를 통해 양이(攘夷) 감정을 해소해줄 뿐만 아니라 영혼 치료와 영혼 구원에 이르게 하는 것으로 인식했다. 그는 의사인 호턴(L. S. Horton)과 결혼한 후 제중원의 발전을 외조하는 한편, 형 프레더릭을 기념하는 진료소를 열어 아내와 함께 진료 활동을 했다. 그리고 에비슨(O. R. Avison)을 초빙했으며, 1900년 뉴욕선교대회 때 제중원의 활동상을 널리 알렸다. 언더우드는 세브란스의 병원 건립 기부금을 두고 에비슨과 평양의 선교사들 사이에 갈등이 일어났을 때, 에비슨을 적극 지원했다(서정민, 2005).

일본은 을사늑약(1905.11.17)을 통해 한국의 외교권을 박탈하고 식민통치와 다름없는 통치와 수탈을 자행했다. 이에 언더우드는 "한국 사람들이 더 나은 교육을 받았더라면 지금과 같은 국가적 치욕을 잘 막아냈을 것"이라며(H. G. Underwood, 1906), 한국 사람에게 '더 나은 교육'을 위한 고등교육기관을 설립하려는 의지를 세웠다. 그리고 1910년 8월 경신학교 대학과를 시작했다. 하지만 대학 설립을 위한 언더우드의 노력은 종교의 자유를 최우선으로 여기는 선교사들의 극렬한 반대와 조선총독부의 공법행위에 의한 방해를 극복해야 했다.

언더우드를 비롯해 서울에 대학 설립을 추진하던 이들은 조선총독부가 〈개정 사립학교규칙〉과 〈전문학교령〉을 공포하자(1915.3), 이미 인가받은 경신학교 대학과를 Chosen Christian College로 이름을 변경하고, 1914년 4월에 베커(A. L. Becker)가 중심이 되어 배재학당에서 시작한 예비학교, 개성 한영서원과 통합, 연합대학으로 1915년 4월 종로 YMCA에서 개교했다. 한편, 언더우드는 대학 인가를 위해 온갖 노력을 다하던 중 1916년 10월 12일 아틀란틱 시에서 서거했다.

3 에비슨 Oliver R. Avison, 魚丕信, 1860~1959

에비슨은 제중원 역사와 한국의 근대 서양의학 발전에 크게 이바지했다. 그는 1860년 영국 요크셔에서 태어나, 1866년 온 가족과 함께 캐나다로 이민했다. 에비슨은 1887년 토론토 의과대학을 졸업하고 동 대학의 외과 교수로 재직하며, YMCA 활동을 통해 하디(R. A. Hardie)와 게일(J. S. Gale)을 조선 선교사로 보내는 데 참여했으며, 1893년에는 언더우드(H. G. Underwood)를 토론토로 초청했다. 그때 에비슨은 언더우드로부터 조선의 선교를 제안받았다. 에비슨은 교수와 의사로서의 기득권을 버리고, 미 북장로회 해외선교부 의료선교사로 지원했다.

에비슨은 조선 정부와 선교사 사이에 제중원 운영 방법을 놓고 의견이 대립하고 있을 때 입국했다. 그는 병원의 기틀을 바로 세워 약화한 제중원을 활성화하는 데 노력을 기울였다. 하지만 당시 조선 정부는 제중원의 정상적인 운영을 위해 지원할 재정마련이 쉽지 않은 상태였다. 이에 에비슨은 병원 운영 개선 방안을 정부에 건의했다.

조선 정부는 병원 운영 재원을 스스로 마련해 운영하겠다는 에비슨의 제안을 수용했다. 반면에 그동안 병원에서 일하던 주사들은 달라진 조건에서 일하기를 원하지 않았다. 이렇게 해서 제중원은 선교부가 직접 운영하는 선교병원이 되었다. 한편 제중원이 정상화 된 후 에비슨은 해부학 교재를 만드는 일을 필두로 다양한 의학 교재를 편찬하고, 한국인 의사 양성을 위한 의학교육을 재개했다. 그는 일본이 서울에 근대병원을 세워 대한의 의료체계를 교란하는 것을 보며, 언더우드와 함께 병원 사업의 개선 방안

세브란스(둘째 줄 왼쪽에서 세 번째)와 함께 평양을 방문한 에비슨(둘째 줄 오른쪽에서 세 번째, 1907. 출처: PHS)

을 마련했다.

에비슨은 뉴욕에서 개최된 만국선교사대회 Ecumenical Missionary Conference, New York, 1900에서 "의료선교에서의 상호협력(Comity in Medical Mission)"에 관해 발표하며, 서울에 '하나의 좋은 병원'을 세우기 위해 교파 간의 연대가 필요하다고 했다. 그 자리에 참석했던 세브란스(L. H. Severance)는 에비슨의 연설에 감동하여, 1만 달러를 병원설립 기금으로 내겠다고 미 북장로회 선교부에 약속했다.

에비슨은 세브란스의 기금으로 1904년 "세브란스씨 기념병원"을 개원했다. 또한, 쉴즈(E. L. Shields)와 함께 병원 안에 간호부 양성소를 설립했으며, 제중원의학교를 세브란스병원의학교로 개명하고, 한국인 의사 및 간호사 양성에 진력했다. 에비슨은 1908년 6월, 오랫동안 의학을 공부한 7명 학생의 졸업식을 성대하게 거행하는 동시에 졸업생들에게 곧바로 병원 개업을 할 수 있는 자격증을 수여했다.

첫 졸업생이 배출된 이후 세브란스병원의학교 운영에 참여하려는 분위기가 조성되었다. 이에 에비슨은 세브란스병원과 의학교를 선교 중심 기관으로 만들기 위해, 한국에 들어와서 활동하고 있는 각 교파에 의료선교사를 파견해 달라고 요청해, 병원과 학교를 교파 연합으로 운영하면서 교명을 세브란스연합의학교로 개칭했다(1913).

에비슨은 Chosen Christian College를 설립 추진하는 언더우드와 뜻을 함께 했으며, 언더우드 서거 후에는 교장을 맡아 1935년 은퇴하여 떠날 때까지 연희전문과 세브란스의전의 교장을 맡았다. 그리고 세브란스의전의 교장직을 한국인에게 넘기겠다는 약속을 따라 주위의 반대에도 불구하고 오긍선(1873~1963)을 후임자로 결정했다.

에비슨은 1893년 의료선교사로 내한하여 42년 동안 한국에서 활동했다. 제중원과 세브란스병원 원장·세브란스병원의학교·연합의학교·연합의학전문학교·의학전문학교 교장을 지냈고, 연희전문학교에서도 부교장(1915~16), 교장(1917~34)을 역임했다. 그는 일제강점기 한국의 고등교육의 한 축이었던 연전과 세전을 이끌면서 한국의 근대학문, 근대 의료기관의 기반을 닦은 한편, 대학과 병원을 공고히 세우고, 인재를 길러내며, 학문의 발달과 학풍 형성을 주도했다.

4 원한경 Horace H. Underwood, 元漢慶, 1890~1951

결코 고향에 머물러 사는 것에 만족하지 않고 종교적, 시민적 자유를 얻기 위해 대서양을 건넌 이들이 있다. 그리고 그 후손들 가운데, 같은 정신을 가진 언더우드(H. G. Underwood)와 호튼(L. S. Horton)은 태평양을 건너 조선에 왔다. 이 두 사람 사이에 원한경-이름 '한경'은 '한국의 축복'또는 '그의 부모가 한국에 온 것을 축복한다'는 뜻이다(L. H. Underwood, 1905)-이 1890년 9월 6일 새벽에 서울에서 태어났다.

원한경은 선친의 인적 물적 기반 위에 자신의 원활한 의사소통 능력과 한국에 관한 풍부한 지식을 연전의 발전과 한국의 교육 및 문화 발전을 위해 아끼지 않았다. 그는 1917년 9월 연전 문과 전임교수로 취임해 영어, 교육학, 심리학, 철학 등을 강의하는 한편 국내에서 처음으로 사회학 강의를 개설했다. 그리고 뉴욕대학교에서 박사학위-논문 제목: "Outline History of Modern Education in Korea"-를 받은 1925년부터 이듬해까지 그리고 1933년에도 연전 발전을 위한 기금모금 운동을 했다.

아버지와 함께(1912) ©연세대학교박물관

에비슨을 이어 원한경은 1934년 10월 연전 3대 교장으로 취임해 학교 발전에 헌신했다. 하지만 원한경은 일제가 선교사들이 운영하는 학교에 신사참배를 강요함으로써 조성된 긴장 상황에서 갖은 수모를 겪은 후, 1942년 5월 강제 추방되었다.

신사참배와 관련하여 원한경이 "기독교적 교육의 세속화에 선봉에 서 있다"라는 주장이 제기되기도 했다(장동민, 2002). 그러나 원한경은 교문의 패쇄를 대다수 대한 기독교인의 "친선적 호의"를 져버리는 것으로 인식했다. 이러한 인식에서, 그는 자신을 비난하는 이들에게 "비상한 시기에 일본 제국주의 정부가 가장 중하게 여기는 것을 반대하는 것이 지혜로운 것인가?"(조선일보, 1938. 08.16)라고 질문했다.

원한경은 "잔인함에 대해서는 중립은 없다(No Neutrality for Brutality)"라는 주장에 깊이 공감해, 대한의 민족운동을 잔인하게 탄압하는 일제를, 곧 일제가 경기도 화성 제암리에서 감행한 학살사건을 전 세계에 알렸다. 그리고 *Modern Education in Korea*에서, 1919년 봄 한국에서 일어난 전국적인 규모의 대규모 시위는 헌병과 군인을 앞세워 일제가 저지른 무자비하고 야만적인 탄압이 초래한 당연한 결과라고 했다.

원한경은 왕성한 학구열을 가지고 탐구한 결과를 저술로 남겼다. 우선, 그의 아버지가 편찬한『韓英文法』을 개정(1915)한 데 이어, 1925년에는『韓英字典』을『英鮮字典』으로 증보해 간행했다. 또한, 원한경은 한국의 전통문화를 연구해, 그것을 서구 세계에 알리기 위해 '영국왕립아시아학회 한국지회(The Royal Asiatic Society Korea Branch)'를 창립해 학회이사로 활동했다. 그는 한국지회논총(*Transactions of the Korea Branch Royal Asiatic Society*)에 "Hunting and Hunter's Love in Korea"(1915), "Korean Boats and Ships"(1934) 등을 발표했다. 한편, 그는 연전 부교장 시절에 박물관을 설립했다.

교장에 취임한 원한경은 부교장을 비롯한 주요 보직을 모두 한국인 교수로 임명했다. 이는 원한경이 연희대학교 총장직을 고사한 것과 함께 한국인에 관한 그의 인식과 신뢰를 보여준 사례이다. 그는 미 군정기에 한국으로 들어와 군정장관 및 군정청 문교부장관의 고문, 연희대학교 명예총장 등으로 활동했다.

원한경은 1949년 3월 갑작스럽게 부인(Ethel V. W. Underwood, 1888~1949)을 잃었으며, 1951년 2월 20일 부산에서 서거했다.

5 오긍선 吳兢善, 1878~1963

오긍선은 1878년 10월 4일 충청남도 공주에서 오인묵과 한산 이씨 사이의 1남 3녀 중 맏이로 태어났다. 그의 호는 해관이다. 일찍이 서당에서 한학을 배웠으며, 과거 준비를 위해 이후의 문하생이 되어 공부에 전념하였다. 조혼 관습을 따라 14세에 박현진과 결혼하였으며, 18세에 스승인 이후의 추천으로 내부 주사가 되었다.

해관은 1896년 10월, 새로운 학문을 배우기 위해 배재학당에 입학했다. 그는 협성회에 가입하여 간사로, 〈협성회회보〉 창간위원으로 활동했으며, 회보에 논설을 기고하고 토론에 참여하는 등 협성회의 활성화에 이바지했다. 또한, 오긍선은 배재학당 학생들과 함께 독립협회의 활동에도 참여했다(김도형, 2018). 그러던 중 정부의 독립협회 해체와 만민공동회 해산령에 맞서 독립협회의 부활과 구속자 석방을 요구하기 위해 집회에 가담한 일로 체포당할 처지에 놓였다. 그때 오긍선은 공주에서 선교사로 활동을 하고 있던 침례교 선교사 스테드만(F. W. Steadman)의 집으로 피신해 화를 모면했다.

배재학당을 졸업한 후 오긍선은 스테드만 선교사의 소개로 군산 지역에서 활동하고 있던 미 남장로회 선교사 불(W. F. Bull)과 의사 알렉산더(A. J. A. Alexander)의 조사로 활동하며 우리말을 가르쳤다(김도형, 2018). 그러던 중 오긍선은 귀국하는 알렉산더(A. J. A. Alexander)의 권유를 받고, 미국으로 건너가 Central University of Kentucky 의과대학(루이빌의과대학 전신)에서 수학했다.

강의하는 오긍선(1912, 출처: PHS)

오긍선이 귀국하자 일제 통감부와 대한제국 황실에서 큰 관심을 보였다. 이토 통감은 오긍선에게 대한의원에서 근무해 달라고 요청했고, 황실에서는 그에게 시의(정3품)를 제안했다. 하지만 오긍선은 모두를 마다하고 '전도하기 위해 일하는' 군산으로 와서 의료선교사의 길을 걸었다. 그런데 군산예수병원은 오긍선이 의사가 될 수 있도록 주선한 알렉산더의 기부금으로 세워진 병원이다. 이후 선교부의 명령에 따라 목포와 군산에서 활동하며 주민들의 개화와 문명퇴치에 관심을 기울여 청소년 교육을 위해 교육 사업에도 관여했다.

한국에서 활동하는 선교부 사이에 연합 사업의 필요성이 제기되는 가운데, 에비슨의 노력으로 세브란스병원의학교의 운영을 위한 교파 간 연대가 성사되었다. 그때 에비슨은 우선 미 남장로회 선교회에 오긍선의 파견을 요청했다.

오긍선은 1913년 5월 세브란스연합의학교 교수로 부임했다(The Presbyterian of the South, July 23, 1913). 그리고 에비슨의 후임으로 한국인으로 첫 세브란스의전 교장이 되어 일제의 탄압 가운데 한국 의학을 수호하는 데 이바지했다. 그는 세브란스의전을 일본 문부성이 인정하는 양성학교로 인정받게 하는 등 학교 발전과 성장을 위해 고군분투했다. 또한, 원한경(H. H. Underwood)과 함께 세브란스의전과 연희전문를 통합해 종합대학으로 승격하는 것을-일제의 불허로 완수하지 못했다-설립한 이들의 염원과 대이상(大理想)이라고 여겨 그 실현에 공을 들였다(김도형, 2018).

한편, 오긍선은 기독교계 인사들과 공창폐지운동을 전개해 건강과 윤리도덕에 관한 사회적 반향을 일으켰다. 이와 같은 의학 계몽활동은 1930년대 세브란스의전이 주도하는 '통속의학강연회'로 발전했다.

은퇴한 후 오긍선은 사회사업에도 깊은 관심을 기울여 보육 사업에도 뛰어들었다. 그는 서울 종로구 청운동 소재 경성보육원 사업에 더 큰 애정을 가지고 참여했다. 고아들의 증가와 더불어 그들을 교육할 공간과 환경을 조성하기 위해 경기도 안양에 8만여 평의 새 대지를 마련해 이주했다. 또한, 노인들을 위한 시설인 경성양로원을 운영하기도 했다(朝鮮社會事業要覽, 1923, 1936).

오긍선은 의료선교사, 의사, 교육자, 고아의 아버지로서 수많은 선택 앞에서 그때마다 외로운 결정을 했다. 그에게는 '친일'이라는 심연의 그림자가 드리워 있다. 오긍선은 일제의 요구에 좋은 게 좋다는 식이나 또는 자신의 안락한 삶을 위해서 아니라, 이길 수 없었기 때문에 자강(自强)의 길을 선택했다. 그는 해방 후 여러 차례 정계 입문의 기회가 주어졌으나, 권력의 주변을 서성이지 않았으며, 더더욱 자신의 행적을 변명하려 들지도 않았다.

6 이태준 李泰俊, 1883~1921

이태준은 1883년 11월 21일 경남 함안에서 이찬과 박평암의 맏이로 태어났다. 그의 유년 시절과 세브란스병원의학교 입학 전 교육 배경 등에 관한 기록은 발견되지 않았다. 다만 그는 어려서 고향을 떠난 것으로 기억되고 있다.

이태준은 1907년 10월 세브란스병원의학교에 입학해 1911년 6월 21일 졸업했다. 그는 재학 중에 도산 안창호(1878~1938)를 만나 구국운동에 관심을 두게 되었다. 얼마 후 그는 세브란스병원에 입원한 도산의 권유를 받고 최남선(1890~1957)이 이끈 청년학우회에 가입했다. 청년학우회는 신민회의 자매단체로 진취적인 젊은 청년들이 참여하고 있었다.

세브란스병원 앞에 '김 형제상회'가 있었다. 이곳은 김필순(1878~1919)의 형 윤오가 운영하는 가게로 신민회가 발간하는 『공립신보』의 독자 관리 권한을 가지고 있었으며, 신민회 회원들은 가게 2층을 비밀 접촉 장소로 이용했다(최백순, 2017). 이태준은 이곳에서 점원으로 일했다.

이태준 부조(백양로 동문광장. 2017)

독립운동가 중에는 중국의 신해혁명(1911.11)에 큰 자극을 받은 이들이 있다. 그들 중에 김규식(1881~1950), 김필순, 이태준 등이 있다. 이태준은 세브란스병원의학교를 졸업한 후 세브란스병원에 근무하며 날로 심화하는 일제의 탄압에 분개하던 중 신해혁명 발발 소식을 전해 듣고 크게 감동했다. 그는 1911년 12월 말, 105인 사건에 연루된 김필순의 탈출을 배웅하고 돌아오던 길에, 자신과 김필순이 중국으로 망명할 것이라는 소문이 병원

내에 퍼져있는 사실을 알고, 곧바로 평양행 열차를 타고 망명길에 올랐다.

이태준은 중국 난징으로 가, 그곳 기독교인의 도움으로 기독회의원에서 의사로 활동했다. 그는 중국 정당 인사들과 관계를 맺는 동시에 학생군(軍)에 가담했던 한인 유학생들과도 교류하며 독립운동 방법을 모색했다. 그러던 중 우사 김규식의 권유로 몽골의 고륜(현 울란바토르)으로 이주했다(1914). 이태준은 그곳에서 동의의국을 개업했으며, 우사의 사촌 여동생 김은식과 결혼했다.

당시 대부분의 몽골 사람은 병에 걸리면 미신적인 방법에 의존했다. 따라서 이태준의 근대 의술에 의한 치료는 날로 그 성가가 높아갔다. 더욱이 그는 몽골인 70~80%가 감염되어 있던 화류병 절멸에 크게 이바지했다. 또한, 그는 몽골 국왕 보그드 칸(Bogdoo Khan)의 시의로 활동했다. 이태준은 몽골 사회의 높은 신뢰에 힘입어 각지에서 활동하는 애국지사들과의 긴밀한 연락은 물론 비밀 항일활동을 펼칠 수 있었다.

이태준은 김규식이 파리강화회의에 참석할 때 2천 원을 지원했다. 그는 코민테른 자금 40만 루블을 상해임시정부로 운송하는 일에도 깊이 관여했다. 그리고, 이태준은 자신을 돕고 있는 마자르를 북경에서 활동하고 있는 김원봉(1898~1958)에게 소개하여 의열단 활동을 지원하고자 했다. 하지만 이 일은 이태준이 러시아 백군 운게른 스테른베르그(Ungern Sternberg) 부대에 체포된 후, 일본 장교들의 강력한 요구로 무참히 학살됨에 따라 후일에 성사되었다.

대한민국 정부는 이태준의 독립운동 공적을 인정하여 1980년에 대통령 표창, 1990년에는 건국훈장 애족장을 추서했다. 이에 앞서 몽골 정부는 1919년에 이태준의 업적을 칭송하고 격려하기 위해 국가 훈장 '에르데니인 오치르'를 수여했다(반병률, 2000). 한편, 우리 대학에서는 2017년, '연세정신'을 빛낸 인물로 이태준을 선정했다.

7 정인보 鄭寅普, 1893~1950

정인보는 1893년 5월 6일(양 6.19), 서울 북단제(종현의 옛 이름. 현 서울 명동성당 부근)에서 정은조와 달성 서씨의 장남으로 태어났다. 본가는 남산 아래 장흥방(현 회현동)으로, 고위관료와 학자를 많이 배출한 가문이었다. 위당, 담원, 미소산인으로 불린 정인보는 태어나서, 곧 큰 아버지 정묵조의 양자로 입양됐다.

위당은 다섯 살에 천자문을 뗀 후, 아버지의 명을 받아 한시(漢詩)에 뛰어나고 주역(周易)에 밝은 정인표에게 학문의 기초를 배웠고, 10살에 진서(晋書)를 읽었다고 한다. 11살에 경기도 양수리로 이사해 13살에 성계숙과 결혼하고, 이듬해 보발했던 상투를 잘랐다. 소론(少論)의 반향인 충청도 진천으로 이사해 살다가 경술국치를 당한 해(1910)에 부인과 함께 서울 원서동으로 올라왔다. 같은 해 10월, 대학자인 난곡 이건방의 제자가 되어 30년간 사승관계를 유지했다. 할아버지의 곧은 성품을 이어받은 위당은 이건방(1861~1939)에게 정신적인 지표와 참다운 지성인에 관한 깨달음을 얻었다.

위당 정인보(1933, 졸업앨범)
©연세대학교박물관

정인보는 1911년부터 이듬해에 걸쳐 몇 차례 서간도(西間島)에 있는 신흥강습소를 찾아가 선대로부터 물려받은 유산을 대부분 처분해 마련한 자금을 전했다. 그리고 1913년 중국 상하이로 건너가 신규식(1880~1922), 박은식(1859~1925) 등이 결성한 동제사(同濟社)에 참여했으며, 그곳에서 홍명희(1888~1968), 김영택(1874~?), 문일평(1888~1939), 신채호(1880~1936) 등과 교유했다. 하지만 그해 9월 성씨 부인의 변고로 귀국했다. 위당은 풍양 조씨 부인과 결혼한 후 진천, 목천, 서울 원서동 등지를 전전했다.

연전과 위당과의 관계는 1922년 4월부터 시작되

었다. 선교사들이 서양의 근대학문과 한국의 민족문화를 결합하기 위해 정규 교육을 거치지 않은 정인보를 연전 교수로 초빙했다(김도형, 2018). 이듬해 위당은 전임교수가 되어 15년 동안 한문과 한국문학을 강의했다. 그는 사기(史記)와 자치통감(資治通鑑)으로 중국사를, 대학(大學)과 중용(中庸) 등으로 중국 철학사를 가르쳤다. 그리고 한국문학은 열하일기(熱河日記)와 시조를 통해 조선 후기의 실학사상과 한국의 정서를 강의했다. 틈틈이 일제의 식민사관에 의한 고대사를 허구라고 비판했다. 반면에 양명학의 본질을 언급하며, 한국의 역사와 문화를 통해 한국인의 정신을 강조했다. 한편, 미국에서 공부한 백낙준(1895~1985)과 일본에서 공부한 사회주의 경제학자인 백남운(1894~1979)과의 학문적 교류는 연전에서 큰 화제가 되었다.

일본 군국주의의 기승이 날로 더해지던 중 이른바 수양동우회 사건이 발생했다(1937). 이 사건으로 연전의 많은 교수가 투옥되었다. 그리고 조선총독부는 중일전쟁을 전후해서 한국어로 강의하는 것을 전면 금지하고, 한국문학을 강의할 수 없게 하는 등 혹독한 탄압을 가했다. 이에 정인보는 병을 핑계로 바깥출입을 하지 않았다. 태평양전쟁을 일으킨 일본이 한층 가혹한 횡포를 가하자 위당은 아예 전라도 익산의 황화산으로 들어갔다.

해방을 맞은 후 위당은 서울에 정착했다. 그는 평생 소원인 국학의 진흥을 위해 국학대학의 학장에 취임했다. 정부 수립 후 감찰위원장에 추대되어 1년간 활동하기도 했다. 그리고 위당은 국경일에 관한 법률(1949.10.1)에 따라 제정된 4대 국경일(3.1절, 제헌절, 광복절, 개천절)의 노랫말을 지었다.

정인보는 실학자 연구와 그들의 저서 정리와 간행, 한국 고대사의 새로운 정립 및 양명학 연구에 심혈을 기울였다. 이러한 위당의 학문은 민영규(1915~2005), 홍이섭(1914~1974), 김하태(1918~2007) 등에 의해 이어졌다. 한편, 정인보는 "내 뜻을 굽히지 말고 내 몸을 더럽히지 않는다"를 신조로 삼아 지조를 지키던 중 한국전쟁 때 북에 납치되어, 1950년 9월에 58세의 일기로 마감했다.

대한민국 정부는 정인보에게 1990년 건국훈장 독립장을 추서했다. 연세대학교는 2001년 민족사관 정립과 국학 진흥에 헌신한 선생을 기리기 위해 제2인문관을 "위당관"이라 명명했다.

8 최현배 崔鉉培, 1894~1970

최현배는 1894년 10월 19일 경남 울산군 하상면 동리에서 최병순이 맏아들로 태어났다. 그의 호는 외솔이다. 외솔은 한문을 배우던 중, 서당이 폐쇄되자 울산 병영에 세워진 일신학교에서 신식교육을 받고, 1910년 관립 한성고등학교에 입학했다.

외솔은 한글을 연구하고 보급하는 삶으로써 대한 사람의 위신을 살리고 높이는 삶으로 일관했다. 그는 일제에 의한 식민지시기에 한글 운동의 최고 이론가로, 일본어 사용을 강제 받았음에도 불구하고 해방 이후 한글이 민족의 언어로 자리매김 되어 '한 국가–한 언어'의 체제를 만든 지대한 공로자이다.

3·1만세 운동 이후 한국사회는 '대한 겨레'의 의식과 행동에 새로운 전기를 맞았다. 이 시기에 최현배는 널리 더 배워야 한다는 일념으로 주시경(1876~1914)–문하에서 김두봉(1889~1961)과 함께 3년여 한글을 배웠고, 그 시기에 나철(1863~1916)의 대종교에 심취했었으나, 1920년 후반부터는 기독교인으로 살았다(신문내교회 제직회록, 2013)–과 같은 겨레의 스승이 되기 위해 일본으로 건너가 교토대학(京都大學)에서 교육학을 연구했다. 외솔은 '만민은 평등하다'라는 페스탈로치의 교육 사상에 매료되어, 동 대학원에서 「조선 민족 갱생의 도」를 주제로 졸업논문을 썼다.

연전 문과 교수시절 최현배
(앞줄 왼쪽에서 여섯 번째, 1934 ©연세대학교박물관)

외솔은 1926년 9월부터 언급한 논문 「조선 민족 갱생의 도」를 동아일보에 연재했다. 거기에는 민족의 고통과 수치에 절규하며, "살기는 무엇을 위하여 살며 공부는 무엇을 위하여 하는가"라는 물음이 있다. 이는 그 자신이 일제에 무기력한 겨레에게 희망의 등불이 되겠다는 선서와 다름아니다. 그러므로 이 선서는 새로운 교육, 곧 사람을 사람답게 만들기 위해 천부로부터 받은 것을 자유로 충분히 발달하게 하며, 그로 인한 삶이 겨레와 인류의 합리적 생활과 공존번영에 이바지하게 하는 교육으로 이어져야 한다는 확신에 따른 실천의 다짐이라고 할 수 있다. 그리고 이 다짐은 민족의식을 말살시키려는 시도에 굽히지 않을 인간성에 기반하는 민족의 소생을 염두하고 있다.

최현배는 교토대학을 졸업하고, 1926년 연전 교수로 부임했다. 그때는 조선총독부에서 제2차 교육령(1922.2)을 통해 일본 문학을 교육과정에 넣을 것을 강요하던 때라 한국어를 과외 과목으로 가르치고 있었다. 하지만 외솔은 겨레의 자유를 되찾는 길은 오직 나라말과 글을 갈고 닦고 보호하는 길밖에 없다며, 한국어를 학점을 주는 정규과목으로 개정해 국어 교육에 종사하며, 『우리말본』(1935)을 완성했다. 그리고 『한글의 바른길』을 지어 학생들에게 겨레의 정신과 문화의 나아갈 길을 일깨워주고자 했다.

그러나 조선총독부는 중일전쟁 이후 국어 교육을 못하게 억압했고, 1940년에는 국어를 일본학으로 대체하는 한편 국어 사용을 금지했다. 이러한 상황에서 외솔은 이른바 흥업구락부 사건으로 체포되고, 교수직을 강제 해직당했다(京西高秘 第2030號). 그는 3년 만에 복직했으나, 1942년 10월 조선어학회 사건으로 함흥형무소에 수감되었다.

외솔은 수감 중에 가해진 모진 고문에도 개명을 거부하는 등 기개를 굽히지 않았다. 그뿐 아니라 최현배는 수감 중에도 한글 연구를 멈추지 않았다. 그는 배식 때마다 남보다 빨리 식사를 마쳐 번 시간을 이용해 연구했다. 그리고 연구한 것을 쪽지에 적어 바지 샅을 타서 차곡차곡 간직했다. 외솔은 간직한 쪽지를 풀려난 후 『글자혁명』이라는 책으로 출판했다.

외솔은 해방 후 두 차례 국어 정책의 책임자(문교부 편수국장)로 일했으며, 1953년 〈한글파동〉의 주역이었다. 1954년 연희대학교 교수로 다시 복직해 문과대학장을 맡았다.

연전 교수부임 초기부터 최현배는 주시경의 학문과 분석적 언어관을 이은 연구와 그 결과를 보급하는 데 정열을 부었다. 그 결과 『한글맞춤법 통일안』(1933)과 『우리말본』(1935)을 내놓은 데 이어, 『시골말 캐기 잡책』(1936), 『조선어 표준어 모음』(1937)을 출간했다. 그리고 강제 해직된 후 훈민정음에 관한 역사적인 문제와 한글에 관한 각종 이론적인 문제를 망라해 체계적으로 논구한 『한글갈』(正音學)을 1940년 간행했다.

한편, 최현배는 1960년 12월 교수직을 퇴임한 후 한글학회, 세종기념사업회 회장으로 한글 연구와 한글을 위한 투쟁의 삶을 이어가던 중 노환으로 1970년 3월 23일 향년 77세로 타계했다.

대한민국 정부는 1970년 외솔에게 문화훈장 무궁화장을 추서했다.

9 이원철 李源喆, 1896~1963

이원철은 1896년 8월 19일 서울 다동에서 사헌부감찰을 지낸 이중억과 경주 김씨의 막내아들로 태어났다. 우남은 그의 호다. 우남은 한학을 공부한 후 보성고등학교, 선린상업고등학교를 거쳐 1915년 연전 수물과에 입학했다. 어려서부터 신동이라 불린 그는 천재성과 노력으로 연전 2학년 때부터 1922년 미국으로 유학을 떠날 때까지 연전 학생에게 수학과 회계를 가르쳤다(C.C.C. Annual Catalogue, 1931~1932).

우남은 1922년 1월 미국으로 건너가 두 스승, 곧 베커(A. L. Becker)와 루퍼스(W. C. Rufus)의 모교인 알비온대학(Albion College)에 4학년으로 편입했다. 우남은 우수한 성적으로 5개월 만에 졸업하고, 천문학을 연구할 수 있는 미시건대학교(University of Michigan) 대학원에 입학했다. 그는 루퍼스의 지도하에 섀플리(H. Shapley)가 정립한 맥동설(pulsation theory)를 확인하는 연구에 몰두해, 맥동변광성(脈動變光星, 주기적으로 팽창과 수축을 반복하여 밝기가 변하는 별)의 기원에 관한 관측연구로 석사학위를 받았으며(1923), "Motions in the Atmosphere of Eta Aquilae(독수리자리의 에타(η)별의 항성대기 운동)"에 관한 연구논문으로 1926년 박사학위를 받았다(김도형 외, 2015). 그리고 그해 8월 31일 연전 교장 에비슨(O. R. Avison)과 함께 귀국해 동문 출신 첫 교수가 됐다(매일신보,1926.08.31).

물리실험실의 이원철(왼쪽에서 세 번째, 1918 ©연세대학교박물관)

이원철은 한국인 최초의 이학박사로 귀국해 "조선 사람도 현대과학을 할 수 있다는 본보기가 되어 조선 전국에 희망의 상징이"(나일성, 2005: 31-35) 되었다. 그는 연전에서 천문학, 수학 및 물리학 등을 교수했다(C.C.C. Annual Catalogue, 1931~1932). 특히, 루퍼스, 베커, 이원철로 이어진 천문학 강의는 15cm 굴절망원경-일제가 1942년 전시물자로 징발함-을 이용하며 행해진 수업으로 한국에서 유일한 것이었다. 그리고 이원철은 과학부장을 맡아 수물과 연구실을 관장하며 『과학』지를 간행했다. 하지만 "총사령관 이원철 박사"(연희동문회보, 1934)는 흥업구락부에 가입한 일로 일본 경찰의 조사를 받고, 1938년 9월 10일 교수직에서 물러났다(京西高秘 제8319호).

1935년 루퍼스가 안식년을 맞아 한국에 들어와 천문학 관련 문헌과 유적을 조사했다. 이때 이원철은 백낙준, 정인보와 함께 스승의 연구를 도왔다. 루퍼스는 자신의 연구 결과를 "Korean Astronomy"이란 제목으로 *Transactions of the Korea Branch of the Royal Asiatic Society*(Vol. XXXI, 1936)에 발표했다. 한편, 이원철은 과학의 대중화를 위해 서울 YMCA에서 일반인을 위해 '목요학술강좌'(조선중앙일보, 1935.12.12)를 열었으며, 언론에 천문학 관련 원고를 기고했다(동아일보, 1936.01.05).

해방 이후 이원철은 다양한 분야에서 활약했다. 그는 연희대학으로 새출발하는 과정에 기상학과를 개설했으며, 미군정청의 요청으로 기상과장이 되어 관상대를 재조직했으며, 정부 수립 후부터 초대 관상대장으로 재직했다. 1952년부터 연희대학 재단이사로 활동하며 세브란스의과대학과의 통합에 합동위원으로 활약했으며, 1954년부터 인하공과대학 설립에 초대학장으로 참여했다.

이원철은 로마에서 열리는 기상학회를 앞두고 1963년 3월 14일, 서울 용산구 갈월동 자택에서 67세를 일기로 타계했다(조선일보, 1963.03.15). 한편, 연세대학교는 2003년 과학관 앞에 이원철의 흉상을 세웠다.

10 백낙준 白樂濬, 1895~1985

백낙준은 해방 후 홍익인간(弘益人間)을 한국의 교육이념으로 정착시킨 교육 관료이자 연세대학교의 정초자이다. 그는 1895년 3월 9일 평안북도 곽주군 우면 삽곶리에서 백영순(白永淳)과 경주 김씨 사이에 4형제 중 막내로 태어났다. 그의 호는 용재이다. 용재는 마을에 있는 영창소학교를 다니는 동안 양친을 여읜 후 역경의 삶을 살았다.

용재는 신성학교 때 이른바 105인 사건으로 졸업 후 곧바로 중국 텐진으로 건너갔다. 그는 텐진 신학대서원(新學大書院)을 졸업한 1916년 미국으로 건너가 여러 대학에서 다양한 학문을 섭렵하고, 1927년 예일대학원에서 "The History of Protestant Missions in Korea 1832–1910"로 박사학위를 취득했다. 그리고 1927년 가을에 귀국해, 연전 교수가 되었다.

백낙준은 서양과 동양의 고전을 두루 익힌 역사학자로서의 안목과 동서양 고전에 대한 해박한 지식으로 동서 문명을 폭넓게 아우르는 그는 문과과장으로 재직 시 한국어를 선택과목으로 편성했으며, 1932년부터는 문과 입학시험 과목으로 부과했다. 그리고 동양사(東洋史) 시간에 한국의 역사를, 한문학(漢文學) 시간에 국문학(國文學)을 가르치는 방법으로 학생들에게 한국학(韓國學)을 가르칠 수 있도록 했다.

학위수여식에서 축사하는 백낙준 총장(노천극장, 1957. 출처: PHS)

백낙준은 1937년 영국 옥스퍼드에서 개최된 회의에 대표로 참여하던 중, 흥사단 산하 수양동우회 사건으로 귀국을 포기하고 미국에 체류했다. 그는 1939년 7월 귀국했으나, 일제의 간섭으로 강의를 하지 못하고 도서관 사서로 근무하던 중 1942년 9월 '조선어학회 사건'에 연루되어 결국 연전을 떠났다.

해방 후 백낙준은 연전을 인수하는 접수위원으로 활동했으며, 유억겸(1896~1947)의 후임으로 연전 교장이 되어, 대학 승격 준비에 만전을 기했다. 그는 1946년 8월 연희대학교의 초대총장으로 취임해 '진리와 자유'를 대학의 정신이자 표어로 제정하는 한편, 교양과목 강화 및 남녀공학제도를 실시하는 등 대학의 면모를 일신해 나갔다.

한국전쟁 직전 문교부장관에 취임한 백낙준은 1952년 10월 총장으로 돌아와, 부산으로 이전했던 학교본부의 서울 복귀와 더불어 파괴된 캠퍼스 재건과 교육시설을 확충하며, 세브란스의전과의 통합을 이루어냈다. 백낙준은 연세대학교의 초대총장에 올라 실사구시(實事求是)의 학문적 풍토를 마련하는 한편, 전인 교육 및 〈동방학연구소〉를 설립해 "동서고근사상의 화충(東西古近思想和衷)" 학풍을 이어갔다.

백낙준은 미군정이 설치한 교육위원회의 자문위원으로 참여해 한국교육의 근간을 마련하는 데 일조했으며, 문교부장관 재직 시 교육자치제 및 초등학교 의무교육 제도의 수립과 정착에 힘을 기울였다. 그리고 전시연합대학을 각 지역마다 설치해 대학교육이 중단되지 않도록 했다. 그의 묘비에 다음의 글이 새겨져 있다.

> 나는 전쟁을 앞뒤에 두고 나고 자라고 활동하는 동안 민족을 붙들고 살리는 방도가 교육에 있음을 알고 일생 사업으로 교육에 종사하여 왔다.

후학들은 백낙준을 주체적인 한국인이자 자유로운 영혼을 가진 세계인으로 헌신적인 기독교 신자로서, 자립심이 강하고 독립정신이 투철한 애국자이며 민족교육의 선각자였다고 말한다. 하지만 그는 조선장로교신도애국기헌납기성회 부회장 및 조선임전대책협의회 결성에 적극 참여했다는 오명이 있다.

11 윤동주 尹東柱, 1917~1945

윤동주(尹東柱)는 1917년 12월 30일 만주국 간도성 화룡현 명동촌에서 아버지 윤영석과 어머니 김용의 3남 1녀 중 맏아들로 태어났다. 그가 태어나기 석 달 전인 9월 28일, 친정에서 살던 고모 윤신영이 송몽규를 낳았다. 윤동주는 고종사촌 관계인 송몽규와 한집에서 태어나 연희전문 문과를 거쳐 후일 일본에서 죽임을 당하기까지 동반자로 살았다.

윤동주는 1925년 4월 송몽규와 함께 간도의 명동학교에 입학하여, 기독교 및 민족교육을 받으며 문학의 꿈을 키웠으며, 1932년에는 송몽규와 함께 용정에 있는 기독교계 학교인 은진중학교에 입학했다. 윤동주는 1934년 9월 평양에 있는 숭실중학교에 편입했으나, 일제의 신사참배 강요 등의 문제로 1936년 3월 용정으로 돌아와 광명학원 중학부에 편입하여 졸업했다.

광명학원을 졸업한 윤동주는 독립운동을 위해 중국 남경을 다녀온 송몽규와 함께 1938년 연희전문 문과에 입학했다. 일제의 취조기록에 의하면 윤동주와 송몽규가 연희전문에 입학한 이유는 우리 민족의 독립을 위해 "스스로 문학자가 되어 지도적 지위에 서서 민족적 계몽운동에 몸 바칠 것"을 결의하고, "조선문학을 연구하여 조선문학자가 되려면은 서울에 있는 연희전문

연전 시절의 윤동주
(뒷줄 왼쪽에서 두 번째, 1941. 졸업앨범 ©연세대학교박물관)

학교가 가장 적합"하다고 판단한 것이었다. 윤동주와 송몽규는 일제의 동화정책에 맞서 민족문화의 유지 향상을 위해 1941년 『문우』 발간을 위해 노력했다. 기숙사에서 같은 방을 썼던 강처중은 문과의 학생자치단체인 문우회장으로 편집 겸 발행인을 맡았고, 송몽규는 문예부장으로 편집 실무를 담당했다. 『문우』에는 일제의 조선어 사용금지 및 일본어 상용정책에 따라 대부분의 원고가 일본어로 수록되어있으나, 윤동주의 『새로운 길』과 『우물속의 자상화(自像畵)』 등 13편의 시는 모두 한글로 수록되었다.

윤동주는 연전에서 최현배(1894~1970) 선생으로부터 한국어를 배웠고, 영문과의 이양하(1904~1963) 교수에게 영시를 배웠으며, 연전과 이화여전의 연합교회였던 협성교회를 다니면서 영어 성서공부를 했다. 윤동주와 송몽규는 일제의 식민지라는 대한의 현실에서 "조선의 기독교인"으로서 어떻게 살아가야 할지를 고민했다. 이들은 연전에서 받은 기독교와 민족교육의 바탕 위에서 대한 독립을 목적으로 민족문화를 좀 더 깊이 연구하고자 연전을 졸업하고 일본으로 유학을 떠났다.

윤동주는 1942년 4월 도쿄에 있는 릿쿄대학 문학부 영문과에 입학했으며, 송몽규는 교토제국대학 서양사학과에 입학했다. 이후 윤동주는 교토의 도시샤대학 영문학과로 전학하여 송몽규와 재회했다. 이들은 1943년 7월 '재교토 조선인 학생 민족주의그룹사건'이라는 이름으로 조선독립운동의 혐의로 일제 경찰에 검거되었다. 이들은 1944년 3월 징역형을 선고받고 후쿠오카형무소에 투옥중에 옥사했다. 윤동주와 송몽규는 일제로부터 억압받기 시작하던 1930년대 후반 민족문화 운동을 지키고자 애쓰던 연희전문 학풍의 실상을 보여주는 대표적인 인물이다.

12 현봉학 玄鳳學, 1922~2007

현봉학은 한국전쟁 시 흥남철수작전에서(1950.12.10~12.24)에서 10만 피난민을 구한 숨은 주역이다. 그는 함경남도 성진에서 독실한 기독교 신자인 현원국(1887~1937)과 신애균(1899~1987)의 셋째 아들로 태어났다.

아버지 현원국은 캐나다 선교사들이 세운 함흥 영생고등보통학교를 졸업하고, 교회의 조사, 영생고등여학교의 교사로 일했다. 고베(神戶)에 있는 관서학원대학에서 신학을 공부하고 돌아와 영생고등여학교에서 교목과 교사로 근무했다. 어머니 신애균은 성진 보신여학교와 함흥 영생고등여학교를 졸업한 후 보신여학교 교사로 근무했다. 이때 YWCA와 대한애국부인회 함경북도지부를 조직해 성진군 지부장을 맡아 독립운동를 위한 모금 활동을 벌여 일본 경찰의 요시찰 대상에 올랐다(高警 第34497號).

현봉학은 신교육을 받은 부모님의 가르침을 따라 바르게 자라며, 평등사상과 자유민주주의, 사람 사랑을 실천하는 부모님의 모습을 보고 배웠다. 그는 함흥중앙교회의 주일학교에 다니며 황재경(1906~1984)의 가르침을 받았으며, 함흥 공립고등보통학교를 다닐 때는 대한민국 국군의 창설에 이바지한 한신(1922~1996)과 연식정구 선수로 활동했다.

의사의 길을 가기 위해 현봉학은 의학전문학교를 지원했다. 그런데 그가 세브란스의전을 선택한 데에는 어려운 집안 형편이 작용했다. 세브란스의전을 졸업할 때까지 캐나다선교부 및 육영재단의 장학금 혜택을 받았으며, 가정교사를 해서 생활비를 벌었다. 졸업 후 김명선(1897~1982)의 추천으로 평양 기독병원에서 인턴을 시작했다. 이후 함흥 제혜병원에서 일하고자 했으나, 소련군이 진주한 것을 계기로 전 가족이 남하했다. 현봉학은 가마쿠라(鎌倉) 보육원(현 영락보린원)과 국립방역연구소를 거쳐 적십자병원에서 근

젊은 시절 현봉학(오른쪽)과 해병대 김성은 부대 근무 인사명령지(왼쪽)

무하던 중 앨리스 부인의 권유를 받고, 1947년 9월 미국 버지니아 주립대학으로 유학을 떠났다.

현봉학은 1950년 2월 말에 돌아와 세브란스의전 강사로 부임해 근무하던 중 한국전쟁을 맞았다. 그는 피난하면서 수원과 대구에서 부상자를 치료했다. 대구에서 피난살이를 하던 중 미국에서 함께 공부했던 황성수(1917~1997, 당시 국회의원)와의 만남을 계기로 8월 9일부터 한국군 해병대 소속 문관으로 활동했다. 그리고 미 제10군단 민사부 고문으로 흥남철수작전 시 피난민을 구하는 데 이바지했다.

인천상륙작전 성공 후 한미연합군의 반격은 11월 24일에 이르러 종전을 목표한 이른바 크리스마스 대공세(Home by Christmas Offensive)로 이어졌다. 하지만 중공군에 의해 아군이 포위되고, 와해되는 등 전 전선에 걸쳐 퇴각을 해야 하는 상황으로 급변했다. 더구나 중공군이 원산 일대를 탈취함에 따라 육로를 이용해 철수하려던 계획은 흥남을 집결지로 삼아 배를 이용하는 계획으로 바뀌었다.

당시에 현봉학의 어머니가 수복된 함경도에 애국부인회, YWCA, 장로회 여전도회를 재건하기 위해 함흥에 왔다가, 중공군의 참전으로 전황이 달라짐에 따라 모윤숙 씨(1910~1990)와 함께 서울로 돌아간 일이 있었다. 이때부터 현봉학은 정말 미군이 철수하면, 아군을 도와준 인사와 기독교인들은 어떻게 될 것인가를 걱정하기 시작했다. 실제로 아군의 입성을 해방군이라며 환영했던 함경도민은 아군이 철수한다는 소문에 동요했다.

현봉학은 알몬드(E. M. Almond, 1917~1951) 제10군단장에게 함경도 일대를 피바다로 만들지 않으려면 피난민도 함께 철수시켜야 한다고 설득했다. 한국군 1군단장 김백일(1917~1951) 소장도 같은 생각을 하고 있었다. 깊이 고민하던 알몬드 군단장은 UN군을 도와준 한국인과 기독교인을 흥남으로 철수시키는 데 동의했다. 이에 따라 10만여 명의 피난민은 11척의 함정을 이용해 포항, 부산, 거제도 등으로 피난했다.

흥남철수작전은 많은 병력을 안전하게 철수시켜 이후 전투력을 확보했을 뿐만 아니라 수많은 민간인을 고통과 사지에서 구해낸 숭고한 행동이었다. 하지만 현봉학은 "누군가는 피난민을 구해야 했지만, 그 결과 100만 이산가족을 내고 말았다"라며, 자신이 한 것을 드러내지 않았다.

김도형. (2018). **민족문화와 대학**. 서울: 혜안.

______ 외. (2015). **일제하 연세학풍과 민족교육**. 서울: 혜안.

______ (2013). 1920~30년대 民族文化運動과 延禧專門學校. **東方學志, 164**, 191~227.

김원모 역. (1991). **알렌의 일기**. 서울: 단국대학교 출판부.

김행복. (2005). **흥남철수작전**. 서울: 국가보훈처 ·군사편찬연구소.

나일성. (2005). 을사국치 100년에 우남 이원철을 생각해 본다. **나라사랑, 109**, 31~35.

남정옥 외. (2002). **한미 군사 관계사**. 서울: 국방부 군사편찬연구소.

민경배. (1992). 알렌과 韓國 近代史. **신학논단, 20**, 95~110.

박영신. (1994). 사회 사상가로서의 외솔 최현배(1). **東方學志, 85**, 201~228.

박형우. (2014). 알렌의 의료 선교사 지원과 내한 배경. **한국기독교와 역사, 40**, 191~218.

______ (2015). **언더우드 내한 관련 자료집**. 서울: 연세대학교 대학출판문화원.

반병률. (2000). **醫師 李泰俊**(1883~1921)의 독립운동과 몽골. **한국근현대사연구, 13**, 164~183.

서정민. (2005). **언더우드家 이야기**. 서울: 살림.

성낙수. (2010). 민족혼을 일깨운 외솔 최현배 선생의 학문과 독립운동. **나라사랑, 118**, 42~61.

새문안교회 제직회록 편찬위원회. (2013). **신문내교회 제직회록**. 서울: 새문안교회.

손인수. (1991). 외솔 최현배의 민족주의 교육사상. **東方學志, 72**, 719~731.

안종철. (2008). **미국 북장로교 선교사들의 활동과 한미관계, 1931~1948**. 서울대학교 대학원 박사학위 논문.

연세대학교 박물관 편. (2013). **연희전문학교 운영보고서(상)**. 서울: 도서출판 선인.

연세대학교 출판위원회. (1982). **진리와 자유의 기수들**. 서울: 연세대학교.

연세의 발전과 한국사회 편찬위원회. (2005). **연세의 발전과 한국사회**. 서울: 연세대학교 출판부.

연세학풍연구소 편. (2017). **내일을 걷는 연세역사**. 서울: 연세대학교 대학출판문화원.

______ . (2018). **윤동주와 그의 시대**. 서울: 혜안.

______ . (2017). **연. 세전 교장 에비슨자료집(II)**. 서울: 도서출판 선인.

______ . (2018). **연. 세전 교장 에비슨자료집(III)**. 서울: 도서출판 선인.

연세학풍연구소. (2017). **루퍼스의 한국천문학**. 서울: 도서출판 선인.

윤덕영. (2016). 위당 정인보의 교유 관계와 교유의 배경. **東方學志, 173**, 35~73.

이만열. (2015). 제중원과 에비슨. **연세의사학, 18(1)**, 47~71.

장동민. (2002). 연세대학교의 기독교적 교육 이념과 세속화 문제. **백석저널, 1**, 71~101.

정양완. (2013). 담원 정인보 선생 연보. **애산학회, 39**, 7~46.

정운형. (2016). 호러스 G. 언더우드의 선교지 결정과 출발. **동방학지**, **175**, 167~194.
______ . (2017). **언더우드의 선교활동과 애민(愛民)교육**. 연세대학교 대학원 박사학위 논문.
______ (2018). 박서양의 간도 이주와 활동. **연세의사학**, **21-1**, 27~51.
조재국 외. (2015). **연세의 개척자들과 연세학풍**. 서울: 연세대학교 대학출판문화원.
최백순. (2017) **조선공산당평전**. 서울: 사해문집.
최재건. (2012) **언더우드의 대학설립**. 서울: 연세대학교 출판문화원.
클라크, 알렌 디그레이. (1978). **에비슨 전기: 한국 근대의학의 개척자**. 서울: 연세대학교 출판부.
현봉학. (2012). **현봉학 회고록: 나에게 은퇴는 없다**. 서울: 역사비평사.
Underwood, L. H. (1905). *With Tommy Tompkins in Korea*. New York: Fleming H. Revell Company.

기타자료

Allen's Diary. *H. N. Allen Papers*. New York Public Library.
The Presbyterian of the South, July 23, 1913.
Quatro Centennial Papers Read before the Korea Mission of the Presbyterian Church in the U.S.A. at the Annual Meeting in Pyeng Yang, August 27, 1909.
京高特秘 第2461號. 海外 歸來者ノ動靜ニ關スル件(白樂濬). 1939.09.26.
京西高秘 第2030號. 興業俱樂部 關係 學校敎職員ノ 辭職願. 1938.08.27.
京西高秘 第8319號. 學校敎師辭職願ニ關スル件. 1938.09.12.
高警 第34497號. 大韓民國愛國婦人會檢擧ノ件. 1919.12.05.
대한민국 신문 아카이브 http://www.nl.go.kr/newspaper/
백낙준.「미주흥사단입단 자필 이력서」. 1922.
朝鮮總督府. 朝鮮社會事業要覽. 1923, 1936.
영상자료.「언더우드의 유언」. KBS 성탄특집. 2016년 12월 25일 방송.
한국사데이터베이스 http://db.history.go.kr/

김도형(연세대학교 문과대학 사학과), 정운형(국학연구원 연세학풍연구소)

저자 소개

• 권수영

연세대학교(Th.B.), 미국 보스톤대학교(M.Div.), 하버드대학교(Th.M.), 버클리연합신학대학원(Ph.D.)에서 학위를 취득한 목회상담학자로, (사)한국상담진흥협회 회장과 (사)한국상담서비스네트워크 이사장을 맡고 있다. 현재 연세대 신과대학장 겸 연합신학대학원장으로 봉직하고 있다. 『기독(목회)상담, 어떻게 다른가요』, 『나쁜 감정은 나쁘지 않다』, 『나도 나를 모르겠다』 등 다수의 저서와 학술논문이 있으며, 이 책의 11장을 집필했다.

• 김선정

연세대학교에서 신학을 전공하였고(B.A., Th.M.), 요한복음서 연구로 박사학위를 취득하였다(Ph.D.). 현재 연세대학교 학부대학 교수로 재직하고 있다. "요한공동체의 우정", "요한공동체의 재판", 『요한복음서와 로마황제숭배』, 『신약성서신학이란 무엇인가』(역서), "큰잔치비유 다시 읽기", "기독교대학 교양성서교육의 특성과 교육컨텐츠", "한국신약학 50년의 회고와 전망: 요한문헌연구", "요한복음서에 나타난 예수의 여성성과 남성성" 등 다수의 연구논문이 있으며, 이 책의 10장을 집필했다.

• 김학철

연세대학교(Th.B., Th.M., Ph.D.)와 장로회신학대학원(M.Div.)에서 공부하고 연세대 연합신학대학원 신약학 겸임교수를 지낸 장로교 목사로 현재는 연세대 학부대학 교수로 가르친다. 『아무것도 아닌 것들의 기쁨』, 『렘브란트 성서를 그리다』, 『마태복음 해석』 외 다수의 저역서와 학술논문이 있으며, 이 책의 1장을 집필했다.

• 김현숙

연세대학교 교육학과를 졸업하고, 연합신학대학원에서 석사를, 미국 프린스턴 신학대학원에서 M.A.와 Ph.D.를 취득하였다. 현재 연세대학교 연합신학대학원 기독교교육학 교수이자 신과대학 부학장으로 재직하고 있으며, 한국기독교교육학회 부회장이다. 저서 및 논문으로는 *The Future of Protestant Religious Education in an Age of Globalization* (공저 Waxmann Publisher, 2018), "Seeking Critical Hope in a Global Age," "Multicultural Religious Education in a Trinitarian Perspective," 등이 있으며, 이 책의 6장을 집필했다.

• 민경식

연세대학교와 대학원을 졸업하고, 독일 뮌스터 대학교(Westfälische Wilhelms-Universität Münster)에서 신약성서 본문비평과 사본 연구로 박사학위(Dr. theol.)를 받았다. 현재 연세대학교 학부대학에서 학생들을 가르치고 있으며, 한국신약학회와 세계신약학회(SNTS) 정회원으로 활발하게 학술 활동을 하고 있다. 저서로는 *Die früheste Überlieferung des Matthäusevangeliums*, 『신약성서, 우리에게 오기까지』, 『연세신학백주년기념 성경주석-마태복음』 등이 있으며, 역서로는 『성경 왜곡의 역사』, 『젤롯』 등이 있으며, 이 책의 2장을 집필했다.

• 방연상

미국 뉴욕주립대학교와 웨스터민스터 신학대학원, 영국 스코틀랜드 에든버러 대학교(M.Th., Ph.D.)에서 공부했다. 현재 연세대학교 신과대학과 연합신학대학원에서 문화 간 연구(Inter-Cultural Studies)와 세계 기독교(World Christianity)를 가르치고 있다. 지은 책으로 『타자를 향한, 타자와 함께하는 선교』, 『우분투』, 『타자와 책임』, *Ethical Responsibility Beyond Interpretation* 외 다수의 저역서와 학술논문이 있으며, 이 책의 9장을 집필했다.

• 정대경

장로회신학대학교 신학과(Th.B.)와 미국 샌프란시스코 신학대학원(M.Div), 버클리연합신학대학원(Ph.D.)에서 공부했다. 현재 연세대학교 연합신학대학원 교수이자 교목으로 활동하고 있으며, 연세대학교 삼애교회 담임목사이다. Are Religious Machines Possible? Embodied Cognition, AI, and Religious Behavior, 『기술신학』(공저) 등 다수의 학술논문과 공저가 있으며, 이 책의 7장을 집필했다.

• 이삼열

연세대학교 행정학과를 졸업하고 경희대학교 평화복지대학원에서 정책학 석사, 미국 텍사스 주립대학교(오스틴)에서 정책학 석사, 미국 카네기멜론 대학교에서 정책학으로 박사 학위를 취득하였다. 카네기멜론 대학교의 소프트웨어산업센터SWIC에서 연구원, 정보통신정책연구원KISDI에 책임연구원을 역임하였으며, 현재 연세대학교 사회과학대학 행정학과 교수이자 언더우드 국제대학 과학기술정책전공 교수로 재직 중이다. 『위험사회와 국가정책』(공저), 『생명과학, 신에게 도전하다』(공저) 외 다수의 학술논문이 있으며, 이 책의 9장을 집필했다.

• **임성욱**

서울대, 서울신학대, 버클리연합신학대학원(GTU), 밴더빌트 대학(Vanderbilt University)에서 수학했다. 현재 연세대에서 신약학을 가르치고 있으며, 한국종교학회 이사로 활동 중이다. 주로 복음서와 바울의 정치신학, 그리고 요세푸스와 필로를 연구하고 있다. 최근에는 복음과 상황이라는 문제를 화두로 탈식민주의, 전지구화, 다문화, 성담론 등을 탐구하고 있다. 주요 논문으로는 "Josephus Constructs Samari(t)ans," *JTS* (2013), "Biopolitics in the Trial of Jesus (John 18:28–19:16a)," *ET* (2016), "Bare Lives in the Shadow of Empires," *Theo Today* (2018) 등이 있으며, 이 책의 5장을 집필했다.

• **정용한**

연세대학교(Th.B.)와 미국 예일 대학교(M.Div., S.T.M.)에서 공부하고 버클리연합신학대학원(GTU)에서 신약학으로 박사학위를 받았다. 명지대학교와 한남대학교에서 교목과 교수로 가르쳤으며, 지금은 연세대학교 연합신학대학원 교수 및 교목으로 재직 중이다. 연세신학 백주년 기념 성경 주석 『골로새서』와 "A Postcolonial Reading of the Great Commission (Matt. 28:16-20) with a Korean Myth,"Theology Today(2015) 외 다수의 학술 논문이 있으며, 이 책의 4장을 집필했다.

• **조재국**

연세대학교 신학과와 도시샤대학 대학원 신학연구과 박사과정을 졸업(Ph.D, 종교학)했다. 안양대학교 신학과 교수, 연세대학교 연합신학대학원 교수, 연세대학교 교목실장, 대학교회 담임목사, 연세의료원 원목실장, EBS시청자위원회 위원, 국방부 지뢰피해자지원심의위원회 위원장, (사)평화나눔회 이사장 등을 역임했다. 『韓国の民衆宗教とキリスト教』(東京 : 新教出版社, 1998.2) 외 다수의 저서와 학술논문이 있으며, 이 책의 12장을 집필했다.

• **홍국평**

연세대학교, 장로회신학대학교, 하버드대학교, 클레어몬트대학원에서 수학했고, 현재 연세대 신과대학/연합신학대학원 구약학 교수이다. 오경 형성사와 수용사, 성서해석학, 이스라엘 역사, 욥기와 전도서 등을 연구하고 있다. 연세신학백주년기념주석으로 『이사야 1–39』(2016)를 지었고, 존 레벤슨의 『시내산과 시온』, 마빈 스위니의 『예언서』 등을 우리말로 옮겼으며, 이 책의 5장을 집필했다.

• **양인철**

연세대학교(Th.B.)와 장로회신학대학원(M.Div., Th.M.), 에모리 대학교(Th.M.)에서 공부하고, 클레어몬트 신학교(CST)에서 박사학위를 받았다. 한남대학교 전임교목, 장로회신학대학원 구약학 교수를 거쳐, 지금은 연세대학교 연합신학대학원 교수 및 교목으로 재직 중이다. 예언서 연구, 성서와 트라우마, 탈식민주의 방법론, 미하일 바흐찐의 대화 이론 등을 연구하고 있다. 연세신학백주년기념주석으로 『사사기』(2022)를 집필하였고, "The Influence of Sumerian City Laments on the Tammuz Lament,"Biblica (2017) 외 다수의 학술논문이 있으며, 이 책의 3장을 집필했다.

• **곽호철**

연세대학교 및 동대학원, 세인트폴신학대학원(M.Div.), 클레어몬트대학원(Ph.D.)에서 수학했다. 연세대학교 연합신학대학원 교수 겸 교목실 교목으로, 연세대학교 대학교회 담임목사를 역임하고, 현재 기독교환경교육연구소 살림 소장, 연세대학교 의료원 원목실장 겸 교목실장으로 활동하고 있다. 이 책의 8장을 집필했다.